O Projeto Fênix

O Projeto Fênix

EDIÇÃO COMEMORATIVA

Um Romance Sobre TI, DevOps
e Sobre Ajudar o Seu Negócio a Vencer

Gene Kim, Kevin Behr,
e George Spafford

ALTA BOOKS
E D I T O R A

Rio de Janeiro, 2020

O Projeto Fênix – Edição Comemorativa

Copyright © 2020 da Starlin Alta Editora e Consultoria Eireli. ISBN: 978-85-508-1406-3

Translated from original The Phoenix Project, 5th Anniversary Edition. Copyright © 2018 by Gene Kim, Kevin Behr and George Spafford. ISBN 9781942788294. This translation is published and sold by permission of IT Revolution Press, the owner of all rights to publish and sell the same. PORTUGUESE language edition published by Starlin Alta Editora e Consultoria Eireli, Copyright ©2020 by Starlin Alta Editora e Consultoria Eireli.

Todos os direitos estão reservados e protegidos por Lei. Nenhuma parte deste livro, sem autorização prévia por escrito da editora, poderá ser reproduzida ou transmitida. A violação dos Direitos Autorais é crime estabelecido na Lei nº 9.610/98 e com punição de acordo com o artigo 184 do Código Penal.

A editora não se responsabiliza pelo conteúdo da obra, formulada exclusivamente pelo(s) autor(es).

Marcas Registradas: Todos os termos mencionados e reconhecidos como Marca Registrada e/ou Comercial são de responsabilidade de seus proprietários. A editora informa não estar associada a nenhum produto e/ou fornecedor apresentado no livro.

Impresso no Brasil — 1ª Edição, 2020 — Edição revisada conforme o Acordo Ortográfico da Língua Portuguesa de 2009.

Produção Editorial
Editora Alta Books

Gerência Editorial
Anderson Vieira

Gerência Comercial
Daniele Fonseca

Produtor Editorial
Illysabelle Trajano
Juliana de Oliveira
Thiê Alves

Assistente Editorial
Ian Verçosa

Marketing Editorial
Livia Carvalho
Gabriela Carvalho
marketing@altabooks.com.br

Coordenação de Eventos
Viviane Paiva
eventos@altabooks.com.br

Editor de Aquisição
José Rugeri
j.rugeri@altabooks.com.br

Equipe Editorial
Luana Goulart
Maria de Lourdes Borges
Raquel Porto
Rodrigo Dutra
Thales Silva

Equipe de Design
Larissa Lima
Marcelli Ferreira
Paulo Gomes

Equipe Comercial
Daiana Costa
Daniel Leal
Kaique Luiz
Tairone Oliveira
Vanessa Leite

Trad/Copi
Samantha Batista

Revisão Gramatical
Thamiris Leiroza
Alessandro Thomé

Revisão Técnica
Marconi Vieira
PMP, EXIN ASF, SFC, CUE, CUA, CACP Storage Specialist, MCP, MCT
Instrutor e SCRUM Coach

Diagramação
Joyce Matos

Publique seu livro com a Alta Books. Para mais informações envie um e-mail para autoria@altabooks.com.br

Obra disponível para venda corporativa e/ou personalizada. Para mais informações, fale com projetos@altabooks.com.br

Erratas e arquivos de apoio: No site da editora relatamos, com a devida correção, qualquer erro encontrado em nossos livros, bem como disponibilizamos arquivos de apoio se aplicáveis à obra em questão.

Acesse o site **www.altabooks.com.br** e procure pelo título do livro desejado para ter acesso às erratas, aos arquivos de apoio e/ou a outros conteúdos aplicáveis à obra.

Suporte Técnico: A obra é comercializada na forma em que está, sem direito a suporte técnico ou orientação pessoal/exclusiva ao leitor.

A editora não se responsabiliza pela manutenção, atualização e idioma dos sites referidos pelos autores nesta obra.

Ouvidoria: ouvidoria@altabooks.com.br

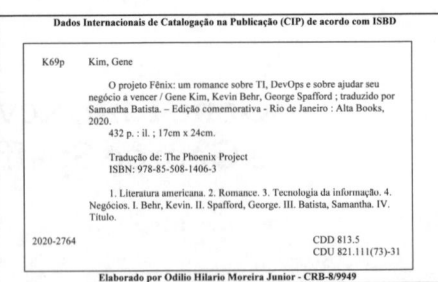

```
Dados Internacionais de Catalogação na Publicação (CIP) de acordo com ISBD

K69p    Kim, Gene
           O projeto Fênix: um romance sobre TI, DevOps e sobre ajudar seu
        negócio a vencer / Gene Kim, Kevin Behr, George Spafford ; traduzido por
        Samantha Batista. – Edição comemorativa - Rio de Janeiro : Alta Books,
        2020.
           432 p. : il. ; 17cm x 24cm.

           Tradução de: The Phoenix Project
           ISBN: 978-85-508-1406-3

           1. Literatura americana. 2. Romance. 3. Tecnologia da informação. 4.
        Negócios. I. Behr, Kevin. II. Spafford, George. III. Batista, Samantha. IV.
        Título.

2020-2764                                                     CDD 813.5
                                                        CDU 821.111(73)-31

              Elaborado por Odílio Hilario Moreira Junior - CRB-8/9949
```

Rua Viúva Cláudio, 291 — Bairro Industrial do Jacaré
CEP: 20.970-031 — Rio de Janeiro (RJ)
Tels.: (21) 3278-8069 / 3278-8419
www.altabooks.com.br — altabooks@altabooks.com.br
www.facebook.com/altabooks — www.instagram.com/altabooks

SUMÁRIO

PARTE 1

15 • **CAPÍTULO 1:** Terça-feira, *2 de setembro*

25 • **CAPÍTULO 2:** Terça-feira, *2 de setembro*

36 • **CAPÍTULO 3:** Terça-feira, *2 de setembro*

47 • **CAPÍTULO 4:** Quarta-feira, *3 de setembro*

62 • **CAPÍTULO 5:** Quinta-feira, *4 de setembro*

74 • **CAPÍTULO 6:** Sexta-feira, *5 de setembro*

84 • **CAPÍTULO 7:** Sexta-feira, *5 de setembro*

94 • **CAPÍTULO 8:** Segunda-feira, *8 de setembro*

104 • **CAPÍTULO 9:** Terça-feira, *9 de setembro*

111 • **CAPÍTULO 10:** Quinta-feira, *11 de setembro*

119 • **CAPÍTULO 11:** Quinta-feira, *11 de setembro*

125 • **CAPÍTULO 12:** Sexta-feira, *12 de setembro*

138 • **CAPÍTULO 13:** Segunda-feira, *15 de setembro*

146 • **CAPÍTULO** 14: Terça-feira, *16 de setembro*

154 • **CAPÍTULO 15:** Quarta-feira, *17 de setembro*

166 • **CAPÍTULO 16:** Quinta-feira, *18 de setembro*

PARTE 2

177 • **CAPÍTULO 17:** Segunda-feira, *22 de setembro*

182 • **CAPÍTULO 18:** Terça-feira, *23 de setembro*

188 • **CAPÍTULO 19:** Terça-feira, *23 de setembro*

203 • **CAPÍTULO 20:** Sexta-feira, 26 *de setembro*

216 • **CAPÍTULO 21:** Sexta-feira, 26 *de setembro*

223 • **CAPÍTULO 22:** Segunda-feira, 29 *de setembro*

233 • **CAPÍTULO 23:** Terça-feira, 7 *de outubro*

238 • **CAPÍTULO 24:** Sábado, 11 *de outubro*

246 • **CAPÍTULO 25:** Terça-feira, 14 *de outubro*

255 • **CAPÍTULO 26:** Sexta-feira, 17 *de outubro*

264 • **CAPÍTULO 27:** Terça-feira, 21 *de outubro*

273 • **CAPÍTULO 28:** Segunda-feira, 27 *de outubro*

282 • **CAPÍTULO 29:** Segunda-feira, 3 *de novembro*

PARTE 3

291 • **CAPÍTULO 30:** Segunda-feira, 3 *de novembro*

298 • **CAPÍTULO 31:** Segunda-feira, 3 *de novembro*

306 • **CAPÍTULO 32:** Segunda-feira, 10 *de novembro*

313 • **CAPÍTULO 33:** Terça-feira, 11 *de novembro*

320 • **CAPÍTULO 34:** Sexta-feira, 28 *de novembro*

328 • **CAPÍTULO 35:** Sexta-feira, 9 *de janeiro*

O Projeto Fênix

PARTS UNLIMITED

Parts Unlimited: Executivos

Steve Masters, CEO, CIO interino
Dick Landry, CFO
Sarah Moulton, SVP de Operações de Varejo
Maggie Lee, diretora sênior de Gestão do Programa de Varejo
Bill Palmer, VP de Operações de TI, ex-diretor de Operações
  de Tecnologia de Médio Porte
Wes Davis, diretor de Operações de Tecnologia Distribuída
Brent Geller, engenheiro-chefe
Patty McKee, diretor de Suporte a Serviços de TI
John Pesche, diretor de Segurança da Informação (CISO)
Chris Allers, VP de Desenvolvimento de Aplicações

Parts Unlimited: Diretoria

Bob Strauss, diretor-chefe, ex-presidente, ex-CEO
Erik Reid, candidato à Diretoria
Nancy Mailer, diretora executiva de Auditoria

PARA RELEASE IMEDIATO

SEXTA-FEIRA, 29 DE AGOSTO
EMPRESA: PARTS UNLIMITED (PAUD)
TAXA: VENDA
PREÇO-ALVO: $8 (ATUAL $13)

A partir de agora, o CEO da Parts Unlimited, Steve Masters, está deixando seu cargo de presidente depois de oito anos no cargo. O diretor do Conselho, Bob Strauss, que serviu como presidente e CEO da empresa há duas décadas, está retornando da aposentadoria para assumir o papel de presidente.

As ações da Parts Unlimited caíram 19% nos últimos 30 dias sob negociação pesada, 52% abaixo de seu auge, três anos atrás. A empresa continua a ser passada para trás por sua arquirrival, famosa por sua habilidade de prever e reagir instantaneamente às necessidades dos clientes. A Parts Unlimited agora segue a concorrência no crescimento de vendas, giros de estoque e rentabilidade.

A empresa há tempos promete que seu programa "Fênix" restaurará a rentabilidade e preencherá a lacuna ao integrar firmemente seus canais de varejo e e-commerce. Já com anos de atraso, muitos esperam que a empresa anuncie outro adiamento do programa em sua conferência de resultados dos analistas no próximo mês.

Acreditamos que investidores institucionais como Wayne-Yokohama tenham pressionado Bob a reconfigurar o conselho como a primeira de muitas ações para endireitar o projeto em Elkhart Grove. Um número cada vez maior de investidores está pedindo mais mudanças significativas de liderança e opções estratégicas, como a separação da empresa.

Apesar das realizações passadas de Masters que transformaram a Parts Unlimited em uma das principais fabricantes e varejistas de peças automotivas, acreditamos que a separação dos papéis de presidente e CEO já deveria ter sido feita há muito tempo. A Parts Unlimited precisa de liderança nova, seja vinda de fora ou de dentro. Acreditamos que Sarah Moulton, VPS de Operações de Varejo e uma estrela em ascensão na empresa, pode ser exatamente aquilo de que a empresa precisa.

De acordo com nossas fontes, o conselho deu a Strauss e Masters seis meses para implementar melhorias drásticas. Se não conseguirem, esperem por mais mudanças e tempos caóticos.

— Kelly Lawrence, analista-chefe da Indústria, Nestor Meyers

###

Parte 1

CAPÍTULO 1

• *Terça-feira, 2 de setembro*

"*Bill Palmer falando*", digo, atendendo meu celular no primeiro toque.

Estou atrasado, então dirijo 16km/h acima do limite de velocidade, em vez dos 5 usuais. Passei a manhã no consultório médico com meu filho de 3 anos, tentando evitar que as outras crianças tossissem em nós, sendo constantemente interrompido pelo meu celular vibrando.

O problema do dia são as interrupções intermitentes de rede. Como diretor de Operações de Tecnologia de Médio Porte, sou o responsável pela disponibilidade e pelo bom funcionamento de um grupo de TI relativamente pequeno na Parts Unlimited, uma empresa fabril e varejista, com renda de $4 bilhões por ano, sediada em Elkhart Grove.

Mesmo com a tecnologia ultrapassada com a qual escolhi trabalhar, preciso acompanhar problemas de rede de perto. Como esses problemas interrompem os serviços que meu grupo fornece, as pessoas me culparão pelos apagões.

"Oi, Bill. Aqui é Laura Beck, dos Recursos Humanos." Ela não é a pessoa com quem eu normalmente falo no RH, mas seu nome e voz me soam familiares…

Puta merda! Eu tento não falar palavrão em voz alta quando me lembro de quem ela é. Das reuniões mensais da empresa. Ela é a VP encarregada do RH.

"Bom dia, Laura", digo com alegria forçada. "O que posso fazer por você?"

"Quando você estará no escritório? Eu gostaria de encontrá-lo o quanto antes", responde ela.

Odeio pedidos vagos para reuniões. Só faço isso quando estou tentando agendar um tempo para repreender alguém. Ou demitir.

Espera. A Laura está ligando por que alguém quer me demitir? Houve uma interrupção à qual não respondi rápido o bastante? Como o cara de Operações de TI, a interrupção que acaba com uma carreira é a piada que meus amigos e eu contamos uns aos outros diariamente.

Concordamos em nos encontrar na mesa dela em meia hora, mas quando ela não compartilha mais detalhes, digo em minha voz mais persuasiva: "Laura, sobre o que é essa reunião? Há algum problema em meu grupo? Ou eu sou o problema?" Dou risada mais alto do que o normal para que ela escute pelo telefone.

"Não, não é nada disso", diz ela agradavelmente. "Poderia até dizer que são boas notícias. Obrigada, Bill."

Quando ela desliga, eu tento pensar em como boas notícias seriam atualmente. Não consigo, então ligo de volta o rádio e imediatamente ouço um comercial do nosso maior concorrente varejista. Eles falam sobre seu inigualável serviço ao cliente e uma nova oferta de tirar o fôlego que permite às pessoas personalizar carros com seus amigos online.

A propaganda é brilhante. Eu usaria o serviço na mesma hora se não fosse tão leal à empresa. Como eles continuam trazendo novidades tão incríveis ao mercado, enquanto nós permanecemos atolados na lama?

Desligo o rádio. Apesar de todo nosso trabalho duro e de virar noites trabalhando, o concorrente continua nos ultrapassando. Quando o pessoal do nosso marketing ouvir essa propaganda, ficarão loucos. Como provavelmente são formados em artes ou música, e não são pessoas com um passado tecnológico, prometerão o impossível publicamente, e a TI terá que dar um jeito de fazer.

A cada ano fica mais difícil. Nós temos que fazer mais com menos, manter a competitividade e reduzir os custos ao mesmo tempo.

Algumas vezes acho que isso não é possível. Talvez eu tenha passado tempo demais como sargento na Marinha. Você aprende a argumentar seu caso o melhor que puder com seu oficial, mas às vezes precisa dizer "Sim, senhor" e seguir esse caminho.

Chego ao estacionamento. Três anos atrás, encontrar uma vaga era impossível. Agora, depois de todas as demissões, raramente é um problema.

Quando entro no Prédio 5, onde Laura e sua equipe ficam, noto imediatamente o quanto é bem mobiliado. Posso sentir o cheiro do carpete novo, e há até elegantes painéis de madeira nas paredes. De repente, a tinta e o carpete no meu prédio parecem ter passado décadas do tempo de substituição.

Essa é a sina da TI. Pelo menos não estamos em um porão sombrio, úmido e mal iluminado, como na série britânica *The IT Crowd*.

Quando chego ao escritório de Laura, ela olha para cima e sorri. "Bom ver você de novo, Bill." Ela estende a mão, que eu aperto. "Sente-se enquanto eu vejo se Steve Masters está disponível para a reunião."

Steve Masters? Nosso CEO?

Ela pega o telefone e disca, enquanto eu me sento, olhando ao redor. A última vez que estive aqui foi há alguns anos, quando o RH nos notificou de que precisávamos disponibilizar uma sala para mães que amamentam. Estávamos com pouquíssimo espaço para escritórios e salas de reunião, e o prazo de um grande projeto estava chegando ao fim.

Queríamos meramente usar uma sala de conferências em um prédio diferente. No entanto, Wes fez parecer que éramos um monte de neandertais de *Mad Men*, da década de 1950. Logo depois, ambos fomos convocados para meio dia de política de reabilitação e treinamento de sensibilidade. Obrigado, Wes.

Entre outras coisas, Wes é responsável pelas redes, e é por isso que acompanho as interrupções de rede tão de perto.

Laura agradece à pessoa do outro lado da linha e volta-se novamente para mim. "Obrigada por vir até aqui tão depressa. Como está sua família?", pergunta.

Minha testa se enruga. Se eu quisesse jogar conversa fora, preferiria fazer isso com muitas outras pessoas, não com alguém do RH. Forço-me a brincar sobre nossas famílias e filhos, tentando não pensar sobre meus outros compromissos urgentes. Finalmente digo, sem muita elegância: "Então, o que posso fazer por você nesta manhã?"

"Claro." Ela para e então diz: "A partir desta manhã, Luke e Damon não estão mais na empresa. Isso chegou aos superiores, envolvendo Steve. Ele escolheu você para ser VP de Operações de TI."

Ela abre um largo sorriso, estendendo a mão novamente. "Você é o nosso mais novo VP da empresa, Bill. Eu acho que você merece os parabéns."

Puta merda! Entorpecido, apertei sua mão.

Não, não, não. A última coisa que eu quero é uma "promoção".

Luke era nosso CIO, ou diretor-executivo de Informação. Damon trabalhava para ele e era meu chefe, encarregado das Operações de TI por toda a empresa. Ambos demitidos, sem mais nem menos.

Eu não esperava por isso. Não havia nenhuma conversa no rádio subespacial. Nada.

Na última década, como um relógio, novos CIOs chegavam e iam embora a cada dois anos. Eles ficavam tempo o bastante apenas para entender os acrônimos, aprender onde ficavam os banheiros, implementar um punhado de programas e iniciativas para abalar as estruturas, e então iam embora.

CIO é sinônimo de fim de carreira. E VPs de Operações de TI não duram muito mais tempo.

Descobri que o truque para uma carreira longa em gestão de Operações de TI era ter tempo de empresa o suficiente para realizar coisas boas, mas manter sua cabeça baixa o bastante para evitar as batalhas políticas que o tornam inerentemente vulnerável. Eu não tenho nenhum interesse em me tornar um dos VPs que só fazem apresentações em PowerPoint uns para os outros o dia todo.

Querendo mais informações, brinquei: "Dois executivos saindo ao mesmo tempo? Eles estavam roubando dinheiro das lojas na madrugada?"

Ela ri, mas rapidamente volta à sua falta de expressão treinada de RH: "Ambos escolheram buscar outros interesses. Se quiser saber mais, terá que falar com eles."

Como diz o ditado, se seu colega diz que decidiu pedir a conta, foi voluntário. Mas quando outra pessoa diz que ele decidiu pedir a conta, foi obrigatório.

Logo, meu chefe e o chefe dele foram demitidos.

Era exatamente por isso que eu não queria uma promoção. Sou extremamente orgulhoso da equipe que montei nos últimos dez anos. Não é o maior grupo, mas somos o mais organizado e confiável, de longe. Especialmente comparados a Wes.

Eu suspiro com a ideia de gerenciar Wes. Ele não gerencia uma equipe — ele mal está um passo à frente de uma multidão caótica.

Começo a suar frio e sei que nunca aceitarei essa promoção.

Laura esteve falando esse tempo todo, e eu não escutei uma única palavra. "— e, então, obviamente precisaremos conversar sobre como anunciaremos essa transição. E Steve quer vê-lo o quanto antes."

"Olha, obrigado pela oportunidade. Eu fico honrado. Mas não quero esse cargo. Por que quereria? Eu adoro meu trabalho atual e há toneladas de coisas importantes que ainda precisam ser feitas."

"Eu não acho que isso seja opcional", diz ela, parecendo solidária. "Isso veio direto de Steve. Ele o escolheu pessoalmente, então você terá que falar com ele."

Levanto da cadeira e reitero firmemente: "Não, de verdade. Obrigado por pensar em mim, mas já tenho um ótimo emprego. Boa sorte para encontrar outra pessoa."

Minutos depois, Laura está me levando até o Prédio 2, o mais alto do local. Estou bravo comigo mesmo por ter sido sugado a essa insanidade.

Se eu correr agora, tenho certeza de que não conseguirá me alcançar. Mas e depois? Steve simplesmente enviaria um esquadrão inteiro de jagunços do RH para me pegar.

Eu não digo nada, definitivamente não quero mais jogar conversa fora. Laura não parece se importar, caminhando rapidamente ao meu lado, o nariz enterrado no celular, ocasionalmente indicando direções.

Ela encontra o escritório de Steve sem desviar o olhar, obviamente já tendo feito essa caminhada muitas vezes antes.

O andar é quente e convidativo, mobiliado como na década de 1920, quando o prédio foi construído. Com assoalho em madeira escura e janelas de vitral, é de uma época em que todos vestiam ternos e fumavam charutos em seus escritórios. A empresa estava em expansão naquela época — a Parts Unlimited fez vários dispositivos para quase todas as marcas de automóveis quando os cavalos estavam sendo excluídos na vida cotidiana.

Steve tem um escritório de canto, onde uma mulher prática fica de guarda. Ela tem cerca de 40 anos e irradia alegria, organização e ordem. Sua mesa está organizada e há notas adesivas por todos os lados na parede. Há uma caneca de café com as palavras "Não Mexa Com Stacy" ao lado do teclado.

"Oi, Laura", diz ela, tirando os olhos do computador. "Dia corrido, hein? Então, este é Bill?"

"Sim. Em carne e osso", responde Laura, sorrindo.

Para mim, ela diz: "Stacy mantém Steve na linha. Você a conhecerá bem, eu acho. Você e eu podemos terminar mais tarde." E vai embora.

Stacy sorri para mim. "Muito prazer. Eu já ouvi muito sobre você. Steve o está esperando." Ela aponta para a porta dele.

Imediatamente gostei dela. E penso no que acabei de aprender. Tem sido um dia corrido para Laura. Stacy e Laura se tratam com muita familiaridade. Steve tem o RH na discagem rápida. Aparentemente, as pessoas que trabalham para Steve não duram muito tempo.

Ótimo.

Entrando, fico um pouco surpreso ao descobrir que o escritório de Steve é exatamente como o de Laura. É do mesmo tamanho do escritório do meu chefe — ou melhor, do meu ex-chefe — e potencialmente meu novo escritório, se eu for burro, o que não sou.

Talvez eu estivesse esperando tapetes persas, chafarizes e grandes esculturas por todos os lados. Em vez disso, há fotos na parede de um pequeno avião de hélice, sua família sorridente e, para minha surpresa, uma foto dele com uniforme do exército dos EUA em uma pista em algum lugar tropical. Notei com surpresa a insígnia visível em sua lapela.

Steve foi um major.

Ele está sentado atrás de sua mesa, examinando o que parecem ser planilhas impressas. Há um notebook aberto atrás dele, exibindo um navegador cheio de gráficos de ações.

"Bill, bom vê-lo novamente", diz ele, ficando de pé e apertando minha mão. "Faz muito tempo. Uns cinco anos, certo? Foi depois que você realizou aquele projeto incrível para integrar uma das aquisições de manufatura. Acredito que a vida tem lhe tratado bem?"

Fiquei surpreso e um pouco lisonjeado por ele ter se lembrado de nossa breve interação, especialmente por tanto tempo ter se passado. Eu sorri em resposta, dizendo: "Sim, muito bem, obrigado. Estou impressionado por você ter se lembrado de algo de tanto tempo atrás."

"Você acha que damos prêmios assim para qualquer um?", disse ele sinceramente. "Aquele foi um projeto importante. Para que aquela aquisição valesse a pena, precisávamos acertar em cheio, coisa que você e sua equipe fizeram de modo extraordinário.

"Tenho certeza de que Laura lhe contou um pouco sobre as mudanças organizacionais que fiz. Você sabe que Luke e Damon não estão mais na empresa. Pretendo preencher o cargo de CIO algum dia, mas, enquanto isso, toda a TI reportará a mim."

Ele continua, rápida e profissionalmente: "Entretanto, com a partida de Damon, tenho um buraco organizacional que preciso preencher. Com base em nossa pesquisa, você claramente é o melhor candidato a assumir como VP de Operações de TI."

Como se acabasse de se lembrar, ele diz: "Você foi da Marinha. Quando e onde?"

Eu anuncio automaticamente: "22ª Unidade Expedicionária da Marinha. Sargento. Estive lá por seis anos, mas nunca fui a combate."

Lembrando-me de como entrei para a Marinha quando era um menino arrogante de 18 anos, digo com um pequeno sorriso: "A Corporação realmente me endireitou — eu devo muito a eles, mas espero realmente que nenhum de meus filhos ingresse nas mesmas condições que eu."

"Aposto", ri Steve. "Eu mesmo fui do Exército por oito anos, um pouco mais do que era obrigado. Mas não me importei. O ROTC era a única maneira de pagar a faculdade, e eles me trataram bem."

E acrescenta: "Eles não nos mimavam como faziam com vocês da Marinha, mas ainda não posso reclamar."

Dou risada, percebendo que gostei dele. Essa foi a interação mais longa que tivemos. De repente, imaginei se é assim que os políticos são.

Eu tento me manter focado no motivo de haverem me convocado: ele me pedirá para assumir alguma missão suicida.

"É o seguinte", diz ele, indicando para que me sente à sua mesa de reuniões. "Como tenho certeza de que está ciente, devemos recuperar a lucratividade. Para isso, precisamos aumentar nossa fatia de mercado e os tamanhos médios de pedidos. Nossos concorrentes de varejo estão nos dando um banho. O mundo inteiro sabe disso, e é por isso que o preço de nossas ações está pela metade do que era há três anos."

E continua: "O Projeto Fênix é essencial para preencher a lacuna com a concorrência, para que possamos finalmente fazer o que fazem há anos. Os clientes precisam poder comprar conosco onde quiserem, seja na internet ou em nossas lojas varejistas. Caso contrário, logo não teremos cliente algum."

Eu concordo. A tecnologia pode ser ultrapassada, mas minha equipe está envolvida com o Fênix há anos. Todo mundo sabe o quanto ele é importante.

"Estamos entregando com anos de atraso", continua ele. "Nossos investidores e a Wall Street estão uivando. E agora minha diretoria está perdendo confiança em nossa capacidade de cumprir com nossos compromissos.

"Serei direto", diz. "Do jeito que as coisas estão indo, ficarei desempregado em seis meses. Desde a semana passada, Bob Strauss, meu ex-chefe, é o novo presidente da empresa. Há um grupo reivindicante de acionistas tentando separar a empresa, e não sei por quanto tempo mais podemos mantê-los afastados. O que está em jogo aqui não é só o meu emprego, mas os quase quatro mil empregados que trabalham aqui na Parts Unlimited."

De repente, Steve parece muito mais velho do que os 50 e poucos anos que achei que ele tinha. Olhando diretamente para mim, diz: "Como CIO interino, Chris Allers, nosso VP de Desenvolvimento de Aplicação, reportará a mim. E você também."

Ele se levanta e começa a andar. "Eu preciso que você mantenha todas as coisas que devem funcionar, bem, funcionando. Preciso de alguém confiável, que não tenha medo de me dar más notícias. Acima de tudo, preciso de alguém em quem eu possa confiar para fazer a coisa certa. Aquele projeto de integração tinha muitos desafios, mas você sempre manteve a cabeça fria. Você construiu uma reputação como alguém confiável, pragmático e disposto a dizer o que realmente pensa."

Ele foi sincero comigo, então respondi da mesma forma. "Senhor, com todo o respeito, parece muito difícil que a liderança sênior de TI tenha sucesso aqui. Qualquer pedido de orçamento ou equipe é sempre ignorado, e os executivos são substituídos tão rapidamente, que alguns nunca têm a chance de tirar tudo da mala."

Para finalizar, digo: "As Operações de Médio Porte também são cruciais para realizar o Fênix. Preciso ficar lá para ver aquelas coisas serem concluídas. Agradeço por ter pensado em mim, mas não posso aceitar. Contudo, prometo manter meus olhos abertos para quaisquer bons candidatos."

Steve olha para mim de modo avaliador, sua expressão é surpreendentemente severa. "Nós tivemos que cortar orçamentos por toda a empresa. Esse edital veio diretamente da minha diretoria. Estou de mãos atadas. Não farei promessas que não posso cumprir, mas prometo que farei tudo o que puder para apoiar você e sua missão."

"Bill, eu sei que você não pediu esse emprego, mas a sobrevivência da empresa está em jogo aqui. Preciso que você me ajude a salvar essa grande empresa. Posso contar com você?"

Ah, por favor!

Antes de poder negar educadamente de novo, de repente me ouvi dizer: "Sim, senhor, pode contar comigo."

Entrei em pânico, percebendo que Steve, de alguma maneira, havia usado algum truque mental Jedi em mim. Eu me forcei a parar de falar antes de fazer mais promessas idiotas.

"Parabéns", disse Steve, levantando e apertando minha mão firmemente. Ele segura meu ombro. "Eu sabia que você faria a coisa certa. Em nome de toda a equipe executiva, estamos agradecidos por você assumir isso."

Eu olho para sua mão apertando a minha, pensando se consigo retirar o que disse.

De jeito nenhum, eu decido.

Xingando a mim mesmo, eu digo: "Farei meu melhor, senhor. E poderia, pelo menos, me explicar por que ninguém que aceita esse cargo dura muito tempo? O que mais quer de mim? E o que não quer?"

Com um meio sorriso resignado, acrescento: "Se eu fracassar, tentarei certificar-me de ser de um jeito novo e inovador."

"Eu gosto disso!", diz Steve, rindo alto. "O que eu quero é que a TI mantenha as luzes acesas. Deve ser como usar o banheiro. Eu uso o banheiro e, oras, nem me passa pela cabeça que ele não funcionará. O que eu não quero é que os banheiros entupam e alaguem o prédio todo." Ele abre um grande sorriso por sua própria piada.

Ótimo. Em sua cabeça, eu sou um zelador glorificado.

Ele continua: "Você tem reputação de ter o navio mais arrumado na organização de TI. Então estou lhe dando a frota inteira. Espero que você faça com que todos naveguem da mesma maneira.

"Eu preciso do Chris focado na execução do Fênix. Qualquer coisa na sua área de responsabilidade que tire o foco do Fênix é inaceitável. Isso se aplica não só a você e ao Chris, mas a todos nesta empresa. Fui claro?"

"Absolutamente", digo, concordando. "Você quer que os sistemas de TI sejam confiáveis e disponíveis, e que o negócio possa depender deles. Você quer que as interrupções nas operações normais sejam mantidas a um mínimo absoluto para que o negócio possa se concentrar em concluir o Fênix."

Parecendo surpreso, Steve concorda. "Exatamente. Sim, bem colocado. Tudo o que disse é exatamente o que eu quero."

Ele me entrega um e-mail impresso de Dick Landry, o CFO.

De: Dick Landry
Para: Steve Masters
Data: 2 de setembro, 8h27
Prioridade: Mais alta
Assunto: AÇÃO NECESSÁRIA: execução de folha de pagamento está falhando

Ei, Steve. Temos problemas sérios com a folha de pagamentos desta semana. Estamos tentando descobrir se o problema é com os números ou com o sistema da folha de pagamentos. De qualquer maneira, milhares de empregados estão com seus pagamentos presos no sistema e correm o risco de não receber. Notícia realmente ruim.

Devemos consertar isso antes que o período de pagamentos acabe às 17h de hoje. Por favor, aconselhe a como priorizar isso, dada a nova organização da TI.

Dick

Estremeci. Empregados não pagos significa famílias incapazes de pagar suas hipotecas ou colocar comida na mesa.

De repente percebo que o pagamento da hipoteca de minha família vence em quatro dias, e nós podemos ser uma das famílias afetadas. O pagamento de uma hipoteca atrasada poderia estragar ainda mais nossa avaliação de crédito, a qual passamos anos reparando depois de colocar os empréstimos estudantis de Paige em meu cartão de crédito.

"Você quer que eu assuma isso e gerencie o incidente até a conclusão?"

Steve concorda, fazendo-me um sinal de positivo. "Mantenha-me informado sobre o andamento, por favor." Sua expressão fica séria. "Toda empresa responsável toma conta de seus empregados. Muitos de nossos trabalhadores da fábrica vivem pagamento a pagamento. Não crie dificuldades para suas famílias, entendeu? Isso poderia nos dar problemas com o sindicato, talvez até disparando uma greve, criando uma propaganda ruim para nós."

Eu concordo automaticamente. "Restaurar operações cruciais de negócios e nos manter fora da primeira página dos jornais. Entendi. Obrigado."

Mas não tenho certeza sobre o porquê exatamente de estar lhe agradecendo.

CAPÍTULO 2

• *Terça-feira, 2 de setembro*

"*Como foi lá?*", pergunta Stacy gentilmente, tirando os olhos do teclado.

Eu só balancei a cabeça. "Eu não consigo acreditar. Ele acabou de me convencer a aceitar um trabalho que eu não quero. Como isso aconteceu?"

"Ele pode ser muito persuasivo", diz. "Em minha opinião, ele é único. Trabalho para ele há quase dez anos e o seguirei para qualquer lugar. Há algo que eu possa fazer para facilitar o seu trabalho?"

Pensando por um momento, pergunto: "Há um problema urgente de folha de pagamento que precisa ser resolvido. Dick Landry está no terceiro andar, certo?"

"Aqui está", diz, antes de eu terminar minha pergunta, entregando-me uma nota adesiva com todas as informações de contato de Dick. Local do escritório, telefones e tudo mais.

Agradecido, sorrio para ela. "Muito obrigado. Você é fantástica!"

Ligo para o celular de Dick no caminho para o elevador. "Dick falando", ele atende bruscamente, ainda digitando ao fundo.

"Aqui é Bill Palmer. Steve acabou de me nomear o novo VP de Operações de TI e pediu que..."

"Parabéns", interrompe ele. "Agora, olha, meu pessoal achou uma enorme irregularidade na folha de pagamento. Quando pode vir ao meu escritório?"

"Imediatamente", respondo. Ouço o clique dele encerrando a ligação. Já tive recepções mais calorosas.

No terceiro andar, ando pelo Financeiro e pela Contabilidade, cercado por camisas listradas e colarinhos engomados. Encontro Dick em sua mesa, ainda ao telefone com alguém. Ao me ver, coloca a mão sobre o bocal do telefone. "Você é da TI?", pergunta rispidamente.

Quando concordo, ele diz ao telefone: "Olha, preciso correr. Alguém que supostamente ajudará está aqui finalmente. Ligo de volta." Sem esperar por uma resposta, ele desliga o telefone.

Nunca vi alguém que rotineiramente desliga na cara das pessoas. Eu me preparo para uma conversa que provavelmente não terá nenhuma preliminar do tipo "vamos nos conhecer melhor".

Como em um sequestro, lentamente ergui minhas mãos, mostrando a Dick o e-mail impresso. "Steve acabou de me contar sobre a indisponibilidade da folha de pagamentos. Qual é a melhor maneira de ter algum conhecimento da situação aqui?"

"Estamos em apuros", responde Dick. "Na execução da folha de pagamento de ontem, todos os registros dos empregados horistas sumiram. Temos quase certeza de que é um problema de TI. Esse estrago está nos impedindo de pagar nossos empregados, violando várias leis trabalhistas estatais, e sem dúvida o sindicato fará um escândalo."

Ele resmunga por um momento. "Vamos ver Ann, minha gerente de Operações. Ela está arrancando os cabelos desde ontem à tarde."

Andando rapidamente para acompanhá-lo, quase o atropelei quando parou e espiou por uma janela da sala de reuniões. Ele abre a porta. "Como está indo, Ann?"

Há duas mulheres bem vestidas na sala: uma, com cerca de 45 anos, estuda a lousa, cheia de fluxogramas e vários números tabulados, e a outra, com seus 30 e poucos anos, digita em um notebook. Há planilhas espalhadas por toda a grande mesa da sala de reuniões. A mulher mais velha gesticula com um marcador aberto para o que parece ser uma lista de potenciais causas da falha.

Algo na maneira que se vestem, e suas expressões preocupadas e irritadas, me faz pensar que foram recrutadas de uma firma de contabilidade local. Ex-auditoras. Bom tê-las do nosso lado, eu acho.

Ann balança a cabeça, exausta de frustração. "Temo que haja pouco progresso. Estamos quase certas de que é uma falha nos sistemas de TI, em um dos sistemas de registro de tempo. Todos os registros dos trabalhadores horistas da fábrica ficaram bagunçados no último upload..."

Dick a interrompe. "Este é Bill, da TI. Ele foi designado para ajeitar essa bagunça ou morrer tentando, é o que eu acho que ele disse."

Eu disse: "Olá. Acabei de ser promovido a chefe de Operações de TI. Vocês podem começar do início e me dizer o que sabem sobre o problema?"

Ann anda até o fluxograma na lousa. "Vamos começar com o fluxo de informações. Nosso sistema financeiro obtém dados de folha de pagamento de todas as nossas várias divisões de diferentes maneiras. Nós listamos os números para o pessoal assalariado e horista, o que inclui salários e impostos. Parece fácil, mas é extremamente complexo, porque cada estado tem diferentes tabelas de impostos, leis trabalhistas, e assim por diante."

"Para garantir que nada seja bagunçado", continua ela, "nos certificamos de que os números resumidos combinam com os números detalhados de cada divisão".

Enquanto anoto algumas coisas apressadamente, ela continua: "É um processo bem desajeitado e manual. Funciona na maioria das vezes, mas ontem descobrimos que o upload da razão geral para os funcionários de produção por hora não foi concluído. Todos os horistas tinham zeros em suas horas trabalhadas e quantia devida.

"Tivemos tantos problemas com esse upload específico", diz ela, obviamente frustrada, "que a TI nos deu um programa que usamos para fazer correções manuais, para não precisarmos incomodá-los mais".

Eu estremeço. Não gosto da ideia do pessoal do financeiro mudando manualmente dados de folha de pagamento fora da aplicação de pagamento. É algo perigoso e propenso a erros. Alguém poderia copiar esses dados em um drive USB ou enviar por e-mail para fora da organização, e é assim que as organizações perdem dados sensíveis.

"Você disse que todos os números para empregados assalariados estão certos?", pergunto.

"Isso mesmo", responde ela.

"Mas os de empregados horistas são todos zeros", confirmo.

"Isso", responde ela novamente.

Interessante. Pergunto: "Por que você acha que a execução da folha de pagamento falhou se estava funcionando antes? Você teve problemas como este no passado?"

Ela dá de ombros. "Nunca aconteceu nada assim antes. Não tenho ideia de qual possa ser a causa — nenhuma grande mudança foi programada para este período de pagamentos. Tenho feito as mesmas perguntas, mas até que ouçamos dos caras da TI, não temos mais o que fazer."

Pergunto: "Qual é nosso plano B se as coisas ficarem tão ruins a ponto de não conseguirmos os dados de empregados horistas a tempo?"

"Pelo amor de Deus!", diz Dick. "Está no e-mail que você está segurando. O prazo para pagamento eletrônico é 17h de hoje. Se não conseguirmos fazer isso, talvez tenhamos que enviar fardos de cheques em papel por FedEx para cada uma de nossas instalações, para distribuírem aos empregados!"

Eu fecho a cara com esse cenário, e assim também o faz o resto da equipe financeira.

"Isso não dará certo", diz Ann, batendo com a caneta nos dentes. "Nós terceirizamos nosso processamento de pagamentos. A cada período de pagamento, nós fazemos o upload dos dados da folha para eles, que, então, processam. Na pior das hipóteses, talvez façamos o download da execução de pagamento anterior, modificamos em uma planilha e, então, refazemos o upload?"

"Mas como não sabemos quantas horas cada empregado trabalhou, não sabemos quanto pagar a eles!", continua. "Não queremos pagar a mais para ninguém, mas é melhor do que acidentalmente pagar a menos."

É óbvio que esse plano B está cheio de problemas. Estaríamos, basicamente, adivinhando os pagamentos das pessoas, bem como pagando pessoas que foram demitidas e não pagando pessoas que foram recém-contratadas.

Para obter os dados financeiros necessários, talvez tenhamos que reunir alguns relatórios personalizados, o que significa trazer os desenvolvedores da aplicação ou o pessoal de banco de dados.

Mas isso é como jogar gasolina na fogueira. Desenvolvedores são ainda piores do que o pessoal de redes. Mostre-me um desenvolvedor que não esteja estragando sistemas de produção e eu lhe mostrarei um que não consegue se manter vivo. Ou, mais provavelmente, esteja de férias.

Dick diz: "Essas duas opções são péssimas. Poderíamos atrasar nossa execução de pagamento até que tenhamos os dados corretos. Mas não podemos fazer isso — mesmo que atrasemos apenas um dia, o sindicato entrará em jogo. Então resta a proposta de Ann de pagar algo a nossos empregados, mesmo que seja a quantia incorreta. Teríamos que ajustar o pagamento de todo mundo no próximo período de pagamento. Mas agora temos um erro no relatório financeiro que precisamos voltar e corrigir."

Ele aperta a ponte nasal e continua a divagar. "Teremos várias entradas estranhas no diário de contabilidade geral, bem quando nossos auditores estarão aqui para a auditoria sox-404. Quando virem isso, *nunca* irão embora.

"Ah, cara! Um erro no relatório financeiro?", resmunga Dick. "Precisaremos da aprovação do Steve. Teremos auditores acampados aqui até dizer chega. Ninguém conseguirá trabalhar de verdade aqui de novo."

sox-404 é a abreviação de Sarbanes-Oxley Act de 2002, que o Congresso norte-americano promulgou em resposta às falhas de contabilidade na Enrom, na WorldCom e na Tyco. Significa que o ceo e o cfo precisam assinar pessoalmente seus nomes, atestando que as declarações de sua empresa são precisas.

Todo mundo espera pelo tempo em que não precisaremos mais passar meia hora falando com auditores, concordando com cada novo requerimento regulatório *du jour*.

Olho minhas notas e, então, para o relógio. O tempo está acabando.

"Dick, com base no que ouvi, recomendo que você continue a se preparar para o pior e que documentemos totalmente o plano B, para que possamos realizá-lo sem mais complicações. Além disso, peço que esperemos até as 15h antes de tomar uma decisão. Talvez ainda possamos recuperar todos os sistemas e dados."

Quando Ann concorda, Dick diz: "Tudo bem, você tem quatro horas."

Digo: "Tenha certeza de que entendemos a urgência da situação e que você será informado de como as coisas estão assim que eu mesmo descobrir."

"Obrigada, Bill", diz Ann. Dick permanece em silêncio, enquanto me viro e ando até a porta.

Eu me sinto melhor, agora que vi o problema de uma perspectiva de negócios. Agora é hora de me preparar e descobrir o que quebrou a complexa máquina de folha de pagamentos.

Enquanto desço as escadas, pego meu telefone e vejo meus e-mails. Meu sentimento de foco e calma desaparece quando vejo que Steve não enviou um anúncio da minha promoção. Wes Davis e Patty McKee, que até hoje eram meus colegas, ainda não têm ideia de que agora sou seu novo chefe.

Obrigado, Steve.

Quando entro no Prédio 7 é que percebo. Nosso prédio é o gueto de todo o campus da Parts Unlimited.

Ele foi construído na década de 1950 e remodelado pela última vez na década de 1970, obviamente construído por utilidade, e não estética. O Prédio 7 costumava ser nossa grande fábrica de pedal de freio, até que foi convertido em data center e espaço de escritórios. Parece velho e negligenciado.

O segurança diz alegremente: "Olá, Sr. Palmer. Como está a manhã?"

Por um momento, fico tentado a pedir que ele me deseje boa sorte, para que possa receber a quantia certa esta semana. Mas, claro, meramente devolvi seu cumprimento amigável.

Vou em direção ao Centro de Operações de Rede ou, como chamamos, COR, onde Wes e Patty provavelmente estão. Eles são agora meus dois principais gerentes.

Wes é diretor de Operações de Tecnologia Distribuída. É responsável técnico por mais de mil servidores Windows, bem como pelas equipes de banco de dados e redes. Patty é a Diretora de Suporte a Serviços de TI. Ela comanda todos os técnicos de help desk de níveis 1 e 2 que atendem telefones continuamente, lidando com problemas de reparo e pedidos de suporte do negócio. Ela também cuida de alguns processos e ferramentas importantes, dos quais toda a organização de Operações de TI depende, como o sistema de tíquetes de problemas, o monitoramento e a condução das reuniões de administração de mudanças.

Passo por filas e mais filas de cubículos, iguais aos de todos os outros prédios. Entretanto, diferente dos Prédios 2 e 5, vejo tinta descascando e manchas escuras no carpete.

Esta parte do prédio foi construída sobre o que costumava ser o andar principal de montagem. Quando o converteram, não conseguiram limpar todo o óleo das máquinas. Não importa a quantidade de selante colocada para cobrir o chão, o óleo ainda tende a atravessar o carpete.

Tomo nota para fazer um pedido de orçamento para substituir os carpetes e pintar as paredes. Na Marinha, manter os quartéis limpos e arrumados não era só pela estética, mas também por segurança.

Velhos hábitos nunca morrem.

Ouço o COR antes de vê-lo. É uma grande área de baias com mesas longas colocadas ao longo das paredes, exibindo o status de todos os vários serviços de TI em grandes monitores. O pessoal de help desk de níveis 1 e 2 senta em três filas de estações de trabalho.

Não é exatamente como o controle de missão da *Apollo 13*, mas é como eu explico para meus parentes.

Quando algo vira um escândalo, é preciso que todos os vários acionistas e gerentes de tecnologia se comuniquem e coordenem até que o problema seja resolvido. Como agora. Na mesa de reuniões, 15 pessoas estão em meio a uma discussão alta e acalorada, amontoadas em volta do clássico telefone viva-voz que lembra um OVNI.

Wes e Patty estão sentados um ao lado do outro na mesa de reuniões, então chego atrás deles para escutar. Wes se encosta na cadeira com os braços cruzados sobre a barriga. Eles não se cruzam totalmente. Com 1,91m de altura e mais de 113kg, ele faz sombra na maioria das pessoas. Parece estar em movimento constante e é conhecido por dizer tudo o que pensa.

Patty é o completo oposto. Wes é barulhento, franco e direto, Patty é pensativa, analítica e defensora de processos e procedimentos. Wes é grande, combativo e às vezes até briguento, Patty é pequena, lógica e equilibrada. Ela tem a reputação de amar processos mais do que ama pessoas e frequentemente tenta impor ordem ao caos na TI.

Ela é a cara de toda a organização de TI. Quando as coisas dão errado na TI, as pessoas ligam para a Patty. Ela é nossa defensora profissional, seja quando os serviços estão caindo, as páginas da web demoram demais para carregar ou, como no caso de hoje, há dados faltando ou corrompidos.

Também ligam para ela quando precisam que seu trabalho seja feito — como atualizar um computador, mudar um número de telefone ou implementar uma nova aplicação. Ela faz todo o agendamento, então as pessoas sempre a pressionam para que seus trabalhos sejam feitos primeiro. Ela, então, entrega tudo para pessoas que fazem o trabalho. Na maior parte, elas são do meu antigo grupo ou do grupo de Wes.

Wes bate na mesa, dizendo: "Coloque o vendedor ao telefone e diga a ele que, a não ser que tragam um técnico aqui imediatamente, iremos ao concorrente. Somos um de seus maiores clientes! Pensando bem, provavelmente já deveríamos ter abandonado essa pilha de merda."

Ele olha em volta e brinca: "Vocês conhecem o ditado, né? Você sabe que um vendedor está mentindo quando seus lábios estão se movendo."

Um dos engenheiros em frente a Wes diz: "Estamos com ele no telefone agora. Disse que demorará pelo menos quatro horas antes de seu engenheiro SAN de campo chegar ao local."

Fecho a cara. Por que estão falando sobre a SAN? As redes de área de armazenamento fornecem armazenamento centralizado para muitos de nossos sistemas mais cruciais, então as falhas geralmente são globais: não seria só um servidor caindo, seriam centenas de servidores caindo ao mesmo tempo.

Enquanto Wes discute com o engenheiro, eu tento pensar. Nada sobre essa falha na execução da folha de pagamento parece um problema de SAN. Ann sugeriu que isso provavelmente fosse algo nas aplicações de registro de tempo sustentando cada fábrica.

"Mas depois que tentamos reverter a SAN, ela parou totalmente de servir dados", diz outro engenheiro. "Então o monitor começou a exibir tudo em kanji! Bem, eu acho que era kanji. O que quer que fosse, não conseguíamos distinguir nada daquilo. Foi quando vimos que precisávamos envolver o vendedor."

Embora esteja chegando tarde, estou convencido de que estamos no caminho totalmente errado.

Eu me inclino para sussurrar para Wes e Patty: "Posso falar com vocês em particular por um minuto?"

Wes se vira e, sem me dar total atenção, diz alto: "Não dá pra esperar? Caso não tenha notado, estamos no meio de um problema enorme aqui."

Coloco minha mão firmemente em seu ombro. "Wes, isso é muito importante. É sobre a falha na folha de pagamentos e se trata de uma conversa que acabei de ter com Steve Masters e Dick Landry."

Ele pareceu surpreso. Patty já levantou da cadeira. "Vamos usar minha sala", diz ela, mostrando o caminho.

Seguindo Patty até seu escritório, vejo uma foto de sua filha, que acho que tem 11 anos, na parede. Fico impressionado com o quanto ela se parece com Patty — destemida, incrivelmente inteligente e formidável — de uma maneira que é um pouco assustadora em uma menininha tão fofa.

Com uma voz grosseira, Wes diz: "Tudo bem, Bill, o que é tão importante que você acha que vale a pena interromper uma parada de Sev 1 em andamento?"

Essa não é uma pergunta ruim. Interrupções de Severidade 1 são incidentes sérios que impactam os negócios, tão destruidores que normalmente paramos tudo para resolvê-los. Respiro fundo. "Eu não sei se vocês ficaram sabendo, mas Luke e Damon não estão mais na empresa. A notícia oficial é a de que eles decidiram dar um tempo. Mais do que isso, eu não sei."

As expressões de surpresa confirmam minhas suspeitas. Eles não sabiam. Rapidamente relato os eventos da manhã. Patty balança a cabeça, proferindo um tsc-tsc em reprovação.

Wes parece estar com raiva. Ele trabalhou com Damon por muitos anos. Seu rosto fica vermelho. "Então agora nós devemos receber ordens de você? Olha, sem ofensas, cara, mas não é um pouco demais pra você? Você gerenciou os sistemas de médio porte, que são basicamente velharias, por anos. Você criou um trabalhinho confortável pra você aqui. E sabe o que mais? Você não tem ideia nenhuma de como conduzir sistemas distribuídos modernos — pra você, os anos 1990 ainda são o futuro!

"Francamente", diz ele, "eu acho que sua cabeça explodiria se tivesse que viver com o ritmo e a complexidade implacáveis com que lido todos os dias".

Eu expiro contando até três. "Você quer falar com Steve sobre o quanto quer meu emprego? Fique à vontade. Vamos primeiro dar à empresa o que precisam e garantir que todos recebam no dia certo."

Patty responde rapidamente: "Eu sei que você não me perguntou, mas concordo que o incidente da folha de pagamento precisa ser nosso foco." Ela faz uma pausa e então diz: "Acho que Steve fez uma boa escolha. Parabéns, Bill. Quando podemos conversar sobre um orçamento maior?"

Dou um pequeno sorriso e aceno com a cabeça em agradecimento a ela, retornando meu olhar para Wes.

Alguns segundo se esvaem, e expressões que não consigo decifrar passam por seu rosto. Finalmente, ele cede: "Tá, beleza. E eu aceito sua oferta de falar com Steve. Ele tem muita explicação para dar."

Eu concordo. Pensando em minha própria experiência com Steve, genuinamente desejo sorte a Wes se realmente decidir confrontá-lo.

"Obrigado pelo apoio de vocês. Eu agradeço. Agora, o que sabemos sobre a falha — ou falhas? O que é tudo isso sobre atualização SAN de ontem? Isso está relacionado?"

"Nós não sabemos." Wes balança a cabeça. "Estávamos tentando descobrir isso quando você chegou. Estávamos no meio de uma atualização de firmware SAN ontem, quando a execução da folha de pagamento falhou. Brent achou que a SAN estava corrompendo dados, então sugeriu que desfizéssemos as mudanças. Fez sentido para mim, mas, como você sabe, elas acabaram travando."

Até agora eu só ouvi "travar" algo em referência a estragar algo pequeno, como quando uma atualização de celular dá errado. Usar a expressão para se referir a um equipamento de milhões de dólares no qual todos os dados insubstituíveis da corporação são armazenados me deixa fisicamente mal.

Brent trabalha para Wes. Ele está sempre envolvido nos projetos importantes em que a TI trabalha. Trabalhei com ele várias vezes. Ele é definitivamente um cara esperto, mas pode ser assustador por causa do quanto sabe. O que piora tudo é que na maioria das vezes ele está certo.

"Você os escutou", disse Wes, fazendo gestos em direção à mesa de reuniões, onde a conferência da interrupção continua inabalável. "A SAN não inicializa, não serve dados, e nossos caras não conseguem ler nenhuma das mensagens de erro no monitor porque estão em algum idioma estranho. Agora vários bancos de dados caíram, incluindo, é claro, a folha de pagamentos."

"Para trabalhar a questão da SAN, tivemos que tirar Brent do trabalho do Fênix que prometemos fazer para Sarah", diz Patty abominavelmente. "Isso será o inferno na Terra."

"Ô-ou. O que exatamente prometemos a ela?", pergunto, alarmado.

Sarah é a SVP de Operações de Varejo e também trabalha para Steve. Ela tem uma habilidade excepcional para culpar os outros por seus erros, especialmente o pessoal da TI. Por anos tem sido capaz de escapar de qualquer tipo de responsabilidade real.

Embora tenha escutado rumores de que Steve a estivesse preparando como sua substituta, sempre considerei isso como sendo totalmente impossível. Estou certo de que Steve não é cego em relação a suas conspirações.

"Alguém disse a Sarah que estávamos atrasados na entrega de várias máquinas virtuais para Chris", responde ela. "Nós largamos tudo para fazer isso. Ou melhor, até que tivemos que largar tudo para consertar a SAN."

Chris Allers, nosso VP de Desenvolvimento de Aplicações, é responsável por desenvolver as aplicações e códigos dos quais o negócio precisa, que então nos são entregues para operar e manter. A vida de Chris é atualmente dominada pelo Fênix.

Coço minha cabeça. Como empresa, fizemos um investimento enorme em virtualizações. Embora pareça estranhamente com o ambiente operacional de mainframe da década de 1960, a virtualização mudou o jogo no mundo de Wes. De repente não é mais preciso gerenciar milhares de servidores físicos. Eles agora são instâncias lógicas dentro de um grande servidor, ou talvez até residindo em algum lugar na nuvem.

Construir um novo servidor agora está a um clique dentro de uma aplicação. Cabeamento? É agora uma configuração. Mas, apesar da promessa de que a virtualização resolveria todos os nossos problemas, aqui estamos — ainda atrasados em entregar uma máquina virtual para o Chris.

"Se precisamos que Brent trabalhe na questão da SAN, mantenha-o lá. Eu lido com a Sarah", digo. "Mas se a falha do pagamento foi causada pela SAN, por que não vimos interrupções e falhas mais extensas?"

"A Sarah definitivamente não ficará feliz. Sabe, de repente eu não quero mais seu emprego", diz Wes com uma grande risada. "Não seja demitido no seu primeiro dia. Eles provavelmente virão atrás de mim em seguida!"

Wes para e pensa. "Sabe, você tem um bom argumento sobre a SAN. Brent está trabalhando na questão neste momento. Vamos até a mesa dele ver o que ele acha."

Patty e eu assentimos. É uma boa ideia. Precisamos estabelecer uma timeline precisa de eventos relevantes. E, até agora, estamos baseando tudo em rumores.

Isso não funciona para resolver crimes, e definitivamente não funciona para resolver interrupções.

CAPÍTULO 3
• *Terça-feira, 2 de setembro*

Sigo Patty e Wes passando a COR até o mar de cubículos. Chegamos em um espaço de trabalho gigante, criado pela combinação de seis cubículos. Há uma grande mesa contra uma parede, com um teclado e quatro monitores LCD, como uma mesa de operações de Wall Street. Há pilhas de servidores por todos os lados, todos com luzes piscando. Cada parte da mesa está coberta por mais monitores, exibindo gráficos, janelas de login, editores de código, documentos Word e incontáveis aplicações que eu não reconheço.

Brent digita em uma janela, desatento a tudo ao seu redor. De seu telefone, escuto a linha de conferência da COR. Obviamente não parece preocupado com o fato de que talvez o telefone viva-voz em volume alto incomode seus vizinhos.

"Ei, Brent. Tem um minuto?", pergunta Wes alto, colocando a mão em seu ombro.

"Dá pra esperar?", responde Brent sem desviar o olhar. "Estou meio ocupado agora. Trabalhando na questão da SAN, sabe?"

Wes pega uma cadeira. "Sim, é por isso que estamos aqui para conversar."

Quando Brent se vira, Wes continua: "Conte-me novamente sobre ontem à noite. O que o fez concluir que a atualização da SAN causou a falha de execução da folha de pagamento?"

Brent fica indignado: "Eu estava ajudando um dos engenheiros SAN a realizar a atualização de firmware depois que todos foram embora. Demorou muito mais do que pensávamos — nada foi de acordo com a nota técnica. Ficou bem complicado, mas finalmente terminamos por volta das sete horas.

"Reinicializamos a SAN, mas então todos os autotestes começaram a falhar. Trabalhamos nisso por cerca de 15 minutos, tentando descobrir o que deu errado. Foi aí que recebemos os e-mails sobre a falha na execução do pagamento. Foi quando eu disse: 'Game Over'."

"Estávamos atrasados em muitas versões. O fornecedor da SAN provavelmente nunca testou o caminho da atualização que estávamos seguindo. Liguei pra você, dizendo que queria desistir. Quando você concordou, começamos a reversão."

"Foi aí que a SAN caiu", diz ele, afundando em sua cadeira. "Ela não só derrubou a folha de pagamentos, mas vários outros serviços também."

"Pretendíamos fazer a atualização de firmware da SAN há anos, mas nunca conseguíamos", explica Wes, virando-se para mim. "Chegamos perto uma vez, mas não conseguimos um período de manutenção grande o bastante. A performance estava ficando cada vez pior, ao ponto de vários apps cruciais serem impactados. Então, finalmente, ontem à noite, decidimos fazer um sacrifício e realizar a atualização."

Eu assinto. Então meu telefone toca.

É Ann, e eu a coloco no viva-voz.

"Como você sugeriu, nós observamos os dados que pegamos do banco de dados de pagamento ontem. O último período de pagamento estava certo. Mas, para esse período, todos os números de Seguridade Social dos horistas da fábrica não fazem sentido. E todas as suas horas trabalhadas e campos de salário também estão zerados. Ninguém nunca viu nada como isso antes."

"Apenas um campo não faz sentido?", pergunto, levantando as sobrancelhas surpreso. "O que você quer dizer com isso? O que há nos campos?"

Ela tenta descrever o que vê em sua tela. "Bem, não são números nem letras. Há algumas copas e espadas e alguns caracteres rabiscados... E vários caracteres estrangeiros com tremas... E não há espaços. Isso é importante?"

Quando Brent ri ao ouvir Ann tentar ler a linha em voz alta, dirijo a ele um olhar severo. "Acho que entendemos", falei. "Essa é uma pista muito importante. Você consegue enviar a planilha com os dados corrompidos para mim?"

Ela concorda. "Aliás, há vários bancos de dados fora do ar agora? Isso é engraçado. Eles estavam funcionando ontem à noite."

Wes resmunga algo, silenciando Brent antes que possa dizer qualquer coisa.

"Hmmm, sim. Estamos cientes do problema e também estamos trabalhando nisso", digo, impassível.

Quando desligamos, dou um suspiro de alívio, levando um momento para agradecer a qualquer divindade que proteja pessoas que combatem o fogo e consertam interrupções.

"Apenas um campo corrompido no banco de dados? Vamos lá, gente, isso definitivamente não soa como uma falha de SAN", digo. "Brent, o que mais aconteceu ontem, além da atualização da SAN, que poderia ter causado a falha da folha de pagamento?"

Brent se curva em sua cadeira, girando-a, enquanto pensa. "Bem, agora que você mencionou... Um desenvolvedor da aplicação de registro de horário me ligou ontem com uma pergunta estranha sobre a estrutura da tabela do banco de dados. Eu estava no meio do trabalho naquele teste de VM do Fênix, então dei a ele uma resposta bem rápida para que pudesse voltar ao trabalho. Você não acha que ele teve algo a ver com o estrago no app, acha?"

Wes vai diretamente para o telefone em viva-voz conectado na conferência da COR que esteve ligado o tempo todo e tira o telefone do mudo. "Ei, galera, é o Wes aqui. Estou com o Brent e a Patty, bem como nosso novo chefe, Bill Palmer. Steve Masters o colocou como responsável por todas as Ops. de TI. Então, escutem."

Meu desejo por um anúncio oficial de meu novo cargo parece cada vez menos provável.

Wes continua: "Alguém sabe de alguma coisa sobre um desenvolvedor fazendo alguma mudança na aplicação de registro de horário nas fábricas? Brent disse que recebeu uma ligação de alguém que perguntou sobre mudar algumas tabelas no banco de dados."

Do viva-voz sai uma voz: "Sim, eu ajudei alguém que estava com alguns problemas de conectividade com as fábricas. Tenho quase certeza de que era um desenvolvedor fazendo a manutenção do app de registro de horário. Ele estava instalando alguma aplicação de segurança que John precisava que funcionasse esta semana. Acho que o nome dele era Max. Ainda tenho suas informações de contato por aqui em algum lugar... Ele disse que estava saindo de férias hoje, e por isso o trabalho era tão urgente."

Agora estamos chegando a algum lugar.

Um desenvolvedor fazendo uma mudança urgente para que pudesse sair de férias — possivelmente como parte de algum projeto urgente sendo conduzido por John Pesche, nosso diretor de Segurança da Informação.

Situações como essa apenas reforçam minhas profundas suspeitas sobre os desenvolvedores: eles normalmente quebram coisas e então desaparecem, sobrando para as Operações arrumar a bagunça.

A única coisa mais perigosa que um desenvolvedor é um desenvolvedor conspirando com a Segurança. Os dois trabalhando juntos nos dão o meio, o motivo e a oportunidade.

Acho que nosso CISO provavelmente intimou um gerente de Desenvolvimento a fazer algo, o que resultou em um desenvolvedor fazendo outra coisa, que estragou a realização da folha de pagamento.

A Segurança da Informação está sempre dando carteirada nas pessoas e fazendo demandas urgentes, independentemente das consequências para o resto da organização, e é por isso que não os convidamos para muitas reuniões. A melhor maneira de garantir que algo não seja feito é com a presença deles.

Eles sempre inventam um milhão de razões por que qualquer coisa que façamos criará um buraco na segurança, que hackers extraterrestres explorarão para saquear toda a nossa organização e roubar nosso código, propriedade intelectual, números de cartão de crédito e fotos de nossos entes queridos. Esses são riscos potencialmente válidos, mas eu normalmente não consigo ligar os pontos entre suas demandas estridentes, histéricas e hipócritas e a real melhora da defesa do nosso ambiente.

"Beleza, galera", digo decisivamente. "A falha da execução da folha de pagamento é como uma cena do crime, e nós somos a Scotland Yard. A SAN não é mais uma suspeita, mas, infelizmente, nós a mutilamos acidentalmente durante nossa investigação. Brent, você continua trabalhando na SAN ferida — obviamente, nós precisaremos dela funcionando logo."

"Wes e Patty, nossos novos suspeitos são Max e seu gerente", digo. "Façam o que for preciso para encontrá-los, detê-los e descobrir o que fizeram. Eu não me importo se Max está de férias. Acho que ele estragou alguma coisa, e nós precisamos consertar isso até as 15h."

Eu penso por um momento. "Vou encontrar John. Alguém quer ir comigo?"

Wes e Patty discutem sobre quem ajudará a interrogar John. Patty diz com firmeza: "Deveria ser eu. Há anos tenho tentado manter o pessoal de John na linha. Eles nunca seguem nosso processo, e isso sempre causa problemas. Eu adoraria ver Steve e Dick acabando com ele por ter feito algo assim."

Aparentemente, é um argumento convincente, pois Wes diz: "Tudo bem, ele é todo seu. Eu quase sinto pena dele agora."

De repente, eu me arrependo de minha escolha de palavras. Essa não é uma caça às bruxas, e eu não estou querendo retaliação. Ainda precisamos de uma timeline de todos os eventos relevantes que levaram até a falha.

Chegar a conclusões inadequadas causou a falha da SAN na noite passada. Não cometeremos esse tipo de erro novamente. Não sob minha supervisão.

Enquanto Patty e eu ligamos para John, aperto os olhos para ver o número na tela de Patty, imaginando se é hora de ouvir o conselho da minha esposa e fazer óculos. Mais um lembrete de que estou chegando aos 40.

Digito o número, e uma voz responde no primeiro toque: "John falando."

Rapidamente falo para ele sobre a folha de pagamento e a falha na SAN, e então pergunto: "Você fez alguma mudança na aplicação de registro de horário ontem?"

Ele diz: "Isso parece ruim, mas posso garantir que não fizemos nenhuma mudança nos seus sistemas de médio porte. Desculpe se não posso ajudar."

Eu suspiro. Achei que agora Steve ou Laura teriam enviado o anúncio da minha promoção. Parece que minha sina será explicar meu novo cargo em toda interação que tiver.

Fico pensando se seria mais fácil se eu mesmo mandasse o anúncio.

Repito a história abreviada da minha promoção apressada. "Wes, Patty e eu ouvimos que você estava trabalhando com Max para implantar algo urgente ontem. O que era?"

"Luke e Damon foram embora?" John pareceu surpreso. "Nunca achei que Steve fosse realmente demitir ambos por causa de uma constatação da auditoria de conformidade. Mas quem sabe? Talvez as coisas finalmente comecem a mudar por aqui. Que seja uma lição para você, Bill. Seu pessoal de Operações não pode mais ficar se arrastando em relação às questões de segurança! Só um conselho amigável…

"Falando nisso, tenho suspeitas sobre como a concorrência continua passando à nossa frente", continua ele. "Como dizem, uma vez é coincidência.

Duas vezes é casualidade. A terceira deve ser ação inimiga. Talvez os sistemas de e-mail de nossos vendedores tenham sido hackeados. Isso com certeza explicaria por que estamos perdendo tantos negócios."

John continua falando, mas minha mente ainda está presa na sugestão de que Luke e Damon possam ter sido demitidos por algo relacionado à segurança. É possível — John lida rotineiramente com algumas pessoas bem poderosas, como Steve e a diretoria, bem como auditores internos e externos.

Entretanto, tenho certeza de que Steve não mencionou nem John nem a Segurança da Informação como razões pela partida deles — apenas a necessidade de focar o Fênix.

Olho para Patty interrogativamente. Ela olha indignada para o alto e então gira o dedo em volta da orelha. Claramente, ela acha que a teoria de John é loucura.

"Steve lhe deu algum insight sobre a nova estrutura organizacional?", pergunto com curiosidade genuína — John está sempre reclamando de que a segurança da informação sempre teve prioridade baixa demais. Ele vem tentando se aproximar do CIO, dizendo que isso resolveria um conflito de interesses inerente. Até onde eu sei, não teve sucesso.

Não é segredo que Luke e Damon marginalizaram John o máximo possível para que ele não pudesse interferir com as pessoas que realmente trabalhavam. John ainda conseguia aparecer nas reuniões, apesar de seus melhores esforços.

"O quê? Não tenho ideia do que está acontecendo", diz ele em um tom ofendido. Minha pergunta aparentemente pegou em um calo. "Estou no escuro, como sempre. Eu provavelmente também serei o último a saber, pra variar. Até você me contar, achei que eu ainda reportava a Luke. E agora que ele foi embora, não sei a quem reporto. Você recebeu uma ligação do Steve?"

"Isso está muito além das minhas capacidades — estou tão no escuro quanto você", respondo me fingindo de bobo. Rapidamente mudando de assunto, pergunto: "O que você pode nos dizer sobre a mudança no app de registro de horário?"

"Vou ligar para Steve e descobrir o que está acontecendo. Ele provavelmente esqueceu que a Segurança da Informação existe", continua ele, fazendo-me pensar se seremos capazes de falar sobre a folha de pagamento.

Para meu alívio, ele finalmente diz: "Ah, sim, você perguntou do Max. Nós tivemos uma questão de auditoria urgente sobre o armazenamento de PII — ou seja, informação pessoalmente identificável, como o SSNs —, que são obviamente os números de Seguridade Social, datas de nascimento, e assim por diante. A lei da União Europeia e agora muitas leis estaduais dos EUA nos proíbem de armazenar esse tipo de dado. Temos uma auditoria enorme em relação a isso. Eu sabia que era minha equipe que deveria salvar a empresa de si mesma e nos prevenir do massacre novamente. Isso daria uma notícia de primeira página, sabia?"

Ele continua: "Nós encontramos um produto que tokeniza essa informação, então não temos mais que armazenar os SSNs. Isso era pra ter sido implementado há quase um ano, mas nunca foi feito, apesar de eu incomodar tanto. Agora estamos sem tempo. Os auditores da Indústria de Cartões de Pagamento, ou PCI, estarão aqui no final do mês, então acelerei o trabalho com a equipe de registro de horário para que isso fosse feito."

Eu olho para meu telefone, sem palavras.

Por um lado, estou feliz por termos encontrado a arma na mão de John. A menção de John do campo SSN combina com a descrição de Ann dos dados corrompidos.

Por outro lado: "Deixe-me ver se entendi direito...", digo lentamente. "Você implementou essa aplicação de tokenização para arrumar uma descoberta da auditoria, que causou a falha na execução de pagamentos, que fez Dick e Steve subirem pelas paredes?"

John responde acaloradamente: "Primeiro, tenho certeza de que o produto de segurança de tokenização não causou o problema. Isso é inconcebível. O vendedor garantiu que ele é seguro, e nós verificamos todas as referências. Segundo, Dick e Steve têm toda razão de estarem subindo pelas paredes: conformidade não é opcional. É lei. Meu trabalho é evitar que usem macacões alaranjados, então fiz o que precisava ser feito."

"Macacões alaranjados?"

"Como aqueles que você usa na prisão", diz ele. "Meu trabalho é manter a gerência em conformidade com todas as leis, regulamentações e obrigações contratuais relevantes. Luke e Damon eram imprudentes. Eles contornavam situações que afetavam severamente nossa postura de auditoria e segurança. Se não fossem as minhas ações, provavelmente estaríamos todos na cadeia agora."

Eu achei que estávamos falando sobre a falha na folha de pagamento, não sendo jogados na cadeia por alguma força policial imaginária.

"John, nós temos processos e procedimentos para como introduzir mudanças na produção", diz Patty. "Você os contornou e, mais uma vez, causou um grande problema, que estamos tendo que reparar. Por que você não seguiu o processo?"

"Ah! Boa, Patty", bufa John. "Eu segui o processo. Você sabe o que seu pessoal me falou? Que o próximo período de implementação possível era em quatro meses. Oi? Os auditores estarão aqui na semana que vem!"

Ele diz com firmeza: "Ficar preso no seu processo burocrático simplesmente não era uma opção. Se estivesse no meu lugar, você teria feito a mesma coisa."

Patty fica vermelha. Eu digo calmamente: "De acordo com Dick, temos menos de quatro horas para fazer o app de registro de horário funcionar. Agora que sabemos que houve uma mudança que afetou os SSNs, acho que temos aquilo de que precisamos."

Eu continuo: "Max, que ajudou com a implementação, está de férias hoje. Wes ou Brent entrarão em contato com você para aprender mais sobre esse produto de tokenização que você implementou. Eu sei que você dará a eles toda a ajuda necessária. Isso é importante."

Quando John concorda, eu o agradeço por seu tempo. "Espera, mais uma pergunta. Por que você acredita que esse produto não causou a falha? Você testou a mudança?"

Há um breve silêncio no telefone antes de John responder: "Não, nós não conseguimos testar a mudança. Não há ambiente de teste. Aparentemente, vocês fizeram o pedido por orçamento há anos, mas..."

Eu deveria saber.

"Bem, isso é uma boa notícia", diz Patty depois que John desliga. "Pode não ser fácil de consertar, mas, pelo menos, finalmente sabemos o que está acontecendo."

"A mudança de tokenização de John estava no cronograma de mudanças?", pergunto.

Ela ri sem achar graça. "Era isso que eu estava tentando lhe dizer. John raramente passa pelo nosso processo de mudança. A maioria das pessoas não o faz. Isso aqui parece o Velho Oeste. Reagimos sem pensar nas consequências."

Ela diz na defensiva: "Precisamos de mais processos por aqui e um suporte melhor dos superiores, incluindo ferramentas e treinamento de processos de TI. Todo mundo acha que a maneira certa de fazer o trabalho é só fazê-lo. Isso praticamente impossibilita o meu trabalho."

Em meu antigo grupo, nós sempre fomos disciplinados ao fazer mudanças. Ninguém as fazia sem contar para todo mundo, e nos desdobrávamos para garantir que nossas mudanças não atrapalhassem ninguém.

Não estou acostumado a voar tão às cegas.

"Nós não temos tempo para fazer interrogatórios toda vez que algo dá errado", digo exacerbado. "Faça uma lista de todas as mudanças feitas nos últimos, digamos, três dias. Sem uma timeline precisa não conseguiremos estabelecer causa e efeito, e provavelmente acabaremos causando outra interrupção."

"Boa ideia", concorda ela. "Se necessário, enviarei um e-mail para todos na TI para descobrir o que estiveram fazendo, para pegar coisas que não estavam no nosso cronograma."

"O que você quer dizer com 'mandar e-mail para todos'? Não há um sistema no qual as pessoas incluem as mudanças? E nosso sistema de tíquetes ou o sistema de autorização de mudanças?", pergunto atordoado. Isso é como a Scotland Yard mandar e-mail para todo mundo em Londres para descobrir quem estava perto da cena de um crime.

"Vai sonhando", diz ela, olhando para mim como se eu fosse um novato, o que suponho que sou. "Há anos tento fazer as pessoas usarem nosso processo e ferramentas de gestão de mudanças. Mas, assim como John, ninguém usa. O mesmo vale para nosso sistema de tíquetes. É bem aleatório também."

As coisas estão bem piores do que eu pensava.

"Tudo bem, faça o que precisa ser feito", digo finalmente, incapaz de esconder minha frustração. "Certifique-se de atingir todos os desenvolvedores dando suporte ao sistema de registro de horas, bem como todos os administradores do sistema e pessoal de rede. Ligue para seus gerentes e diga a eles que é importante que saibamos sobre quaisquer mudanças, independentemente do quão pouco importante elas pareçam. E não se esqueça do pessoal do John."

Quando Patty assente, eu digo: "Olha, você é a gerente de mudanças. Temos que ser melhores nisso. Precisamos de uma consciência situacional melhor, e isso significa que precisamos de algum tipo de mudança funcional no processo gerencial. Faça com que todos tragam suas mudanças para que possamos criar uma imagem do que realmente está acontecendo por aí."

Para minha surpresa, Patty parece desanimada. "Olha, eu tentei isso antes. Vou falar o que acontecerá. O Conselho Consultivo de Mudanças, ou CCM, se reunirá uma ou duas vezes. E dentro de algumas semanas as pessoas não comparecerão mais, dizendo que estão muito ocupadas. Ou apenas farão as mudanças sem esperar por autorização por causa da pressão dos prazos. De qualquer maneira, vai acabar dentro de um mês."

"Não desta vez", digo com firmeza. "Envie um aviso de reunião para todos os líderes de tecnologia e anuncie que o comparecimento não é opcional. Se não puderem comparecer, precisam enviar um representante. Quando é a próxima reunião?"

"Amanhã", diz ela.

"Excelente", digo genuinamente entusiasmado. "Estou ansioso por isso."

Quando finalmente cheguei em casa, passava da meia-noite. Depois de um longo dia de decepções, eu estava exausto. Havia balões no chão e uma garrafa de vinho pela metade na mesa da cozinha. Na parede, um pôster escrito com giz de cera: "Parabéns, Papai!"

Essa tarde, quando liguei para minha esposa, Paige, contando sobre minha promoção, ela ficou muito mais feliz do que eu. Ela insistiu em convidar os vizinhos para fazer uma pequena celebração. Mas, por chegar em casa tão tarde, perdi minha própria festa.

Às 14h, Patty havia argumentado com sucesso que, das 27 mudanças feitas nos últimos três dias, somente a mudança de tokenização de John e a atualização da SAN poderiam estar razoavelmente ligadas à falha do pagamento. Entretanto, Wes e sua equipe ainda não conseguiam restaurar as operações da SAN.

Às 15h, tive que dar a Ann e Dick as más notícias de que não teríamos outra escolha a não ser executar o plano B. Sua frustração e decepção eram bem evidentes.

Só às 19h a aplicação de registro de tempo estava funcionando novamente, e às 23h a SAN havia finalmente voltado à ativa.

Não foi um ótimo desempenho no meu primeiro dia como VP de Operações de TI.

Antes de ir embora, enviei por e-mail para Steve, Dick e Ann um rápido relatório de status, prometendo fazer o que fosse necessário para evitar que esse tipo de falha ocorresse novamente.

Eu subi, terminei de escovar meus dentes e conferi meu telefone uma última vez antes de ir para a cama, tendo cuidado para não acordar Paige. E xinguei quando vi um e-mail do gerente de RP de nossa empresa, com um assunto "Más notícias. Talvez estejamos na primeira página amanhã…".

Sento-me na cama, espremendo os olhos para ler a história.

Elkhart Grove Herald Times
Parts Unlimited erra os pagamentos, líder do sindicato local chama a falha de "inescrupulosa"

A fornecedora de peças automotivas Parts Unlimited falhou em compensar adequadamente seus trabalhadores, com alguns empregados não recebendo pagamento nenhum, de acordo com um memorando interno da Parts Unlimited. A empresa, sediada localmente, admitiu que fracassou em emitir pagamentos corretamente para alguns de seus empregados horistas da fábrica e que outros não haviam recebido nenhuma compensação por seu trabalho. A Parts Unlimited nega que o problema esteja ligado a fluxo de caixa e atribui o erro a uma falha no sistema de pagamentos.

A empresa, que um dia valeu $4 bilhões, tem sido atormentada pela queda na receita e perdas crescentes nos últimos trimestres. Essas desgraças financeiras, pelas quais alguns culpam uma falha na gerência superior, levaram a uma insegurança desenfreada no emprego entre os trabalhadores locais, que lutam para sustentar suas famílias.

De acordo com o memorando, independentemente do que tenha causado a falha nos pagamentos, os empregados talvez tenham que esperar dias ou semanas para serem compensados.

"Esse é só o último erro de execução de gerenciamento em uma longa cadeia cometido pela empresa nos últimos anos", de acordo com Kelly Lawrence, analista-chefe de Indústria da Nestor Meyers.

O CFO da Parts Unlimited, Dick Landry, não retornou ligações do *Herald Times* requisitando comentários sobre o problema do pagamento, erros contábeis e questões de competência gerencial.

Em uma declaração emitida em nome da Parts Unlimited, Landry expressou arrependimento pela "falha" e jurou que o erro não se repetirá.

O *Herald Times* continuará a publicar atualizações com o decorrer da história.

Cansado demais para qualquer coisa, desliguei as luzes, fazendo uma nota mental para mim mesmo para encontrar Dick no dia seguinte e pedir desculpas pessoalmente. Fechei meus olhos e tentei dormir.

Uma hora mais tarde, ainda estava muito bem acordado, encarando o teto.

CAPÍTULO 4
- *Quarta-feira, 3 de setembro*

Eu bebo meu café enquanto abro meu notebook, às 7h30, na esperança de verificar meus e-mails e mensagens de voz antes da minha reunião das 8h. Olho para a tela. Nas 22 horas desde que fui promovido, 526 novos e-mails chegaram à minha caixa.

Caramba!

Pulo todas as mensagens sobre a falha de ontem e fico assustado com todas as notas de parabéns de vendedores querendo almoçar comigo. Como eles descobriram? Tenho quase certeza de que a maior parte de minha organização ainda não sabe.

Leio um e-mail de Ellen, a assistente do meu ex-chefe, que agora está designada a me ajudar, parabenizando-me e perguntando quando podemos nos encontrar. Respondo dizendo que gostaria de levá-la para tomar um café nesta manhã. Envio uma nota para o *service desk* da TI pedindo que Ellen tenha acesso à minha agenda.

Uma luz vermelha piscando no meu telefone de mesa chama minha atenção: "7h50 62 novas mensagens de voz."

Meu queixo cai. Eu levaria uma hora, que não tenho, só para escutá-las. Mando um e-mail para Ellen novamente pedindo que verifique todas as minhas mensagens de voz, transcrevendo qualquer uma que requeira ação.

Antes de enviar, acrescento rapidamente: "Se houver qualquer mensagem do Steve ou do Dick, por favor, ligue imediatamente para o meu celular."

Pegando minha prancheta, corro em direção à minha primeira reunião, quando meu telefone vibra. É um e-mail urgente:

> De: Sarah Moulton
> Para: Bill Palmer
> Cc: Steve Masters
> Data: 3 de setembro, 7h58
> Prioridade: Mais alta
> Assunto: Último escorregão do Fênix
>
> Bill, como você sabe, o Projeto Fênix é o mais importante que esta empresa está realizando. Eu ouvi rumores terríveis de que você está segurando o release.
>
> Não preciso lembrá-lo de que nossa concorrência não está parada. A cada dia que passa, nossa fatia de mercado diminui. Preciso que todos tenham um senso de urgência. Especialmente você, Bill.
>
> Temos uma reunião de emergência da gerência do projeto às 10h hoje. Por favor, junte-se a nós, e esteja preparado para explicar esses atrasos inaceitáveis.
>
> Steve, eu sei o quão importante este projeto é para você, dados os compromissos que você fez com a diretoria. Esteja à vontade para comparecer. Adoraríamos sua perspectiva.
>
> Saudações,
> Sarah

Ah, não!

Encaminho o e-mail para Wes e Patty, sinalizando-o como prioridade alta. Algo parece errado em um mundo onde metade das mensagens de e-mail enviadas é urgente. Tudo pode ser realmente tão importante?

Ligo para o celular de Wes. "Acabei de receber seu e-mail da Sarah", diz ele. "Que besteirol completo."

"O que está havendo?", pergunto.

Ele diz: "Tenho quase certeza de que é porque Brent não terminou aquele trabalho de configuração para os desenvolvedores Fênix. Todo mundo está correndo atrás do próprio rabo, pois os desenvolvedores não sabem nos dizer como deve ser o ambiente de testes. Estamos fazendo nosso melhor, mas sempre que entregamos algo, eles nos dizem que fizemos errado."

"Quando eles nos falaram sobre isso?", pergunto.

"Duas semanas atrás. É o besteirol normal com o Desenvolvimento, mas pior. Eles querem tanto cumprir o prazo, que só agora começaram a pensar em como testar e implementar. Aparentemente eles estão jogando o problema para nós. Espero que você esteja usando sua cueca à prova de fogo, como eu. Sarah irá para essa reunião com tochas, querendo nos jogar na fogueira."

Para mim, é incrível como as transferências entre Desenvolvimento e Operações de TI sempre acabam mal. Mas dada a perpétua guerra tribal entre os dois grupos, talvez eu não deva ficar surpreso.

Respondo: "Entendo. Olha, verifique esse problema de especificação de Dev pessoalmente. Temos que estar preparados — reúna todos os envolvidos, seja no Dev ou nas Ops, e os tranque em uma sala até que criem uma especificação por escrito. O Fênix é tão importante, que não podemos nos dar ao luxo de que algo dê errado."

Wes diz que cuidará disso, e eu pergunto: "Há alguma outra coisa que Sarah pode jogar para cima da gente?"

Ele pensa e finalmente diz: "Não, acho que não. Nós temos uma razão bem válida, com a falha na execução do pagamento, para o porquê de Brent não ter conseguido completar seu trabalho."

Eu concordo. Sentindo como se estivéssemos protegidos, digo: "Vejo você às 10h."

Menos de uma hora mais tarde, estou caminhando sob o sol quente para o Prédio 9, o qual muitas pessoas do Marketing chamam de casa. Para minha surpresa, me junto a um pequeno exército de pessoas da TI andando na mesma direção. Por quê?

Então percebo. A maioria de nossos projetos de marketing não pode ser feita sem a TI. Marketing high touch requer alta tecnologia. Mas se há tantos de nós designados para esses projetos de marketing, não seriam eles que deveriam ir até nós?

Imagino que Sarah goste assim, a aranha sentada, apreciando ver todos os subordinados da empresa fazendo seus caminhos até sua toca.

Chego e vejo imediatamente Kirsten Fingle, que conduz o Escritório de Gestão de Projetos, sentada à ponta da mesa. Sou um grande fã dela. Ela é organizada, equilibrada e defensora da responsabilidade. Quando ingressou na empresa, há cinco anos, trouxe um outro nível de profissionalismo à nossa organização.

À sua direita, Sarah está encostada em sua cadeira, digitando em seu iPhone, desatenta ao resto de nós.

Sarah tem minha idade: 39. Ela é bem reservada sobre sua idade, sempre dizendo coisas de uma maneira que levaria alguém a concluir que é muito mais velha, mas nunca realmente mentindo.

Existe ainda outra coisa irritante sobre Sarah.

Há cerca de 25 pessoas na sala. Muitos dos proprietários das linhas de negócio estão aqui, alguns dos quais trabalham para Sarah. Chris Allers também está aqui. Chris é um pouco mais velho do que eu e parece estar magro e em forma. Ele é visto frequentemente tanto fazendo piadas quanto acabando com alguém por perder um prazo. Tem a reputação de ser um gerente capaz e direto. Com quase 200 desenvolvedores trabalhando para ele, precisa ser assim.

Para ajudar com o Fênix, sua equipe aumentou para 50 pessoas nos últimos dois anos, muitos por meio de lojas de desenvolvimento externas. Constantemente pede-se que Chris entregue mais recursos e o faça em menos tempo, com menos dinheiro.

Vários de seus gerentes também estão na sala. Wes também está aqui, sentado ao lado de Chris. Enquanto começo a procurar uma cadeira vazia, noto como todos parecem excepcionalmente tensos. E então vejo o porquê.

Lá, sentado bem ao lado da única cadeira vazia na mesa, está Steve.

Todo mundo parece estar se esforçando muito para não encará-lo. Enquanto casualmente me sento ao lado de Steve, meu telefone vibra. É uma mensagem de texto do Wes:

Merda. Steve nunca compareceu a uma reunião de gerência de projetos. Estamos totalmente ferrados.

Kirsten limpa a garganta. "Em primeiro lugar em nossa pauta está o Fênix. As notícias não são boas. Esse projeto foi do amarelo ao vermelho cerca de quatro semanas atrás, e minha avaliação pessoal é a de que o prazo está em grande risco."

Ela continua com sua voz profissional: "Para refrescar sua memória, na semana passada havia 12 tarefas no caminho crucial da Fase 1 do Fênix. Apenas três delas foram completadas."

Há um gemido coletivo na sala, e várias pessoas murmuram umas para as outras. Steve se vira para olhar para mim. "E aí?"

Eu explico: "O recurso crucial em questão é Brent, que foi 100% utilizado para ajudar a recuperar a falha na folha de pagamento, sobre a qual todos sabemos. Essa foi uma emergência totalmente imprevista, mas obviamente uma com a qual tínhamos que lidar. Todo mundo sabe o quanto o Fênix é importante, e estamos fazendo todo o possível para garantir que Brent permaneça focado."

"Obrigada por essa explicação supercriativa, Bill", responde Sarah imediatamente. "A questão real aqui é que seu pessoal não parece entender o quão importante o Fênix é para a empresa. Nossa concorrência está nos matando no mercado. Todos vocês viram e ouviram os comerciais sobre seus novos serviços. Eles estão nos massacrando em inovação, tanto nas lojas de varejo quanto online. Já atraíram alguns de nossos maiores parceiros, e nossa força de vendas está começando a entrar em pânico. Não sou do tipo que diz 'Eu avisei', mas o último anúncio de produto deles mostra por que não podemos agir como se isso fosse apenas um negócio qualquer."

Ela continua: "Veja, Bill. Para que possamos aumentar nossa fatia de mercado, devemos lançar o Fênix. Mas, por alguma razão, você e sua equipe continuam se arrastando. Talvez você não esteja priorizando corretamente. Ou talvez só não esteja acostumado a apoiar um projeto tão importante."

Apesar de toda minha preparação mental, sinto que meu rosto ficou quente de raiva. Talvez seja pela maneira condescendente com que ela estava papagueando Steve para mim. Ou talvez porque nem olhava para mim enquanto se dirigia a mim, olhando para Steve, para ver como ele reagia. Ou pela maneira como ela basicamente me chamou de desinformado e incompetente.

Todo mundo está em silêncio, enquanto me forço a inspirar profundamente.

Minha raiva dissipa. Isso tudo é só teatro corporativo. Eu não gosto, mas aceito pelo que é. Quase fiz da Marinha minha carreira, quando fui candidato a uma promoção para sargento. Você não se torna um NCO sênior na Marinha sem ser capaz de fazer jogos políticos.

"Interessante", digo para Sarah. "Diga-me o que é mais importante: pagar nossos empregados das fábricas ou cumprir as tarefas do Fênix? Steve me disse para resolver a falha do pagamento. Como você teria priorizado isso de maneira diferente de Steve?"

À minha menção de Steve, a expressão de Sarah muda. "Bem, talvez se a TI não tivesse causado a falha, você não teria que desfazer seus compromissos conosco. Não acho que possamos depender de você e da sua equipe."

Eu concordo lentamente com a cabeça, sem morder a isca. "Estou ansioso por qualquer sugestão que você tenha a oferecer, Sarah."

Ela olha para mim, e então para Steve. Aparentemente decidindo que não há mais pontos a serem ganhos aqui, ela desvia o olhar. Eu vejo Wes balançando a cabeça em descrença por essa discussão, ficando estranhamente quieto.

Sarah continua: "Nós gastamos mais de $20 milhões no Fênix, e estamos quase dois anos atrasados. Precisamos chegar ao mercado." Olhando para Chris, ela pergunta: "Dados os atrasos do grupo de Bill, quando é o mais cedo que conseguiremos lançar?"

Chris tira os olhos de seus papéis. "Eu investiguei isso desde que conversamos na semana passada. Se acelerarmos algumas coisas e se os ambientes virtualizados da equipe de Bill funcionarem como o esperado, podemos começar a produção uma semana depois, contando a partir de sexta-feira."

Fico pasmo com Chris. Ele acabou de inventar uma data aleatória para começar a produção, desprezando totalmente todas as coisas que precisamos fazer antes da implementação.

Tenho um *flashback* repentino. Na Marinha nós tínhamos um ritual para todos os NCOs seniores. Passávamos um tempo tomando cervejas e assistíamos *Star Wars: O Retorno de Jedi*. Toda vez que o Almirante Ackbar gritava "É uma armadilha!", nós todos ríamos espalhafatosamente, pedindo um replay.

Desta vez eu não estou rindo.

"Ei, espere um minuto aí!", diz Wes abruptamente, batendo na mesa. "Que diabos você está tentando fazer? Faz só duas semanas que ficamos sabendo das especificidades da implementação do Fênix. Seu pessoal ainda não nos falou de que tipo de infraestrutura precisamos, então não podemos nem pedir o servidor e equipamento de rede necessários. E, a propósito, os vendedores já estão fazendo a cotação para nós com data de entrega para três semanas!"

Agora ele está encarando Chris, apontando para ele com raiva. "Ah, e eu ouvi dizer que o desempenho do seu código é tão ruim, que precisaremos do melhor e mais rápido equipamento que existe. Você deve suportar 250 transações por segundo e mal está conseguindo fazer 4! Precisaremos de tanto hardware, que será necessário outro chassi para colocar tudo, e provavelmente teremos que pagar uma taxa de fabricação personalizada para conseguir isso no prazo. Só Deus sabe o que isso fará com o orçamento."

Chris quer responder, mas Wes é implacável. "Nós ainda não temos uma especificação concreta de como os sistemas de produção e testes devem ser configurados. Ah, vocês não precisam mais de um ambiente de testes? Vocês nem fizeram um teste real no seu código ainda, porque isso também já saiu do cronograma!"

Meu coração dispara à medida que todas as implicações são absorvidas. Eu já vi esse filme. O enredo é simples: primeiro você pega um projeto com data urgente, cujo lançamento não pode atrasar por causa de compromissos externos feitos com a Wall Street ou com clientes. Então você adiciona um monte de desenvolvedores que usam todo o tempo no cronograma, deixando nada de tempo para teste ou implementação de operações. E como ninguém está disposto a adiar a data de implementação, todo mundo depois do Desenvolvimento precisa tomar atalhos ridículos e inaceitáveis para cumprir o prazo.

Os resultados nunca são bonitos. Normalmente o produto do software é tão instável e inutilizável, que até a pessoa que estava gritando para que fosse concluído diz que não vale a pena lançar. E é sempre o pessoal de Operações de TI que ainda precisa passar a noite inteira acordado, reiniciando servidores de hora em hora para compensar o código ruim, realizando qualquer ato heroico que seja requerido para esconder do resto do mundo o quão ruim as coisas realmente são.

"Gente, eu entendo o desejo de colocar o Fênix em produção o quanto antes", digo para Steve e Chris o mais calmamente possível. "Mas, com base no que ouvi do Wes, acho a implementação incrivelmente prematura. Nós ainda não sabemos de qual equipamento precisamos para atingir os objetivos de desempenho, nem fizemos nenhum teste de capacidade para confirmar nossas suspeitas. É improvável que tenhamos documentação adequada para levar isso para a produção, quem dirá monitorar e dar suporte para tudo."

Com minha voz mais persuasiva, continuo: "Eu quero tanto quanto qualquer um que o Fênix vá para o mercado, mas se a experiência do usuário for muito ruim, acabaremos levando nossos clientes para a concorrência."

Eu me viro para o Chris. "Vocês não podem simplesmente jogar a responsabilidade para nós e então cumprimentar uns aos outros no estacionamento, parabenizando-se por terem cumprido o prazo. Wes está nos dizendo que provavelmente haverá problemas, e será a minha equipe que trabalhará várias noites e finais de semana para solucioná-los."

Chris responde acaloradamente: "Não me venha com essa merda sobre 'jogar a responsabilidade'. Nós convidamos seu pessoal para nossas reuniões de arquitetura e planejamento, mas posso contar em uma mão o número de vezes que vocês apareceram. Regularmente, tivemos que esperar dias ou até semanas para conseguir qualquer coisa de que precisássemos de vocês!"

Então ele levantou as mãos, como se tudo estivesse fora do seu controle. "Olha, eu também gostaria de ter mais tempo. Mas desde o início todos nós sabíamos que esse era um projeto com data marcada. Essa foi uma decisão de negócios que todos tomamos."

"Exatamente!", exclamou Sarah antes que eu pudesse responder. "Isso só mostra como Bill e sua equipe não têm o senso de urgência necessário. A perfeição é inimiga do bom. Bill, nós simplesmente não temos o luxo do tempo para polir isso para qualquer padrão de ouro que você está propondo. Precisamos criar fluxo de caixa positivo, e não podemos fazer isso sem recuperar um pouco da fatia de mercado. E, para isso, precisamos implementar o Fênix."

Ela olha para Steve. "Nós entendemos de risco, não entendemos, Steve? Você tem feito um trabalho absolutamente incrível vendendo isso para analistas e até para os caras no CNBC — eu não acho que queremos parecer estúpidos ao atrasar mais do que já estamos."

Steve concorda com a cabeça e esfrega o queixo, balançando-se para a frente e para trás em sua cadeira enquanto pensa. "Certo", diz ele finalmente, inclinando-se para a frente. "Nós assumimos compromissos com nossos investidores e analistas de que lançaremos o Fênix neste trimestre."

Meu queixo cai. Sarah atenuou todos os meus argumentos, levando Steve a um caminho destrutivo e imprudente.

Exasperado, eu digo: "Alguém aqui acha que isso é realmente estranho? Eu estive nesta sala quando discutimos instalar novos chafarizes em frente a cada loja. Nós demos a essa equipe nove meses para planejar a implantação. Nove meses! E todos nós concordamos que isso era razoável.

"Agora estamos falando do Fênix, que impacta milhares de sistemas de pontos de venda, e todos os sistemas de entrada de pedidos do *back-office*. Isso é, pelo menos, 10 mil vezes mais complexo do que implantar novos chafarizes, com muito mais risco para o negócio. E você está nos dando apenas uma semana para planejar e executar a implantação?"

Ergo minhas mãos, implorando a Steve: "Isso não parece um pouco imprudente e injusto?"

Kirsten concorda, mas Sarah diz desdenhosamente: "Bill, essa é uma história comovente, mas nós não estamos discutindo chafarizes, estamos discutindo o Fênix. Além disso, acredito que a decisão já tenha sido tomada."

Steve diz: "Sim, foi. Obrigado por compartilhar o que você vê como riscos, Bill." Ele se vira para Sarah. "Qual é a data de lançamento?"

Sarah responde rapidamente: "O lançamento do marketing é no próximo sábado, 13 de setembro. O Fênix será implementado às 17h do dia anterior."

Steve escreve a data na parte de trás de seu caderno e diz: "Bom. Mantenha-me informado sobre o andamento e me diga se há algo que eu possa fazer para ajudar."

Olho para o Wes, que com as mãos faz gestos de um avião batendo na mesa à sua frente e explodindo em chamas.

No corredor, Wes diz: "Achei que deu tudo certo, chefe."

Eu não estou rindo. "O que diabos aconteceu lá? Como ficamos nessa posição? Alguém sabe o que é exigido de nós para dar suporte a esse lançamento?"

"Ninguém tem nem ideia", diz ele, balançando a cabeça em desgosto. "Nós nem sequer concordamos sobre como fazer a transferência com o Desenvolvimento. No passado, eles apenas apontavam para uma pasta de rede e diziam: 'Implemente isso'. Há bebês recém-nascidos largados nas escadarias de igrejas com mais instruções operacionais do que eles estão nos dando."

Balanço minha cabeça com essa imagem terrível, mas ele está certo. Temos um problema sério aqui.

Ele continua: "Teremos que reunir uma grande equipe, incluindo os caras do Chris, para descobrir como faremos isso. Nós temos problemas em todas as camadas: redes, servidores, bancos de dados, sistemas operacionais, aplicações, *switch* da Camada 7 — toda a pilha de problemas. Serão noites em claro para todos nós nos próximos nove dias."

Eu concordo tristemente. Esse tipo de esforço com a participação de todos é só outra parte da vida na TI, mas fico com raiva quando precisamos realizar alguma proeza por causa da falta de planejamento de outra pessoa.

Eu digo: "Reúna sua equipe e peça que Chris reúna a equipe dele também. Pare de tentar fazer tudo isso por e-mail e no sistema de tíquetes. Precisamos de todos na mesma sala."

Continuo: "Falando em compromissos a que o Chris estava se referindo quando disse que nosso pessoal nunca apareceu para as reuniões de arquitetura e planejamento do Fênix? Isso é verdade?"

Wes bufa de frustração. "Sim, é verdade que o pessoal dele nos chamava no último minuto. Sério, quem consegue liberar a agenda com menos de um dia de aviso?

"Embora, para ser justo", diz depois de um momento, "nós recebemos um aviso amplo sobre algumas das grandes reuniões de planejamento. E uma das principais pessoas que precisava estar lá não podia ir, devido às escalas. Você provavelmente consegue adivinhar quem é…".

Eu gemo. "Brent?"

Wes concorda: "É. Ele é o cara de quem precisamos nessas reuniões para dizer àqueles desenvolvedores idiotas como as coisas funcionam no mundo real e que tipo de coisas continuam quebrando na produção. A ironia, é claro, é que ele não pode dizer isso aos desenvolvedores, porque está ocupado demais reparando as coisas que já estão quebradas."

Ele tem razão. A não ser que consigamos quebrar esse ciclo, continuaremos em nossa terrível deterioração. Brent precisa trabalhar com os desenvolvedores para arrumar problemas na fonte, para que possamos parar de apagar incêndios. Mas Brent não pode comparecer, porque está ocupado demais apagando incêndios.

Eu digo: "Precisamos de nossas melhores cabeças para nos prepararmos para essa implementação, então garanta que Brent esteja lá."

Wes parece encabulado por um momento. Então pergunto a ele: "O que foi?"

"Acho que ele está trabalhando em uma interrupção de rede agora", responde.

"Não mais", digo. "Eles terão que arrumar isso sem ele. Se alguém tem um problema com isso, mande vir falar comigo."

"Tudo bem, o que você quiser, chefe", diz ele, dando de ombros.

Depois da reunião de gestão de projetos, eu não estava com vontade de falar com ninguém. Sentei-me à minha mesa e resmunguei quando meu notebook não ligou. A luz da unidade de disco só ficava piscando. Quando nada apareceu na tela, peguei minha caneca vazia que mantenho em minha mesa ao lado da foto de Paige e meus dois filhos e andei até a cafeteira no canto da sala.

Quando voltei à minha mesa, uma janela na tela me dizia que instalaria algumas atualizações cruciais. Sentei-me, cliquei em "OK" e observei a barra de status arrastar-se pela tela. De repente vi a temida "tela azul da morte". Meu notebook estava agora completamente travado e inutilizável.

Aconteceu de novo, mesmo depois que reiniciei. Eu gemo em frustração: "Você só pode estar de brincadeira comigo!"

Nesse momento, a cabeça de Ellen, minha nova assistente, aparece. Estendendo a mão ela diz: "Bom dia. Parabéns pela sua promoção, Bill!" Notando meu notebook com a tela azul, diz solidariamente: "Ahh, isso não parece bom."

"Hmm, obrigado", digo, esticando a mão para apertar a dela. "Sim, sobre este notebook, você consegue achar alguém do suporte de desktop? Há alguns problemas sérios vindo para nós do Fênix e eu vou precisar dele."

"Sem problemas", diz ela, concordando com um sorriso. "Vou dizer a eles que nosso novo VP está pulando de raiva, exigindo que seu notebook seja consertado. De todas as pessoas, você precisa de um computador funcionando, certo?"

"Sabe", acrescenta ela, "ouvi que um monte de gente está tendo problemas como esse hoje. Vou garantir que você fique no topo da lista. Você não pode esperar na fila".

Mais notebooks travados? Isso certamente é uma evidência de que o universo quer me pegar hoje.

"A propósito, preciso de ajuda para coordenar algumas reuniões do Fênix. Alguém já lhe deu acesso à minha agenda?", pergunto.

Ela bufa. "Não. É por isso que vim até aqui. Eu queria ver se você podia imprimir seus próximos dias. Obviamente, isso está fora de questão. Farei com que a pessoa do suporte de desktop faça isso enquanto estiver aqui. Às vezes, leva semanas para que os administradores de e-mail façam coisas assim."

Semanas? Isso é inaceitável. Olho rapidamente para meu relógio e percebo que terei que lidar com isso mais tarde. Já estou atrasado.

"Faça seu melhor", digo. "Vou para a reunião de gestão de mudanças na empresa da Patty. Ligue-me se precisar de alguma coisa, beleza?"

Dez minutos atrasado para a reunião de Patty, corro para a sala, esperando ver ou um monte de gente me esperando impacientemente ou talvez uma reunião já acontecendo.

Em vez disso, vejo somente Patty sentada à mesa de reuniões, digitando em seu notebook.

"Seja bem-vindo à CCM, Bill. Espero que você consiga encontrar uma cadeira vazia", diz ela.

"Cadê todo mundo?", pergunto.

Fico perplexo. Quando eu dirigia o grupo de médio porte, minha equipe nunca perdia nossa reunião de gestão de mudanças. Era onde coordenávamos e organizávamos todo nosso trabalho para garantir que não déssemos um tiro no pé.

"Eu falei pra você ontem que por aqui a gestão de mudanças é bem aleatória", diz Patty, suspirando. "Alguns grupos têm seus próprios processos locais de gestão de mudanças, como o seu. Mas a maioria dos grupos não faz nada. A interrupção de ontem só provou que precisamos fazer algo no nível empresarial. Neste momento, a mão esquerda raramente sabe o que a direita está fazendo."

"Então qual é o problema?", pergunto.

Ela aperta os lábios. "Eu não sei. Nós enviamos várias pessoas para o treinamento ITIL, para que pudessem acompanhar todas as melhores práticas. Trouxemos alguns consultores, que nos ajudaram a substituir nosso sistema de tíquetes por uma ferramenta de gestão de mudanças compatível com ITIL. As pessoas deveriam colocar pedidos de mudanças nela, para que fossem encaminhados para a aprovação. Mas, mesmo depois de dois anos, tudo o que temos é um ótimo processo na teoria que ninguém segue e uma ferramenta que ninguém usa. Quando peço às pessoas para usá-la, tudo o que recebo são reclamações e desculpas."

Eu concordo. ITIL é a sigla para *Information Technology Infrastructure Library*, que documenta muitas das boas práticas e processos de TI, e o programa ITIL tinha a reputação de passar anos meramente andando em círculos.

Fico incomodado por Wes não estar aqui. Eu sei que ele é ocupado, mas se não está aqui, por que alguém de sua equipe se importaria em aparecer? Esforços como esse devem começar e ser continuamente mantidos pelos superiores.

"Bem, eles podem trazer suas reclamações e desculpas para mim", digo com firmeza. "Estamos reiniciando o processo de gestão de mudanças. Com meu apoio total. Steve me disse para garantir que as pessoas possam ficar focadas no Fênix. Problemas como a falha da SAN nos fizeram perder um produto do Fênix, e agora estamos pagando por isso. Se alguém quiser faltar a uma reunião de gestão de mudanças, obviamente necessita de alguma orientação especial. Minha."

Com a expressão intrigada de Patty após minha referência ao Fênix, eu lhe conto sobre como Wes e eu passamos a manhã sendo atropelados por um ônibus. Sarah e Chris estavam dirigindo, mas Steve estava no banco de trás, incentivando-os.

"Nada bom", diz ela, desaprovando. "Eles atropelaram até a Kirsten, é?"

Eu concordo silenciosamente, mas me recuso a continuar falando. Sempre gostei daquela frase de *O Resgate do Soldado Ryan*: "Há uma cadeia de comando: queixas sobem, não descem."

Em vez disso, peço a ela que me deixe a par do processo de mudança atual e da maneira que foi automatizado nas ferramentas. Tudo parece bom. Mas há apenas um modo de ver se o processo funciona.

Eu digo: "Agende outra reunião CCM para esse mesmo horário na sexta-feira. Enviarei um e-mail para todos os membros CCM para que saibam que a presença é obrigatória."

Quando volto ao meu cubículo, Ellen está à minha mesa, curvada sobre meu notebook, escrevendo um recado.

"Tudo funcionando, eu espero", observo.

Ela se assusta com o som da minha voz. "Ai, meu Deus. Você me assustou", diz ela, rindo. "O suporte deixou um notebook substituto, porque não conseguiram fazer o seu iniciar, mesmo depois de meia hora tentando."

Ela aponta para o outro lado da minha mesa, e eu dou uma olhada.

Meu notebook substituto parece ter quase dez anos — é duas vezes maior que o anterior e parece três vezes mais pesado. A bateria foi grudada com fita adesiva, e metade das letras do teclado está gasta pelo uso intenso.

Por um momento, me pergunto se isso é uma piada.

Eu me sento e abro meu e-mail, mas tudo está tão lento, que várias vezes achei que ele tinha travado.

Ellen tem uma expressão solidária no rosto. "O cara do suporte disse que isso é tudo o que têm disponível hoje. Mais de 200 pessoas estão tendo problemas similares e muitas não receberam substitutos. Aparentemente, outros notebooks do mesmo modelo do seu também travaram por causa de algum patch de segurança."

Eu esqueci. É terça-feira Patch, quando John e sua equipe lançam todos os seus patches de segurança para nossos principais vendedores. Mais uma vez, John está causando grandes problemas e interrupções para mim e minha equipe.

Eu apenas concordo e agradeço pela ajuda. Depois que ela vai embora, escrevo um e-mail para todos os membros CCM, as teclas digitadas muitas vezes demorando dez segundos para aparecer na tela.

De: Bill Palmer

Para: Wes Davis, Patty McKee, Gestão de Operações de TI

Data: 3 de setembro, 14h43

Prioridade: Mais alta

Assunto: Reunião CCM obrigatória sexta-feira, 14h

Hoje eu participei da reunião semanal da CCM. Fiquei extremamente decepcionado, porque eu era o único lá, além de Patty, especialmente dada a falha totalmente evitável relacionada às mudanças de ontem.

A partir de agora, gestores (ou seus representantes designados) devem comparecer a todas as reuniões CCM agendadas e realizar suas tarefas atribuídas. Estamos ressuscitando o processo de gestão de mudanças da Parts Unlimited, e ele deve ser seguido à risca.

Qualquer pessoa que seja pega contornando a gestão de mudanças estará sujeita a ação disciplinar.

Haverá uma reunião CCM obrigatória sexta-feira às 14h. Vejo vocês lá.

Liguem-me se tiverem qualquer pergunta ou preocupação.

Obrigado pelo apoio,

Bill

Clico em "enviar", esperando 15 segundos para que o e-mail finalmente saia de minha caixa de saída. Quase imediatamente, meu celular toca.

É o Wes. Eu digo: "Eu estava prestes a ligar para você sobre os notebooks. Precisamos de substitutos para nossos gerentes e empregados, para que possam trabalhar, entendeu?"

"Sim, estamos providenciando. Mas não estou ligando por isso. E também não estou ligando por causa do Fênix", diz ele, soando irritado. "Olha, a respeito do seu memorando sobre a gestão de mudanças: eu sei que você é o chefe, mas é melhor saber que da última vez que fizemos uma dessas baboseiras de gestão de mudanças, levamos a TI direto para o chão. Ninguém, eu disse absolutamente *ninguém*, conseguia fazer nada. Patty insistia em que todos pegassem um número e esperassem que seus CDFs autorizassem e agendassem nossas mudanças. Era absolutamente ridículo e uma total perda de tempo."

Ele é imbatível: "Essa aplicação de software que ela nos fez usar é um lixo total. Demora 20 minutos para preencher todos aqueles campos para uma mudança simples de 5 minutos! Eu não sei quem projetou o processo, mas acho que supunham que todos nós somos pagos por hora e queremos falar sobre fazer um trabalho, em vez de realmente fazê-lo."

"Finalmente, a Equipe de Rede e Servidores organizou uma rebelião, recusando-se a usar a ferramenta da Patty", continua ele acaloradamente. "Mas John sinalizou uma descoberta de auditoria e foi até Luke, nosso antigo CIO. E, assim como você fez, Luke disse que seguir as regras eram uma condição do emprego, ameaçando demitir qualquer um que não o fizesse."

"Meu pessoal estava passando metade de seu tempo preenchendo papelada e sentado naquela maldita reunião de CCM", continua ele. "Felizmente, o esforço finalmente morreu, e John não tinha ideia de que ninguém estava indo às reuniões. Até John não vai àquelas reuniões há mais de um ano!"

Interessante.

"Entendo", digo. "Não podemos repetir isso, mas também não podemos ter outro desastre de pagamento. Wes, eu preciso de você lá, e preciso que você ajude a criar a solução. Caso contrário, você é parte do problema. Posso contar com você?"

Eu o escuto suspirar alto. "Tá, claro. Mas você também pode contar comigo para dizer 'que besteirol', se eu vir Patty tentando criar algum tipo de burocracia que sugue a vontade de viver de todo mundo."

Eu suspiro.

Antes eu estava preocupado apenas com o fato de que talvez as Operações de TI estivessem sob ataque do Desenvolvimento, da Segurança da Informação, da Auditoria e do negócio. Agora estou começando a perceber que meus principais gerentes também parecem estar em guerra uns com os outros.

O que é necessário para todos nos darmos bem?

CAPÍTULO 5
• *Quinta-feira, 4 de setembro*

Eu dou um pulo quando o despertador toca às 6h15. Meu maxilar ainda dói por eu apertá-lo a noite toda. As perspectivas sombrias do lançamento iminente do Fênix não saem da minha cabeça.

Como sempre, antes de sair da cama, verifico rapidamente meu celular por qualquer má notícia. Normalmente eu passaria cerca de dez minutos respondendo e-mails — sempre me sinto bem ao arremessar algumas bolas para o outro lado da quadra.

Vejo algo que me faz me sentar tão rápido, que acordo Paige. "Ai, meu Deus. O que, o quê?", pergunta ela freneticamente, ainda meio dormindo.

"É outro e-mail do Steve. Espera, querida...", digo a ela enquanto aperto os olhos para lê-lo.

> De: Steve Masters
> Para: Bill Palmer
> Cc: Nancy Mailer, Dick Landry
> Data: 4 de setembro, 6h05
> Prioridade: Mais alta
> Assunto: URGENTE: Revisão das Descobertas da Auditoria de TI SOX-404

Bill, por favor, veja isso o quanto antes. Não preciso lhe falar o quanto é crucial ter uma auditoria SOX-404 limpa.

Nancy, por favor, trabalhe com Bill Palmer, que é agora responsável pelas Operações de TI.

>>> Início da mensagem encaminhada:

Acabamos de concluir nossa auditoria interna Q3, em preparação à auditoria externa SOX-404 que está por vir. Descobrimos algumas deficiências muito preocupantes que precisamos discutir com você. Devido à severidade e urgência das descobertas, precisamos nos encontrar com a TI esta manhã.

Nancy

De fato, há uma reunião de duas horas agendada para as 8h na minha agenda, marcada por Nancy Mailer, diretora executiva de Auditoria.

Nossa senhora! Ela é incrivelmente esperta e formidável. Anos atrás, durante a integração de aquisição de varejo, eu a observei acabar com um gerente do negócio que estávamos adquirindo. Ele estava apresentando seu desempenho financeiro, quando ela começou um interrogatório relâmpago, como um cruzamento entre Columbo, Matlock e Scarface.

Ele cedeu rapidamente, admitindo que estava exagerando no desempenho de sua divisão.

Lembrando dessa reunião, minhas axilas ficaram úmidas. Eu não fiz nada de errado. Mas dado o tom do e-mail, ela claramente está próxima de algo muito importante, e Steve acabou de me jogar no caminho dela.

Eu sempre conduzi um grupo muito organizado quando estive na Tecnologia de Médio Porte. Isso evitou que a Auditoria interferisse demais. Claro, ainda houve muitas perguntas e pedidos de documentos, exigindo que passássemos algumas semanas coletando dados e preparando respostas. Ocasionalmente eles descobriam alguma coisa, mas nós corrigíamos rapidamente o que quer que fosse.

Gosto de pensar que construímos um relacionamento de trabalho de respeito mútuo. Entretanto, esse e-mail prenuncia algo mais sinistro.

Olho meu relógio. Essa reunião começa em 90 minutos, e eu não tenho ideia sobre o que ela quer conversar.

"Merda!", exclamo, enquanto empurro o ombro de Paige. "Querida, você pode levar as crianças pra escola hoje? Algo muito ruim acabou de acontecer envolvendo a diretora-executiva de Auditoria e Steve. Eu preciso fazer algumas ligações e ir para o escritório imediatamente."

Incomodada, ela diz: "Faz dois anos que você leva as crianças pra escola nas quintas-feiras! Eu também preciso começar cedo!"

"Desculpe-me, querida. Isso é realmente importante. O CEO da empresa me pediu para lidar com isso. Steve Masters. Você sabe o cara da TV e que dá grandes discursos nas festas de fim de ano da empresa? Eu não posso deixar outra bola cair, depois de um dia como o de ontem. E a manchete do jornal na noite anterior…"

Sem dar um pio, ela desce as escadas correndo.

Quando eu finalmente encontro a sala de conferências para a reunião das 8h, noto imediatamente o quanto está silenciosa, sem a conversa fiada normal que preenche o tempo enquanto os participantes chegam.

Nancy está sentada à ponta da mesa, com quatro outras pessoas sentadas à sua volta. Ao seu lado está John, com seu fichário preto de três argolas sempre presente. Como sempre, fico surpreso com o quanto ele é jovem. Ele provavelmente está com seus 35 anos e tem cabelos pretos, encaracolados e grossos.

John parece abatido, e, como muitos universitários, ganhou peso continuamente nos três anos em que esteve aqui na Parts Unlimited. Muito provavelmente por todo o estresse associado a sua cruzada moral fracassada.

John realmente me lembra mais de Brent do que de qualquer outra pessoa na sala. Contudo, diferente de Brent, que normalmente usa uma camiseta do Linux, John usa uma camisa de colarinho engomado um pouco grande demais.

Wes está visivelmente mal vestido, em comparação a todos na sala, mas obviamente não liga para isso. A última pessoa na sala é um jovem que não reconheço, provavelmente o auditor de TI.

Nancy começa: "Acabamos de concluir nossa auditoria Q3 interna, em preparação para as auditorias externas SOX-404 que estão por vir. Temos uma situação grave. Tim, nosso auditor de TI, encontrou vários problemas espantosos. Pior, muitas são descobertas repetidas pelo terceiro ano. Deixadas sem resolução, essas descobertas podem nos forçar a concluir que a empresa não tem mais controle suficiente para garantir a precisão de suas declarações financeiras. Isso poderia resultar em uma nota de rodapé adversa dos auditores externos nos formulários 10-K com a Comissão de Títulos e Câmbio dos EUA.

"Embora sejam apenas descobertas preliminares, devido à gravidade da situação, já informei verbalmente o comitê de auditoria."

Empalideci. Embora eu não entenda todo o jargão de auditoria, sei o suficiente para entender que isso pode arruinar o dia de Dick e que significa mais notícias ruins de primeira página.

Satisfeita por eu entender a severidade da situação, Nancy assente: "Tim, por favor, explique-nos suas conclusões."

Ele pega uma grande pilha de papéis grampeados, entregando um para todos os reunidos. "Acabamos de concluir nossa auditoria dos controles gerais de TI da Parts Unlimited para todos os sistemas financeiros cruciais. A criação desse relatório consolidado exigiu uma equipe de quatro pessoas por mais de oito semanas."

Puta merda! Eu levanto a pilha grossa de cinco centímetros de papel em minha mão. Onde acharam um grampeador tão grande?

É uma planilha impressa do Excel, com 20 linhas por página em fonte pequena, de tamanho 8. A última página está numerada como 189. "Deve haver mil problemas aqui!", digo descrente.

"Infelizmente, sim", responde ele, incapaz de esconder inteiramente sua satisfação presunçosa. "Descobrimos 952 deficiências de controle geral de TI, das quais 16 são significativas, e 2 são deficiências materiais em potencial. Obviamente, estamos muito alarmados. Dado o quão próxima está a auditoria externa, precisamos de seu plano de remediação o quanto antes."

Wes está curvado sobre a mesa, uma mão na testa, a outra passando página por página. "Que merda é essa?"

Ele levanta uma página. "'Problema 127. Configuração insegura do sistema operacional Windows MAX_SYN_COOKIE'? Isso é uma piada? Caso você não tenha escutado, nós temos um negócio sério para gerenciar. Desculpe se isso interfere nessa falcatrua de emprego de auditoria em tempo integral que vocês têm aqui."

Conte com Wes para dizer o que as pessoas estão pensando, mas são espertas demais para realmente dizer em voz alta.

Nancy responde seriamente: "Infelizmente, a esta altura, a fase de revisão e teste de controle já terminou. O que queremos de vocês agora é a 'carta de resposta da gerência'. Vocês precisam investigar cada uma dessas descobertas, confirmá-las e então criar um plano de remediação. Nós o revisaremos e então o apresentaremos ao comitê de auditoria e ao conselho de diretores.

"Normalmente vocês teriam meses para preparar sua carta de resposta e executar o plano de remediação", continua ela, de repente parecendo pedir desculpas. "Infelizmente, pelo jeito que o calendário de testes da auditoria se desenrolou, temos apenas três semanas até os auditores externos chegarem. Isso é lamentável. Nos certificaremos de que a TI tenha mais tempo no próximo ciclo de auditoria. Mas desta vez, exigimos sua resposta até..."

Ela olha para sua agenda. "Uma semana a partir de segunda-feira, no máximo. Vocês acham que conseguem?"

Ah, merda!

Isso está a apenas seis dias úteis. Precisaremos de metade do tempo só para ler todo o documento.

Nossos auditores, que sempre acreditei serem uma força para a justiça e objetividade, estão cagando em mim também?

Pego novamente a enorme pilha de papéis e olho para algumas páginas aleatórias. Há muitas entradas como as que Wes leu, mas outras têm referências a configurações de segurança inadequadas, presença de contas de login fantasmas, questões de mudança de controle e problemas de separação de tarefas.

John abre seu fichário de três argolas e diz autoritariamente: "Bill, eu trouxe muitos desses mesmos problemas para Wes e seu predecessor. Eles convenceram o CIO a assinar uma dispensa de gestão, declarando que ele aceitava o risco, e não fez nada. Dado que algumas dessas descobertas são agora repetidas, não acho que conseguiremos nos livrar desta vez."

Ele se vira para Nancy. "Durante o regime da gestão anterior, os controles de TI claramente não eram uma prioridade, mas agora que todas as galinhas de segurança estão voltando para o poleiro, tenho certeza de que Bill será mais prudente."

Wes olha para John com desprezo. Não posso acreditar que John esteja querendo chamar a atenção para si na frente dos auditores. São momentos como esses que me fazem pensar de que lado ele realmente está.

Deixando Wes e eu de lado, John diz para Nancy: "Meu departamento tem remediado outros controles, pelos quais eu acho que deveríamos ganhar os créditos. Para começar, completamos a tokenização do PII em nossos sistemas financeiros cruciais, então, pelo menos, nós evitamos esse problema. Essa questão está resolvida agora."

Nancy diz secamente: "Interessante. A presença do PII não está no escopo da auditoria SOX-404. Então, dessa perspectiva, focar os controles gerais de TI teria sido um melhor uso do tempo."

Espere. A mudança urgente de tokenização de John não serviu para nada? Se isso for verdade, John e eu precisamos conversar. Mais tarde.

Digo lentamente: "Nancy, sinceramente não sei o que conseguiremos fazer para você até sexta-feira. Estamos enterrados em trabalho de recuperação e estamos lutando para dar suporte à implementação iminente do Fênix. Dessas descobertas às quais devemos responder, quais são as mais importantes?"

Nancy acena com a cabeça para Tim, que diz: "Certamente. O primeiro problema é a deficiência material em potencial, que está destacada na página sete. Essa descoberta declara que uma mudança não autorizada ou não testada em uma aplicação que dá suporte a relatórios financeiros pode ter sido feita. Isso poderia resultar em um erro material não detectado, devido a fraude ou outra coisa. A gerência não tem nenhum controle que poderia prevenir ou detectar tal mudança.

"Além disso, seu grupo também foi incapaz de produzir qualquer minuta de reunião de gestão de mudança, que deveria acontecer semanalmente, de acordo com nossa política."

Eu tento não estremecer visivelmente, lembrando-me de que ninguém sequer apareceu à reunião CCM de ontem, e, durante o incidente da folha de pagamento, estávamos tão desatentos à mudança de tokenização de John, que acabamos travando a SAN.

Se não tivéssemos noção dessas mudanças, sinceramente duvido que notaríamos se alguém desabilitasse um controle que poderia permitir uma transação fraudulenta menor, digamos, de $100 milhões.

"Sério? Isso é inacreditável! Vou investigar isso." Eu digo com o que espero que tenha sido a quantidade certa de surpresa e indignação moral. Depois de fingir fazer anotações detalhadas em minha prancheta, circulando e sublinhando palavras aleatórias, eu concordo com a cabeça, deixando que Tim continue.

"Em seguida descobrimos vários casos nos quais desenvolvedores tiveram acesso administrativo a aplicações e bancos de dados da produção. Isso viola a separação de tarefas, exigida para prevenir risco de fraude."

Eu olho para John. "Sério? Não me diga. Desenvolvedores fazendo mudanças em uma aplicação sem uma ordem de mudança aprovada? Isso certamente soa como um risco de segurança. O que aconteceria se alguém forçasse um desenvolvedor, digamos Max, a fazer algo sem autorização? Temos que fazer algo a respeito disso, né, John?"

John fica muito vermelho, mas diz educadamente: "Sim, é claro. Eu concordo e ficaria feliz em ajudar."

Tim diz: "Bom. Vamos seguir com as 16 deficiências significativas."

Meia hora depois, Tim ainda está falando sem parar. Eu olho desanimadamente para a grande pilha de descobertas. A maioria dessas questões é exatamente como os relatórios enormes inúteis que recebemos da Segurança da Informação, que é outra razão da reputação tão ruim de John.

É a infinita roda de hamsters: a Segurança da Informação enche as caixas de entrada das pessoas com listas intermináveis de trabalho de remediação crucial de segurança, trimestre após trimestre.

Quando Tim finalmente termina, John se voluntaria: "Devemos corrigir esses sistemas vulneráveis. Minha equipe tem muita experiência em corrigir sistemas, se você precisar de assistência. Essas descobertas da auditoria são uma ótima oportunidade para fechar alguns grandes buracos de segurança."

"Olha, vocês dois não têm ideia do que estão pedindo!", diz Wes para John e Tim, claramente exasperado. "Alguns dos servidores em que esses sistemas de produção ERP rodam têm mais de 20 anos. Metade da empresa vai parar de funcionar se eles caírem, e o vendedor saiu do mercado há décadas! Essas coisas são tão frágeis, que até se você olhar para elas na hora errada do dia, elas travam e exigem todos os tipos de bruxaria para fazê-las reiniciar com sucesso. Elas nunca sobreviverão às mudanças que você está propondo!"

Ele se inclina sobre a mesa, colocando o dedo na cara de John. "Você quer corrigir sozinho, ótimo. Mas eu quero um pedaço de papel assinado por você dizendo que, se você apertar o botão e o negócio inteiro parar de funcionar, você voará e se arrastará até todos os gerentes da fábrica, explicando a eles por que não conseguem atingir suas metas de produção. De acordo?"

Meus olhos se arregalam de espanto quando John se inclina para o dedo de Wes e diz com raiva: "Ah, é? Que tal quando estivermos na primeira página dos jornais porque perdemos dados de clientes que éramos responsáveis por proteger? Você se desculpará pessoalmente para os milhares ou milhões de famílias cujos dados estarão sendo vendidos pela Máfia Russa?"

Eu digo: "Calma, gente. Todos nós queremos fazer o que é certo para a empresa. O negócio é descobrir o que temos tempo de fazer e quais sistemas realmente podem ser corrigidos."

Eu olho para a pilha de papéis. Wes, Patty e eu podemos designar pessoas para a tarefa de investigar cada problema, mas quem realmente fará o trabalho? Já estamos soterrados pelo Fênix, e temo que esse novo projeto maciço possa ser a gota d'água que transbordará o copo.

Eu digo para Nancy: "Vou me reunir com minha equipe imediatamente, e criaremos um plano. Não posso prometer que teremos nossa carta de resposta completa até lá, mas posso prometer que faremos tudo o que pudermos. Isso lhe parece adequado?"

"Bastante", diz Nancy amigavelmente. "Passar pelas descobertas da auditoria preliminar e identificar os próximos passos eram os únicos objetivos desta reunião."

Quando a reunião termina, peço para que Wes fique mais um pouco.

Notando isso, John também fica. "Isso é um desastre. Todos os meus objetivos e bônus estão ligados a ter um relatório de conformidade limpo para as auditorias SOX-404 e PCI. Eu vou falhar porque vocês das Ops. não conseguem se organizar!"

"Junte-se ao clube", digo.

Para tirá-lo do meu pé, eu falo: "Sarah e Steve decidiram antecipar a data de implementação do Fênix para a próxima sexta-feira. Eles querem pular todas as revisões de segurança. Você deveria falar com Chris e Sarah imediatamente."

De modo previsível, John xinga e sai correndo, batendo a porta atrás dele.

Exausto, me encosto em minha cadeira e digo para Wes: "Essa realmente não é a nossa semana."

Wes ri sem achar graça. "Eu falei pra você que o ritmo das coisas aqui faria sua cabeça explodir."

Eu gesticulo para as descobertas da auditoria. "Devemos proteger todos os nossos recursos-chave do Fênix, mas isso está sugando todo mundo. Não temos um monte de gente na reserva para que possamos simplesmente jogá-las para as descobertas da auditoria, né?"

Wes balança a cabeça, seu rosto incomumente comprimido de tensão.

Ele folheia novamente sua pilha de papéis. "Definitivamente, precisaremos colocar os líderes de tecnologia nisso. Mas, como você disse, eles já têm atribuições na equipe Fênix. Devemos redesigná-los para isto?"

Sinceramente, não sei. Wes encara uma das páginas por um momento. "A propósito, acho que várias delas exigirão o Brent."

"Ah, pare", resmungo. "Brent. Brent, Brent, Brent! Não conseguimos fazer nada sem ele? Olhe para nós! Estamos tentando discutir a gerência de compromissos e recursos, e tudo o que fazemos é falar sobre um cara! Não me importo com o quão talentoso ele seja. Se você está me dizendo que nossa organização não pode fazer nada sem ele, temos um grande problema."

Wes dá de ombros, levemente envergonhado. "Ele é, sem dúvida, um dos nossos melhores caras. É inteligente e sabe muito de quase tudo o que temos nessa loja. Ele é uma das poucas pessoas que realmente entende como todas as aplicações conversam em um nível empresarial. O cara deve saber mais sobre como essa empresa funciona do que eu!"

"Você é gerente sênior. Isso deve ser tão inaceitável para você quanto é para mim!", digo firmemente. "De quantos Brents mais você precisa? Um, dez ou cem? Vou precisar que Steve priorize todo esse trabalho. O que preciso de você é que me diga de quais recursos precisamos. Se eu pedir a Steve mais recursos, não quero ter que rastejar de volta para implorar por mais depois."

Ele bufa. "Olha, vou dizer agora o que acontecerá. Nós iremos à gerência apresentar nosso caso. Eles não só dirão não, como cortarão mais 5% do nosso orçamento. Foi isso o que fizeram nos últimos cinco anos. No meio tempo, todo mundo continuará a querer tudo ao mesmo tempo, e continuarão a adicionar coisas à nossa lista de afazeres."

Exasperado, ele continua: "E, só pra que você saiba, eu tentei contratar mais Brents. Como nunca consegui o orçamento, eliminei várias posições só para poder contratar mais quatro engenheiros seniores com o mesmo nível de experiência de Brent. E você sabe o que aconteceu?"

Eu apenas ergui minhas sobrancelhas.

Wes diz: "Metade pediu a conta em menos de um ano, e não estou nem perto da produtividade que preciso daqueles que ficaram. Embora eu não tenha dados pra provar, acho que Brent está ainda mais atrasado do que nunca. Ele reclamou que teve que passar um tempão treinando e ajudando os caras novos, e agora está mais ocupado do que nunca. E ainda está envolvido em tudo."

Eu respondo: "Você disse que as pessoas 'adicionam coisas à nossa lista'. Como a lista está agora? Onde posso conseguir uma cópia? Quem tem essa lista?"

Wes responde calmamente: "Bem, há os projetos de negócios e os vários projetos de infraestrutura de TI. Mas muitos dos compromissos não estão no papel."

"Quantos projetos de negócios? Quantos projetos de infraestrutura?", pergunto.

Wes balança a cabeça. "Não sei dizer de cabeça. Posso pegar a lista de projetos de negócios com a Kirsten, mas não tenho certeza se alguém sabe a resposta para sua segunda pergunta. Esses não passam pelo Escritório de Gestão de Projetos."

Eu sinto como se algo afundasse na boca do meu estômago. Como podemos gerenciar a produção se não sabemos quais são as demandas, prioridades, status de trabalho em processo e recursos disponíveis? De repente estou me punindo por não ter feito essas perguntas no meu primeiro dia.

Finalmente estou pensando como um gerente.

Ligo para a Patty. "Wes e eu acabamos de ser massacrados pela auditoria, e eles precisam de uma resposta em uma semana, a partir de segunda-feira. Preciso da sua ajuda para descobrir quais são todos os nossos compromissos de trabalho, para que eu possa ter uma discussão inteligente com Steve sobre recursos. Podemos conversar?"

Ela diz: "Essa é a minha especialidade. Pode chegar aqui."

Depois que Wes informa Patty sobre as implicações do relatório gigantesco da auditoria que ele jogou na mesa, ela assobia.

"Sabe, eu queria que você estivesse naquela reunião com os auditores", digo. "A maioria dos maiores problemas era acerca da ausência de um processo de gestão de mudanças funcional. Acho que você poderia ter se tornado a melhor amiga dos auditores."

"Auditores têm amigos?", ela ri.

"Preciso que você ajude Wes a estimar o trabalho de corrigir as descobertas da auditoria até segunda-feira", digo. "Mas agora vamos falar sobre um problema maior. Estou tentando obter a lista de quais são todos os nossos compromissos com a organização. Qual é o tamanho da lista e como as coisas entram nela?"

Depois de ouvir o que Wes me contou, Patty responde: "Wes tem razão. Kirsten é a dona da lista oficial de projetos do negócio, e quase todos têm alguma coisa de responsabilidade nossa. Nós temos nossos próprios projetos de Operações de TI, que normalmente são gerenciados pelo dono do orçamento de tecnologia — não há uma lista centralizada desses projetos."

Patty continua: "Temos também todos os chamados que vão para a central de serviços, sejam pedidos por algo novo ou para consertar alguma coisa. Mas essa lista também estará incompleta, porque muitas pessoas simplesmente procuram sua pessoa preferida da TI. Todo esse trabalho está completamente fora dos registros."

Eu pergunto com calma: "Então, você está dizendo que não temos ideia de qual é a nossa lista de compromissos? Sério?"

Wes diz na defensiva: "Até agora, ninguém nunca perguntou. Sempre contratamos pessoas inteligentes e as encarregamos de certas áreas de responsabilidade. Nunca tivemos que gerenciar as coisas além disso."

"Bem, precisamos começar. Não podemos assumir novos compromissos com outras pessoas quando não sabemos nem quais são nossos compromissos agora!", digo. "No mínimo, consiga para mim a estimativa de trabalho para corrigir as descobertas da auditoria. Então, para cada um *desses* recursos, diga-me quais são os *outros* compromissos dos quais teremos que tirá-los."

Pensando por um momento, acrescento: "Aliás, faça a mesma coisa para todas as pessoas atribuídas ao Fênix. Acho que estamos sobrecarregados, então eu quero saber o quanto. Quero falar proativamente com as pessoas cujos projetos coincidiram, para que não fiquem surpresas quando não conseguirmos entregar o que prometemos."

Ambos, Wes e Patty, parecem surpresos. Wes fala primeiro: "Mas... mas nós teríamos que falar com quase todo mundo! Patty pode se divertir queimando pessoas sobre as mudanças que estão fazendo, mas eu não posso sair por aí perdendo o tempo do nosso melhor pessoal. Eles têm trabalho sério pra fazer!"

"Sim, eu sei que eles têm trabalho sério pra fazer", digo firmemente. "Quero apenas uma descrição de uma linha sobre o que é todo esse trabalho e de quanto tempo eles acham que precisam!"

Percebendo como isso pode soar, acrescento: "Certifiquem-se de dizer às pessoas que estamos fazendo isso para obter mais recursos. Não quero ninguém achando que estamos terceirizando ou demitindo ninguém, ok?"

Patty concorda. "Deveríamos ter feito isso há muito tempo. Colidimos com as prioridades das coisas o tempo todo, mas nunca sabemos realmente o que foi priorizado e o que não foi. Isto é, até que alguém grite conosco, exigindo saber por que não entregamos algo."

Ela digita em seu notebook. "Você só quer uma lista de compromissos organizacionais de nossos recursos-chave, com uma descrição de uma linha sobre o que estão fazendo e quanto tempo levarão. Começaremos com todos os recursos do Fênix e da remediação da auditoria, mas finalmente cobriremos toda a organização de Operações da TI. É isso?"

Eu sorrio, genuinamente feliz por Patty ter resumido isso tão sucintamente. Sei que ela fará um ótimo trabalho. "Exatamente. Pontos bônus se você e Wes puderem determinar quais recursos são superutilizados e de quantos recursos novos precisamos. Isso será a base de um pedido de mais funcionários para Steve."

Patty diz a Wes: "Isso deve ser bem simples. Podemos reunir entrevistas de 15 minutos, pegar dados do nosso *service desk* e sistema de tíquetes, pegar a lista de projetos da Kirsten…"

Surpreendentemente, Wes concorda, acrescentando: "Também podemos procurar nas nossas ferramentas de orçamento para ver como codificamos pedidos de pessoal e hardware."

Eu me levanto. "Ótimo raciocínio, gente. Agendem uma reunião para revisarmos o que vocês encontrarem, no máximo na sexta-feira. Quero me reunir com Steve na segunda-feira, armado com dados reais."

Ela acena positivamente. Agora estamos chegando a algum lugar.

CAPÍTULO 6
• *Sexta-feira, 5 de setembro*

Em outra das intermináveis reuniões de status do Fênix, percebo que os desenvolvedores estão ainda mais atrasados do que temíamos. Como Wes previu, cada vez mais trabalho está sendo adiado para o próximo lançamento, incluindo quase todos os testes.

Isso significa que nós é que encontraremos os problemas quando eles explodirem na produção, em vez do Departamento de Garantia da Qualidade (QA).

Ótimo.

Durante uma calmaria na discussão, olho para meu telefone e vejo um e-mail da Patty. Ela quer conversar sobre os recursos, prometendo algumas surpresas de arregalar os olhos.

Abro a planilha anexada, vendo um nível encorajador de detalhes, mas em minha tela minúscula do telefone, não consigo entender nada. Respondo a Patty que estou a caminho e peço a ela que fale para Wes me encontrar lá.

Quando chego, fico surpreso em ver que Wes ligou um projetor, exibindo a planilha na parede. Fico empolgado por estarmos nos reunindo para analisar a situação, em vez de apenas reagir aos incêndios diários.

Eu me sento. "Ok, o que vocês têm pra mim?"

Wes começa. "Patty fez um ótimo trabalho reunindo tudo isso. O que descobrimos foi — bem, foi interessante."

Patty explica: "Fizemos nossas entrevistas, coletamos os dados e então fizemos a análise. Neste momento esses números são apenas para nossos recursos-chave. Já estamos vendo alguns problemas."

Ela aponta para uma linha na planilha. "Primeiro, temos muitos projetos. Kirsten diz que está gerenciando oficialmente cerca de 35 projetos principais de negócios, e nós temos compromissos com cada um deles. Internos às Operações de TI, já identificamos mais de 70 projetos, e esse número continua crescendo a cada pessoa que entrevistamos."

"Espera", digo, genuinamente assustado, sentando-me direito em minha cadeira. "Temos 150 pessoas de Operações da TI, certo? Se já encontramos mais de 105 projetos, isso seria 1,5 pessoa por projeto. Isso não parece muito pra você?"

Wes responde: "Totalmente. E sabemos que a contagem de projetos ainda não terminou. Então, no fim, provavelmente será mais como uma pessoa por projeto. Isso é loucura."

Eu pergunto: "Qual é o tamanho desses projetos internos?"

Wes troca de guia na planilha, mostrando a lista de projetos que eles inventariaram, junto ao número estimado de semanas humanas. "Consolidar e atualizar servidor de e-mail", "Atualizar 35 instâncias de bancos de dados Oracle", "Instalar servidor de banco de dados suportado por Lemming", "Virtualizar e migrar aplicações primárias do negócio", e assim por diante.

Eu gemo. Apesar de alguns projetos serem pequenos, a maioria parece empreendimentos importantes, estimados em três anos ou mais.

Quando Patty vê a expressão em meu rosto, diz: "Essa também foi a minha reação. Estamos em perigo em vários projetos. Então vejamos qual é a nossa capacidade. Isso é um pouco mais difícil, já que não podemos atribuir pessoas aleatórias para qualquer projeto."

Ela continua: "Quando vimos quem estava designado para cada projeto e quais eram seus outros compromissos e disponibilidade, eis o que descobrimos."

Quando Wes muda para outra guia da planilha, meu coração pesa.

"Horrível, né?", diz Wes. "A maioria de nossos recursos está indo para o Fênix. E veja a próxima linha: conformidade é o próximo maior projeto. E mesmo se trabalhássemos apenas na conformidade, isso consumiria a maioria de nossos recursos-chave por um ano inteiro! Aliás, isso inclui Brent."

Incrédulo, digo: "Você está brincando. Se colocarmos todos os nossos projetos na espera, exceto pelas descobertas da auditoria, nossos recursos-chave ficarão presos por um ano inteiro?"

"É", diz Patty, concordando. "É difícil de acreditar, mas isso só mostra quanto trabalho está na pilha das descobertas da auditoria."

Eu olho para a tabela, sem palavras.

Se alguém tivesse me mostrado esses números durante minha primeira conversa com Steve, eu teria corrido da sala, gritando como uma criança.

Não é tarde demais, eu penso, rindo da cena.

Com calma ensaiada, digo: "Tudo bem, saber é sempre melhor do que não saber. Prossigam."

Wes olha de volta para a planilha. "O terceiro maior item é o de incidentes e reparos. Neste momento provavelmente consome 75% do tempo do nosso pessoal. E como eles quase sempre envolvem sistemas cruciais de negócios, os incidentes ganham prioridade sobre todo o resto, incluindo o Fênix e as correções nas descobertas da auditoria.

"A propósito, você sabia que ontem, quando estávamos falando com Brent, tivemos que reagendar a entrevista duas vezes porque ele teve que sair para ajudar a consertar uma interrupção? Então lá estávamos nós interrompendo-o no trabalho do Fênix, apenas para sermos interrompidos por uma interrupção!", diz ele rindo.

Eu começo a rir, mas paro abruptamente. "Espera. Que interrupção? Por que eu não fiquei sabendo disso? Não podemos continuar conduzindo nossa organização assim!"

"Bem, foi outro problema da SAN, mas nada crítico", responde Wes. "Um drive estragou alguns meses atrás, então a SAN estava funcionando sem redundância. Quando outro drive falhou, todo o volume caiu. Brent teve que ajudar a restaurar alguns bancos de dados quando reparamos a SAN."

Exasperado, eu grito: "Droga, Wes. Isso era completamente evitável! Pegue um de seus caras juniores para ver os *logs* todos os dias em busca de falhas em drives. Talvez até faça com que ele inspecione os drives visualmente e conte todas as luzes que piscam. Isso é chamado de manutenção preventiva por uma razão! Precisamos do Brent no Fênix, não em merdas triviais como essa!"

Wes diz defensivamente: "Ei, na realidade é um pouco mais complicado do que isso. Nós fizemos pedidos de drives de substituição, mas eles estão presos nas Aquisições há semanas. Tivemos que pegar um de um dos nossos vendedores como crédito. Isso não foi culpa nossa."

Eu perco a cabeça. "Wes, me escuta. EU NÃO LIGO! Eu não ligo pras Aquisições. Eu não ligo para o quanto seus vendedores são legais. Eu preciso que você faça o seu trabalho. Garanta que isso não aconteça de novo!"

Respiro fundo. Percebo que minha frustração não é por causa da falha no drive, mas porque somos continuamente incapazes de ficar focados nas coisas que mais importam na empresa.

"Olha, vamos deixar isso de lado por enquanto", digo, olhando de volta para Wes. "Mas estou falando sério sobre fazer alguém olhar a SAN diariamente. Marque uma reunião algum dia na semana que vem para você, Patty e eu chegarmos ao fundo dessas interrupções. Temos que descobrir como diminuir a quantidade de reparação para que possamos trabalhar nos projetos. Se não conseguirmos terminar o Fênix, colocaremos a empresa em risco."

"Sim, eu sei. Tentarei fazer isso antes da implementação do Fênix", concorda Wes, carrancudo. "E vou cuidar dessa questão da SAN hoje à tarde."

"Tudo bem, de volta à planilha", digo.

Patty observa desanimadamente: "Você tem razão. O tema consistente nas entrevistas era que todo mundo luta para conseguir trabalhar nos projetos. Mesmo quando têm tempo, têm dificuldades para priorizar todos os seus compromissos. As pessoas nos negócios pedem constantemente que nossa equipe faça coisas para elas. Especialmente o Marketing."

"Sarah?", pergunto.

"Claro, mas não só ela", responde. "Praticamente todo executivo da empresa é culpado por ir diretamente até sua pessoa favorita da TI, seja pedindo um favor ou pressionando para que faça algo."

"Como viramos o jogo aqui e conseguimos recursos para todos esses projetos adequadamente?", pergunto. "O que devemos pedir a Steve?"

Wes rola a planilha para baixo. "Com base nos nossos números aproximados, provavelmente precisaremos contratar 7 pessoas: 3 administradores de banco de dados, 2 engenheiros de servidores, 1 engenheiro de redes e 1 engenheiro de virtualização. Mas é claro que você sabe que levará tempo para encontrar essas pessoas, e mais outros 6 a 12 meses antes que sejam totalmente produtivas."

É claro, eu sabia que novos contratados não eram imediatamente produtivos. Mas ainda era desanimador ouvir Wes apontar que a ajuda de verdade ainda estava bem longe, mesmo que Steve aprovasse a força de trabalho.

Mais tarde naquele dia, enquanto caminhava para nossa segunda reunião de CCM, me senti esperançoso. Se pudermos colocar nosso antigo processo de mudanças para funcionar, talvez sejamos capazes de resolver rapidamente um dos maiores problemas de auditoria e conseguir algumas vitórias operacionais também.

Também fico feliz em ver como Patty e Wes estão trabalhando bem juntos.

Enquanto me aproximo da sala de conferências, ouço vozes altas discutindo.

"… então Patty fez aquele engenheiro ser demitido por fazer seu trabalho. Ele era uma dos melhores caras de rede. Essa decisão não era sua!"

Sem erro. Esse era Wes gritando. Então ouço Patty responder acaloradamente: "O quê? Você assinou aquela rescisão! Por que isso, de repente, é minha culpa?"

Eu sabia que estava bom demais para ser verdade.

Então ouço John dizer: "Essa foi a decisão certa. Estamos passando para o terceiro ano de descobertas repetidas de auditoria acerca dos controles de mudanças. Isso passa pelo comitê de auditoria. Da próxima vez, provavelmente não será só o engenheiro a ser demitido, se você me entende."

Espera. Quem convidou John para essa reunião?

Antes que John possa piorar as coisas, eu rapidamente entro pela porta e digo alegremente: "Boa tarde, pessoal! Estamos prontos para rever algumas mudanças?"

Quatorze pessoas se viraram para me olhar. A maioria dos líderes técnicos de vários grupos está sentada à mesa. Wes está em pé atrás de sua cadeira, furioso, enquanto Patty está em pé na frente da sala, com os braços cruzados.

John se senta ao fundo da sala, com seu fichário de três argolas aberto, um convidado muito indesejável.

Usando ambas as mãos, posiciono meu notebook velho. Ele atinge a mesa com um baque e cliques, enquanto a bateria cai. A fita não a está mais segurando no lugar, e então escuto um som de arranhado enquanto o drive de disco para de girar.

A expressão raivosa de Wes desaparece momentaneamente. "Uau, chefe! Belo equipamento. O que é isso, um Kaypro II? Não vejo um desses há mais ou menos 30 anos. Diga-me se precisar de um disquete de 8 polegadas para carregar CP/M nele — tenho um no sótão de casa."

Dois dos engenheiros riem e apontam. Eu sorrio brevemente para Wes, agradecido pelo alívio cômico.

Ainda de pé, digo para todos: "Deixe-me dizer a vocês por que reuni todos aqui. Dada a urgência do Fênix, vocês podem apostar que eu não desperdiçaria o tempo de vocês se não achasse que isso fosse importante."

Continuo: "Primeiro, os eventos que levaram às falhas da SAN e da folha de pagamentos na terça-feira não devem acontecer novamente. O que começou como uma falha média na folha de pagamentos virou um enorme incêndio do incidente SAN. Por quê? Porque não estamos falando uns com os outros sobre quais mudanças estamos planejando ou implementando. Isso não é aceitável.

"Segundo, John tem razão. Nós passamos a manhã de ontem com nossos auditores, discutindo várias deficiências que eles encontraram", continuo. "Dick Landry já está morrendo de raiva, porque isso poderia impactar nossas declarações financeiras trimestrais. Precisamos reforçar nossos controles de mudança, e, como gerentes e líderes técnicos, precisamos descobrir como podemos criar um processo sustentável que prevenirá incidentes de incêndios internos e tirará os auditores do nosso pé, enquanto ainda seremos capazes de trabalhar. Não sairemos desta sala até que tenhamos criado um plano para chegar lá. Entendido?"

Quando fico satisfeito que todos foram adequadamente intimados, abro espaço para discussões. "Então, o que está nos impedindo de chegar lá?"

Um dos líderes técnicos diz rapidamente: "Eu começo. É impossível usar essa ferramenta de gestão de mudanças. Há um milhão de campos obrigatórios, e na maioria das vezes as caixas suspensas para as 'aplicações afetadas' nem têm o que preciso. É por isso que até parei de fazer pedidos de mudanças."

Outro líder grita: "Ele não está brincando. Para seguir as regras da Patty, eu tenho que digitar manualmente centenas de nomes de servidores em uma das caixas de texto. Na maioria das vezes, não há espaço suficiente no campo! Cem nomes de servidores devem caber em uma caixa de texto de 64 caracteres? Que idiota criou esse formulário?"

Novamente, mais risadas cruéis.

Patty está muito vermelha. Ela grita: "Nós precisamos usar caixas suspensas para que possamos manter a integridade dos dados! E eu adoraria manter a lista de aplicações atualizada, mas não tenho os recursos. Quem manterá o catálogo de aplicações e o banco de dados de gestão de mudanças atualizados? Você acha que eles se atualizam sozinhos, magicamente?"

"Não é só a ferramenta, Patty. É todo o processo com defeitos", afirma Wes. "Quando meus caras fazem pedidos de mudanças, eles precisam esperar uma vida para conseguir aprovações, quem dirá colocá-las no cronograma. O negócio fica o tempo todo respirando no nosso cangote para fazer as coisas. Não podemos esperar que você fique analisando e reclamando que não preenchemos o formulário direito."

Patty surta: "Você está falando besteira e sabe disso. Seu pessoal quebra as regras rotineiramente. Como, digamos, quando todo mundo marca todos os seus pedidos de mudança como 'urgente' ou 'mudança de emergência'. Esse campo é somente para emergências de verdade!"

Wes contesta: "Temos que fazer isso, porque marcá-las como urgente é a única maneira de fazer sua equipe olhar para elas! Quem pode esperar três semanas por uma aprovação?"

Um dos engenheiros líderes sugere: "Talvez pudéssemos criar outro campo, chamado 'extremamente urgente'?"

Eu espero o alvoroço passar. Nesse ritmo não chegaremos rápido a lugar nenhum. Pensando furiosamente, finalmente digo: "Vamos fazer um intervalo de dez minutos."

Quando retomamos a reunião, digo: "Não vamos sair desta reunião sem uma lista de mudanças autorizadas e agendadas, que implementaremos nos próximos 30 dias.

"Como vocês podem ver, minha assistente trouxe uma pilha de cartões catalográficos em branco. Quero que cada grupo escreva cada mudança que está planejando, uma mudança por cartão. Eu quero três informações: quem está planejando a mudança, o sistema a ser mudado e um resumo em uma frase.

"Desenhei um calendário na lousa, onde finalmente postarei mudanças aprovadas de acordo com sua implementação agendada", continuo. "Essas são as regras. Rápido e simples."

Wes pega um pacote de cartões, olhando para eles em dúvida. "Sério? Cartões de papel, neste século? Que tal usarmos aquele seu notebook, que provavelmente é até mais velho que o papel?"

Todo mundo ri, mas não Patty. Parece estar com raiva, obviamente nada feliz com a direção que as coisas estão tomando.

"Isso não se parece com nenhum processo de gestão de mudanças que eu já tenha visto", diz John. "Mas colocarei minhas mudanças na lousa, como as atualizações de *firewall* que estão por vir e o monitoramento das mudanças que estão agendadas para os próximos dias."

Surpreendentemente, a disposição de John de participar inspira os outros, que começam a escrever suas mudanças planejadas em seus cartões.

Finalmente, Wes diz: "Tá bom, vamos tentar. Qualquer coisa é melhor do que usar aquela ferramenta falida de gestão de mudanças."

Um dos líderes ergue um punhado de cartões. "Terminei todas as mudanças de bancos de dados que planejamos fazer."

Quando aceno para que continue, ele rapidamente lê um dos cartões: "Executar o script de manutenção de banco de dados recomendado pelo vendedor no servidor xz577 Octave, para corrigir problemas de desempenho do POS da loja de varejo. Isso afeta a entrada do pedido no banco de dados e nas aplicações. Gostaríamos de fazer isso na próxima sexta-feira à noite, às 20h30."

Eu assinto com a cabeça, feliz com a clareza de sua mudança proposta. Mas Wes diz: "Isso não é uma mudança! Isso é só executar um script de banco de dados. Se você mudasse o script, então teríamos algo sobre o que falar. Próxima."

O líder responde rapidamente: "Não, definitivamente é uma mudança. Isso muda temporariamente algumas configurações do banco de dados, e não sabemos qual impacto poderia ter na produção. Para mim, é tão arriscado quanto uma mudança na configuração do banco de dados."

É uma mudança ou não? Eu consigo ver ambos os lados da discussão.

Depois de 30 minutos discutindo, ainda não está claro se sabemos a definição do que uma "mudança" deve ser.

Reiniciar um servidor é uma mudança? Sim, porque não queremos ninguém reiniciando servidores à vontade, especialmente se ele estiver executando um serviço crucial.

E desligar um servidor? Sim, pela mesma razão.

E ligar um servidor? Não, todos nós pensamos. Quer dizer, até que alguém surgiu com o exemplo de ligar um servidor DHCP duplicado, que ferrou com a rede da empresa inteira por 24 horas.

Meia hora mais tarde, finalmente escrevemos na lousa: "Uma 'mudança' é qualquer atividade física, lógica ou virtual para aplicações, bancos de dados, sistemas operacionais, redes ou hardware que possa impactar serviços sendo entregues."

Eu olho meu relógio, alarmado por estarmos na sala a quase 90 minutos e ainda não termos aprovado nem a primeira mudança. Faço com que nos movamos mais rápido, mas no final de nossa reunião de duas horas, só marcamos cinco mudanças na lousa.

Surpreendentemente, ninguém mais parece frustrado, exceto eu. Todo mundo está vigorosamente engajado na discussão, até mesmo Patty. Todo mundo está discutindo os riscos das mudanças propostas, até descobrindo que uma mudança não era necessária.

Encorajado, eu digo: "Continuaremos isso na segunda-feira. Entreguem todos os seus cartões para a Patty o quanto antes. Patty, qual é a melhor maneira para processarmos todos os cartões?"

Ela diz sucintamente: "Eu os colocarei em uma cesta mais tarde. Por enquanto, empilhem os cartões na frente da mesa."

Quando finalizamos, várias pessoas me falam ao sair: "Ótima reunião" e "Eu queria que tivéssemos mais tempo para discutir mudanças" e "Não vejo a hora de chegar segunda-feira".

Apenas Patty ficou para trás, de braços cruzados. "Gastamos muito sangue, suor e lágrimas criando nossa velha política de gestão de mudanças, e todo mundo ainda a descartou. O que faz você pensar que isso será diferente?"

Dou de ombros. "Eu não sei. Mas continuaremos tentando coisas até que tenhamos um sistema que funcione, e vou me certificar de que todos continuem nos ajudando a chegar lá. Não é só para satisfazer as descobertas da auditoria. Precisamos de uma maneira de planejar, comunicar e fazer nossas mudanças com segurança. Posso garantir a você que, se não mudarmos a maneira como trabalhamos, logo ficarei sem trabalho."

Apontando para seu antigo documento de política, ela diz: "Não devíamos simplesmente jogar esse trabalho fora. Passamos semanas projetando e gastamos centenas de milhares de dólares com consultores, mudando nossas ferramentas."

Há algumas lágrimas nos olhos dela. Eu me lembro do quanto ela tem tentado integrar esse processo na organização.

"Eu sei que há muito trabalho bom em todo esse processo", digo solidariamente. "Mas sejamos francos. Ninguém o estava realmente seguindo, como os auditores apontaram. Nós também sabemos que as pessoas estavam brincando com o sistema, apenas tentando fazer com que seu trabalho fosse realizado."

Eu digo sinceramente: "Podemos estar recomeçando, mas precisamos de toda a sua experiência e habilidades pra fazer isso funcionar. Ainda é seu processo, e sei que isso é absolutamente crucial para nosso sucesso."

"Tudo bem", diz ela, suspirando em resignação. "Acho que me preocupo mais com nossa sobrevivência do que se usamos nosso processo antigo ou não."

Sua expressão muda. "E se eu escrevesse os resultados da reunião e as novas instruções para submeter pedidos de mudanças?"

Depois, naquela mesma tarde, estou de volta à sala de guerra do Fênix, quando Patty liga. Eu corro para o corredor. "O que foi?"

Ela parece estressada. "Temos um problema. Eu esperava que tivéssemos 50 mudanças para rever na semana que vem. Mas já temos 243 mudanças submetidas. Continuo recebendo e-mails de pessoas dizendo para esperar mais cartões no final de semana… acho que teremos mais de 400 mudanças a serem feitas na semana que vem!"

Puta merda! Quatrocentas? Quantas delas são de alto risco, afetando potencialmente o Fênix, a aplicação de folha de pagamento ou pior?

De repente me lembro do dever do instrutor de fuzileiros na Marinha. Como instrutor de fuzileiros, eu era responsável pela segurança de todos que estavam na linha de tiro. Tenho uma visão horrível de uma multidão de 400 jovens de 18 anos sem supervisão pulando de caminhões, correndo para a linha de tiro, atirando para o ar com seus rifles, vociferando e gritando…

"Hmmm, pelo menos as pessoas estão seguindo o processo", digo, rindo nervosamente.

Ouça-a rir. "Com todos os pedidos de mudança chegando, como vamos autorizar todos até segunda-feira? Devemos fazer uma pausa temporária nas mudanças até conseguir aprovar todas?"

"De jeito nenhum!", digo imediatamente. "A melhor maneira de matar o entusiasmo e o apoio de todos é impedi-los de fazer o que precisam fazer. Duvido que tenhamos uma segunda chance de fazer isso direito.

"Envie um e-mail dizendo a todos para submeterem qualquer mudança para a semana que vem até segunda-feira. As mudanças de segunda-feira não precisarão ser autorizadas, mas as mudanças para o resto da semana sim. Sem exceções."

Eu consigo ouvir Patty digitando ao telefone. "Beleza. Eu provavelmente precisarei que parte do meu pessoal me ajude a organizar todos os cartões de mudança durante o fim de semana. Francamente, estou atordoada com a quantidade de mudanças que existe."

Eu também.

"Excelente", digo, sem expor minhas preocupações.

CAPÍTULO 7
• *Sexta-feira, 5 de setembro*

Quando volto à minha mesa, procuro o Advil que normalmente deixo lá, quando meu telefone toca. "Palmer falando", digo, revirando minhas gavetas.

"Oi, Bill. É a Stacy, assistente do Steve. Que bom que consegui falar com você. Há um novo membro em potencial da diretoria na cidade, chamado Erik Reid, que precisa falar com todos os executivos de TI. Ele quer saber se você está disponível por uma hora agora."

"Espera só um segundo enquanto pego minha agenda", respondo.

A resolução da tela neste antigo notebook é tão baixa, que a visão semanal é inutilizável. Troco para a visão diária, e a tela fica branca, enquanto o notebook faz barulho.

Desisto de esperar e digo sinceramente: "Olha, eu sei que isso é importante, mas pode esperar até segunda-feira? Você não vai acreditar no dia que estou tendo."

Ela responde rapidamente: "Eu queria que pudesse esperar, mas ele só está na cidade hoje. E pelo que vi, Bob Strauss, você sabe, o presidente da empresa, e Steve estão com chiliques porque acham que Erik pode não aceitar nossa oferta de juntar-se à diretoria. Ele aparentemente é um figurão da tecnologia, e Bob e Steve conseguiram trazê-lo para cá para cortejá-lo. Ele insiste em encontrar a equipe de liderança da TI antes de ir embora."

"Tudo bem, conte comigo", digo, reprimindo um suspiro.

"Bom. Nós o instalamos em uma sala de reuniões ao lado da minha. Pode vir. Há um ótimo café e donuts aqui."

Eu dou risada. "Bem, essa é a primeira boa notícia que ouvi o dia todo. Estou a caminho."

Enquanto caminho até a sala de conferências no Prédio 2, aceno para Stacy, ponderando o estranho mundo no qual entrei. Não estou acostumado a ser jogado no meio da política da diretoria.

Como prometido, ao lado da janela tem um grande carrinho com quatro tipos de café e seis caixas de Donuts Vandal, um lugar tão famoso na cidade que há uma longa fila quase o dia todo.

Um homem em calças cáqui amassadas e camisa jeans abotoada fora das calças está ajoelhado em frente ao carrinho, colocando os donuts em duas bandejas. Eu não tinha ideia de que a Donuts Vandal fazia entregas.

Pego uma xícara e começo a encher de café, de olho em todos os donuts. Eu digo: "Sabe, minha esposa e eu somos grandes fãs de vocês. Quando estávamos namorando, quase toda sexta-feira à noite esperávamos na fila por 20 minutos para conseguir nossa dose. Agora que temos filhos, ela só me manda comprar pra ela. Talvez eu leve um pra casa pra ela esta noite."

Eu pego um grande donut de chocolate coberto com Froot Loops, bem como um gigante glaceado com bacon e outros três que parecem gostosos.

O entregador fica em pé e olha para mim, sorrindo. "Sim, posso ver o porquê. Eu estou realmente gostando desses donuts. Nunca comi nada assim antes. Eu provavelmente comi cinco desde que cheguei aqui. Embora não seja nada bom para a dieta low-carb em que estou agora..."

Estendendo a mão, ele diz: "Sou o Erik."

Puta merda!

Eu olho para baixo. Em uma mão eu tenho uma xícara de café e na outra estou segurando meu prato supercheio.

"Ah, nossa", digo apressadamente. Coloco tudo na mesa atrás de mim e me viro novamente para apertar sua mão. "Prazer em conhecê-lo. Eu sou o Bill. Bill Palmer."

Olho para ele de novo. Ele tem bigode, cerca de 1,82m, está um pouco acima do peso e tem os cabelos longos e quase grisalhos que tocam seus ombros. Ao ficar em pé, ele parece ainda mais com alguém de uma empresa de entregas do que um membro em potencial da diretoria, quem dirá algum "figurão da tecnologia".

Dando mais uma olhada nele, eu me corrijo — tenho quase certeza de que um entregador teria roupas menos amassadas.

"Sem problemas", diz ele alegremente, pegando outro donut da bandeja e fazendo um gesto em direção à mesa. "Sente-se. Eu esperava falar com cada um dos líderes da TI enquanto estivesse na cidade. É claro que eu tinha que falar com Steve e — hmmm — qual é o nome do seu CFO? Darren? Dale? Tanto faz. Eles pareceram pessoas legais o bastante. Talvez um pouco cegos, mas..."

Ele gesticula desdenhosamente. "Também falei com seu cara do Desenvolvimento. Hmm, Cary? Calvin? E falarei em seguida com seu cara da Segurança, Jimmy, e a pessoa do Varejo, Sylvia."

Eu tento esconder minha expressão de dor enquanto ele conseguia errar o nome de todo mundo.

"Entendi... E quais foram suas impressões até agora?", pergunto cuidadosamente.

Ele para de mastigar e tira algumas migalhas de seu bigode, fazendo uma pausa para pensar. "Parece que vocês estão atrapalhados. As Operações de TI parecem ter se alojado em cada fluxo de trabalho importante, incluindo o principal projeto da empresa. Todos os executivos estão pulando de raiva e estão apertando o cara do Desenvolvimento para fazer o que for preciso para colocá-lo na produção."

Ele me olha nos olhos. "Você está com problemas crônicos de disponibilidade de TI, fazendo os executivos da empresa serem jogados nas notícias de primeira página. E agora a Auditoria está no seu rabo, significando mais possíveis notícias de primeira página, e talvez até uma nota de rodapé adversa nas declarações financeiras trimestrais. E qualquer um que saiba alguma coisa sobre o Fênix sabe que há muito mais más notícias chegando de lá... Rá! É melhor deixar a agenda livre para quando elas chegarem..."

Enquanto ele fala, sinto meu rosto ficar vermelho. Se de raiva ou vergonha, não tenho certeza.

"As coisas não parecem muito boas pra você, amigo", diz ele. "Pelo menos não para um membro em potencial da diretoria, que deve supervisionar e avaliar seu desempenho."

Aperto os lábios, resistindo à vontade de dizer algo que soe defensivo. E digo de forma neutra: "Steve me pediu para assumir este trabalho há três dias.

Embora eu continuasse dizendo não, ele finalmente me convenceu a aceitar o cargo. Com certeza houve muitas surpresas..."

Ele olha para mim por um momento e então dá uma gargalhada. "Aposto que sim!", diz ele de modo tranquilizador. "Ha-ha! Surpresas. Então, qual é o plano de jogo para endireitar o navio?"

Eu olho para cima por um momento, tentando entender como descrever as poucas ações corretivas que estabeleci depois desta semana. E respondo: "Honestamente, ainda estou tentando entender a situação. No geral, estou sendo chicoteado de uma emergência a outra. Sei que precisamos de mais rigor e disciplina no modo como trabalhamos. Estou tentando descobrir de quais processos dependemos para trabalhar por aqui. Com base no que vi, sei que precisamos melhorá-los para pararmos de dar tiros no pé."

Eu penso por um momento. "Isso só para nos tirar do modo combater incêndios. Ainda estou tentando descobrir como ter recursos para um projeto de remediação de auditoria que acabou de cair do céu. Com base no que vi, estamos seriamente atrasados em nossos compromissos. Obviamente precisaremos de mais pessoal ou ser muito mais eficientes para honrar todos nossos compromissos."

Erik fecha a cara. "'Rigor e disciplina', hein? Acho que você foi um oficial não comissionado no exército. Um E-6. Não, você é jovem demais. Um E-5, certo?"

Eu pisco surpreso. "Isso mesmo. E-5, Corpo de Fuzileiros Navais dos EUA. Como soube?"

"Chutei", diz ele suavemente. "Por um lado, você, com certeza, não parece com um engenheiro químico ou um auditor."

"O quê?", pergunto.

"Você está certo quando diz que não pode montar uma estratégia até que tenha dominado o tático", diz ele, ignorando minha pergunta. "Mas o que funcionou pra você na Marinha nunca funcionará aqui, considerando como eles dirigem este circo. Em vez de um general na sua linha de comando, você tem dez generais dando as ordens aqui, e todos eles têm uma linha direta para cada um dos soldados em sua empresa."

Eu digo lentamente: "Espera. Você está dizendo que rigor e disciplina não são importantes?"

"É claro que importam", diz ele asperamente. "Mas você tem um problema muito maior, e ele não tem nada a ver com essa sua baboseira de 'eficiências' e 'processo'. Seu problema agora é que você obviamente não sabe o que é 'trabalho'."

Eu o encaro.

Quem é esse palhaço? Por um momento me pergunto se posso designar Wes ou Patty para lidar com esse cara, mas Steve obviamente queria que eu cuidasse disso pessoalmente.

"Eu sei qual é o trabalho", digo lentamente. "Nós o realizamos todos os dias. Se não mantivermos as luzes ligadas e terminarmos o trabalho que o negócio exige, fico desempregado."

"Qual, então, é exatamente a sua definição de 'trabalho'?", pergunta ele com uma expressão genuinamente curiosa em seu rosto.

"Bem, posso lhe dizer que Steve declarou várias vezes para mim, em termos inequívocos, que precisamos lançar o Fênix. Isso se qualifica como trabalho em minha cabeça."

Ele olha para cima, parecendo conversar consigo mesmo. "Sim, isso certamente é um tipo de trabalho. Mas você ainda está se esquecendo dos outros três tipos de trabalho pelos quais as Operações de TI são responsáveis. Para mim, isso não está nem perto do nível de compreensão de trabalho que você precisa para corrigir seus problemas acerca de produtos de projetos, interrupções e conformidade."

Ele se levanta. "Pegue suas coisas. Vamos dar uma volta."

Confuso e incomodado, olho para meu relógio. São 16h17. Tenho muito o que fazer para perder muito mais tempo com esse cara.

Então ele some. Olho no corredor, mas ele também não está lá. Olho para Stacy interrogativamente, e ela aponta em direção aos elevadores. Corro para alcançá-lo.

Ele já entrou em um elevador que acabou de abrir. Então se vira e segura a porta para mim. "Você provavelmente nem vê quando o trabalho está comprometido com sua organização. E se você não consegue ver isso, não consegue gerenciá-lo, quem dirá organizá-lo, sequenciá-lo e ter qualquer garantia de que seus recursos podem completá-lo."

Eu torço o nariz, lembrando-me de minha última reunião com Wes e Patty, quando eles tiveram dificuldades para fazer a lista de todos os nossos compromissos para com a organização. Eu digo: "O que é isso? Um tipo de teste de inteligência?"

"Sim, você poderia dizer isso", responde ele. "Mas não se preocupe. Não é só você. Steve tem que passar no teste de inteligência dele também. E, a propósito, Dick também."

Eu o sigo até seu pequeno carro azul alugado e vamos até o MRP-8, uma de nossas fábricas. É enorme, provavelmente quatro vezes maior que meu prédio, mas está em condições impecáveis, com algumas reformas e adições obviamente recentes.

Uma guarda no fim de seus 50 anos nos cumprimenta: "Boa tarde, Dr. Reid. Que bom ver o senhor! Como está? Faz muito tempo que não o vejo."

Erik aperta sua mão calorosamente, respondendo com uma piscadela: "Ótimo ver você de novo, Dorothy. Só estamos aqui para dar uma olhada rápida no chão da fábrica. Ainda podemos ir até a passarela?"

Ela responde com um sorriso flertante: "Está fechada para a maioria das pessoas, mas para você acho que podemos abrir uma exceção."

Eu olho para o Erik com desconfiança. Ele supostamente não conseguia acertar o nome de ninguém, e ainda assim aparentemente se lembra do nome de alguma segurança de anos atrás. E ninguém nunca mencionou nada sobre um *Dr. Reid*.

Depois de subir cinco andares de escada, estamos em pé em uma passarela que dá visão para todo o chão da fábrica, que parecia seguir por, pelo menos, duas quadras em todas as direções.

"Olhe lá para baixo", diz ele. "Você pode ver docas de carregamento dos dois lados do prédio. Matérias-primas são trazidas por um lado e os produtos terminados saem pelo outro. Pedidos vêm daquela impressora lá. Se você ficar aqui tempo o suficiente, pode realmente ver todo o WIP, isto é, 'work in progress' [trabalho em andamento] ou 'inventário' para novatos na fábrica, fazer seu caminho até o outro lado do chão da fábrica, onde é enviado para clientes como produtos finalizados.

"Por décadas nesta fábrica", continua ele, "houve pilhas de inventário por todos os lados. Em muitos lugares, eram pilhas tão altas, que dava para empilhá-las usando uma daquelas grandes empilhadeiras ali. Em alguns dias não dava nem pra ver o outro lado do prédio. Em retrospectiva, agora sabemos que o WIP é uma das causas-raízes dos problemas de prazo crônico, questões de qualidade e os despachantes tendo que reconciliar as prioridades todos os dias. É incrível que este negócio não tenha afundado".

Ele faz um gesto amplo com ambos os braços esticados: "Na década de 1980, esta fábrica era a beneficiária de três movimentos incríveis de gerenciamento cientificamente fundamentados. Você provavelmente ouviu falar deles: a Teoria das Restrições, produção Enxuta ou Sistema Toyota de Produção e Gestão da Qualidade Total. Embora cada movimento tenha começado em lugares diferentes, todos eles concordam em uma coisa: o WIP é um assassino silencioso. Portanto, um dos mecanismos mais cruciais na gerência de qualquer fábrica é a liberação de trabalho e materiais. Sem isso você não pode controlar o WIP."

Ele aponta para uma mesa próxima da doca de carregamento mais perto de nós. "Vê aquela mesa ali?"

Eu concordo com a cabeça, mas também olho explicitamente para meu relógio: 16h45.

Indiferente à minha impaciência, ele diz: "Deixe-me contar uma história. Décadas atrás, havia um cara chamado Mark. Ele era o supervisor daquela primeira estação de trabalho, bem ali naquela mesa. Aquelas prateleiras contêm pastas de trabalhos recebidos. Não é incrível que aquelas pastas sejam exatamente como as daquela época?

"De qualquer modo", ele continua, "um dia eu vejo Mark pegando uma pasta para começar algum trabalho. Eu pergunto a ele: 'Baseado em que você escolheu esse trabalho, em vez de qualquer um dos outros?'.

"E você sabe o que ele me disse? Ele disse: 'É um trabalho que requer esta estação de trabalho primeiro. E nós estamos abertos'."

Ele balança a cabeça incrédulo. "Eu mal podia acreditar. Eu disse a ele: 'Sua estação é só a primeira de 20 operações. Você não fatora a disponibilidade de nenhuma das outras 19 estações na sua decisão?' E ele responde: 'Bem, não. Faço isso há 20 anos'."

Ele ri. "Suponho que, para ele, soa como uma maneira razoável de escolher qual trabalho realizar. Ele está mantendo a primeira estação ocupada, como o agendamento do primeiro a entrar, primeiro a sair. Mas, é claro, agora todo mundo sabe que você não libera trabalho com base na disponibilidade da primeira estação. Em vez disso, deve ser baseado no ritmo em que o recurso gargalo consegue consumir o trabalho."

Eu só o encaro sem entender.

Ele continua: "Por causa da maneira como Mark liberava o trabalho, o inventário continuou aumentando em frente ao nosso gargalo, e os trabalhos nunca eram terminados a tempo. Todo dia havia uma emergência. Por anos fomos premiados com o Melhor Cliente do Ano pela nossa empresa de transporte de mercadoria, porque enviávamos centenas de quilos de produtos finalizados madrugada afora, para clientes raivosos, quase toda semana."

Ele para e então diz enfaticamente: "O Dr. Eliyahu M. Goldratt, que criou a Teoria das Restrições, nos mostrou como qualquer melhoria feita *em qualquer lugar menos no gargalo* é uma ilusão. Surpreendente, mas verdadeiro! Qualquer melhoria feita depois do gargalo é inútil, porque sempre ficará faminta, esperando por trabalho do gargalo. E qualquer melhoria feita antes do gargalo resulta meramente em mais inventário sendo empilhado no gargalo.

"No nosso caso, o gargalo era um forno de tratamento térmico, assim como no romance de Goldratt, *A Meta*. Nós também tínhamos cabines de pintura que mais tarde também se tornaram restrições. Quando congelamos a liberação de todos os novos trabalhos, não dava pra ver os centros de trabalho do gargalo, porque estavam cercados por enormes pilhas de inventário. Mesmo daqui de cima!"

Sem querer, eu ri com ele. É algo óbvio em retrospectiva, mas posso imaginar que, para Mark, era qualquer coisa, menos óbvio. "Olha, obrigado pela lição de história. Mas aprendi a maioria disso ainda na escola de negócios. Não consigo ver como isso poderia ser relevante à gerência das Operações de TI. A TI não é como dirigir uma fábrica."

"É mesmo?", ele se vira para mim fechando a cara intensamente. "Deixe-me adivinhar. Você dirá que a TI é puro trabalho de conhecimento, e, portanto, todo seu trabalho é como o de um artesão. Logo, não há lugar para padronização, procedimentos de trabalho documentado e todo esse 'alto rigor e disciplina' que você alegou ser tão importante."

Eu torço o nariz. Não consigo entender se ele está tentando me convencer de algo em que eu já acredito ou me fazer aceitar uma conclusão absurda.

"Se você acha que as Operações de TI não têm nada a aprender com as Operações da Fábrica, você está errado. Totalmente errado", diz ele. "Seu trabalho como VP de Operações de TI é garantir o fluxo rápido, previsível e ininterrupto de trabalho planejado, que entrega valor ao negócio enquanto minimiza o impacto e a interrupção de trabalho não planejado, para que você possa fornecer serviços de TI estáveis, previsíveis e seguros."

Ouvindo ele falar, eu me pergunto se deveria estar anotando tudo isso.

Ele me analisa. "Bem, posso ver que você não está pronto para discutir isso. Até que consiga compreender melhor o que é trabalho, qualquer conversa que tenhamos sobre controlá-lo será totalmente inútil para você. Seria como falar sobre acrobacias com alguém que ainda não acredita em gravidade.

"Mas tenha certeza de que", diz ele, apontando para a mesa de liberação de trabalho, "para chegar aonde você quer ir, *precisará* descobrir qual é seu equivalente àquela mesa. Você deve descobrir como controlar a liberação de trabalho para as Operações de TI e, mais importante, garantir que seus recursos mais restritos estejam fazendo apenas o trabalho que sirva ao objetivo do sistema todo, não só a um silo.

"Quando entender isso, jovem Bill, estará no caminho certo para entender as Três Maneiras", diz ele. "A Primeira Maneira nos ajuda a entender como criar um fluxo rápido de trabalho enquanto ele se move do Desenvolvimento para as Operações de TI, porque é isso que existe entre o negócio e o cliente. A Segunda Maneira nos mostra como encurtar e amplificar os *loops* de feedback, para que possamos corrigir a qualidade na fonte e evitar o retrabalho. E a Terceira Maneira nos mostra como criar uma cultura que promova simultaneamente a experimentação, aprender com o fracasso e entender que a repetição e a prática são pré-requisitos da maestria."

Embora ele agora soe estranhamente como o Mestre Shifu do filme *Kung Fu Panda*, estou ouvindo atentamente. A necessidade de rigor e disciplina, a prática constante e a honra às nossas habilidades são lições importantes que mantive comigo desde a Marinha. A vida de meus homens dependia disso lá, e meu trabalho depende disso aqui. O que estou mais decidido a instilar em meu grupo de Operações de TI é a criação dessa previsibilidade.

Erik me dá uma folha de papel com um telefone escrito. "Lembre-se, há quatro tipos de trabalho. Você disse que o trabalho de projeto de negócios é um deles. Quando souber os outros três, ligue para mim."

Ele pega as chaves do carro do bolso e pergunta: "Você quer uma carona de volta ao seu escritório?"

São 17h10 quando finalmente volto ao meu cubículo. Faço login novamente no meu notebook velho para responder e-mails, mas não consigo me concentrar.

A última hora com Erik foi como estar em um estranho universo paralelo. Ou como ser forçado a assistir a um filme psicodélico feito em um entorpecimento induzido por drogas.

O que Erik quis dizer com existir quatro categorias de trabalho?

Eu penso em minha reunião com Wes e Patty. Wes mencionou que temos uma lista separada para projetos de infraestrutura de TI e para projetos de negócios. Os projetos de infraestrutura são outro tipo de trabalho?

Enquanto pondero isso, uma janela de notificação de e-mail surge na minha tela, indicando outro e-mail que espera uma resposta.

Os e-mails são outro tipo de trabalho?

Duvido. Na fábrica, Erik fez um gesto para todo o chão da fábrica. Quando ele mencionou "trabalho", pareceu querer dizer em nível organizacional, não no nível de um colaborador individual ou gerente.

Penso nisso mais um pouco. Então chacoalho a cabeça e rapidamente mando um e-mail para Steve, para que ele saiba que estive com Erik. Estou certo de que daqui a uma década falarei a meus amigos sobre meu breve encontro com o doido varrido no chão da fábrica.

Preciso ir embora. Paige ficará seriamente irritada se eu chegar tarde em casa na sexta-feira à noite. Quando retiro o notebook de sua estação, um alarme incrivelmente alto corta o ar.

"Puta merda!", grito, percebendo que o som está vindo do meu notebook. Estabanado, tento diminuir o volume, desligá-lo, mas nada parece fazer o som parar.

Freneticamente, viro o notebook e tento retirar a bateria, mas a fita a mantém no lugar. Pego um abridor de cartas, conseguindo cortar a fita e retirar a bateria.

O notebook finalmente silencia.

CAPÍTULO 8
• *Segunda-feira, 8 de setembro*

Passei o final de semana inteiro trabalhando em um conjunto de slides de PowerPoint para minha reunião com Steve esta manhã. Apesar de todo esse trabalho, gostaria de ter me preparado mais.

Eu me forço a relaxar, visualizando uma discussão de negócios saudável e vigorosa com ele, saindo de lá com tudo o que pedir. Continuo lembrando a mim mesmo o quanto isso é importante para a empresa e para minha organização. Todo mundo trabalhou tanto para se preparar para isso, e agora o sucesso ou o fracasso dependem do quão bem eu consiga comunicar tudo para Steve.

Stacy sorri quando chego, e diz calorosamente: "Pode entrar. Sinto muito por termos conseguido só 30 minutos para você."

Eu paro logo na porta, onde Sarah está sentada com Steve à mesa. Sarah está dizendo a ele: "… você fez um trabalho incrível contando a história de aonde estamos indo. Esses eram alguns dos analistas mais céticos, mas claramente ficaram animados. Você também deu a eles uma razão para conversarmos novamente quando o Fênix for implantado. E também parecem bem impressionados com o mapa do Fênix."

Eles estão falando sobre o roteiro do Fênix com os analistas? Com tantas funcionalidades atrasadas para o próximo lançamento, eu questiono a sabedoria de fazer promessas com informações insuficientes para o mercado.

Steve só concorda com a cabeça e responde alegremente: "Vamos ver se isso muda a impressão deles sobre nós. Bom trabalho agendando a ligação. Falo com você mais tarde para a próxima."

Sarah me dá um sorriso e diz: "Ei, Bill. Você já está cedo na ativa, não?"

Rangendo os dentes, só ignoro o comentário dela. "Bom dia, pessoal." Tentando mostrar interesse, digo: "Parece que a ligação foi boa."

Sarah sorri ainda mais. "Sim, eles ficaram realmente animados com nossa visão e concordaram que será uma virada de jogo para nós. É disso que precisamos para mudar a percepção do mercado global e da Wall Street acerca da empresa."

Olho direto nos olhos dela, pensando se esses *briefings* que damos para o mundo externo podem ser o que causa tanta pressão na equipe de Chris para lançar as funcionalidades tão prematuramente.

Sento-me em frente a Steve. Não consigo virar de costas para Sarah, mas faço o meu melhor.

Não quero fazer meus comunicados a Steve antes que Sarah saia da sala, mas ela continua falando com ele, recontando sua reunião e como mudar a faixa de conversa para sua próxima chamada com um analista.

Enquanto conversam, só consigo pensar em como ela está comendo meu tempo com Steve.

Onze minutos depois, Steve ri de uma piada de Sarah, e ela finalmente sai do escritório, fechando a porta. Steve se vira para mim e diz: "Desculpe-me por continuar. Nosso próximo *briefing* com um analista do Fênix será em 20 minutos. Então no que você está pensando?"

"Você enfatizou para mim desde o início que preciso ajudar a maximizar a probabilidade de sucesso da implementação do Fênix", começo. "Com base em minhas observações na última semana, estamos perigosamente sobrecarregados, a ponto de eu acreditar que o Fênix corre um risco considerável.

"Fiz com que meu pessoal estabelecesse quais realmente são nossos níveis de demanda e capacidade", continuo. "Começamos a inventariar tudo o que nos pedem para fazer, independentemente do tamanho. Com base na análise até agora, está claro para mim que a demanda para trabalho de TI excede muito nossa capacidade de entrega. Pedi a eles que deixassem mais visível como é o curso do trabalho, para que possamos tomar decisões mais informadas sobre quem deveria trabalhar no que e quando."

Com o máximo de seriedade que consigo, digo: "No entanto, uma coisa está muito clara. Estamos definitivamente com falta de pessoal. Não há como entregar tudo o que prometemos. Ou precisamos cortar a lista de projetos ou contratar mais gente."

Tentando reproduzir o argumento racional e lógico que passei o final de semana ensaiando, continuo: "O outro grande problema é que temos muitos projetos diferentes competindo por nossa atenção. Você foi consistente e claro de que o Fênix é o mais importante, mas parece que não conseguimos manter recursos dedicados a ele. Por exemplo, quinta-feira passada a auditoria interna nos entregou um conjunto de descobertas que devemos investigar e para as quais devemos escrever uma carta de resposta em uma semana. Fazer isso impactará o Fênix."

Fico observando Steve enquanto eu falava, e até agora ele permaneceu inexpressivo. Olho para ele calmamente e atesto: "Nesta reunião, gostaria de compreender a prioridade do Fênix em relação às descobertas da auditoria e falar sobre o número de projetos e como distribuí-los adequadamente."

Na minha cabeça, fiz um bom trabalho em ser o gerente competente e passional que está lutando desapaixonadamente para decidir como servir melhor o negócio, sem fazer julgamentos morais.

Steve responde em uma voz exasperada: "Que merda é essa de priorização? Se eu fosse à diretoria e dissesse a eles que preciso ou fazer vendas ou marketing, e perguntasse a eles qual dos dois deveria fazer, sairia da sala com eles rindo de mim. Eu preciso fazer ambos, assim como você precisa fazer ambos! A vida é dura. O Fênix é a prioridade da empresa, mas isso não significa que você possa deixar a auditoria sox-404 de refém."

Eu conto até três antes de falar: "Obviamente não estou sendo claro. Ambos, o Fênix e o projeto de conformidade, compartilham certos recursos-chave, como Brent. Só o projeto de conformidade prenderia essas pessoas por um ano, mas precisamos delas focadas no Fênix. Além disso, nossa infraestrutura está tão frágil, que temos falhas diárias, que normalmente requerem os mesmos recursos para restaurar as operações normais. Se uma interrupção similar à execução da folha de pagamento acontecesse hoje, provavelmente teríamos que tirar Brent tanto do Fênix quanto do trabalho de conformidade para descobrir o que deu errado."

Olho diretamente para ele e digo: "Nós buscamos diferentes opções de distribuição de recursos, incluindo contratar e mover pessoas, mas nenhuma delas terá nenhum efeito rápido o bastante para fazer diferença. Se o Fênix é realmente a prioridade, precisamos colocar parte do trabalho de conformidade na espera."

"Fora de questão", diz ele antes que eu possa terminar. "Eu vi aquela grande pilha de descobertas da auditoria, e estaremos em sérias dificuldades se não corrigirmos aqueles problemas."

Isso definitivamente não está indo de acordo com o planejado. "Tudo bem...", digo lentamente. "Faremos nosso melhor. Mas quero deixar registrado que estamos com pouquíssimo pessoal para fazer um bom trabalho em qualquer um, quem dirá em ambos."

Espero ele reconhecer meu ponto. Segundos se passam antes que ele finalmente concorde com um movimento de cabeça.

Percebendo que isso provavelmente é o melhor que conseguirei, indico a primeira página do folheto que entreguei a ele. Eu digo: "Vamos continuar e falar sobre demanda e capacidade de projeto. Atualmente estamos apoiando mais de 35 projetos de negócios pelo Escritório de Gestão de Projetos da Kirsten, e na contagem atual, mais de 70 outros projetos de negócios menores e iniciativas internas. E há outros por aí que ainda não contamos. Com 143 pessoas de Operações de TI, nada está sendo feito como o prometido."

Aponto para a segunda página do folheto, dizendo: "Como você pode ver, minha equipe e eu fizemos um pedido por seis recursos adicionais dos quais mais precisamos."

E vou para o fechamento, dizendo: "Meu objetivo é aumentar nossa taxa de transferência para não ficarmos nessa posição novamente, e para conseguirmos terminar o máximo desses projetos que pudermos. Gostaria da sua aprovação para abrir essas vagas imediatamente, para que possamos começar nossa busca. Não é fácil achar talentos como Brent, e precisamos começar o mais cedo possível."

Em meus ensaios, é aqui que Steve passaria o dedo pelos números, faria algumas perguntas e nós teríamos uma discussão significativa sobre como estabelecer o melhor compromisso. Talvez ele até daria um tapinha nas minhas costas e me parabenizaria pela qualidade da minha análise.

Mas Steve nem pega meu folheto. Em vez disso, olha para mim e diz: "Bill, o Fênix já está $10 milhões acima do orçamento, e nós precisamos deixar o fluxo de caixa positivo logo. Você tem alguns dos recursos mais caros de toda a empresa. Você precisa usar o que tem."

Ele cruza os braços e continua: "Ano passado, alguns analistas de TI vieram e compararam nossa empresa com as concorrentes. Eles nos disseram que estamos gastando muito mais em TI do que nossos concorrentes.

"Você pode achar que com três mil empregados, seis a mais não faria diferença. Mas, acredite, cada despesa está sendo analisada. Se não conseguirmos fechar a lacuna de rentabilidade, terei que dispensar mais gente. Sua matemática de adicionar $2 milhões em custos de empregados simplesmente não funciona."

Ele continua, com uma voz mais solidária. "Quer uma sugestão? Vá até seus colegas e apresente suas razões a eles. Se elas forem realmente válidas, eles podem se dispor a transferir parte do orçamento para você. Mas deixe-me ser claro: qualquer aumento no orçamento está fora de questão. Se algo acontecer, talvez tenhamos que cortar algumas cabeças na sua área."

Eu gastei horas ensaiando os piores cenários no final de semana. Aparentemente preciso praticar ser mais pessimista.

"Steve, não sei como posso ser mais claro em relação a isso", digo, sentindo-me um pouco desesperado. "Isso não é mágica. Todo esse trabalho sendo empilhado na gente é feito por pessoas de verdade. Compromissos como o trabalho de conformidade são assumidos sem nenhuma consideração pelo que já está nas mãos das pessoas, como o Fênix."

Percebendo que tenho pouco a perder, além de tentar dar um choque de senso nele, digo: "Se você realmente se importa em fechar a lacuna com a concorrência, fazendo o Fênix ser bem-sucedido, não parece estar agindo de acordo. Para mim, parece que você só está sendo sugado para o tiroteio muito tarde, aparecendo apenas com uma faca."

Eu esperava algum tipo de reação, mas ele meramente se encostou, cruzando os braços à sua frente. "Estamos todos fazendo nosso melhor. Então é melhor você voltar e fazer o mesmo."

Nesse momento a porta se abre e Sarah entra. "Oi, Steve. Desculpe interromper, mas temos nossa próxima ligação com o analista em dois minutos. Devo nos conectar?"

Merda! Eu olho para o meu relógio: 9h27.

Ela roubou de mim meus três últimos minutos.

Completamente derrotado, finalmente digo: "Ok, entendi. Continuar empurrando. Manterei você informado."

Steve agradece e vira-se para Sarah, enquanto fecho a porta. Saindo de lá, jogo a apresentação em que havia trabalhado o final de semana inteiro na lixeira de Stacy.

Eu tento me livrar do cheiro do fracasso enquanto vou para a reunião do CCM. Ainda estou pensando em como darei a má notícia para Wes e Patty quando entrar na sala de reuniões em que Patty criou a Sala de Coordenação de Mudanças.

Todos os pensamentos de Steve desaparecem quando vejo o que há lá.

Quase todas as paredes estão agora cobertas com lousas. Cartões cobrem quase cada centímetro das lousas em duas delas. Não é só um cartão por vez, em alguns lugares há ganchos presos à lousa com dez cartões pendurados neles.

Na mesa da sala de reuniões há mais 20, talvez até 30 pilhas de cartões.

Do outro lado da mesa, dois caras que trabalham para a Patty estão de costas para nós, estudando um cartão. Depois de um momento, eles o grudam entre dois outros cartões à frente deles.

"Puta merda!", digo.

"Temos um problema", diz Patty atrás de mim.

"Falta espaço para mais lousas?", pergunto, tentando brincar.

Antes que Patty responda, escuto Wes entrar na sala. "Puta merda!", diz ele. "De onde vieram todos esses cartões? São todos pra esta semana?"

Eu me viro para perguntar a ele: "Você está surpreso? A maioria deles veio do seu grupo."

Ele olha em volta, para todas as lousas, e então para os cartões na mesa: "Eu sabia que meus caras estavam muito ocupados, mas deve haver umas 200 mudanças aqui."

Patty vira o notebook para nos mostrar a planilha que ela abriu. "Desde a última sexta-feira à tarde, houve 437 mudanças submetidas para esta semana."

Pela primeira vez Wes fica sem palavras. Finalmente chacoalha a cabeça e diz: "E agora devemos rever todas elas e aprová-las? Essa reunião só foi agendada por uma hora. Precisaríamos de dias para conferir tudo isso!"

Ele olha para mim. "Veja bem, não estou dizendo que não deveríamos, mas se vamos fazer isso toda semana…"

De novo, Wes para de falar, espantado com a tarefa à nossa frente.

Honestamente, me sinto do mesmo jeito. Aparentemente, fazer todos os gerentes submeterem suas mudanças para a semana foi só o primeiro passo. Eu não esperava que o processo fosse desmoronar enquanto fôssemos além da coleta de dados e realmente processássemos e autorizássemos as mudanças.

Eu me forço a dizer alegremente: "Este é um ótimo começo. Como a maioria das coisas, tudo piora antes de melhorar. Temos um apoio entusiasmado dos gerentes técnicos, então agora precisamos descobrir como examinar essas mudanças e agendá-las em uma base contínua. Alguma ideia?"

Patty é a primeira a falar. "Bem, ninguém disse que temos que ser nós a revisar todas as mudanças. Talvez possamos delegar parte disso."

Ouço Wes e Patty trocarem ideias, antes de dizer: "Vamos voltar aos nossos objetivos: fazer com que as mãos esquerda e direita saibam o que a outra está fazendo, conseguir consciência situacional durante as interrupções e dar alguma evidência à auditoria de que estamos lidando com o controle de mudanças.

"Precisamos focar as mudanças mais arriscadas", continuo. "A regra 80/20 provavelmente se aplica aqui: 20% das mudanças apresentam 80% do risco."

Olho novamente para as pilhas de cartões à nossa frente e pego alguns aleatoriamente, buscando alguma inspiração.

Segurando um cartão que tem uma grande carinha triste desenhada nele, eu pergunto: "O que é PUCCAR?"

"Um app inútil", diz Wes com desgosto, "é a aplicação de Compensação de Cheques e Reconciliação da Parts Unlimited que alguém implementou há quase duas décadas. Nós chamamos de 'beiço', porque cada vez que mudamos, ele explode, e ninguém sabe como consertá-lo. O vendedor faliu durante o *boom* do pontocom, mas nós nunca conseguimos fundos pra substituí-lo".

Pergunto: "Se sabemos que é tão propenso a travar, por que precisamos mudá-lo?"

Wes diz rapidamente: "Nós tentamos não fazê-lo. Mas às vezes as regras do negócio mudam, e nós também temos que mantê-lo remendado. Ele executa um sistema operacional que está fora da manutenção, então é sempre perigoso..."

"Bom! É uma mudança arriscada. Que outros tipos de mudanças estão sendo submetidas como o PUCCAR?", pergunto.

Nós fazemos uma pilha de quase 50 cartões propondo mudanças nas aplicações Rainbow, Saturn e Taser, e também mudanças na rede e em certos bancos de dados compartilhados, que poderiam impactar uma parte significativa ou até todo o negócio.

"Até olhar pra esses cartões me dá palpitações", diz Wes. "Essas são algumas das mudanças perigosas que fazemos por aqui."

Ele está certo. Eu digo: "Tudo bem, vamos marcar todas essas como 'frágil'. Essas são de alto risco e devem ser autorizadas pelo CCM. Patty, mudanças como essa devem estar no topo da pilha durante nossas reuniões."

Patty concorda, tomando notas e dizendo: "Entendi. Estamos predefinindo categorias de alto risco de mudança que não só devem ter pedidos de mudanças submetidos, mas ter autorização antes de serem agendadas e implementadas."

Nós criamos rapidamente uma lista dos dez principais serviços, aplicações e infraestruturas mais frágeis. Qualquer pedido de mudança que possa afetar um deles será imediatamente sinalizado para análise do CCM.

Patty acrescenta: "Precisamos criar alguns procedimentos padrões acerca dessas mudanças — como quando queremos que sejam implementados — e ter recursos-chave não só cientes deles, mas também à espera, caso as coisas deem errado — até vendedores."

Ela adiciona com um meio sorriso: "Sabe, é como ter bombeiros e ambulâncias alinhados na entrada, prontos para atirar espuma de segurança quando o avião pousa em chamas."

Wes ri e acrescenta ironicamente: "E, no caso do PUCCAR, fazer o legista estocar vários sacos de corpos também. E um RP pronto para lidar com as ligações raivosas da empresa, dizendo que alguns clientes eram alérgicos à espuma que usamos."

Eu dou risada. "Sabe, essa é uma ideia interessante. Vamos deixar a empresa escolher a espuma. Não há razão para que toda a responsabilidade fique nas nossas costas. Podemos enviar um e-mail para a empresa com antecedência e perguntar quando seria o melhor momento de implementação. Se pudermos dar a eles dados dos resultados das mudanças anteriores, eles podem até retirar a mudança."

Patty está digitando. "Beleza. Para esses tipos de mudança, farei meu pessoal gerar alguns relatórios das taxas de sucesso e qualquer paralisação associada. Isso ajudará a empresa a tomar decisões mais informadas acerca das mudanças."

Eu fico extremamente feliz com a ideia da Patty e estou confiante de que estamos no caminho certo. "Ok, isso ainda deixa 400 cartões. Alguma ideia?"

Wes está passando pelos cartões metodicamente, criando duas grandes pilhas próximas a ele. Ele pega um cartão da pilha maior: "Esta pilha tem mudanças que fazemos o tempo todo. Como esta sobre o upload da tabela mensal de impostos dos sistemas POS. Não acho que devamos adiar nenhuma dessas mudanças.

"Por outro lado, estas mudanças são coisas como 'aumentar o tamanho do pool de threads do servidor da aplicação Java', 'instalar o hotfix da aplicação do fornecedor Kumquat para resolver o problema de desempenho' e 'reiniciar o balanceador de carga do data center Kentucky para configurações duplex padrão'.

"O que diabos eu sei sobre essas coisas?", pergunta Wes. "Eu simplesmente não tenho contexto suficiente para ter uma opinião de verdade. Não quero ser como uma gaivota, voando, cagando nas pessoas e então indo embora, sabe?"

Animada, Patty diz: "Excelente! As primeiras são mudanças de baixo risco que a ITIL chama de 'mudanças padrão'. Para mudanças que fizemos muitas vezes antes com sucesso, só precisamos pré-aprovar. Elas ainda precisam ser submetidas, mas podem ser agendadas sem nossa interferência."

Quando todo mundo concorda, ela continua: "Isso deixa cerca de 200 mudanças que são de médio risco e que ainda precisamos conferir."

"Concordo com o Wes", respondo. "Para essas, precisamos confiar que o gerente saiba o que está fazendo. Mas eu gostaria que Patty verificasse se as pessoas informaram adequadamente tudo o que possa ser afetado e se obtiveram a 'autorização para continuar' de todas elas."

Penso por um momento e digo: "A aplicação de tokenização do John, por exemplo. Antes desse pedido de mudança chegar até nós, queria que ele obtivesse a concordância dos donos da aplicação, do banco de dados e também do negócio. Se ele fez isso, já está bom para mim. A meu ver, nosso papel é nos certificarmos de que ele pôs os pingos nos is. Nesse nível, eu me preocupo mais com a integridade do processo, não tanto com as mudanças em si."

Patty está digitando. "Deixe-me ver se entendi direito: para a 'bagunça das mudanças intermediárias', decidimos que o apresentador da mudança tenha responsabilidade por consultar e obter aprovação das pessoas potencialmente afetadas. Uma vez que fizerem isso, submetem seu cartão de mudanças para revisarmos e aprovarmos para agendamento."

Eu sorrio e digo: "Sim. Funciona pra você, Wes?"

Finalmente, ele diz: "Eu acho que sim. Vamos tentar."

"Bom", digo. Então falo para Patty: "Você pode se certificar de que os apresentadores de mudanças estão realmente fazendo todo o trabalho com antecedência?"

Patty sorri e diz: "Com prazer."

Ela olha para a lousa, batendo com a caneta na mesa enquanto pensa. E diz: "Hoje é segunda-feira. Já falamos que as mudanças de hoje estão liberadas para implementação. Eu proponho que estendamos o período de anistia até amanhã e façamos uma reunião completa do CCM na quarta-feira, com a intenção de agendar o restante das mudanças. Isso dará tempo suficiente para todos se prepararem."

Eu olho para o Wes. Ele diz: "Isso é bom, mas já estou pensando na semana que vem. Devemos dizer a todos para continuarem trazendo os pedidos de mudanças, e vamos estabelecer as reuniões semanais do CCM começando na sexta-feira, dia 19."

Patty parece tão feliz quanto eu pelo fato de Wes estar planejando com antecedência a semana seguinte, em vez de se queixar. Ela diz: "Enviarei instruções para todos nas próximas horas."

Depois que termina de digitar, acrescenta: "Uma última coisa. Só quero salientar que estamos prendendo duas pessoas, bem como eu mesma, conduzindo este processo manual. É um trabalho intenso. Precisaremos pensar em alguma maneira de automatizar isso em algum momento."

Eu concordo. "Sem dúvida isso não é sustentável na forma atual. Mas vamos realizar algumas reuniões do CCM antes e estabelecer quais exatamente são as regras. Eu prometo que vamos rever isso."

A reunião acaba, e todos saímos sorrindo. Essa é a primeira vez para minha equipe.

CAPÍTULO 9

- *Terça-feira, 9 de setembro*

Estou na reunião de orçamento mais cruel de que já participei. Dick está sentado no fundo da sala, ouvindo atentamente e ocasionalmente presidindo. Nós todos nos submetemos a ele, já que ele criará o primeiro corte do plano anual. Sarah se senta ao lado dele, digitando em seu iPhone.

Finalmente atendo o telefone. Deve ser uma emergência genuína. Esteve vibrando quase sem parar pelo último minuto.

Eu leio: "Incidente Sev 1: sistemas de processamento de cartão de crédito fora do ar. Todas as lojas impactadas."

Puta merda!

Sei que tenho que sair da reunião, apesar de saber que todo mundo tentará roubar meu orçamento. Fico de pé, lutando com o grande notebook, tentando evitar que mais peças dele caiam. Eu quase consigo sair, quando Sarah pergunta: "Outro problema, Bill?"

Eu faço uma careta. "Nada com que não possamos lidar."

Na verdade, qualquer interrupção Sev 1 se qualifica automaticamente como um grande problema, mas não quero dar a ela essa munição.

Quando chego à COR, sento-me ao lado de Patty, que está coordenando a chamada. "Pessoal, Bill juntou-se a nós. Para atualizar você, nós confirmamos que os sistemas de entrada de pedido estão fora do ar e declaramos um incidente Sev 1. Estávamos tentando estabelecer o que mudou."

Ela para, olhando para mim. "E não estou confiante de que realmente sabemos."

Eu pergunto a todos: "Patty fez uma pergunta bem simples. Então, quais foram as mudanças feitas hoje que poderiam ter levado a essa interrupção?"

Há um silêncio estranho que se alonga quando as pessoas ou olham para baixo ou em volta umas para as outras suspeitosamente. Todo mundo está evitando contato visual.

Eu estou prestes a dizer alguma coisa, quando escuto: "Aqui é o Chris. Eu falei para a Patty isso antes, e estou repetindo, nenhum dos meus desenvolvedores mudou nada. Então nos tirem de sua lista de suspeitos. Provavelmente foi uma mudança no banco de dados."

Alguém no fim da mesa diz com raiva: "O quê? Nós não fizemos mudança nenhuma — bem, não em algo que pudesse ter impactado os sistemas de entrada de pedidos. Você tem certeza de que não foi um *patch* de sistema operacional que deu errado de novo?"

Alguém, dois lugares depois, se levanta e diz acaloradamente: "De jeito nenhuma. Nossa próxima atualização a atingir esses sistemas está agendada para daqui a 3 semanas. Eu apostaria 50 pratas que foi uma mudança de rede — as mudanças deles estão sempre causando problemas."

Colocando as duas mãos sobre os olhos, Wes grita: "Pelo amor de Deus, galera!"

Parecendo exasperado e resignado, ele diz para alguém do outro lado da mesa: "Você também precisa defender sua honra? Todo mundo pode ter a sua vez."

É claro que o líder de Redes do outro lado da mesa levanta ambas as mãos, parecendo ofendido e magoado. "Sabe, não é justo que as Redes continuem sendo culpadas pelas interrupções. Nós não tínhamos nenhuma mudança agendada para hoje."

"Prove", desafia o gerente de banco de dados.

O líder de Redes fica muito vermelho, sua voz falhando. "Isso é besteira! Você está me pedindo para provar que não fizemos nada. Como diabos você prova uma negativa? Além disso, estou achando que o problema foi uma mudança mal feita de firewall. A maioria das interrupções nas últimas semanas foi causada por causa disso."

Eu sei que provavelmente devo colocar um fim nessa loucura. Em vez disso, me forço a encostar na cadeira e continuar observando, uma mão cobrindo minha boca para esconder minha cara irritada e para evitar dizer algo imprudente.

Patty parece exasperada e se vira para mim. "Ninguém da equipe do John está presente na chamada. Sua equipe lida com todas as mudanças de firewall. Deixe-me tentar encontrá-lo."

Do viva-voz, escuto os sons de digitação alta em um teclado, e, então, uma voz diz: "Hmmm, alguém pode tentar agora?"

Há sons de várias pessoas digitando em teclados de notebooks enquanto tentam acessar os sistemas de entrada de pedidos.

"Espera!" digo alto, pulando da cadeira, apontando para o viva-voz. "Quem disse isso?"

Um silêncio constrangedor se alonga.

"Sou eu, Brent."

Ah, cara.

Eu me forço a sentar novamente e respirar fundo. "Brent, obrigado pela iniciativa, mas, em um incidente Sev 1, precisamos anunciar e discutir qualquer ação, antes de tomá-las. A última coisa que queremos fazer é piorar as coisas e complicar o reconhecimento da causa principal..."

Antes que eu possa terminar, alguém do outro lado da mesa interrompe de trás de seu notebook: "Ei, os sistemas voltaram. Bom trabalho, Brent."

Ah, para.

Eu pressiono meus lábios em frustração.

Aparentemente, mesmo multidões indisciplinadas também têm sorte.

"Patty, finalize isso", digo. "Preciso ver você e Wes no seu escritório imediatamente." Eu levanto e saio.

Permaneço de pé no escritório de Patty até que ambos prestem atenção em mim. "Deixe-me ser claro. Para incidentes Sev 1, não podemos tentar nada instintivamente. Patty, de agora em diante, como a pessoa liderando chamadas de incidentes Sev 1, preciso que você comece a ligação apresentando uma *timeline* de todos os eventos relevantes, especialmente mudanças.

"Estou responsabilizando você por ter essa informação por perto, o que deve ser fácil, já que você também controla o processo de mudanças. Essa informação vem de você, não de todos os gritos na ligação de conferência. Fui claro?"

Patty olha de volta para mim, obviamente frustrada. Eu resisto à vontade de amenizar minhas palavras. Sei que tem trabalhado duro, e tenho colocado cada vez mais em cima dela ultimamente.

"Sim, totalmente claro", diz ela cansada. "Trabalharei na documentação desse processo e o instituirei o mais rápido que puder."

"Não é o suficiente", digo. "Quero que você realize práticas de chamadas de incidentes e simulações a cada duas semanas. Precisamos que todos se acostumem a resolver problemas metodicamente e ter uma *timeline* disponível antes de entrar na reunião. Se não pudermos fazer isso durante uma simulação agendada, como podemos esperar que as pessoas a façam durante uma emergência?"

Vendo a expressão desencorajada em seu rosto, coloco minha mão no ombro dela. "Olha, eu agradeço todo o trabalho que você tem feito ultimamente. É um trabalho importante e não sei o que faríamos sem você."

Em seguida, eu me viro para o Wes. "Reforce para o Brent imediatamente que, durante emergências, todo mundo deve discutir as mudanças em que estão pensando, quem dirá as que estão realmente implementando. Não posso provar, mas acho que Brent causou a interrupção e, quando percebeu, desfez a mudança."

Wes está prestes a responder, mas eu o interrompo.

"Coloque um ponto final nisso", digo vigorosamente, apontando para ele. "Nada de mudanças não autorizadas, e nada de mudanças não reveladas durante interrupções. Você pode controlar o seu pessoal ou não?"

Wes parece surpreso e estuda meu rosto por um momento. "Sim, vou cuidar disso, chefe."

Wes e eu passamos praticamente cada hora até tarde na terça-feira e na quarta-feira pela manhã na sala de guerra do Fênix. A implementação será em apenas três dias. Parece que piora a cada dia que passa.

É um alívio voltar para a Sala de Coordenação de Mudança.

Quando entro, quase todo o CCM está lá. A pilha bagunçada de cartões sumiu. Em vez disso, eles estão ou pendurados em uma das lousas na parede ou perfeitamente organizados na mesa na frente da sala, classificados como "Mudanças Pendentes".

"Bem-vindos à nossa reunião de gestão e mudanças", começa Patty. "Como podem ver na lousa, todas as mudanças padrão foram agendadas. Hoje, revisaremos e agendaremos todas as mudanças de alto e médio risco. Depois olharemos o cronograma de mudanças para fazer qualquer ajuste necessário — não revelarei nada agora, mas acho que verão algo que requer nossa atenção."

Ela pega a primeira pilha de cartões. "A primeira mudança de alto risco é no firewall, submetida por John, agendada para sexta-feira." Ela então lê as pessoas que foram consultadas e autorizaram a mudança.

Ela pergunta: "Bill e Wes, vocês aprovam isso para ir para a lousa como uma mudança na sexta-feira?"

Fico satisfeito por terem prestado atenção suficiente nisso, então concordo.

Wes diz: "O mesmo para mim. Ei, nada mal. Vinte e três segundos para aprovar nossa primeira mudança. Nós batemos nosso melhor tempo anterior em 59 minutos!"

Há aplausos esparsos. Patty não desaponta, enquanto passa pelas oito mudanças de alto risco restantes, levando ainda menos tempo. Há mais aplausos, enquanto alguém da sua equipe coloca os cartões na lousa.

Patty pega a pilha de risco médio. "Havia 147 mudanças padrões submetidas. Quero elogiar todos por seguirem o processo e falarem com as pessoas que precisavam ser consultadas. Noventa dessas mudanças já estão prontas para serem agendadas e foram postadas. Eu as imprimi para que todos revisem."

Virando-se para mim e Wes, ela diz: "Fiz uma amostra de 10% delas e, em sua maioria, parecem boas. Vou acompanhar as tendências de problemas, no caso de elas precisarem de mais análise para seguir em frente. A não ser que haja alguma objeção, acho que terminamos com as mudanças de risco médio. Há, na verdade, um problema mais urgente que precisamos abordar."

Quando Wes diz: "Nenhuma objeção da minha parte", eu aceno com a cabeça para Patty prosseguir, e ela meramente faz um gesto para as lousas.

Acho que vejo o que há de errado, mas fico quieto. Um dos líderes aponta para uma das caixas e diz: "Quantas mudanças estão agendadas para sexta-feira?"

Bingo.

Patty dá um pequeno sorriso e diz: "173."

Na lousa, agora é muito óbvio que quase metade das mudanças foi agendada para sexta-feira. Das restantes, metade está agendada para quinta-feira, com o resto espalhado mais cedo na semana.

Ela continua: "Não estou sugerindo que 173 mudanças ocorrendo na sexta-feira seja ruim, mas estou preocupada com colisões de mudanças e conflitos de disponibilidade de recursos. Sexta-feira é também o dia em que o Fênix será implementado."

"Se eu fosse controladora de tráfego aéreo, diria que o espaço aéreo está perigosamente superlotado. Alguém disposto a mudar seus planos de voo?"

Alguém diz: "Eu tenho três que gostaria de fazer hoje, se ninguém se importar. Não quero estar nem perto do aeroporto quando o Fênix pousar."

"É, bem, sorte a sua", resmunga Wes. "Alguns de nós precisam estar lá na sexta-feira. Eu já posso ver as chamas saindo das asas…"

Dois outros engenheiros pedem para que suas mudanças sejam movidas para mais cedo na semana. Patty os faz ir até a lousa para mover seus cartões de mudança, verificando se isso não interferiria com outras mudanças já agendadas.

Quinze minutos mais tarde, a distribuição dos cartões na lousa de mudanças está muito mais equilibrada. Estou menos feliz por todo mundo colocar suas mudanças o mais longe possível de sexta-feira, como criaturas da floresta fugindo de um incêndio.

Vendo os cartões de mudança sendo movidos, outra coisa começa a me incomodar. Não são só as imagens de carnificina e caos acerca do Fênix. Em vez disso, tem algo a ver com Erik e a fábrica MRP-8. Eu fico encarando os cartões.

Patty interrompe minha concentração. "… Bill, isso conclui o que precisávamos fazer. Todas as mudanças para a semana estão aprovadas e agendadas."

Enquanto tento me reorientar, Wes diz: "Você fez um trabalho realmente muito bom organizando isso, Patty. Sabe, eu era um dos seus piores críticos. Mas…" Ele gesticula para a lousa: "Tudo isso é simplesmente incrível."

Há um murmúrio de concordância, e Patty fica visivelmente vermelha. "Obrigada. Ainda estamos em nossa primeira semana com um processo real de mudança, e essa é a maior participação que já tivemos. Mas antes de começar a nos parabenizar, que tal passarmos pela segunda semana, hein?"

Eu digo: "Com certeza. Obrigado por todo o tempo que você está colocando nisso, Patty. Continue com o ótimo trabalho."

Quando a reunião acaba, eu fico para trás, encarando a lousa de mudanças.

Várias vezes durante essa reunião, algo piscou em minha mente. Foi algo que Erik disse que eu deixei passar antes? Algo a ver com trabalho?

Na última quinta-feira, Wes e Patty fizeram um inventário manual de todos os nossos projetos, chegando a quase 100. Isso foi gerado manualmente, entrevistando todos os trabalhadores de linha. Esses projetos certamente representam duas categorias de trabalho: projetos de negócios e projetos internos de TI.

Olhando todos os cartões de mudança na parede, percebo que estou vendo outra coleção de trabalho que, mais uma vez, foi gerado manualmente. De acordo com Patty, são 437 peças distintas de... trabalho... que faremos esta semana.

Eu percebo que mudanças são a terceira categoria de trabalho.

Quando o pessoal de Patty moveu os cartões de mudança, de sexta-feira para antes na semana, estavam mudando nosso *cronograma de trabalho*. Cada um desses cartões de mudança definiu o trabalho que minha equipe fará naquele dia.

Claro que cada uma dessas mudanças é muito menor que um projeto inteiro, mas ainda é trabalho. Mas qual é a relação entre mudanças e projetos? Eles são igualmente importantes?

E pode ser que, antes de hoje, nenhuma dessas mudanças estava sendo acompanhada em algum lugar, em algum tipo de sistema? A propósito, de onde vieram todas essas mudanças?

Se mudanças são um tipo de trabalho diferente de projetos, isso significa que, na verdade, estamos fazendo mais do que apenas 100 projetos? Quantas dessas mudanças são para dar suporte a um desses projetos? Se não está dando suporte a um deles, deveríamos realmente trabalhar nisso?

Se tivéssemos exatamente a quantidade de recursos para assumir todos os trabalhos de projetos, isso significaria que não teríamos ciclos suficientes para implementar todas essas mudanças?

Debato comigo mesmo se estou à beira de algum *insight* grande e significativo. Erik me perguntou qual trabalho da minha organização é o equivalente à mesa de liberação de trabalho no chão de fábrica. A gestão de mudanças tem alguma coisa a ver com isso?

De repente, rio em voz alta do número absurdo de perguntas que acabei de fazer a mim mesmo. Sinto-me como um clube de debates de um homem só. Ou que Erik me enganou e me levou a filosofar sobre o meu próprio umbigo.

Pensando por um momento, decido que há valor em saber que mudanças representam ainda outra categoria de trabalho, mas não sei o porquê.

Eu identifiquei agora três das quatro categorias de trabalho. Por um breve momento, eu me pergunto qual é a quarta.

CAPÍTULO 10
• *Quinta-feira, 11 de setembro*

Na manhã seguinte, bem cedinho, estou de volta à sala de guerra do Fênix. Kirsten nos dá um resumo das tarefas mais cruciais do projeto no começo de cada dia. Como as apostas são muito altas, tarefas comprometidas são normalmente reportadas pelo gerente responsável como "concluídas".

Ninguém quer ver o lado ruim de Kirsten. Ou de Steve.

A má notícia do dia vem de William Mason, diretor de Garantia de Qualidade, que trabalha para o Chris. Aparentemente, eles ainda estão encontrando duas vezes mais funcionalidades erradas do que as que estão sendo corrigidas.

Nunca é um bom sinal quando as peças estão caindo de um carro que se move pela linha de montagem. Não é de se estranhar que todos estejamos temendo a data de implementação.

Pondero como podemos mitigar alguns dos riscos, quando escuto Kirsten chamar o nome de Brent pela terceira vez. E pela terceira vez Wes tem que explicar por que algo não foi feito.

Sarah diz do fundo da sala: "Wes, mais uma vez estamos no gargalo com seu pessoal. Há algum problema de pessoal aqui com o qual você precise lidar?"

Wes fica muito vermelho e está prestes a responder, quando rapidamente interrompo: "Kirsten, quantas outras tarefas foram atribuídas a Brent?"

Kirsten responde rapidamente: "A partir de hoje, há cinco tarefas pendentes. Três foram atribuídas na última quarta-feira, e duas na última sexta-feira."

"Certo, cuidarei disso", digo. "Assim que acabarmos aqui, verei o que está acontecendo. Espere um relatório de status ao meio-dia de hoje, junto às *timelines* revisadas para conclusão. Avisarei se precisarmos de alguma coisa."

Ao caminhar para o cubículo de Brent, no Prédio 7, lembro a mim mesmo de que meu objetivo é observar e procurar entender. Afinal de contas, esse cara surgiu nas conversas todos os dias, desde que aceitei meu novo cargo.

Talvez Brent não seja realmente tão esperto quanto achamos. Ou talvez ele *seja* algum Einstein da tecnologia, e qualquer tentativa de encontrar pessoas com habilidades similares falhe. Ou talvez ele esteja sabotando de propósito nossas tentativas de tirar trabalho dele.

Mas Brent parece profissional e esperto, não muito diferente de vários engenheiros seniores com os quais trabalhei no passado.

À medida que me aproximo de sua mesa, eu o escuto ao telefone e digitando em seu teclado. Ele está sentado em frente a seus quatro monitores, com um fone de ouvido, digitando algo em um terminal de aplicação.

Permaneço de pé fora de seu cubículo, escutando discretamente.

Ele diz: "Não, não, não. O banco de dados está ativo. Sim, eu sei, porque está bem na minha frente... Sim, eu posso fazer consultas... Sim... Sim... Não... Estou falando pra você, deve ser o servidor da aplicação... Está funcionando? Beleza, deixe-me ver... Espera, deixe-me tentar uma sincronização manual. Tente agora..."

Seu celular toca. "Espera um segundo, tenho outra chamada. Já ligo de volta pra você."

Ele escreve algo em uma nota adesiva, colocando-a em seu monitor, perto de outras duas notas. Exasperado, ele atende o celular: "Sim, Brent falando... Qual serviço não funciona? Você tentou reiniciá-lo? Olha, estou cheio de coisas agora com o Fênix... Ligo de volta pra você mais tarde."

Estou parabenizando-o silenciosamente, quando o escuto dizer: "Aham... eu nem sei quem é esse. O vp de quê? Tá, deixe-me ver."

Suspiro, sentando em um cubículo vazio para assistir ao episódio de hoje de *Um Dia na Vida de Brent.*

Ele fica ao telefone por mais cinco minutos, desligando só depois que um banco de dados crucial de produção está funcionando novamente.

Eu gosto do quanto Brent parece se importar genuinamente com que todos que dependem dos sistemas de TI possam fazer seu trabalho, mas fico desanimado com o fato de que todo mundo parece usá-lo como seu Esquadrão Geek pessoal. Às custas do Fênix.

Brent tira um dos post-its de seu monitor e pega o telefone. Mas antes que ele possa telefonar, fico de pé e digo: "Oi, Brent."

"Ah!", grita ele, assustado. "Há quanto tempo você está aí?"

"Há apenas alguns minutos", digo, dando meu sorriso mais amigável e me sentando ao lado dele. "Tempo suficiente para vê-lo corrigir os problemas de duas pessoas. Isso é admirável, mas acabei de vir do show diário do Fênix da Kirsten. Há cinco tarefas que foram atribuídas a você, que estão atrasadas."

Mostro a ele as cinco tarefas da reunião de gestão de projetos. Rapidamente ele diz: "Já estou na metade de todas elas. Só preciso de mais algumas horas de trabalho para terminar. Eu faria isso de casa, se pudesse, mas a conexão de rede é muito lenta."

"Quem ligou pra você e o que queriam?", pergunto, torcendo o nariz.

"Normalmente são outras pessoas da TI que estão com problemas para corrigir alguma coisa", responde ele bufando. "Quando algo cai, sou, aparentemente, a única pessoa que sabe o que procurar."

"Achei que o Wes tinha contratado várias pessoas para assumir algumas dessas suas tarefas", digo.

Brent bufa novamente. "Essa era a ideia. Mas a maioria tinha outras responsabilidades e nunca estavam disponíveis quando precisávamos deles. Outros foram demitidos porque nunca estavam ocupados o suficiente. Acredite em mim. Não foi uma grande perda. Acabei lidando com a maioria desses problemas de qualquer jeito."

"Quantas ligações você recebe por dia? Você está registrando essas ligações em algum lugar?", pergunto.

"Você diz, como em nosso sistema de tíquetes? Não, porque abrir um tíquete para cada uma dessas ligações levaria mais tempo do que corrigir o problema", diz Brent desdenhosamente. "O número de chamadas depende do dia. A última semana tem sido pior do que o normal."

Agora eu entendo. Aposto que se alguém ligasse agora e gritasse alto o bastante ou falasse o nome de alguém assustador o bastante, Brent seria arrastado a corrigir o problema de outra pessoa por horas a fio.

"Você tentou se livrar da última pessoa que ligou. O que fez você decidir trabalhar no problema, em vez de dizer pra ir plantar batata?", pergunto.

Ele responde: "Ela me disse que o VP de Logística estava gritando que pedidos de reabastecimento não estavam sendo criados e que, se isso não fosse corrigido imediatamente, nossas lojas corriam o risco de ficar sem estoque de produtos de rápida movimentação. Eu não queria ser a pessoa ouvindo gritos por ter permitido, sozinho, que o estoque acabasse nas lojas."

Eu aperto os lábios. Executivos da empresa ameaçando meus engenheiros a fazer suas licitações é um saco. Mas colocar o Fênix em risco vai além da competência deles.

Ficando de pé, eu digo: "Tudo bem, de agora em diante você só trabalhará no Fênix. Steve Masters disse que essa é a prioridade principal de todo mundo. Agora, mais do que nunca, o projeto precisa de você. Espero que você rejeite qualquer tarefa que tentem atribuir a você."

Brent parece ao mesmo tempo aliviado e preocupado. Talvez esteja pensando naquele VP de Logística.

Eu acrescento: "Se alguém ligar pra você sobre qualquer coisa além do Fênix, envie para o Wes. Deixe que ele lide com todos os imbecis."

Ele diz ceticamente: "Olha, eu agradeço, mas não acho que isso funcionará no longo prazo. Nossos caras por aqui não parecem acompanhar o funcionamento de todos os nossos sistemas. No fim, eles sempre voltam pra mim."

"Bem, eles terão que aprender. Quando ligarem, envie-os para o Wes. Se alguém tiver problema com isso, então envie para mim. Aliás, coloque uma mensagem de férias no seu e-mail dizendo que não responderá nada além do Fênix e que é para entrarem em contato…"

Com a minha deixa, Brent diz com um pequeno sorriso: "Wes."

"Viu? Você já está entendendo", sorrio de volta.

Aponto para o telefone em sua mesa: "Faça o que for preciso para acabar com o hábito das pessoas de irem diretamente até você. Você tem minha permissão para desligar seu telefone e mudar sua mensagem de correio de voz para dizer que não está disponível e para entrarem em contato com Wes no seu lugar. O que for preciso."

Percebendo que estou distraindo Brent do Fênix apenas por estar lá, digo rapidamente: "Não, pedirei que minha assistente Ellen mude sua mensagem de voz."

Brent sorri de novo e diz: "Não, não, não. Eu posso fazer isso. Mas obrigado pela oferta."

Eu escrevo o número do meu celular em um post-it e entrego a ele. "Ellen fará isso. Precisamos de você naquelas tarefas do Fênix. Ligue se precisar de alguma coisa de mim."

Quando ele concorda com a cabeça, começo a voltar ao Prédio 9, mas então me viro e pergunto: "Ei, posso pagar uma cerveja pra você na semana que vem?"

Ele concorda, sua expressão se abrilhantando.

Ao sair do prédio, ligo para a Patty. Quando ela atende, digo: "Pegue o Wes e encontrem-me fora da sala de guerra do Fênix. Precisamos mudar a maneira como estamos gerindo as tarefas do Brent. Imediatamente."

Todos nos sentamos na sala de reuniões em frente à sala de guerra do Fênix.

"Como foi com Brent?", pergunta Wes.

Quando digo que Brent não conseguia trabalhar no Fênix por causa de todos os trabalhos de reparo, Wes empalidece. "Ele tem ido a todas essas reuniões de emergência! Como ele pode achar que qualquer coisa é mais importante do que o Fênix?"

Eu digo: "Boa pergunta. Por que Brent largaria o Fênix para trabalhar em outra coisa?"

A arrogância de Wes desaparece por alguns momentos. "Provavelmente porque alguém como eu estava gritando com ele, dizendo que precisava da ajuda dele para realizar a minha tarefa mais importante. E provavelmente é verdade: Brent parece ser a única pessoa que sabe como muitas das coisas realmente funcionam."

"Se fosse eu, tentaria justificar isso dizendo que só levaria alguns minutos…", diz Patty. "O que poderia ser verdade, mas é como uma morte lenta."

"Os processos servem para proteger pessoas. Precisamos descobrir como proteger Brent", digo. Então descrevo como já falei para Brent enviar para Wes todo mundo que quiser alguma coisa.

"O quê? Você quer que eu microgerencie todo o tempo dele? Não tenho tempo para ser a secretária de Brent ou algum tipo de pessoa do help desk!", grita ele.

"Tudo bem, o que está em sua responsabilidade que é mais importante do que garantir que seus recursos estejam realizando o trabalho crucial do Fênix?", pergunto.

Wes olha de volta para mim por um longo momento, petrificado, e então ri. "Beleza, você me pegou. Olha, Brent é um cara esperto. Mas ele também é uma das piores pessoas que já conheci para colocar qualquer coisa no papel. Deixe-me contar uma história real sobre o quanto isso será impossível: há vários meses, estávamos há três horas em uma interrupção de Sev 1, e nos viramos do avesso para não escalar Brent. Mas, finalmente, chegamos a um ponto em que estávamos sem ideias e começando a piorar as coisas. Então colocamos o Brent no problema."

Ele balança a cabeça, relembrando: "Ele sentou ao teclado, e foi como se entrasse em transe. Dez minutos depois, o problema estava corrigido. Todo mundo ficou feliz e aliviado porque o sistema voltou. Mas então alguém perguntou: 'Como você fez isso?' E, eu juro por Deus, Brent só olhou pra ele, pálido, e disse: 'Não tenho ideia. Eu só fiz.'"

Wes bate na mesa e diz: "E *esse* é o problema do Brent. Como diabos você documenta isso? 'Feche seus olhos e entre em transe'?"

Patty ri, aparentemente se lembrando da história. Ela diz: "Não estou sugerindo que Brent faz isso deliberadamente, mas eu me pergunto se Brent vê todo o conhecimento dele como um tipo de poder. Talvez alguma parte dele esteja relutante em desistir disso. Isso o coloca em uma posição em que é praticamente insubstituível."

"Talvez. Talvez não", digo. "Vou dizer o que eu sei. Toda vez que deixamos Brent consertar algo que nenhum de nós pode reproduzir, ele fica um pouquinho mais esperto, e o sistema todo fica mais burro. Temos que dar um fim nisso.

"Talvez possamos criar um *pool* de recursos de engenheiros nível 3 para lidar com escalas, mas manter Brent fora desse *pool*. Os nível 3 seriam responsáveis por resolver todos os incidentes até o fechamento, e seriam as únicas pessoas que podem ter acesso a Brent... com uma condição.

"Se quiserem falar com Brent, devem primeiro obter a minha aprovação ou a do Wes. Eles seriam os responsáveis por documentar o que aprenderam, e Brent nunca teria permissão de trabalhar no mesmo problema duas vezes. Eu revisaria cada um dos problemas semanalmente, e se descobrisse que Brent trabalhou em um problema duas vezes, haveria inferno na Terra. Para ambos, os nível 3 e Brent."

E acrescento: "Com base na história do Wes, não devemos deixar Brent nem tocar no teclado. Ele pode dizer às pessoas o que digitar e olhar por cima do ombro, mas sob hipótese alguma permitiremos que ele faça alguma coisa que não possamos documentar depois. Fui claro?"

"Isso é ótimo", diz Patty. "No fim de cada incidente, teremos mais um artigo em nossa base de conhecimentos de como corrigir um problema cabeludo e um *pool* crescente de pessoas que podem executar a correção."

Wes não parece totalmente convencido, mas finalmente ri. "Eu também gostei. Vamos tratá-lo como Hannibal Lecter. Quando precisarmos dele, o colocaremos em uma camisa de força, o amarraremos a uma cadeira de rodas e o levaremos para fora."

Eu dou risada.

Patty adiciona: "Para evitar outra escala de Brent, devemos registrar cada tecla digitada e gravar a sessão do terminal. Talvez até fazer alguém segui-lo com uma câmera e ativar o registro de auditoria para que saibamos exatamente o que ele mudou."

Gosto disso, embora pareça um pouco extremo. Mas suspeito de que precisemos de medidas extremas para sair dessa situação.

Eu arrisco: "Talvez tiremos o acesso de produção dele, assim, a única maneira de o trabalho ser feito será com ele dizendo aos nível 3 o que fazer."

Wes dá uma gargalhada. "Ele pode pedir demissão se fizermos isso de cara."

"Então quem está disponível para colocarmos nesse *pool* de recursos de nível 3?", pergunto.

Ele hesita. "Bem, temos as duas contratações que fizemos há um ano, que deveriam ajudar a dar suporte ao Brent. Uma está trabalhando na criação de padrões de construção de servidores, mas podemos tirá-la disso temporariamente. Há dois outros engenheiros que identificamos para treinamento cruzado há anos, mas nunca tivemos tempo para levar isso adiante. Então são três pessoas."

"Vou definir os novos procedimentos de Brent", diz Patty. "Gosto de restringir todo acesso a ele por meio de você e do Wes. Mas como desencorajaremos as pessoas, como esse VP de Logística, de procurá-lo diretamente?"

Eu respondo imediatamente: "Coletaremos os nomes das pessoas que fazem isso, e eu ligarei para cada um de seus chefes para mandá-los parar e desistir. E então falarei para o Steve como eles estão atrapalhando o Fênix."

"Tudo bem, vamos tentar", diz ela. "Sabe, resolvemos a abordagem do 'pau', mas e a 'cenoura'? Como podemos motivar Brent e os engenheiros a seguir esse novo processo?"

"Talvez os mandemos a qualquer conferência ou treinamento que quiserem. Quando engenheiros seniores chegam ao nível de Brent, ou aspiram ser Brent, eles querem aprender e compartilhar o que fizeram. Quanto a Brent, que tal darmos a ele uma semana de folga, sem escalá-lo para nenhuma tarefa?", sugere Wes.

"Meu Deus", continua Wes, balançando a cabeça. "Eu acho que faz mais de três anos que Brent não consegue tirar um dia de folga sem um pager. Sabe, ele vai chorar muito quando oferecermos isso a ele."

"Façam com que aconteça", digo, sorrindo enquanto imagino a cena.

Antes que eu me esqueça, acrescento: "Wes, quero uma planilha de horários de Brent todos os dias, e quero cada escala em que ele trabalhar no sistema de tíquetes. Precisamos disso documentado para que possamos analisar mais tarde. Todos que usarem o tempo de Brent precisarão justificar isso para mim. Se não é justificável, eu enviarei para Steve, e essa pessoa e seu gerente terão que explicar para ele por que acham que seu projeto ou tarefa é tão importante."

"Isso é incrível", diz Patty. "Conseguimos estabelecer mais processos de mudanças, incidentes e escalas na última semana do que nos últimos cinco anos!"

"Provavelmente é só porque estamos em cima da hora", diz Wes, soando aliviado. "Faça-me um favor e não diga a ninguém que eu disse isso. Tenho uma reputação a zelar."

CAPÍTULO 11
• *Quinta-feira, 11 de setembro*

Mais tarde naquele dia, durante o almoço, eu xingo alto. Eu estava tentando usar meus preciosos minutos sem nada agendado durante meu intervalo para me atualizar dos e-mails, mas me esqueci de que a porcaria do meu notebook trava se for ligado enquanto está na estação de trabalho. É a terceira vez que faço isso esta semana.

Já estou almoçando tarde, e metade do meu intervalo de almoço terá passado quando eu conseguir fazer o login.

Olhando em volta, encontro um post-it em branco em minha mesa e escrevo em letras grandes: "NÃO INSERIR O NOTEBOOK ATÉ ESTAR LIGADO!!!", e a grudo na estação, para evitar meu próximo ato estúpido de perda de tempo.

Estou rindo da minha contramedida, quando Patty me liga no celular. "Você tem um minuto para conversar? Estou vendo algo muito estranho no calendário de mudanças. Você precisa ver isso."

Quando entro na sala de reuniões, vejo os cartões de mudança, agora familiares, pendurados na parede. A cesta de entradas está cheia de cartões, e há outros perfeitamente arrumados em pilhas na mesa. Patty está examinando algo em seu notebook, roendo uma unha.

Parecendo exausta, ela diz: "Estou começando a achar todo esse processo de mudança uma total perda de tempo. Organizar todas essas mudanças e gerenciar toda a comunicação de investidores está demandando três pessoas em período integral. Com base no que vi agora, pode ser inútil."

Vê-la depreciar o processo que defendeu por anos é genuinamente alarmante.

"Eita", digo, balançando ambas as mãos na frente dela. "Atualize-me, porque acho que você tem feito um trabalho fantástico, e não quero que voltemos aos velhos dias. Com o que você está tão preocupada?"

Ela aponta para as caixas de mudança de segunda e terça-feira. "No final de cada dia, meu pessoal começa a fechar o cronograma de mudanças. Nós queremos nos certificar de que qualquer mudança que não tenha sido concluída seja assinalada para que possa ser reagendada e garantir que nosso calendário de mudanças esteja acompanhando o que acontece de verdade."

Ela aponta para o canto de um cartão. "Nós colocamos uma marca nos cartões das mudanças que foram verificadas como concluídas e então indicamos se causou um incidente ou interrupção no serviço. Desde a última sexta-feira, 60% das mudanças agendadas não foram implementadas! O que significa que estamos fazendo todo esse trabalho de autorizar e agendar as mudanças só para descobrir que não estão sendo feitas!"

Posso ver por que Patty está alarmada.

"Por que não estão sendo concluídas? E o que você faz com os cartões de mudanças incompletas?", pergunto.

Ela coça a cabeça. "Eu liguei para vários solicitantes de mudanças, e coloquei os motivos na lousa. Algumas pessoas disseram que não conseguiram todo o pessoal necessário para começar a mudança. Outra descobriu no meio do caminho da mudança que os caras do armazenamento não terminaram de expandir a SAN como haviam prometido, então teve que desistir dela, duas horas depois de começada."

Eu gemo, pensando no desperdício de tempo e esforço. Fico escutando, enquanto Patty continua: "Outra disse que não conseguiu implementar sua mudança porque houve uma interrupção no progresso. E várias outras pessoas disseram, hm…"

Ela parecia desconfortável, então pedi que continuasse. "Bem, elas disseram que precisavam do Brent para uma porção de suas mudanças e que ele não estava disponível", disse relutantemente. "Em alguns casos, o envolvimento de Brent estava planejado. Mas em outros, eles descobriram que precisavam da ajuda dele apenas depois que começaram a implementar e tiveram que abortar quando Brent não estava disponível."

Antes mesmo de Patty terminar de falar, eu já estava morrendo de raiva.

"O quê? Brent de novo? O que está acontecendo? Como Brent conseguiu se colocar no caminho de todo mundo?"

"Ah, merda!", exclamo quando percebo o que está acontecendo. "Nós criamos esse problema focando Brent somente no Fênix? Essa nova política é um erro?"

Ela diz, depois de um momento: "Sabe, essa é uma pergunta interessante. Se você acredita genuinamente que Brent deveria apenas trabalhar nos projetos mais importantes, então acho que a nova política está correta e que não devemos mudá-la.

"Também acho que é importante notar que, até recentemente, Brent ajudava as pessoas a implementar suas mudanças sem essa dependência ser registrada em lugar nenhum. Ou melhor, ele tentava. Mas ele estava invariavelmente ocupado demais para ajudar todo mundo, então muitas dessas mudanças não eram concluídas, mesmo da maneira antiga."

Pego meu telefone e aperto a discagem rápida para o Wes, pedindo que se junte a nós.

Quando ele chega, alguns momentos mais tarde, senta-se e então olha para o meu velho notebook, dizendo: "Nossa. Você ainda está carregando essa coisa por aí? Tenho certeza de que temos alguns notebooks mais novos, de oito anos, que você poderia usar."

Ignorando seu comentário, Patty rapidamente o atualiza. Sua reação à revelação dela não é muito diferente da minha.

"Você só pode estar brincando comigo!", diz ele com raiva, batendo a palma da mão na testa. "Talvez devêssemos permitir que Brent ajude as pessoas a fazer mudanças?"

Eu digo rapidamente: "Não, essa não pode ser a resposta. Também sugeri isso. Mas Patty apontou que isso implicaria que as mudanças bloqueadas são mais importantes que o Fênix. O que não são."

Penso em voz alta: "De algum jeito, assim como estamos quebrando os hábitos das pessoas de pedirem para Brent ajudar com o trabalho de reparo, precisamos fazer o mesmo com a implementação de mudanças. Temos que colocar todo esse conhecimento nas mãos das pessoas que estão realmente fazendo esse trabalho. Se não puderem captar isso, então talvez tenhamos um problema de habilidades nessas equipes."

Ninguém diz nada, e eu acrescento com hesitação: "Que tal pegarmos aqueles mesmos engenheiros de nível 3 que dedicamos para proteger Brent dos reparos para nos ajudar com esses problemas de mudanças?"

Wes responde rapidamente: "Talvez. Mas não é uma solução de longo prazo. Precisamos que as pessoas que realizam o trabalho saibam o que diabos estão fazendo, não permitir que mais pessoas acumulem conhecimento."

Eu escuto Wes e Patty fazendo um *brainstorming* para reduzir mais uma dependência de Brent, quando algo começa a me incomodar. Erik chamou o WIP, ou trabalho em andamento, de "assassino silencioso", e disse que a incapacidade de controlar o WIP no chão da fábrica era uma das causas para os problemas crônicos de prazos e qualidade.

Acabamos de descobrir que 70% de nossas mudanças não foram concluídas como o planejado.

Erik apontou para a montanha cada vez maior de trabalho no chão da fábrica como uma indicação de que os gerentes do chão de fábrica haviam falhado em controlar seus trabalhos em andamento.

Olho para a montanha de cartões de mudanças empilhados na data de hoje no calendário, como se um limpa-neves gigante os houvesse empurrado para a frente. De repente está começando a parecer que a imagem que Erik pintou do chão de fábrica estranhamente descreve o estado da minha organização.

A TI pode realmente ser comparada com o trabalho do chão de fábrica?

Patty interrompe minha contemplação profunda ao perguntar: "O que você acha?"

Olho de volta para ela. "Nos últimos dias, apenas 40% das mudanças foram concluídas. As restantes estão sendo adiadas. Vamos supor que isso continue por mais algum tempo, enquanto descobrimos como disseminar todo o conhecimento de Brent.

"Temos 240 mudanças incompletas esta semana. Se tivermos 400 novas mudanças na semana que vem, teremos 640 mudanças na agenda na próxima semana!

"Somos como o Motel Bates das mudanças", digo em descrença. "Mudanças entram, mas nunca saem. Dentro de um mês, estaremos carregando milhares de mudanças por aí, todas competindo para serem implementadas."

Patty concorda: "*É exatamente* isso que está me incomodando. Não temos que esperar um mês para ver milhares de mudanças. Já estamos acompanhando 942 mudanças. Ultrapassaremos mil pendentes algum dia da semana que vem. Estamos ficando sem espaço para postar e armazenar esses cartões de mudança. Então por que estamos passando por todo esse problema, se as mudanças nem serão implementadas?"

Eu encaro os cartões, desejando que me deem uma resposta.

Uma pilha sempre crescente de inventário presa no chão de fábrica, mais alta do que as empilhadeiras poderiam empilhar.

Uma pilha sempre crescente de mudanças presa dentro das Operações de TI, e a gente ficando sem espaço para postar os cartões de mudanças.

Trabalho sendo empilhado em frente ao forno de tratamento térmico, por causa do Mark sentado na mesa de liberação de trabalho liberando trabalho.

Trabalho empilhando em frente ao Brent, por causa de...

Por causa de quê?

Tudo bem. Se Brent é nosso forno de tratamento térmico, então quem é o nosso Mark? Quem autorizou que todo esse trabalho fosse colocado no sistema?

Bem, nós autorizamos. Ou melhor, o CCM autorizou.

Merda! Isso significa que nós fizemos isso conosco?

Mas as mudanças precisam ser feitas, certo? É por isso que são mudanças. Além disso, como se diz não ao ataque violento de trabalho que chega?

Olhando para os cartões se empilhando, podemos não fazer isso?

Mas quando foi feita a pergunta sobre se devemos aceitar o trabalho? E baseados em que nós tomamos essa decisão?

Mais uma vez, não sei a resposta. Mas, pior, tenho a sensação de que Erik pode não ser um doido varrido. Talvez ele tenha razão. Talvez haja algum tipo de ligação entre a gestão de chão de fábrica e as Operações de TI. Talvez a gestão de chão de fábrica e de Operações de TI realmente tenha desafios e problemas similares.

Eu me levanto e ando até a lousa de mudanças. Começo a pensar em voz alta: "Patty está alarmada porque mais da metade de nossas mudanças não está sendo concluída como o planejado, a ponto de estar se perguntando se todo esse processo de mudanças vale o tempo que estamos investindo nele.

"Além disso, ela aponta que uma porção significativa das mudanças não pode ser concluída porque Brent está, de alguma forma, atrapalhando, de certa forma porque o instruímos a rejeitar todo o trabalho não relacionado ao Fênix. Achamos que não devemos reverter essa política."

Dou um salto mental, seguindo minha intuição. "E eu aposto um milhão de dólares que não devemos fazer isso mesmo. É por causa desse processo que, pela primeira vez, estamos cientes de quanto trabalho agendado não está sendo feito! Livrar-nos do processo apenas mataria nossa consciência situacional."

Sentindo como se estivesse com sorte, digo com firmeza: "Patty, nós precisamos compreender melhor o trabalho que envolve Brent. Precisamos saber quais cartões de mudança o envolvem. Talvez até fazer com que seja outra informação requerida quando as pessoas submeterem seus cartões. Ou usar um cartão de cor diferente. Você decide. Você precisa inventariar quais mudanças precisam de alguma coisa de Brent e tentar satisfazer isso com os engenheiros de nível 3. Se isso falhar, deve tentar priorizá-las para que possamos fazer uma triagem delas com Brent."

Enquanto falo, fico mais confiante de estarmos indo na direção certa. A essa altura, podemos não estar nos fixando no problema, mas pelo menos obteremos alguns dados.

Patty concorda, sua expressão de preocupação e desespero desaparece. "Você quer que eu pegue as mudanças que vão para Brent, indique-as nos cartões de mudança e talvez até exija que essa informação esteja em cartões novos. E fale novamente com você, quando soubermos quantas mudanças estão ligadas ao Brent, quais são elas, e assim por diante, junto a um senso de quais são as prioridades. Eu entendi direito?"

Assinto e sorrio.

Ela digita em seu notebook. "Beleza, entendi. Não tenho certeza do que descobriremos, mas é melhor do que tudo o que eu pensei, de longe."

Eu olho para Wes: "Você parece preocupado. Tem alguma coisa que queira compartilhar?"

"Hmm...", diz Wes finalmente. "Não há muito a compartilhar, na verdade. Exceto que essa é uma maneira bem diferente de trabalhar do que tudo o que eu já vi em TI. Sem ofensas, mas você trocou sua medicação recentemente?"

Eu dou um sorriso amarelo: "Não, mas tive uma conversa com um doido varrido em uma passarela, supervisionando o chão da fábrica."

Mas se Erik estava certo sobre o WIP nas Operações de TI, sobre o que mais estaria certo?

CAPÍTULO 12

• *Sexta-feira, 12 de setembro*

São 17h30 de sexta-feira, duas horas depois do horário agendado para começar a implementação do Fênix. E as coisas não estão indo bem. Estou começando a associar o cheiro de pizza com a futilidade de uma marcha fúnebre.

Toda a equipe de Operações de TI foi reunida em preparação para a implementação às 16h. Mas não houve nada a se fazer, porque não recebemos nada da equipe do Chris; eles ainda estavam fazendo mudanças de última hora.

Não é bom sinal quando ainda estão anexando peças à nave espacial na hora do lançamento.

Às 16h30, William entrou correndo na sala de guerra do Fênix, lívido e desgostoso por ninguém conseguir fazer com que todo o código do Fênix funcionasse no ambiente de teste. Pior, as poucas partes do Fênix que estavam funcionando estavam falhando nos testes críticos.

William começou a enviar relatórios de erro de volta aos desenvolvedores, muitos dos quais já haviam ido embora para casa. Chris teve que chamá-los de volta, e a equipe de William teve que esperar que os desenvolvedores enviassem novas versões a eles.

Minha equipe não estava simplesmente sentada esperando, sem nada para fazer. Nós estávamos trabalhando freneticamente com a equipe de William para tentar fazer todo o Fênix chegar ao ambiente de teste. Porque, se eles não conseguissem fazer as coisas funcionarem em um ambiente de teste, não seríamos capazes de implementá-lo e executá-lo na produção.

Meu olhar vai do relógio para a mesa de reuniões. Brent e outros três engenheiros estão com seus colegas de QA. Estão trabalhando freneticamente desde as 16h e já estão exaustos. Muitos de seus notebooks estão abertos na pesquisa do Google, e outros estão sistematicamente brincando com as configurações dos servidores, sistemas operacionais, bancos de dados e aplicação Fênix, tentando descobrir como fazer tudo funcionar, o que os desenvolvedores haviam garantido que era possível.

Um dos desenvolvedores havia entrado alguns minutos antes e dito: "Olha, está funcionando no meu notebook. Não deve ser tão difícil!"

Wes começa a xingar, enquanto dois de nossos engenheiros e três dos de William começam a examinar com atenção o notebook do desenvolvedor, tentando descobrir o que o torna diferente do ambiente de teste.

Em outra área da sala, um engenheiro está falando acaloradamente com alguém ao telefone: "Sim, nós copiamos o arquivo que você nos deu... Sim, é a versão 1.0.13... O que você quer dizer com versão errada?... O quê? Quando você mudou isso?... Copie agora e tente de novo... Beleza, mas olha, estou falando pra você que isso não vai funcionar... Acho que é um problema na rede... O que você quer dizer com precisamos abrir uma porta do firewall? Por que diabos você não nos disse pra fazer isso duas horas atrás?"

Ele então bate o telefone com força e bate na mesa com o punho, gritando: "Idiotas!"

Brent olha por cima do notebook do desenvolvedor, esfregando os olhos de cansaço. "Deixe-me adivinhar. O *front-end* não pode se comunicar com o servidor do banco de dados porque alguém não nos disse que precisamos abrir uma porta do firewall?"

O engenheiro concorda com uma fúria exausta, e diz: "Não consigo acreditar nessa merda. Fiquei no telefone com esse babaca por 20 minutos e nunca ocorreu a ele que isso não era um problema no código. Isso é FUBAR."

Eu continuo ouvindo quieto, mas estou concordando com a cabeça com esse prognóstico. Na Marinha, nós usávamos o termo FUBAR.

Vendo os temperamentos se desgastarem, olho para o meu relógio: 19h37.

É hora de verificar como está o clima da minha equipe. Reúno Wes e Patty e procuro William. Eu o vejo observando por cima do ombro de um de seus engenheiros. Peço que ele se junte a nós.

Ele parece confuso por um momento, porque normalmente nós não interagimos, mas ele concorda e nos segue até meu escritório.

"*Beleza, gente,* digam-me o que acham dessa situação", peço.

Wes fala primeiro: "Aqueles caras estão certos. Isso é FUBAR. Ainda estamos obtendo liberações incompletas dos desenvolvedores. Nas últimas duas horas, já vi duas ocasiões em que eles esqueceram de nos dar vários arquivos cruciais, o que garantiu que o código não funcionasse. E, como você viu, ainda não sabemos configurar o ambiente de teste para que o Fênix funcione direito."

Ele balança a cabeça novamente. "Com base no que vi na última meia hora, acho que estamos retrocedendo."

Patty só balança a cabeça em desgosto e abana a mão, não acrescentando nada.

Eu digo para William: "Eu sei que não trabalhamos muito juntos, mas gostaria de saber o que você acha. Como estão as coisas do seu ponto de vista?"

Ele olha para baixo, expirando lentamente, e então diz: "Honestamente, não faço ideia. O código está mudando tão rápido, que estamos com problemas para acompanhar. Se eu gostasse de apostar, diria que o Fênix vai explodir na produção. Eu falei com Chris algumas vezes sobre interromper o lançamento, mas ele e Sarah acabaram comigo."

Pergunto a ele: "O que você quer dizer com 'não consegue acompanhar'?"

"Quando descobrimos problemas no nosso teste, devolvemos ao Desenvolvimento para que eles corrijam", explica. "Então eles enviam de volta uma nova versão. O problema é que leva cerca de meia hora para configurar tudo e executar, e então outras três horas para fazer o teste de fumaça. Nesse tempo, provavelmente já recebemos outras três versões do Desenvolvimento."

Eu sorrio à referência dos testes de fumaça, um termo usado por projetistas de circuito. O ditado é: "Se você ligar a placa de circuitos e nenhuma fumaça sair, provavelmente esteja funcionando."

Ele balança a cabeça e diz: "Ainda temos que passar pelo teste de fumaça. Estou preocupado, porque não temos mais um controle de versão. Fomos muito desleixados quanto a acompanhar os números das versões do lançamento todo. Sempre que corrigem alguma coisa, normalmente estragam outra. Então eles enviam arquivos individuais, em vez do pacote completo.

"Está tão caótico agora, que até se, por algum milagre, o Fênix passar no teste de fumaça, tenho quase certeza de que não conseguiríamos reproduzi-lo, porque há muitas partes móveis."

Tirando os óculos, ele diz objetivamente: "Esta provavelmente será uma noite longa para todo mundo. Acho que há o risco genuíno de não termos nada funcionando às 8h de amanhã, quando as lojas abrirem. E isso é um problemão."

Essa é uma grande meia verdade. Se o lançamento não for finalizado às 8h, os sistemas de ponto de venda nas lojas, usados para fechar a conta dos clientes, não funcionarão. E isso significa que não poderemos completar as transações dos clientes.

Wes concorda. "William tem razão. Definitivamente, ficaremos aqui a noite toda. E o desempenho é pior do que até eu pensei que seria. Precisaremos de, pelo menos, outros 20 servidores para espalhar a carga, e não sei onde podemos encontrar tantos em tão pouco tempo. Tenho algumas pessoas se mexendo para encontrar qualquer hardware sobrando. Talvez até tenhamos que canibalizar servidores na produção."

"É tarde demais para parar a implementação?", pergunto. "Quando exatamente é o ponto sem volta?"

"Essa é uma pergunta muito boa", responde Wes devagar. "Eu teria que verificar com Brent, mas acho que poderíamos parar a implementação agora, sem problemas. Mas quando começarmos a converter o banco de dados para que receba pedidos tanto dos sistemas POS nas lojas quanto do Fênix, estaremos comprometidos. Nesse ritmo, não acho que isso acontecerá ainda por algumas horas."

Eu concordo. Escutei o que precisava escutar.

"Galera, eu vou enviar um e-mail para o Steve, o Chris e a Sarah, para ver se consigo adiar a implementação. E então vou encontrar Steve. Talvez eu consiga mais uma semana pra gente. Mas, diabos, até um dia a mais seria uma vitória. Alguma ideia?"

Wes, Patty e William, todos balançam a cabeça desanimadamente, sem dizer nada.

Eu me viro para Patty. "Vá trabalhar com William para descobrir como podemos obter uma melhor coordenação de tráfego nos lançamentos. Vá até onde os desenvolvedores estão e brinque de controladora de tráfego aéreo, e garanta que tudo esteja etiquetado e com controle de versão do lado deles. E então avise ao Wes e à equipe sobre o que virá. Precisamos de uma visibilidade melhor e alguém para fazer com que as pessoas sigam os processos por lá. Quero um único ponto de entrada para código drops, lançamentos controlados de hora em hora, documentação... Entende?"

Ela diz: "Será um prazer. Vou até a sala de guerra do Fênix para começar. Derrubarei a porta a chutes, se necessário, e direi: 'Estamos aqui para ajudar...'"

Eu aceno com a cabeça para eles em agradecimento e vou até meu notebook para escrever o e-mail.

De: Bill Palmer
Para: Steve Masters
Cc: Chris Anderson, Wes Davis, Patty McKee, Sarah Moulton, William Mason
Data: 12 de setembro, 19h45
Prioridade: Mais alta
Assunto: URGENTE: Implementação Fênix em grande problema — minha recomendação: adiar por uma semana

Steve,

Primeiro de tudo, deixe-me declarar que quero o Fênix em produção tanto quanto qualquer um. Entendo o quanto ele é importante para a empresa.

Entretanto, com base no que vi, acredito que não teremos o Fênix funcionando amanhã no prazo das 8h. Há RISCO SIGNIFICATIVO de que isso tenha impacto até nos sistemas POS nas lojas.

Depois de conversar com William, recomendo que adiemos o lançamento do Fênix por uma semana, para aumentar a probabilidade de que ele alcance seus objetivos e evite o que acredito que será um desastre QUASE CERTO.

Acho que estamos vendo problemas na escala do desastre de "Toys R Us do Dia de Ação de Graças de novembro de 1999", o que significa interrupções de vários dias e problemas de desempenho que potencialmente colocam dados dos clientes e de pedidos em risco.

Steve, ligarei para você em alguns minutos.

Saudações,

Bill

Eu faço uma pausa para organizar meus pensamentos e ligar para Steve, que atende ao primeiro toque.

"Steve, é o Bill. Acabei de enviar um e-mail para você, para a Sarah e para o Chris. Não posso expressar o quanto essa implementação está sendo ruim. Isso vai nos atormentar depois. Até o William concorda. Minha equipe está agora extremamente preocupada de que a implementação não seja concluída a tempo de as lojas abrirem às 8h no leste amanhã. Isso poderia acabar com a capacidade das lojas de realizar vendas, bem como, provavelmente, deixar o site indisponível.

"Não é tarde demais para evitar esse desastre", imploro. "Uma falha significará que teremos problemas em receber pedidos de qualquer pessoa, esteja ela nas lojas ou na internet. Uma falha poderia pôr em risco e ferrar os dados de pedidos e os registros dos clientes, o que significa perder clientes. Adiar por uma semana significaria só desapontar clientes, mas pelo menos eles voltariam!"

Escuto Steve respirar ao telefone e então responder: "Parece ruim, mas, a esta altura, não temos escolha. Precisamos continuar. O Marketing já comprou anúncios de jornal para o final de semana anunciando a disponibilidade do Fênix. Eles estão comprados, pagos e sendo entregues em casas por todo o país. Nossos parceiros já estão todos alinhados e prontos."

Embasbacado, eu digo: "Steve, quão ruim isso precisa ser para você adiar esse lançamento? Estou falando pra você que estamos chegando em um nível imprudente de risco com essa implementação!"

Ele para por algum tempo. "Vou te falar. Se você conseguir convencer a Sarah a adiar esse lançamento, nós conversamos. Caso contrário, continue."

"Você está brincando comigo? Foi ela quem criou essa missão suicida."

Antes que consiga me deter, desligo na cara do Steve. Por um breve momento, penso em ligar para ele de volta e pedir desculpas.

Por mais que eu odeie, sinto como se devesse à empresa uma última tentativa de parar essa insanidade. O que significava falar com a Sarah pessoalmente.

Volto à sala de guerra do Fênix, e ela está abafada e fedida de tantas pessoas suando de tensão e medo. Sarah está sentada sozinha, digitando em seu notebook.

Eu a chamo: "Sarah, podemos conversar?"

Ela faz um gesto para a cadeira ao lado dela, dizendo: "Claro. O que houve?"

Então digo com a voz mais baixa: "Vamos conversar no corredor."

Enquanto caminhamos em silêncio, pergunto a ela: "Daqui de cima, como parece que o lançamento está?"

Ela diz evasivamente: "Você sabe o que acontece quando estamos tentando ser ágeis, né? Há sempre coisas imprevistas quando se trata de tecnologia. Se você quer fazer omeletes, precisa estar disposto a quebrar alguns ovos."

"Acho que é um pouco pior do que sua implementação normal. Eu tenho certeza que você viu meu e-mail, certo?"

Ela meramente diz: "Sim, claro. E você viu minha resposta?"

Merda!

Eu digo: "Não. Mas, antes que você explique, eu quero me certificar de que você entendeu as implicações e os riscos que estamos criando para a empresa." E então repito quase palavra por palavra do que disse a Steve há apenas alguns minutos.

Sem surpresa, Sarah não fica impressionada. Assim que paro de falar, ela diz: "Nós todos nos esforçamos muito para que o Fênix chegasse até aqui. O Marketing está pronto, o Desenvolvimento está pronto. Todo mundo está pronto, menos você. Eu falei antes, mas aparentemente você não escutou: a perfeição é a inimiga do bom. Precisamos continuar."

Maravilhado com essa perda de tempo colossal, só balanço a cabeça e digo: "Não, a falta de competência é a inimiga do bom. Grave minhas palavras. Nós teremos que juntar os pedaços por dias, se não semanas, por causa de suas decisões idiotas."

Enquanto volto à COR, leio o e-mail de Sarah, que me deixa ainda mais furioso. Eu resisto à vontade de responder e colocar mais lenha na fogueira. Também resisto ao desejo emocional de apagá-lo. Posso precisar dele pra tirar o meu da reta mais tarde.

    De: Sarah Moulton
    Para: Bill Palmer, Steve Masters
    Cc: Chris Anderson, Wes Davis, Patty McKee, William Mason
    Data: 12 de setembro, 20h15
    Prioridade: Mais alta
    Assunto: Re: URGENTE: Implementação Fênix em grande problema — minha recomendação: adiar por uma semana

        Todos estão prontos, menos você. Marketing, Dev, Gestão de Projetos, todos deram o seu melhor a esse projeto. Agora é a sua vez.
        NÓS DEVEMOS CONTINUAR!
        Sarah

De repente, entro em pânico por um breve momento, por não ter contado nada a Paige há horas. Envio a ela uma rápida mensagem de texto:

A noite continua piorando. Ficarei aqui por, pelo menos, mais algumas horas. Chego na madruga. Amo você. Deseje-me sorte, querida.

Sinto uma batidinha no meu ombro e viro-me para ver Wes. "Chefe. Temos um problema muito sério."

A expressão em seu rosto é o suficiente para me deixar assustado. Fico de pé rapidamente e sigo-o ao outro lado da sala.

"Lembra quando atingimos o ponto sem volta, às 21h? Estive acompanhando o andamento da conversão do banco de dados do Fênix, e é milhares de vezes mais lenta do que pensávamos. Era para ter sido concluída há horas, mas está em apenas 10%. Isso significa que os dados não serão convertidos até terça-feira. Estamos totalmente ferrados."

Talvez eu esteja um pouco mais cansado do que pensava, mas não estou conseguindo entender. Eu pergunto: "Por que isso é um problema?"

Wes tenta de novo: "Esse script precisa ser concluído antes de os sistemas POS funcionarem. Não podemos parar o script e não podemos reiniciá-lo. Aparentemente, não há nada que possamos fazer para ele ir mais rápido. Acho que podemos hackear o Fênix para que ele possa funcionar, mas não sei dos sistemas POS nas lojas. Não temos nada com o que testar no laboratório."

Puta merda!

Eu penso duas vezes, antes de perguntar: "Brent?"

Ele só balança a cabeça. "Eu o fiz examinar por alguns minutos. Ele acha que alguém ligou a indexação de banco de dados cedo demais, o que está diminuindo a velocidade das inserções. Mas não há nada que possamos fazer agora sem ferrar os dados. E o coloquei de volta na implementação do Fênix."

"Como todo o resto está indo?", pergunto, querendo uma avaliação completa da situação. "Alguma melhora no desempenho? Alguma atualização nas ferramentas de manutenção de banco de dados?"

"O desempenho ainda está horrível", diz ele. "Acho que há um grande vazamento de memória, e isso mesmo sem qualquer usuário nele. Meus caras suspeitam que tenhamos que reiniciar vários servidores a cada duas horas, só para evitar que explodam. Malditos desenvolvedores…"

Ele continua: "Nós surrupiamos mais 15 servidores, alguns deles novos e alguns arrancados de vários cantos da empresa. E agora, acredite se quiser, não temos espaço suficiente nas prateleiras do data center para implementá-los. Precisamos fazer um trabalho de recabeamento e estocagem, mudando as coisas de lugar. Patty acabou de fazer um pedido de ajuda e trouxe várias pessoas dela para ajudar nisso."

Sinto minhas sobrancelhas chegando na linha do meu cabelo em surpresa genuína. Então me curvo para a frente, rindo, e digo: "Ah, Deus do céu! Nós finalmente encontramos servidores para implementar, e agora não conseguimos encontrar espaço para colocá-los. Incrível. Não temos uma folga!"

Wes balança a cabeça. "Sabe, eu ouvi histórias como esta dos meus colegas. Mas essa pode vir a ser a mãe de todos os fracassos de implementação."

Ele continua: "Eis a parte mais incrível: nós fizemos um investimento enorme em virtualização, que deveria nos salvar de coisas como essa. Mas quando o Desenvolvimento não conseguiu corrigir os problemas de desempenho, eles culparam a virtualização. Então tivemos que mover tudo de volta aos servidores físicos!"

E pensar que Chris propôs essa data agressiva de implementação porque a virtualização salvaria nossa pele.

Eu esfrego os olhos e forço-me a parar de rir. "E as ferramentas de suporte de banco de dados que os desenvolvedores nos prometeram?"

Wes para de rir imediatamente. "Não servem pra nada. Nossos caras terão que editar manualmente o banco de dados para corrigir todos os erros que o Fênix está gerando. E precisaremos acionar manualmente as reposições. Ainda estamos vendo quanto desse tipo de trabalho manual o Fênix exigirá. Será muito propenso a erros e exigirá um monte de gente para ser feito."

Eu estremeço, pensando em como isso prenderá ainda mais do nosso pessoal, realizando trabalho braçal que as aplicações estragadas deveriam fazer. Nada preocupa mais os auditores do que edições diretas de dados, sem trilhas de auditoria e controles adequados.

"Você está fazendo um ótimo trabalho aqui. Nossa principal prioridade é descobrir qual será o efeito da conversão incompleta do banco de dados no sistema POS nas lojas. Encontre alguém que saiba essas coisas até do avesso e veja o que essa pessoa acha. Se necessário, ligue para alguém da equipe da Sarah que lide com operações de varejo diariamente. Você ganha mais pontos se conseguir colocar as mãos em um dispositivo POS e um servidor onde possamos fazer login e ver o impacto com nossos próprios olhos."

"Entendi", disse Wes, concordando com a cabeça. "Eu sei exatamente quem colocar nisso."

Eu o vejo sair e então olho em volta, tentando descobrir onde posso ser mais útil.

A luz da manhã está começando a aparecer pelas janelas, mostrando a bagunça acumulada de xícaras de café, papéis e todos os tipos de detritos. No canto, um desenvolvedor está dormindo debaixo de algumas cadeiras.

Eu havia acabado de correr até o banheiro para lavar o rosto e tirar a sujeira dos dentes. Senti-me um pouco melhor, mas fazia anos que não virava a noite trabalhando.

Maggie Lee é a diretora sênior do Programa de Gestão de Varejo e trabalha para Sarah. Ela está começando a reunião de emergência às 7h, e há quase 30 pessoas dentro da sala. Com voz cansada, ela diz: "Foi uma noite de heroísmo, e eu agradeço a todos por fazerem o possível para cumprir nossos compromissos com o Fênix.

"Como vocês sabem, a razão desta reunião de emergência é que algo deu errado na conversão do banco de dados", continua ela. "Isso significa que todos os sistemas POS em lojas não funcionarão, o que quer dizer que as lojas não terão caixas registradoras funcionais. Isso significa caixas registradoras e leituras de cartões manuais."

E acrescenta: "A boa notícia é que o site do Fênix está funcionando." Ela gesticula para mim e diz: "Meu muito obrigada a Bill e a toda a equipe de Operações de TI por fazerem isso acontecer."

Irritado, eu digo: "Eu preferiria muito mais ter esses sistemas POS funcionando do que o Fênix. A casa está caindo no COR. Todos os nossos telefones estiveram tocando na última hora, porque as pessoas nas lojas estão gritando que seus sistemas não respondem. Está parecendo o Teleton. Como a de todos vocês, minha caixa de mensagens de voz já está cheia por causa dos funcionários de nossas 120 lojas. Vamos precisar de mais gente só para atender os telefones."

Um telefone vibra em algum lugar da mesa, como que para pontuar minha afirmação.

"Precisamos ser proativos aqui", digo para Sarah. "Precisamos enviar um resumo para todas as lojas, o mais rápido possível, delineando o que aconteceu e com instruções mais específicas sobre como conduzir as operações sem os sistemas POS."

Sarah parece pálida momentaneamente, e então diz: "Essa é uma boa ideia. Que tal você fazer o primeiro esboço do e-mail, e nós continuarmos a partir daí?"

Pasmo, eu digo: "O quê? Não sou gerente de loja! Que tal seu grupo esboçar o e-mail, e Chris e eu garantirmos que está preciso?"

Chris concorda.

Sarah olha em volta. "Tudo bem. Faremos algo nas próximas horas."

"Você está brincando comigo?", grito. "As lojas na Costa Leste começam a abrir em menos de uma hora. Precisamos mandar algo pra lá agora!"

"Vou cuidar disso", diz Maggie, levantando a mão. Ela abre imediatamente seu notebook e começa a digitar.

Enquanto aperto a cabeça entre as mãos para ver se consigo diminuir a dor de cabeça, pergunto a mim mesmo o quanto essa implementação ainda pode piorar.

Às 14h de sábado, já está muito claro que o fundo do poço é muito mais adiante do que eu pensei ser possível.

Todas as lojas estão operando agora em modo de retorno manual. Todas as vendas estão sendo processadas por aquelas máquinas de impressão de cartão de crédito manual, com impressões de papel-carbono sendo armazenadas em caixas de sapatos.

Os gerentes de lojas fizeram os funcionários correrem até as lojas de material de escritório para encontrar mais folhas de papel-carbono para as máquinas de impressão de cartões, bem como ao banco, para que pudessem dar o troco correto.

Clientes usando o site do Fênix estão reclamando por não estar funcionando ou ser tão lento a ponto de ser inutilizável. Nós até conseguimos virar um *trending topic* no Twitter. Todos os nossos clientes que estavam animados para testar nosso serviço começaram a reclamar da nossa grande falha de TI depois de verem nossos anúncios na TV e nos jornais.

Os clientes que conseguiram fazer um pedido online tiveram uma desilusão brutal quando foram à loja buscar o pedido. Foi quando descobrimos que o Fênix parecia perder transações aleatoriamente e, em outros casos, estava dobrando ou triplicando a cobrança nos cartões de crédito de nossos clientes.

Furiosos por termos potencialmente perdido a integridade dos dados de pedidos de vendas, Ann, do Financeiro, e sua equipe chegaram e agora estabeleceram *outra* sala de guerra do outro lado do corredor, recebendo ligações das lojas para lidar com os problemas de pedidos. Ao meio-dia havia pilhas de papéis de centenas de clientes irritados, que estavam sendo enviados por fax das lojas.

Para dar suporte a Ann, Wes trouxe ainda mais engenheiros para criar algumas ferramentas para a equipe usar no processamento do acúmulo cada vez maior de transações ferradas.

Enquanto passo pela mesa do COR pela terceira vez, decido que estou exausto demais para ser útil a alguém. São quase 14h30.

Wes está discutindo com alguém do outro lado da sala, então espero até que termine. Digo a ele: "Vamos encarar o fato de que isso será um suplício de vários dias. Como você está?"

Ele boceja e responde: "Consegui dormir por uma hora. Uau, você está horrível! Vá para casa e durma por algumas horas. Eu seguro as pontas por aqui. E ligo caso algo aconteça."

Cansado demais para discutir, agradeço e vou embora.

Acordo em um pulo quando escuto meu celular tocando. Eu me sento e pego o telefone. São 16h30. Wes está ligando.

Eu balanço a cabeça para ganhar uma aparência alerta e então atendo: "E aí?"

Eu escuto ele dizendo: "Más notícias. Resumindo, está por todo o Twitter que o site do Fênix está vazando números de cartão de crédito de clientes. Eles estão até postando prints. Aparentemente, quando você esvazia seu carrinho de compras, a sessão trava e exibe o número do cartão de crédito do último pedido feito com sucesso."

Já pulei da cama e estou indo ao banheiro para tomar um banho. "Ligue para o John. Ele vai ter um filho. Provavelmente há algum protocolo para isso, envolvendo toneladas de burocracia e, talvez, até a polícia. E provavelmente advogados também."

Wes responde: "Já liguei pra ele. Ele e sua equipe estão a caminho. E ele está puto. Ele soou exatamente como aquele cara do *Pulp Fiction*. Até citou a fala sobre o dia do julgamento e atacar as pessoas com grande vingança e raiva furiosa."

Eu dou risada. Amo essa cena com o John Travolta e o Samuel L. Jackson. Não é como eu teria estereotipado nosso gentil CISO, mas, como dizem, você deve sempre tomar cuidado com os quietinhos.

Tomo um banho rápido. Corro para a cozinha e pego alguns pedaços de queijo que nosso filho ama comer. Eu os levo comigo até o carro e começo a dirigir de volta ao escritório.

Quando chego na estrada, ligo para Paige. Ela responde no primeiro toque: "Querido, onde você esteve? Estou no trabalho e as crianças estão com a minha mãe."

Eu digo: "Na verdade, estive em casa por uma hora. Dormi na hora que deitei na cama, mas o Wes acabou de ligar. Aparentemente, a aplicação do Fênix começou a mostrar pro mundo todo os números de cartão de crédito das pessoas. É uma grande falha de segurança, então estou voltando pra lá agora."

Eu a escuto suspirando em desaprovação. "Você está lá há mais de dez anos e nunca trabalhou desse jeito. Não tenho certeza se gosto dessa promoção."

"Nós dois, querida...", digo.

CAPÍTULO 13
• *Segunda-feira, 15 de setembro*

Na segunda-feira, a crise do Fênix é um fiasco público. Chegamos à primeira página de todos os sites de tecnologia. Há rumores de que alguém no *Wall Street Journal* esteve tentando falar com Steve para uma entrevista oficial.

Dou um pulo, quando acho que escuto Steve mencionar meu nome.

Completamente desorientado, olho em volta e percebo que estou no trabalho e que devo ter dormido enquanto esperava uma reunião de status do Fênix começar. Dou uma espiada no relógio: 11h04.

Dou uma olhada no telefone para descobrir que é segunda-feira.

Por um momento, fico imaginando para onde foi o meu domingo, mas ver Steve de cara vermelha e lidando com uma sala inteira me faz prestar atenção.

"... não quero saber de quem é a culpa. Pode apostar que isso não acontecerá novamente sob minha supervisão. Mas agora eu não ligo nem um pouco pro futuro. Estamos ferrando intensamente nossos clientes e acionistas. Tudo o que eu quero saber é como vamos sair desse buraco e restaurar as operações normais da empresa."

Ele se vira e aponta para Sarah, dizendo: "E você não está livre até que todos os seus gerentes de lojas digam que conseguem fazer transações normalmente. Leitoras manuais de cartão? Onde estamos, no século passado?"

Sarah responde calmamente: "Eu entendo totalmente o quanto isso é inaceitável. Estou me certificando de que minha equipe inteira saiba que é responsável."

"Não", responde Steve rápida e gravemente. "Você é a principal responsável. Não se esqueça disso."

Meu coração fica mais leve por um momento, enquanto me pergunto se Steve conseguiu se livrar do encanto de Sarah.

Voltando sua atenção para toda a sala, ele diz seriamente: "Quando os gerentes de lojas disserem que não estão mais operando com a ajuda de aparelhos, eu precisarei de 15 minutos de cada pessoa que botou a mão nisso. Espero que vocês limpem suas agendas. Sem desculpas.

"Isso é pra vocês, Sarah, Chris, Bill, Kirsten, Ann. E até você, John", diz ele, apontando para as pessoas enquanto pronuncia seus nomes.

Muito bom, John. Você escolheu uma ótima hora pra ser notado por Steve.

Ele continua: "Voltarei em duas horas, depois que terminar uma ligação com outro jornalista por causa dessa zona!"

A porta dele bate e chacoalha as paredes.

Sarah quebra o silêncio. "Bem, vocês todos ouviram o Steve. Não só precisamos fazer os sistemas POS funcionar, mas devemos também corrigir os problemas de usabilidade do Fênix. A imprensa está fazendo a festa com o desastre da interface de pedidos e tudo sendo cancelado."

"Você está louca?", digo, inclinando-me para a frente. "Estamos mantendo o Fênix vivo por puro heroísmo. Wes não estava brincando quando disse que estamos reiniciando proativamente todos os servidores de *front-end* a cada hora. Não podemos introduzir mais instabilidades. Proponho implantações de código apenas duas vezes por dia e restrição de todas as mudanças de códigos para aqueles que afetem o desempenho."

Para minha surpresa, Chris entra na conversa imediatamente: "Eu concordo. William, o que você acha?"

William concorda com a cabeça. "Absolutamente. Sugiro que anunciemos aos desenvolvedores que todos os compromissos de códigos devem ter um número de defeito que corresponda ao problema de desempenho. Qualquer coisa que não tenha será rejeitada."

Chris diz: "Isso é bom o suficiente pra você, Bill?"

Feliz com a solução, eu digo: "Perfeito."

Embora Wes e Patty pareçam simultaneamente felizes e surpresos por essa súbita cooperação do Desenvolvimento, Sarah não está feliz. Ela diz: "Eu não concordo. Temos que responder ao mercado, e o mercado está nos dizendo que é difícil demais usar o Fênix. Não podemos ferrar com isso."

Chris responde: "Olha, os testes de usabilidade e validação foram há meses. Se não conseguimos da primeira vez, não conseguiremos sem um trabalho de verdade. Faça com que seus gerentes de produto trabalhem em seus modelos revisados e propostas. Nós tentaremos entrar nisso assim que pudermos, depois que a crise acabar."

Eu confirmo a posição dele, dizendo: "Concordo."

"Você tem alguns bons pontos. Eu aprovo", diz ela, aparentemente percebendo que não ganhará essa discussão.

Não tenho certeza se Sarah realmente está em posição de aprovar qualquer coisa. Mas, felizmente, a discussão muda rapidamente para como recuperar a funcionalidade do POS.

Minha opinião sobre Chris sobe alguns pontos. Ainda acho que ele é cúmplice de Sarah, mas talvez eu lhe dê o benefício da dúvida.

Saindo da sala de guerra do Fênix, vejo a sala do outro lado do corredor, onde Ann e sua equipe lidam com problemas de pedidos. Sou tomado por uma curiosidade repentina, querendo genuinamente ver como estão se saindo.

Eu bato na porta e entro, ainda mastigando um pão velho da reunião. Desde sábado há um fornecimento infinito de pizzas, confeitos, refrigerantes e café para manter todas as tropas em suas tarefas.

À minha frente há uma cena de atividade frenética: mesas cobertas com pilhas de faxes chegando das lojas e 12 pessoas andando de uma para outra. Cada fax é um problema de pedido esperando ser enviado para um exército financeiro e representantes do serviço ao cliente que foram recrutados ao trabalho. Seu trabalho era desduplicar ou reverter cada uma das transações.

Na minha frente, quatro pessoas do financeiro estão sentadas à outra mesa, seus dedos voando pelas calculadoras de dez teclas, e notebooks abertos. Eles tabularam manualmente os pedidos, tentando calcular a escala do desastre e fazendo reconciliações para pegar qualquer erro.

Na parede, estão acompanhando os totais. Até agora, 5 mil clientes tiveram seus pagamentos duplicados ou pedidos perdidos, e há uma estimativa de mais 25 mil transações que ainda precisam ser investigadas.

Eu balanço a cabeça em descrença. Steve tem razão. Nós ferramos muito os clientes desta vez. É realmente vergonhoso.

Por outro lado, preciso respeitar a operação que o pessoal do Financeiro estabeleceu para lidar com a bagunça. Parece organizada, com pessoas fazendo o que precisa ser feito.

Uma voz próxima a mim diz: "Outro desastre do Fênix, hein?"

É John, absorvendo a cena como eu. Ele não está dizendo "Eu avisei", mas quase. Com ele, é claro, está seu fichário preto sempre presente.

John bate com a palma da mão na própria testa. "Se isso estivesse acontecendo com nossos concorrentes, eu estaria rindo horrores. Eu falei para o Chris mais de uma vez sobre essa possibilidade, mas ele não me escutou. Estamos pagando por isso agora."

Ele anda até uma das mesas e começa a olhar sobre os ombros das pessoas. Vejo seu corpo repentinamente tenso, enquanto ele pega uma pilha de papéis. Ele folheia as páginas, e seu rosto empalidece.

Ele volta para onde eu estava em pé e sussurra: "Bill, temos um grande problema. Lá fora. Agora."

"Olhe esse comprovante de pedido", sussurra ele, enquanto estamos do lado de fora. "Você enxerga o problema aqui?"

Olho para a página. É um comprovante de pedido escaneado na diagonal e em baixa resolução. É para uma compra de várias peças de carro, e a quantidade em dólares parece razoável em $53.

Eu digo: "Por que você só não me fala?"

John aponta para um número escrito à mão, rabiscado perto do cartão de crédito escaneado, e a assinatura do cliente. "Esse número de três dígitos é o código CVV2 na parte de trás do cartão de crédito. Isso está lá pra evitar fraude de cartão de crédito. Sob as regras da Indústria de Cartões de Pagamento, não temos permissão de armazenar ou transmitir nada na trilha 2 da faixa magnética do cartão de crédito. Só possuir isso já é uma violação de dados do titular e uma multa automática. Talvez até notícia de primeira página."

Ah, não! De novo, não!

Ele continua, como se lendo minha mente. "Sim, mas é pior desta vez. Em vez de ser apenas notícia local, imagine Steve sendo jogado na primeira página de todo o mercado onde temos clientes e lojas. E então voando para D.C. para ser queimado por senadores, em nome de todos os seus constituintes indignados."

Ele continua: "Isso é muito sério. Bill, nós temos que destruir toda essa informação imediatamente."

Eu balanço a cabeça, dizendo: "De jeito nenhum. Nós temos que processar cada um desses pedidos, para que não sejam cobrados ou duplamente cobrados de nossos clientes. Somos obrigados a fazer isso, caso contrário estaremos tirando dinheiro deles que, em algum momento, precisaremos devolver."

John coloca a mão no meu ombro: "Isso pode parecer importante, mas é apenas a ponta do iceberg. Já estamos afundados na merda, porque o Fênix vazou dados do titular do cartão. Isso pode ser tão ruim quanto. Somos multados de acordo com o número de titulares afetados."

Ele gesticula para todos os papéis, dizendo: "Isso pode mais do que dobrar nossas multas. E você acha que nossa auditoria está ruim agora? Isso a tornará dez vezes pior, porque nos classificarão como comerciantes Nível 1 por toda a eternidade. Eles podem até aumentar nossas taxas de transação de 3% para... quem sabe quanto? Isso pode reduzir pela metade nossas margens de lucro de loja de varejo e..."

Ele para no meio da frase e abre seu fichário de três argolas em um calendário. "Ah, merda! Os auditores de PCI estão aqui *hoje* fazendo um acompanhamento do processo de negócios. Eles estão no segundo andar, entrevistando a equipe de administração de pedidos sobre nossas operações. Eles deveriam até usar esta sala de reuniões!"

"Você só pode estar brincando comigo", digo, começando a entrar em pânico, o que me impressiona, considerando que a adrenalina está constante há três dias.

Eu me viro para olhar pela janela da porta da sala de conferências e vejo claramente todo o pessoal do financeiro lidando com todos os problemas de pedidos de clientes. Merda!

"Olha", digo, "eu sei que às vezes as pessoas acham que você não está do nosso lado, mas eu realmente preciso da sua ajuda. Você precisa manter os auditores longe deste andar. Talvez até longe deste prédio. Eu colocarei algumas cortinas nas janelas, ou talvez até faça uma barricada na porta".

John olha para mim e então concorda com a cabeça. "Beleza, vou cuidar dos auditores. Mas ainda não acho que você entendeu totalmente. Como guardiões dos dados dos titulares, não podemos permitir que centenas de pessoas tenham acesso a eles. O risco de roubo e fraude é alto demais. Precisamos destruir os dados imediatamente."

Não consigo deixar de rir por um momento do fluxo infinito de problemas. Forçando-me a focar, digo lentamente: "Tudo bem, eu garantirei que o pessoal do Financeiro entenda e lide com isso. Talvez possamos escaneá-los e enviá-los para uma empresa externa, para que eles insiram."

"Não, não, não. Isso é ainda pior!", diz ele. "Lembre-se, não podemos transmitir, muito menos enviar para uma terceirizada. Entende? Olha, só para que possamos alegar uma negação plausível, vou fingir que não ouvi isso agora. Você precisa descobrir como destruir todos esses dados proibidos!"

Fico puto com a menção de John de negação plausível, independentemente de ser ou não bem-intencionada. Respiro fundo e digo a ele: "Mantenha esses auditores longe deste andar, e eu me preocuparei com os dados do cartão. Beleza?"

Ele concorda e diz: "Entendido. Eu ligo pra você quando deixar os auditores em um lugar seguro."

Enquanto o observo andar rapidamente pelo corredor até a escadaria, continuo pensando comigo mesmo: "Ele está apenas fazendo seu trabalho. Ele está apenas fazendo seu trabalho."

Xingo baixinho e volto para olhar a sala de reuniões. E agora vejo o grande sinal impresso pendurado na porta, proclamando "Sala de Guerra de Recuperação POS do Fênix".

De repente sinto como se estivesse no filme *Um Morto Muito Louco*, em que alguns adolescentes tentam esconder ou disfarçar um cadáver de um assassino. Então eu me pergunto se isso é mais como uma operação de trituração contínua que supostamente aconteceu nos escritórios da Arthur Andersen, a firma de auditoria investigada depois que a Enron faliu. Sou cúmplice ao destruir evidências importantes?

Que zona! Balanço a cabeça e volto à sala de reuniões para dar as más notícias.

Finalmente volto à COR, às 14h30, e faço o levantamento da carnificina enquanto caminho até meu escritório. Sete mesas extras foram colocadas para dar mais espaço para reuniões, e há pessoas em volta de cada uma delas. Caixas de pizza vazias estão empilhadas em muitas das mesas e em um canto da sala.

Sento atrás de minha mesa, suspirando de alívio. Passei quase uma hora com a equipe de Ann no problema de dados do titular, e então mais meia hora discutindo com eles que isso é realmente problema deles, não meu. Falei para eles que poderia ajudar, mas que minha equipe estava muito presa tentando manter o Fênix funcionando para assumir qualquer responsabilidade a mais.

Percebo com certo espanto que essa pode ter sido a primeira vez em que disse não a alguém da empresa desde que comecei neste cargo. E me pergunto se poderia ter feito isso se não fôssemos quase as únicas pessoas mantendo os sistemas de entrada de pedidos de nossas lojas funcionando.

Enquanto pondero, meu telefone toca. É John. Eu respondo rapidamente, querendo uma atualização sobre o problema dos auditores. "Ei, John. Como estão as coisas?"

John responde: "Não estão tão mal. Consegui colocar os auditores logo ao meu lado, aqui no Prédio 7. Eu reorganizei para que todas as entrevistas sejam feitas aqui. Eles não chegarão nem perto da sala de guerra do Fênix, e falei pros seguranças do Prédio 9 explicitamente não os deixar passar da recepção."

Dou risada ao ver John quebrar todas as regras. "Isso é ótimo. Obrigado por conseguir fazer isso. Além disso, acho que Ann precisa da sua ajuda para descobrir o que exatamente é necessário para ficar em concordância com as regulamentações dos dados dos titulares. Eu ajudei o melhor que pude, mas..."

John diz: "Sem problemas. Fico feliz em ajudar."

Ele hesita por alguns momentos. "Eu odeio falar disso agora, mas você deveria dar uma carta de resposta para a auditoria interna sox-404 hoje. Como isso está indo?"

Eu explodo em gargalhadas. "John, nosso plano era fazer esse relatório no final de semana, depois da implementação do Fênix. Mas, como você sabe, as coisas não saíram bem como o planejado. Duvido que alguém tenha trabalhado nisso desde sexta-feira."

Com uma voz muito preocupada, John diz: "Você sabe que o comitê inteiro de auditoria olha isso, né? Se perdermos o prazo, é como um sinal vermelho para todos de que temos problemas sérios de controle. Isso também poderia aumentar o tempo da auditoria externa."

Eu digo o mais razoavelmente possível: "Acredite em mim, se eu pudesse fazer alguma coisa, faria. Mas agora minha equipe inteira está trabalhando o tempo todo para dar suporte aos esforços de recuperação do Fênix. Mesmo se eles concluíssem o relatório, e tudo o que eu tivesse que fazer fosse me abaixar para pegá-lo, eu não poderia. Estamos muito atolados mesmo."

Enquanto falo, percebo o quanto é libertador dizer que minha equipe está na capacidade máxima e que não há nenhuma caloria sobrando para novas tarefas, e as pessoas realmente acreditarem em mim.

Eu escuto John dizer: "Sabe, eu poderia liberar dois engenheiros. Talvez eles pudessem ajudar a fazer algum trabalho braçal acerca da estimativa do esforço de remediação. Ou, se você precisar, podemos até colocá-los no *pool* de recursos técnicos para ajudar na recuperação. Eles são muito técnicos e experientes."

Meus ouvidos se animam. Estamos com todos se desdobrando, fazendo tudo o que esta emergência requer, e a maioria já virou pelo menos uma noite trabalhando. Alguns estão monitorando serviços e sistemas frágeis, outros estão ajudando com as ligações dos gerentes de lojas, outros estão ajudando o QA a construir sistemas e escrever testes, alguns estão ajudando o Desenvolvimento a reproduzir problemas.

Eu digo imediatamente: "Isso seria incrivelmente útil. Envie um e-mail a Wes com alguns pontos-chave sobre cada um de seus engenheiros. Se ele não tiver necessidade urgente para as habilidades deles, eu os colocarei para gerar as estimativas de remediação, contanto que isso não exija interromper ninguém que esteja trabalhando no Fênix."

"Beleza, ótimo", diz John. "Eu enviarei as informações para o Wes mais tarde e te informarei sobre o que decidirmos fazer."

Ele desliga, e eu considero um possível golpe de sorte alguém estar trabalhando na resposta da auditoria.

Então penso se a fadiga está me atingindo. Alguma coisa está realmente zoada no mundo quando estou procurando razões para agradecer ao Desenvolvimento *e* à Segurança no mesmo dia.

CAPÍTULO 14
• *Terça-feira, 16 de setembro*

Tarde da noite de segunda-feira, nós estabilizamos a situação. Trabalhando com a equipe de Chris, as caixas registradoras das lojas finalmente voltaram a funcionar, mas todo mundo sabe que é só uma correção temporária. Pelo menos não precisamos continuar com os dados sensíveis do titular, para alívio de John.

São 10h37 e estou com Chris do lado de fora do escritório de Steve. Ele está encostado na parede, olhando pensativamente para o chão. Ann, John e Kirsten também estão aqui esperando sua vez, como alunos penitentes aguardando do lado de fora da sala do diretor na escola primária.

A porta do escritório de Steve se abre, e Sarah sai. Ela está pálida e à beira das lágrimas. Ela foi a primeira a entrar, e sua sessão não levou nem dez minutos.

Ela fecha a porta, suspira e diz a Chris e a mim: "Vocês são os próximos."

"Lá vamos nós…", digo, abrindo a porta.

Steve está perto da janela, observando o *campus* corporativo. "Sentem-se, senhores."

Quando estamos nos sentando, Steve começa a caminhar à nossa frente. "Eu falei com a Sarah. Como líder do projeto, estou responsabilizando-a pelo sucesso ou fracasso do Fênix. Não faço ideia se tenho um problema de liderança ou se ela está com as pessoas erradas no ônibus."

Meu queixo cai. A Sarah conseguiu escapar de seu papel nesse desastre? Isso tudo é culpa dela!

Steve se vira para Chris. "Nós colocamos mais de $20 milhões nesse projeto, e a maior parte foi para a sua equipe. Do meu ponto de vista, estaríamos melhor se não tivéssemos nada para mostrar. Em vez disso, metade da minha empresa está lutando para juntar os pedaços do desastre que você causou."

Voltando-se para nós dois, ele continua: "Nos bons tempos, éramos uma empresa com margem líquida de 5%. Isso significa que, para ganhar $1 milhão, deveríamos vender $20 milhões em produtos. Quem sabe quantas vendas perdemos no final de semana e quantos clientes leais perdemos para sempre?"

Ele começa a caminhar novamente. "Nós fizemos um desserviço terrível para nossos clientes. Eles são as pessoas que precisam consertar seus carros para chegar ao trabalho. São os pais trabalhando nos projetos com seus filhos. Nós também ferramos nossos melhores fornecedores e clientes.

"Para apaziguar as pessoas que usaram o Fênix, o Marketing está agora dando *vouchers* de $100, o que poderá nos custar milhões de dólares. Por favor! Nós deveríamos ganhar dinheiro dos clientes, e não o contrário!"

Como ex-sargento, sei que há hora e lugar para gritar com alguém. Mas isso é demais. "Sem ofensas, senhor, mas isso deveria ser novidade para mim? Eu liguei pra você, explicando o que aconteceria, pedindo para adiar o lançamento. Você não só me dispensou, mas me disse para tentar convencer a Sarah. Onde está a sua responsabilidade nisso tudo? Ou você terceirizou todo o seu raciocínio para ela?"

Enquanto falo, percebo que posso estar cometendo um grande erro ao dizer o que realmente penso. Talvez seja das semanas de crise alimentada por adrenalina, mas é bom chacoalhar a gaiola do Steve. Muito bom.

Steve para de caminhar, apontando seu dedo para minha testa. "Eu sei mais sobre responsabilidade do que você pode aprender em toda a sua vida. Estou cansado da sua rotina de Chicken Little, gritando que o céu está caindo e, então, dizendo alegremente 'Eu avisei' em seguida. Eu preciso que você venha até mim com soluções reais."

Inclinando-me para ele, eu digo: "Eu lhe disse *exatamente* o que aconteceria quando sua parceira Sarah surgiu com esse plano maluco há quase duas semanas. Eu propus para você uma *timeline* que poderia ter evitado que tudo isso acontecesse. Você me diz que eu poderia ter feito melhor? Sou todo ouvidos." Com respeito exagerado, eu adiciono, "*Senhor*".

"Vou dizer o que preciso de você", responde ele calmamente. "Eu preciso que a empresa me diga que não está mais sendo mantida como refém dos seus caras da TI. Essa foi a reclamação em todo o tempo em que fui CEO. A TI está no caminho de quase toda iniciativa principal. Enquanto isso, nossos concorrentes se afastam de nós, deixando-nos na poeira. Merda, não podemos nem cagar sem a TI atrapalhar."

Ele respira fundo. "Nada disso é a razão de você estar aqui hoje. Eu o chamei para dizer duas coisas. Primeiro, graças à última cagada da TI, a diretoria insistiu que nós investiguemos a possibilidade de dividir a empresa. Eles acham que a empresa vale mais se for vendida em pedaços. Eu sou contra, mas eles já têm consultores no nosso rabo investigando a viabilidade. Não há nada que eu possa fazer quanto a isso.

"Segundo, cansei de jogar roleta-russa com a TI. O Fênix só mostra que a TI é uma competência que talvez não seja possível desenvolver aqui. Talvez não esteja no nosso DNA. Dei a Dick o sinal verde para investigar a possibilidade de terceirizar toda a TI e pedi que selecionasse um fornecedor em 90 dias."

Terceirizar toda a TI. Puta merda!

Isso significa que meu departamento inteiro pode não ter mais emprego.

Isso significa que eu posso não ter mais um emprego.

Em um instante repentino e sóbrio, percebo que o sentimento de alegria e confiança que senti ao chacoalhar a gaiola do Steve era apenas uma ilusão. Ele tem todo o poder. Com uma canetada, ele pode terceirizar todos nós para um licitante de custo mais baixo de algum canto aleatório do planeta.

Eu olho para o Chris, e ele parece tão abalado quanto eu.

Steve continua: "Espero que você dê a Dick toda a ajuda de que ele precisar. Se você conseguir fazer algum tipo de milagre durante os próximos 90 dias, consideraremos manter a TI aqui.

"Obrigado, senhores. Por favor, chamem a Kirsten", diz ele para finalizar.

"Desculpe meu atraso", digo, caindo na mesa em frente a Chris.

Chocado depois de nossa reunião com Steve, decidimos nos encontrar para almoçar. Em frente a ele, há um tipo de bebida de frutas com um guarda-chuva. Eu sempre pensei nele como sendo um bebedor de cerveja. Como uma Pabst Blue Ribbon, e não um drink de despedida de solteira.

Ele ri sem achar graça. "Acredite em mim. Você chegar dez minutos atrasado é o menor dos meus problemas. Peça algo para beber."

Paige me diz repetidamente que eu não deveria confiar nesse cara. Ela tem um ótimo sexto sentido para pessoas, mas quando se trata de mim, ela é vergonhosamente protetora, o que me faz rir. Afinal de contas, eu era da Marinha. Ela é só uma "enfermeira gentil".

"Qualquer pilsner que você tiver na torneira, por favor", digo para a garçonete. "E um uísque e uma água também. O dia está difícil."

"Foi o que eu ouvi. Sem problemas, querido", responde ela, rindo. Para Chris, ela pergunta: "Outro mai tai pra você?"

Ele concorda com a cabeça, entregando a ela seu copo vazio. Então é isso que é um mai tai. Eu nunca provei. Nós, da Marinha, nos preocupamos muito com o que bebemos em público.

Chris levanta seu copo de água e diz: "A uma sentença de morte em comum."

Eu sorrio vagamente e levanto meu copo. Sentindo-me obrigado a injetar algum otimismo, digo: "E a descobrir como obter uma suspensão da execução do governador."

Nós brindamos.

"Sabe, andei pensando", diz Chris. "Talvez meu grupo ser terceirizado não seja a pior coisa do mundo. Estou no desenvolvimento de software por praticamente toda minha carreira. Estou acostumado com todo mundo exigindo milagres, esperando o impossível, pessoas mudando os requisitos no último minuto, mas depois de sobreviver a esse último pesadelo de projeto, eu me pergunto se não é hora de uma mudança…"

Eu não consigo acreditar nisso. Chris sempre foi tão confiante, até arrogante, parecendo realmente amar o que faz. "Que tipo de mudança? Você está pensando em abrir um bar de mai tai na Flórida ou algo do tipo?"

Chris dá de ombros. Quando olha para baixo, consigo ver grandes bolsas sob seus olhos e a fadiga em seu rosto. "Eu costumava amar esse trabalho, mas ficou muito mais difícil nos últimos dez anos. A tecnologia vive mudando cada vez mais rápido, e é quase impossível acompanhar agora."

A garçonete volta com nossas bebidas. Parte de mim se sente culpado por beber durante o almoço, no horário comercial, mas acho que mereço, tendo dado o suficiente do meu tempo pessoal para a firma nas últimas duas semanas. Chris dá um longo gole, e eu também.

Ele continua: "É loucura o que os programadores, e até os gerentes como eu, precisam aprender a cada dois anos. Às vezes é uma tecnologia de banco de dados totalmente nova, um novo método de programação ou de gestão de projetos, ou um novo modelo de entrega de tecnologia, como a computação em nuvem.

"Quantas vezes você consegue jogar fora tudo o que sabe para acompanhar a última tendência ultramoderna? Eu olho no espelho de vez em quando, me perguntando: será este o ano em que eu desisto? Passarei o resto da minha carreira fazendo manutenção de COBOL ou me tornarei só outro gestor mediano?"

Eu dou risada solidariamente. Escolhi a tecnologia ultrapassada. Eu era feliz lá. Isto é, até que Steve me jogou de volta na grande piscina infestada de tubarões.

Balançando a cabeça, ele continua: "Está mais difícil do que nunca convencer a empresa a fazer a coisa certa. São como crianças em uma loja de doces. Leram em uma revista de bordo que podem gerenciar sua cadeia de suprimentos inteira na nuvem por $499 por ano, e de repente essa é a principal iniciativa da empresa. Quando dizemos a eles que não é tão fácil, e mostramos o que é necessário para fazer direito, eles desaparecem. Para onde foram? Foram falar com seu Primo Vinnie ou algum cara terceirizado de vendas que promete a eles que podem fazer isso com um décimo do tempo e do custo."

Eu dou risada. "Alguns anos atrás, alguém do Marketing pediu que meu grupo desse suporte a uma ferramenta de relatório de banco de dados que uma de suas estagiárias de verão escreveu. Era realmente muito boa, dado que ela teve apenas alguns meses para trabalhar naquilo, e então começou a ser usada em operações diárias. Como diabos você dá suporte e protege algo que foi escrito no Microsoft Access? Quando os auditores descobriram que não podíamos proteger o acesso a todos os dados, passamos semanas remendando coisas que os satisfizessem.

"É como o cachorrinho grátis", continuo. "Não é o capital inicial que mata você, são as operações e a manutenção no *back-end*."

Chris se racha de rir. "Sim, exatamente! Eles dirão: 'O filhotinho não pode fazer tudo o que precisamos. Você consegue treiná-lo pra pilotar aviões? É só uma questão simples de programação, certo?'"

Depois que pedimos a comida, conto a ele sobre o quanto estava relutante em aceitar meu novo cargo e minha incapacidade de abraçar todo o trabalho com o qual meu grupo estava comprometido.

"Interessante", diz Chris. "Sabe, nós também estamos com dificuldades. Nunca tivemos tantos problemas para cumprir nossos prazos. Meus engenheiros são frequentemente tirados do desenvolvimento de recursos para lidar com escalas quando as coisas estragam. E as implementações demoram cada vez mais. O que costumava levar dez minutos para implementar começa a levar uma hora. Então um dia inteiro, depois um final de semana inteiro, e depois quatro dias. Eu até tenho algumas implementações que estão levando agora uma semana para serem concluídas. Como o Fênix."

Ele continua: "De que adianta ter todos esses desenvolvedores externos construindo recursos, se não estão chegando mais rápido no mercado? Nós continuamos aumentando os intervalos de implementação, para que possamos ter mais recursos implementados em cada lote."

Ele ri. "Eu estava em uma reunião, na semana passada, em que o atraso do recurso foi tanto, que os gerentes de produto estavam discutindo sobre em quais recursos trabalhar daqui a três anos! Não conseguimos nem planejar com eficiência por um ano, quem dirá três! De que adianta?"

Eu escuto com atenção. O que está acontecendo com o Fênix é uma combinação da necessidade de entregar recursos necessários ao mercado, forçando-nos a pegar atalhos que estão causando implementações cada vez piores. Ele está colocando o dedo em um problema muito importante do qual precisamos nos livrar.

"Escuta, Bill, sei que é tarde para dizer isso, mas antes tarde do que nunca. Desculpe sobre a minha parte nesse fiasco do Fênix. Sarah veio até mim uma semana antes da reunião de gestão de projetos da Kirsten fazendo várias perguntas. Perguntou qual seria o menor prazo em que conseguiríamos ter o código completo. Eu não tinha ideia de que ela interpretaria isso como a data de implementação, especialmente com Steve na sala. William previu que isso seria um desastre, e eu deveria tê-lo escutado também. Isso foi uma decisão ruim da minha parte."

Eu olho em seus olhos por alguns momentos. Finalmente decido acreditar nele. Aceno com a cabeça e digo: "Obrigado. Não se preocupe com isso."

E acrescento: "Mas não faça isso de novo. Se fizer, quebrarei suas duas pernas, e farei com que Wes vá a todas as suas reuniões de equipe. Não sei o que é mais motivador."

Chris sorri, levantando o copo. "A nunca mais deixar isso acontecer novamente, hein?"

Um bom pensamento. Eu sorrio e brindo meu copo no dele.

Termino minha segunda cerveja. "Estou realmente preocupado de que Sarah tente nos culpar por isso tudo, sabe?"

Chris olha por cima de seu copo e diz: "Ela é como o Teflon. Nada gruda. Nós temos que ficar juntos. Eu protejo você e avisarei se a vir tentando alguma merda política estranha de novo."

"Igualmente", digo enfaticamente.

Olho para meu relógio. São 13h20. É hora de voltar. Então faço um sinal para nossa garçonete, pedindo a conta. "Isso foi ótimo. Precisamos fazer mais vezes. Que tal nos encontrarmos uma vez por semana e descobrir o que precisamos fazer para acabar com essa ideia de terceirizar toda a TI?"

"Com certeza", diz ele. "Eu não sei você, mas não vou deixar isso passar. Vou chegar na voadora."

Com isso, apertamos as mãos.

Mesmo depois de comer um pouco, eu me sinto tonto. Imagino onde posso encontrar algumas pastilhas de menta para que não fique cheirando como se tivesse passado a manhã em uma destilaria.

Olho a agenda no meu telefone e mudo todas as minhas reuniões para mais tarde na semana. Às 16h, ainda estou em meu escritório, quando recebo um e-mail de Chris.

> De: Chris Allers
> Para: Bill Palmer
> Data: 16 de setembro, 16h07
> Assunto: Festinha pós-Fênix
>
> Ei, Bill...
> Foi bom nos encontrarmos para o almoço. Eu me diverti muito.
> Vamos fazer uma festinha improvisada para celebrar a conclusão do Fênix. Não é nada elaborado, mas pedi um barril de cerveja, vinho e comida, e estamos nos reunindo agora no refeitório do Prédio 7.

Adoraríamos que vocês se juntassem a nós. Para mim, foi um dos melhores trabalhos em equipe que já vi nesta empresa. Eu pedi bebida o suficiente para todo mundo da sua equipe também. :-)

Nos vemos lá,

Chris

Eu aprecio genuinamente o gesto de Chris, e acho que minha equipe também apreciará. Especialmente o Wes. Encaminho o e-mail para Wes e Patty, dizendo a eles para encorajar todos a aparecerem. Eles merecem.

Alguns momentos depois, meu telefone vibra. Eu olho e vejo uma resposta do Wes:

De: Wes Davis
Para: Bill Palmer, Patty McKee
Data: 16 de setembro, 16h09
Assunto: Re: Fwd: Festinha pós-Fênix

Que babaca. A maioria dos meus caras não poderá ir. Ainda estamos ocupados corrigindo todos os dados de transações ruins que o código de merda deles gerou.

Deve ser bom ter o luxo de celebrar. "Missão Cumprida" e tudo isso, né?

W

Eu gemo. Embora a crise possa ter terminado para os caras do Chris nos andares superiores, pessoas como nós, no porão, ainda estão tirando água do barco.

Ainda assim, acho importante nossos caras aparecerem na festa. Para ter sucesso, precisamos criar esses relacionamentos com a equipe de Chris. Mesmo que seja apenas por meia hora.

Ranjo os dentes e ligo para Wes. Como Spock falou uma vez: "Somente Nixon poderia ir à China." E eu acho que sou o Nixon.

CAPÍTULO 15
• *Quarta-feira, 17 de setembro*

Embora eu não consiga tirar o dia todo de folga, levo Paige para tomar café da manhã. Ela tem mantido o controle da casa sozinha, enquanto eu fico o dia inteiro no trabalho.

Estamos no Mother's, um de nossos restaurantes de café da manhã preferidos. Viemos aqui no dia da inauguração, há quase oito anos. A dona, desde então, já ficou muito famosa. Ela não só fez com que seu restaurante virasse um favorito local, mas escreveu um livro de receitas, e nós a vimos na TV durante a turnê de seu livro.

Estamos muito felizes com seu sucesso. E eu sei que Paige adora quando a dona nos reconhece, mesmo quando está lotado.

Olho nos olhos de Paige enquanto ela se senta à minha frente na mesa. O restaurante está surpreendentemente lotado em uma quarta-feira pela manhã. Pessoas fazendo reuniões de negócios e *hipsters* locais fazendo... bem, o que quer que *hipsters* façam pela manhã. Trabalham? Jogam? Eu realmente não faço ideia.

Ela diz, segurando a mimosa em suas mãos: "Obrigada por tirar um tempo de folga. Você tem certeza de que não pode passar o resto do dia comigo?"

Em um primeiro momento, quase não pedi uma para mim, porque não queria beber nada alcoólico em um dia de trabalho. Mas, pelo segundo dia seguido, eu me vejo dizendo: "Dane-se."

Bebendo meu suco de laranja com champanhe, dou um sorriso triste, balançando a cabeça. "Eu realmente queria poder, querida. Se estivéssemos no Desenvolvimento, eu daria o dia inteiro de folga à minha equipe, como Chris fez. Mas, nas Operações, ainda estamos terminando de limpar o fiasco do Fênix. Não faço ideia de quando a vida voltará ao normal."

Ela balança a cabeça devagar. "Eu não acredito que esta é só a sua terceira semana. Você mudou. Eu não estou reclamando, mas nunca vi você tão estressado assim desde..."

Ela olha para cima por um momento, revendo suas memórias. Ela olha de volta para mim e diz: "Nunca! Metade do tempo em que estamos dirigindo, você tem um olhar distante no rosto. O resto do tempo está apertando o maxilar, como se estivesse reencenando uma reunião terrível na cabeça. Você nunca escuta o que estou dizendo, porque está muito preocupado com o trabalho."

Eu começo a me desculpar, mas ela me corta. "Não estou reclamando. Eu não quero estragar esse bom momento, enquanto estamos aproveitando algum tempo longe do trabalho e das crianças. Mas quando penso no quanto você era feliz antes de aceitar esse cargo, me pergunto por que está fazendo isso."

Eu pressiono os lábios. Mesmo com todo o trauma das duas últimas semanas, sinto como se a organização estivesse melhor, como resultado da minha contribuição. E até com a ameaça iminente de ser terceirizado, estou feliz por ser uma das pessoas tentando evitar isso.

E, ainda assim, por mais de cinco anos, eu era uma das poucas pessoas capazes de manter qualquer quantidade de equilíbrio entre trabalho e vida pessoal. E agora esse equilíbrio sumiu completamente.

Um colega NCO na Marinha um dia me disse que suas prioridades eram as seguintes: provedor, pai, marido e agente de mudanças. Nessa ordem.

Eu penso nisso. Primeiro e antes de tudo, minha responsabilidade mais importante é ser o provedor da minha família. Meu aumento nos ajudará a diminuir nossas dívidas, e poderemos começar a economizar de novo para a faculdade dos nossos filhos, como sempre quisemos fazer. Seria difícil desistir disso e voltar a me sentir como se estivéssemos só com a cabeça fora d'água.

Ambos suspeitamos de que nossa casa agora vale menos do que pagamos por ela. Nós tentamos vendê-la algumas vezes, há alguns anos, para que pudéssemos nos mudar para o outro lado da cidade e ficar mais perto dos pais dela. Mas depois de nove meses, a tiramos do mercado.

Com a minha promoção, podemos terminar de pagar nossa segunda hipoteca mais cedo. E talvez, só talvez, se as coisas forem bem, em alguns anos Paige poderá parar de trabalhar.

Mas vale a pena ter que lidar com as exigências desvairadas de Steve pelo impossível, todos os dias?

E pior: ter de lidar com aquela maluca da Sarah?

"Viu? Você está fazendo de novo. Deixe-me adivinhar", diz Paige, interrompendo meus pensamentos. "Você está pensando em alguma reunião que teve com Steve e como ele se mostrou um babaca completo com quem ninguém consegue argumentar. Exceto aquela maluca da Sarah."

Eu dou risada. "Como você sabia?"

Ela sorri. "É tão fácil. Você começa a olhar para longe, e então seus ombros e maxilar ficam tensos e você pressiona os lábios."

Eu dou risada de novo.

A expressão de Paige fica triste. "Eu fico desejando que eles tivessem escolhido outra pessoa para esse trabalho. Steve sabia exatamente como fazer você dizer sim. Ele só fez soar como se fosse seu dever salvar o trabalho dele e a empresa."

Eu concordo com a cabeça lentamente. "Mas, querida, agora é realmente verdade. Se eles terceirizarem toda a TI, quase 200 pessoas em meu grupo podem ficar sem trabalho ou trabalharão para alguma firma de terceirização anônima. E outras 200 pessoas na organização do Chris. Eu sinto como se pudesse evitar que isso aconteça."

Ela parece duvidosa, dizendo: "Você realmente acha que você e Chris podem impedi-los? Com base no que você disse, parece que eles já se decidiram."

Depois que deixo uma Paige desanimada em casa, fico um tempo parado na garagem para ver meu telefone antes de dirigir até o trabalho.

Fico surpreso em ver um e-mail animado de Wes.

De: Wes Davis
Para: Bill Palmer, Patty McKee
Data: 19 de setembro, 9h45
Assunto: FW: Ufa! Gestão de mudanças por um triz!

    Vejam isso, caras. Um dos DBAs mandou isso para todos os outros engenheiros esta manhã.

    >>> Início da mensagem encaminhada:

    Galera, o novo processo de mudanças salvou nossa pele esta manhã.

    Hoje nós tínhamos dois grupos fazendo mudanças simultaneamente no banco de dados de gestão de materiais e nos servidores de aplicação. Um grupo não sabia do outro.

    Rajiv viu a colisão em potencial na parede de mudanças. Decidimos que minhas mudanças seriam feitas primeiro e eu ligaria para ele quando terminássemos.

    Poderíamos ter feito uma grande bagunça com as coisas.

    Continuem mandando esses cartões de mudança, galera! Eles nos salvaram hoje!

    Obrigado a Rajiv, Tom, Shelly e Brent —

    Robert

Finalmente, uma boa notícia. Um dos problemas da prevenção é que você raramente sabe dos desastres que evitou.

Mas soubemos desse. Bom.

E melhor ainda, veio de um dos engenheiros, não de um gerente.

Quando chego à minha mesa, vejo um post-it na minha estação e sorrio. Cuidadosamente, ligo meu notebook e espero pacientemente por dois minutos para a tela de login aparecer antes de colocá-lo lá.

Nenhum alarme disparando. Exatamente como documentado. Bom.

Alguém bate em minha porta.

É a Patty. "Fico feliz por ter achado você. Tem um minuto? Acho que temos outro problema."

"Claro", digo. "Em que você está pensando? Deixe-me adivinhar… mais pessoas reclamando sobre a gestão de mudanças?"

Patty balança a cabeça, parecendo triste. "Um pouco mais sério do que isso. Vamos à Sala de Coordenação de Mudanças?"

Eu gemo. Toda vez que Patty me chamou lá foi por causa de algum problema novo e intratável. Mas problemas, como cocô de cachorro deixado na chuva, raramente melhoram se você simplesmente ignorá-los.

Eu me levanto e digo: "Vamos lá."

Quando chegamos à sala de conferências, olho para o quadro de mudanças. Algo parece bem diferente. "Ô-ou", digo.

Patty olha para o quadro comigo e diz: "Aham. Óbvio, e, ainda assim, meio inesperado, certo?"

Eu só consigo gemer em resposta.

No quadro, até a última quinta-feira, está muito como eu lembrava. A cada dia, há algo entre 40 e 50 mudanças, cada uma marcada como concluída. Mas nos dias seguintes, quase não há mudanças postadas. É como se alguém tivesse retirado todos os cartões da lousa.

"Para onde foram?"

Ela aponta para outro quadro do lado da sala, que chamou de "Mudanças a Serem Reagendadas". Há uma cesta abaixo, transbordando com pilhas e pilhas de cartões.

Presumivelmente, 600 deles.

Começando a compreender, eu pergunto: "E a razão de nenhuma mudança ter sido concluída é…"

Patty bufa. "O Fênix aconteceu, foi isso. Todo o trabalho agendado foi jogado pela janela. Nós mobilizamos quase qualquer um que soubesse digitar para ajudar. E só agora eles estão sendo liberados de volta a suas tarefas normais. Você pode ver no quadro que hoje é o primeiro dia em que mudanças agendadas estão começando a acontecer novamente como o planejado."

Isso parece importante por alguma razão.

E então eu percebo.

Eu tinha ligado para o Erik brevemente para dizer que havia descoberto três das quatro categorias de trabalho: projetos de negócios, projetos internos e mudanças. Ele apenas disse que havia mais um tipo de trabalho, talvez o mais importante, porque é muito destrutivo.

E, em um momento abrasador de *insight*, eu acho que sei qual é a quarta categoria de trabalho.

E então, de repente, eu não sei. Minha compreensão tênue pisca brevemente, e então some completamente.

Eu digo: "Droga!"

Patty olha para mim interrogativamente, mas eu a ignoro, enquanto tento recuperar aquele momento passageiro de clareza.

Eu olho para a parte do quadro de mudanças sem cartões. Realmente parece que alguma mão gigante tirou todos aqueles cartões que havíamos agendado tão meticulosamente e organizado no quadro. E sabemos o que fez isso: foi a explosão do Fênix.

Mas o Fênix não é a quarta categoria de trabalho.

Talvez eu esteja procurando algo como a matéria escura. Você só pode vê-la pelo que ela desloca ou por como interage com outra matéria que conseguimos ver.

Patty chamou isso de apagar incêndio. Isso também é trabalho, eu suponho. Certamente manteve todos acordados a noite inteira. E deslocou todas as mudanças planejadas.

Eu volto à Patty e digo lentamente: "Deixe-me adivinhar. Brent também não concluiu nada de seu trabalho de mudanças não relacionadas ao Fênix, certo?"

"Claro que não! Você estava lá, não estava?", diz ela, olhando para mim como se eu tivesse oito cabeças. "Brent estava trabalhando o tempo todo nos esforços de recuperação, construindo todas as novas ferramentas para manter todos os sistemas e dados funcionando. Todo o resto foi deixado de lado."

Todo o combate a incêndios deslocou todo o trabalho planejado, ambos, projetos e mudanças.

Ah... Agora eu entendo!

O que pode deslocar trabalho planejado?

Trabalho não planejado.

É claro.

Eu dou risada tumultuosamente, o que me vale uma aparência de preocupação genuína por parte de Patty, que até dá um passo para longe de mim.

Foi por isso que Erik chamou de tipo de trabalho mais destrutivo. Não é realmente um trabalho, como os outros. Os outros são o que você planejou fazer, supostamente porque você precisava fazê-los.

Trabalho não planejado é o que impede que você o faça. Como matéria e antimatéria, na presença de trabalho não planejado, todo o trabalho planejado inflama com fúria incandescente, incinerando tudo ao seu redor. Como o Fênix.

Grande parte do que tentei fazer em minha curta carreira como VP de Operações de TI foi prevenir que o trabalho não planejado acontecesse: coordenar melhor as mudanças para que não falhassem, garantir a abordagem ordenada de incidentes e interrupções para prevenir a interrupção de recursos-chave, fazer o que fosse preciso para que Brent não fosse escalado para...

Tenho tentado fazer isso principalmente por instinto. Eu sabia que era isso que deveria ser feito, porque as pessoas estavam trabalhando nas coisas erradas. Eu tentei dar todos os passos necessários para evitar que as pessoas fizessem o trabalho errado, ou melhor, trabalho não planejado.

Eu digo, rindo alto e socando o ar como se tivesse acabado de fazer um gol de 60 jardas para ganhar o jogo: "Sim! Eu entendo agora! Realmente é o trabalho não planejado! A quarta categoria é o trabalho não planejado!"

Meu humor entusiástico é acalmado quando olho para Patty, que parece intrigada e genuinamente preocupada.

"Prometo explicar mais tarde", digo. "Mas o que é que você queria que eu visse no quadro de mudanças?"

Ela fica surpresa, mas aponta novamente para o buraco de mudanças concluídas da semana passada. "Eu sei que você estava preocupado quando 60% das mudanças não estavam sendo concluídas. Então pensei que você realmente perderia a cabeça quando 100% delas não fossem concluídas. Certo?"

"É. Ótimo trabalho, Patty. Continue assim!", digo, concordando.

E então me viro e vou em direção à porta, pegando meu celular. Há alguém para quem preciso ligar.

"Ei!", Patty chama. "Você não vai me deixar a par?"

Eu grito sobre meu ombro: "Mais tarde! Prometo!"

De volta à minha mesa, procuro por todos os lados aquele pedaço de papel que Erik me deu. Tenho quase certeza de que não joguei fora, mas honestamente não achei que fosse usá-lo algum dia.

Eu escuto Ellen dizer atrás de mim: "Precisa de ajuda com alguma coisa?"

E logo ambos estamos procurando por toda a minha mesa para encontrar aquele pequeno pedaço de papel.

"É este?", pergunta ela, segurando algo que recuperou da minha caixa de entrada.

Eu olho mais de perto, e sim! É o pedacinho de papel amassado de cinco centímetros que Erik me deu. Parece um papel de chiclete.

Pegando o pedaço de papel da mão dela e segurando-o, eu digo: "Ótimo! Muito obrigado por encontrar isso. Acredite ou não, esse pode ser o pedaço de papel mais importante que já recebi em anos."

Decido me sentar do lado de fora enquanto falo. Na clara luz do sol de outono, encontro um lugar em um banco próximo do estacionamento. Enquanto me sento, não há uma nuvem no céu.

Eu ligo para Erik, que atende ao primeiro toque. "Ei, Bill. Como vocês estão depois que o Fênix caiu e queimou tão espetacularmente?"

"É, bem... As coisas estão melhorando", digo. "Você deve ter escutado que nossos sistemas POS caíram, e que também tivemos uma pequena violação de números de cartão de crédito."

"Rá! 'Pequena violação de números de cartão de crédito'. Gosto disso. Como uma 'pequena fusão do reator nuclear'. Preciso anotar essa", diz ele, resfolegando.

Ele está rindo como se houvesse previsto que esse nível de calamidade ocorreria, o que, se for pensar bem, ele provavelmente fez, na sala de reuniões, quando o conheci. Algo sobre "limpar a agenda".

Assim como limpar o quadro de mudanças, eu percebo. Eu me odeio por não entender essa dica dele antes.

"Acho que você agora sabe me dizer quais são as quatro categorias de trabalho?", escuto ele perguntar.

"Sim, acho que sim", digo. "Na fábrica, eu lhe dei uma categoria, que eram projetos de negócios, como o Fênix", digo. "Mais tarde, percebi que não mencionei os projetos internos de TI. Uma semana depois disso, percebi que as mudanças são outra categoria de trabalho. Mas foi só depois do fiasco do Fênix que vi a última, por causa da maneira que impediu todo o resto do trabalho de ser concluído, e essa é a última categoria, não é? Combater incêndios. Trabalho não planejado."

"Precisamente!", escuto Erik dizer. "Você até usou o termo que eu mais gosto pra isso: *trabalho não planejado*. Combater incêndios é vividamente descritivo, mas 'trabalho não planejado' é ainda melhor. Pode até ser melhor chamar de 'antitrabalho', já que destaca ainda mais sua natureza destrutiva e evitável.

"Diferente das outras categorias, o trabalho não planejado é trabalho de recuperação, o que quase sempre o tira de seus objetivos. É por isso que é tão importante saber de onde vem seu trabalho não planejado."

Eu sorrio quando ele reconhece minha resposta correta e fico estranhamente feliz por também ter validado minha noção de antimatéria de trabalho não planejado.

Ele diz: "O que é esse quadro de mudanças que você mencionou?"

Eu falo para ele sobre minhas tentativas de realizar um tipo de processo de mudança e de elevar a discussão sobre quantos campos havia no formulário de mudanças, o que, então, resultou em fazer as pessoas colocarem suas mudanças pretendidas em cartões e nossa necessidade de fazer malabarismos com eles no quadro.

"Muito bom", diz. "Você reuniu ferramentas para ajudar na gestão visual do trabalho e fazer o trabalho passar pelo sistema. Essa é uma parte crítica da Primeira Maneira, que é criar fluxo rápido de trabalho pelo Desenvolvimento e Operações de TI. Cartões em um quadro *kanban* é um dos melhores mecanismos para fazer isso, porque todo mundo pode ver o WIP. Agora você deve erradicar continuamente suas maiores fontes de trabalho não planejado, por intermédio da Segunda Maneira."

Até agora, estava tão engajado em definir o que é trabalho, que havia esquecido de Erik e suas Três Maneiras. Eu as desprezei antes, mas agora estou escutando atentamente cada palavra.

E pelos 45 minutos seguintes, me vejo contar a ele toda a história da minha curta posse. Sou interrompido apenas pelas risadas e gargalhadas altas de Erik, quando descrevo as calamidades e minhas tentativas de conter o caos.

Quando acabo, ele diz: "Você foi muito mais longe do que pensei: você começou a dar passos para estabilizar o ambiente operacional, começou a gerir visualmente o WIP dentro das Operações de TI, e começou a proteger sua restrição: Brent. Também reforçou uma cultura de rigor e disciplina operacional. Muito bem, Bill."

Eu torço o nariz e digo: "Espera. Brent é minha restrição? O que você quer dizer?"

Ele responde: "Ah, bem, se vamos falar sobre seus próximos passos, você definitivamente precisa saber sobre restrições, porque precisa aumentar o fluxo. Não há nada mais importante agora."

Erik assume uma voz de palestrante quando começa: "Você disse que aprendeu sobre gestão de operações de fábrica quando esteve na escola de negócios. Eu espero que, como parte do seu currículo, tenha lido *A Meta*, do Dr. Eli Goldratt. Se não tem mais um exemplar, arranje outro. Vai precisar."

Acho que meu exemplar desse livro está no meu escritório, em casa. Enquanto escrevo um rápido lembrete para procurá-lo, ele continua: "Sensei Goldratt nos ensinou que na maioria das fábricas há um número muito pequeno de recursos, sejam homens, máquinas ou materiais, que ditam a saída de todo o sistema. Chamamos isso de restrição, ou gargalo. Qualquer um dos termos funciona. Independentemente de como chame, até que crie um sistema confiável para lidar com o fluxo de trabalho para a restrição, ela é constantemente desperdiçada, o que significa que provavelmente é drasticamente subutilizada.

"Isso significa que você não está entregando ao negócio a capacidade total disponível. E provavelmente também significa que você não está pagando a dívida técnica, então seus problemas e a quantidade de trabalho não planejado continuam a aumentar com o tempo", diz ele.

E continua: "Você identificou esse Brent como uma restrição para recuperar o serviço. Confie em mim, você descobrirá que ele também restringe muitos outros fluxos de trabalho importantes."

Eu tento interromper para fazer uma pergunta, mas ele continua, impetuosamente: "Há cinco passos de foco que Sensei Goldratt descreve em *A Meta*: o Passo 1 é identificar a restrição. Você fez isso, então parabéns. Continue se desafiando para realmente se certificar de que essa é sua restrição organizacional, porque, se estiver errado, nada que você faça importará. Lembre-se: qualquer melhoria não feita na restrição é só uma ilusão, certo?

"O Passo 2 é explorar a restrição", continua ele. "Em outras palavras, certificar-se de que a restrição não tem permissão para perder tempo. Nunca. Ela nunca deve esperar qualquer outro recurso para nada, e deve sempre estar trabalhando no compromisso de prioridade mais alta que a organização de Operações de TI fez para o resto da empresa. Sempre."

Eu o escuto dizer, de modo encorajador: "Você fez um bom trabalho explorando a restrição em várias frentes. Reduziu a dependência de Brent para trabalhos não planejados e interrupções. Até começou a descobrir como explorá-lo nos três outros tipos de trabalho: projetos de negócios e de TI e mudanças. Lembre-se: o trabalho não planejado acaba com a sua capacidade de realizar trabalho planejado, então você deve sempre fazer o que for possível para erradicá-lo. Murphy existe, então você sempre terá trabalho não planejado, mas ele deve ser abordado eficientemente. Você ainda tem um longo caminho pela frente."

Com voz mais severa, ele diz: "Mas você está pronto para começar a pensar no Passo 3, que é subordinar a restrição. Na Teoria das Restrições, isso é normalmente implementado por algo chamado Tambor-Pulmão-Corda. Em *A Meta*, o personagem principal, Alex, aprende isso quando descobre que Herbie, o escoteiro mais lento da tropa, na verdade dita o ritmo de marcha de todo o grupo. Alex colocou Herbie na frente da fila para evitar que as crianças fossem muito na frente. Mais tarde, na fábrica de Alex, ele começou a liberar todo o trabalho de acordo com o ritmo que poderia ser consumido pelos fornos de tratamento térmico, que era o gargalo de sua fábrica. Esse era o Herbie da vida real.

"Duas décadas inteiras depois que *A Meta* foi publicado", continua ele, "Sensei David J. Anderson desenvolveu técnicas de usar um quadro kanban para liberar trabalho e controlar o WIP para Desenvolvimento e Operações de TI. Você pode achar isso interessante. Com seu quadro de mudanças, você e Penélope estão próximos de um quadro kanban que possa gerenciar o fluxo.

"Então, eis sua lição de casa", diz ele. "Descubra como estabelecer o ritmo de trabalho de acordo com Brent. Uma vez que fizer o mapeamento adequado das Operações de TI para trabalhar no chão da fábrica, isso será óbvio. Ligue-me quando descobrir."

"Espera, espera", digo apressadamente antes que ele desligue. "Farei a lição de casa, mas não estamos nos desviando totalmente do ponto aqui? O que causou todo o trabalho não planejado foi o Fênix. Por que estamos focando o Brent agora? Não precisamos lidar com todas as questões do Fênix dentro do Desenvolvimento, de onde todo o trabalho não planejado realmente veio?"

"Agora você soa exatamente como o Jimmy, reclamando de coisas que não pode controlar", suspira ele. "É claro que o Fênix está causando todos os problemas. Você ganha o que planejou. Chester, seu colega do Desenvolvimento, está gastando todos seus ciclos em recursos, em vez de em estabilidade, segurança, escalabilidade, gerenciabilidade, operabilidade, continuidade e todas essas lindas 'lidades'.

"Do outro lado da linha de montagem, Jimmy continua tentando adaptar os controles de produção depois que a pasta de dentes já saiu do tubo", diz ele, zombando. "Irremediável! Fútil! Nunca vai funcionar! É preciso planejar essas coisas, o que alguns chamam de 'requisitos não funcionais', no produto. Mas seu problema é que a pessoa que mais sabe sobre onde a dívida técnica está e como realmente construir o código que é feito para as Operações está ocupada demais. Você sabe quem é essa pessoa, não sabe?"

Eu gemo. "Brent."

"É", diz ele. "Sem resolver o problema do Brent, você só o convidará para planejar e arquitetar reuniões com o Desenvolvimento, mas ele nunca vai aparecer por causa do..."

Com outra deixa, eu respondo: "Trabalho não planejado."

"Bom!", diz ele. "Você está melhorando. Mas antes de ficar cheio de si, vou dizer que ainda falta uma grande parte da Primeira Maneira que você não encontrou. O problema do Jimmy com os auditores mostra que ele não consegue distinguir qual trabalho importa para o negócio e qual não importa. Assim, você tem o mesmo problema. Lembre-se: isso vai além de reduzir o WIP. Ser capaz de retirar trabalho desnecessário do sistema é mais importante do que ser capaz de colocar mais trabalho no sistema. Para fazer isso você precisa saber o que importa para alcançar os objetivos do negócio, se são projetos, operações, estratégia, concordância com as leis e regulamentos, segurança ou o que for."

Ele continua: "Lembre-se: resultados são o que importa. Não o processo, não os controles ou qual trabalho você conclui."

Eu suspiro. Bem quando acho que tenho uma compreensão concreta o bastante de restrições, mais uma vez Erik fica ilusivo.

"Não se distraia. Ligue para mim quando souber como regular a liberação de trabalho para Brent", diz ele e desliga.

Eu não consigo acreditar. Tento ligar de volta duas vezes, mas a ligação cai imediatamente na caixa de mensagens.

Sentado no banco, me encosto, respiro fundo e me forço a aproveitar a manhã morna. Ouço pássaros chilreando e o barulho do tráfego na estrada.

Então, pelos dez minutos seguintes, anoto o máximo de que consigo lembrar na minha prancheta, tentando juntar as peças do que Erik tratou.

Quando termino, volto para dentro a fim de ligar para Wes e Patty. Sei exatamente o que preciso fazer e estou animado para começar.

CAPÍTULO 16
• *Quinta-feira, 18 de setembro*

Estou em minha mesa, resolvendo algumas questões pendentes, quando Ellen corre até mim, segurando um e-mail impresso. É de Dick, soando o alarme a todos os executivos da empresa de que algo deu terrivelmente errado com os sistemas de faturamento. Mais cedo, um dos caixas descobriu que, por três dias, nenhum cliente havia sido cobrado. Dentre outras coisas, isso significa que os clientes não têm pagado no prazo, o que quer dizer que no final do trimestre a empresa terá menos dinheiro no banco do que o projetado, o que levantará todos os tipos de questões desconfortáveis quando os ganhos da empresa forem anunciados.

Está claro, pela corrente de e-mails de Dick, que ele está lívido, e aparentemente toda sua equipe de contas a receber e controladores têm feito um teste de fumaça atrás do outro e controle de danos em todos os níveis.

De: Dick Landry
Para: Steve Masters
Cc: Bill Palmer
Data: 18 de setembro, 15h11
Prioridade: Mais alta
Assunto: AÇÃO NECESSÁRIA: Potencial déficit de $50MM devido a falha da TI

TODAS AS FATURAS DE CLIENTES AINDA ESTÃO PRESAS OU FALTANDO NO SISTEMA. NÃO PODEMOS NEM RECUPERÁ-LAS PARA ENVIÁ-LAS MANUALMENTE POR E-MAIL!

Estamos tentando descobrir como podemos voltar às operações normais da empresa. Provavelmente há $50MM de contas a receber presas no sistema, que faltarão na nossa conta no final do trimestre.

Faça seu pessoal da TI corrigir isso. Será impossível esconder o buraco que isso abre nos nossos números trimestrais, e talvez até impossível de explicar.

Ligue-me, Steve. Estarei no parapeito da janela.

Dick

Estamos todos reunidos na sala de conferência do COR. Fico feliz de que, quando Patty termina de descrever o incidente, ela tenha rapidamente apresentado todas as mudanças relevantes das últimas 72 horas.

Depois que ela termina, digo firmemente para toda a equipe: "Primeiro e antes de tudo, penso no risco de perder transações. Senhoras e senhores, eu preciso ser muito claro em relação a isso: NÃO TOQUEM EM NADA SEM OBTER MINHA APROVAÇÃO. Não estamos lidando com uma interrupção aqui. Estamos em uma situação em que podemos perder incidentalmente entradas de pedidos ou dados de contas a receber. Isso me apavora. E *isso* deveria apavorar *vocês* totalmente.

"Como Patty disse, precisamos de timelines e hipóteses para o que pode ter causado a falha no sistema de faturamento", digo. "Esse é nosso momento *Apollo 13*, e eu sou Gene Kranz no Controle de Missão Houston. Não quero adivinhação. Quero hipóteses baseadas em fatos. Então voltem às suas telas, reúnam timelines e dados, e eu quero ouvir seus melhores raciocínios sobre causa e efeito. Fracasso não é uma opção."

Às 18h, a equipe de Patty documentou mais de 20 causas potenciais diferentes de falhas que foram propostas. Depois de mais investigação, 8 permaneceram como possibilidades prováveis. Um proprietário foi designado para ver cada uma delas.

Percebendo que não podemos fazer muito mais como grupo até que tenham completado a pesquisa, concordamos em nos reunir novamente às 22h.

Por um lado, estou frustrado, porque novamente fomos puxados para uma crise, e nosso dia é dominado por trabalho de incidente não planejado. Por outro lado, sinto uma sensação profunda de satisfação com a natureza ordenada de nossa investigação do incidente, e rapidamente mando uma mensagem para Paige, dizendo que logo chegarei para jantarmos em família.

"Papai", eu escuto, enquanto estou sentado na cama com Grant, tentando colocá-lo para dormir, mantendo meus pensamentos sobre interrupções afastados. "Por que Thomas, a Locomotiva, não tem um vagão de carvão? Por quê?"

Sorrindo para ele, fico maravilhado com as perguntas que meu filho de três anos faz. Estamos em nosso ritual noturno de ler livros. Fico feliz em fazer isso novamente, pois faço todas as noites. Isto é, fazia, até o esforço de recuperação do Fênix.

A maioria das luzes agora está apagada, mas uma lâmpada ainda brilha fraca. Há uma pilha de livros na cama de Grant, e estamos no terceiro da noite.

Estou começando a ficar com a boca seca de tanto ler. A ideia de um pequeno intervalo e fazer uma pesquisa na internet sobre vagões de carvão de trens parece bem atraente.

Eu amo o quanto meus filhos são questionadores e o quanto eles amam livros, mas há noites em que estou tão exausto, que caio no sono durante nosso ritual noturno. Minha esposa entra no quarto e me encontra dormindo com um dos livros de Grant na cara e ele dormindo ao meu lado.

Apesar do cansaço, sou grato por estar em casa cedo o bastante para retomar meu ritual noturno com meu filho mais velho.

"Sim, precisamos descobrir, Papai", exige Grant. Eu sorrio para ele e pego meu telefone do bolso, pretendendo fazer uma pesquisa no Google por "vagão de carvão de locomotiva".

Mas primeiro busco rapidamente novidades em meu telefone sobre os problemas de faturamento de clientes. Fico espantado com a diferença que duas semanas podem fazer.

Durante o último incidente Sev 1, que atingiu nossos sistemas de processamento de cartões de crédito, a ligação de conferência era cheia de apontar dedos, negações e, mais importante, tempo perdido quando nossos clientes não podiam nos dar dinheiro.

Depois fizemos o primeiro de uma série de *post mortens* contínuos e sem culpa para descobrir o que realmente aconteceu e criar ideias sobre como evitar que acontecesse de novo. Melhor ainda, Patty liderou uma série de simulações de ligações de incidentes com a atenção de todos, para ensaiar os novos procedimentos.

Foi ótimo ver tudo isso. Até Wes viu o valor.

Fico feliz em ver todos os e-mails indicando várias informações boas e discussões eficazes entre as equipes trabalhando no problema. Eles mantiveram a ponte da conferência telefônica e uma sala de chat aberta para pessoas trabalhando no problema, e eu planejo ligar às 22h para ver como tudo está indo.

Isso é daqui a 45 minutos. Tempo o bastante para passar com Grant, que deve dormir logo.

Ele me cutuca, obviamente esperando mais progresso na frente de pesquisa.

"Desculpa, Granty. Papai se distraiu", digo, enquanto abro o navegador. Fico surpreso pela quantidade de resultados sobre Thomas, a Locomotiva. É a série de livros que produziu uma franquia bilionária de trens de brinquedo, roupas, vídeos e livros de colorir. Com dois filhos, parecemos destinados a ter dois de cada item logo.

Estou lendo uma entrada promissora na *Wikipédia* sobre trens, quando meu telefone começa a vibrar e a tela exibe "Ligação de Steve Masters".

Eu gemo e verifico novamente meu relógio. São 21h15.

Tive reuniões e ligações demais com Steve ultimamente. Na minha cabeça, eu me pergunto quantas dessas reuniões consigo aguentar.

Por outro lado, depois do desastre do Fênix, cada interrupção e incidente é trivial em comparação, certo?

Digo gentilmente: "Aguenta aí, Grant. Papai tem que atender uma ligação. Já volto." Pulo de sua cama e ando até o corredor escuro.

Fico feliz por ter dado uma olhada no tráfego de e-mails sobre a interrupção há alguns segundos. Respiro fundo antes de apertar o botão de atender.

Digo: "Bill falando."

A voz alta de Steve ressoa em meu ouvido. "Boa noite, Bill. Estou feliz por você estar aí. É claro que você sabe sobre os problemas de faturamento de clientes do Dick."

"Sim, é claro", respondo, surpreso com seu tom. "Minha equipe declarou um grande incidente no início desta tarde e estivemos trabalhando no problema desde então. Mandei relatórios de status a cada hora. Dick e eu passamos 20 minutos ao telefone mais cedo esta noite. Eu sei que o problema é sério, e minha equipe está seguindo o processo que criamos depois da falha na folha de pagamentos. Estou completamente satisfeito de que o processo esteja funcionando."

"Bem, eu acabei de falar com Dick, e ele me disse que você está se arrastando", diz Steve, claramente muito bravo. "Obviamente não estou ligando para você à noite porque quero jogar conversa fora. Você entende o quanto isso é intolerável? Mais uma cagada da TI colocando tudo em risco. Dinheiro é sangue vital para a empresa, e se não faturarmos os clientes, não seremos pagos!"

Recorrendo ao velho treinamento para lidar com pessoas frustradas, calmamente reitero o que já declarei. "Como eu disse, falei com Dick mais cedo hoje. Ele reforçou bastante para mim todas as implicações. Nós ativamos nosso novo processo de incidentes e estamos observando metodicamente o que poderia ter causado a falha. Eles estão fazendo exatamente o que eu quero que façam, porque, com tantas peças em movimento, é fácil demais piorar as coisas ao tirar conclusões precipitadas..."

"Você está no escritório?", pergunta Steve, me cortando antes de eu poder terminar.

Sua pergunta me pega genuinamente desprevenido.

"Ahn... Não, estou em casa", respondo.

Ele está preocupado de eu ter delegado o problema? Para reforçar minha função de lidar com crises e quais são minhas expectativas em relação à minha equipe, digo: "Ligarei para a linha de ponte de guerra às 22 horas. Como sempre, temos um oficial de serviço no local, e aqueles da minha equipe que precisam estar no escritório já estão lá."

Finalmente, pergunto abruptamente: "Steve, você quer me dizer no que está pensando? Estou em cima da situação. O que você precisa que não está recebendo direito agora?"

Ele responde acaloradamente: "O que eu preciso de você é algum senso de urgência. Dick e sua equipe estão virando a noite para descobrir como nosso trimestre acabará em seis dias úteis. Mas acho que eu já sei qual será a resposta.

"Provavelmente perderemos quase todas as metas que prometemos à diretoria: renda, dinheiro, contas a receber... tudo. Na verdade, cada medida que prometemos a eles está indo por água abaixo! Essa cagada pode confirmar as suspeitas da diretoria de que perdemos completamente o controle de gestão desta empresa!"

Steve está quase rosnando agora, enquanto diz: "Então, o que quero de você, *Bill*, é que fique suficientemente no controle das coisas, para que meu CFO não diga que você está se arrastando. A casa está caindo, e tudo o que escuto de você é sobre esboçar imagens e timelines. O que diabos há de errado com você? Você tem medo de tirar as pessoas da cama?"

Eu recomeço: "Steve, se eu achasse que ajudaria, teria feito todo mundo virar a noite no data center hoje. Para o Fênix, algumas pessoas não voltaram pra casa por quase uma semana. Acredite em mim, eu sei que a casa está caindo, mas agora, mais do que nunca, precisamos de consciência situacional. Antes de mandar as equipes derrubarem portas com mangueiras, precisamos que alguém, pelo menos, ande rapidamente pelo perímetro do jardim. Caso contrário, acabaremos incendiando as casas vizinhas!"

Percebo que levantei minha voz no silêncio relativo de nossa casa, enquanto estamos tentando fazer as crianças dormir. Eu finalizo, mais silenciosamente: "E, caso tenha esquecido, durante a interrupção da folha de pagamento, nós pioramos a interrupção com nossas próprias ações. Provavelmente teríamos concluído a execução da folha de pagamento durante o dia, se alguém não tivesse começado a ferrar com a SAN. Por causa disso, adicionamos outras seis horas à interrupção, e quase perdemos os dados de pagamento!"

Minha esperança de que a voz calma da razão o estivesse alcançando acaba quando o escuto dizer: "Ah, é? Eu não acho que sua equipe concorde com você. Qual era o nome daquele cara esperto a quem você me apresentou? Bob? Não, Brent. Eu falei com Brent mais cedo hoje, e ele está muito cético sobre sua abordagem. Ele acha que o que você está fazendo é separar as pessoas que realmente fazem o trabalho do que precisa ser feito. O que Brent está fazendo agora?"

Merda!

Eu gosto de transparência. Sempre tento manter minha equipe totalmente acessível ao meu chefe e ao negócio. Mas sempre há um risco em fazer isso.

Como Brent derramar suas teorias loucas para o CEO.

"Eu espero que Brent esteja em casa, porque é exatamente onde ele deveria estar", respondo. "Até que saibamos com certeza o que exatamente deu errado, é onde eu quero que ele esteja. Olha, são cientistas malucos como ele que normalmente causam os problemas em primeiro lugar. Toda vez que escalamos

Brent, perpetuamos nossa dependência dele e tornamos muito menos provável que possamos corrigir coisas sem ele!"

Suspeitando que eu possa estar perdendo Steve, começo de novo. "Com a maneira caótica pela qual trabalhamos atualmente, Brent está tendo que consertar os cascos perfurados quase todos os dias. No entanto, tenho quase certeza de que ele é uma das principais razões de o casco estar perfurado. Não é mal-intencionado, claro, mas só um efeito colateral da maneira como trabalhamos e corrigimos interrupções por aqui."

Há uma pausa. Então ele diz lenta e decisivamente: "Fico feliz que você esteja sendo tão professoral quanto a isso, mas temos um incêndio que está fora de controle. Até agora, fizemos do seu jeito. E agora vamos fazer do meu.

"Eu quero que você ligue para o Brent, e quero que ele arregace as mangas e ajude a corrigir essa interrupção. E não só o Brent. Quero todos os olhos em telas e todas as mãos em teclados. Eu sou o Capitão Kirk. Você é o Scotty. E eu preciso da velocidade de dobra espacial, então faça seus engenheiros preguiçosos levantarem as bundas! Entendeu?"

Steve está gritando tão alto agora que estou segurando meu telefone longe da orelha.

De repente, estou furioso. Steve vai ferrar com isso de novo.

Lembrando dos meus dias na Marinha, finalmente digo: "Permissão para falar livremente, senhor?"

Eu escuto Steve do outro lado da linha bufar desdenhosamente em resposta. "Sim, droga."

"Você acha que estou sendo cuidadoso demais e que estou hesitando em fazer o que precisa ser feito. Mas você está errado. Completamente errado", digo com firmeza. "Se você fizer o que eu acho que está sugerindo, que é basicamente 'atenção de todos', prevejo que pioraremos muito as coisas."

E continuo: "Eu tentei aconselhá-lo sobre algo muito parecido antes do lançamento do Fênix. Até agora não fomos suficientemente disciplinados em como trabalhamos com as interrupções. Dada toda a complexidade e peças móveis, há muita probabilidade de causarmos outro problema. Eu posso não saber exatamente o que causou o problema de faturamento de clientes, mas sei o bastante para concluir com certeza que o que você está propondo é uma péssima ideia. Recomendo continuar na linha que estou seguindo atualmente."

Eu prendo a respiração, esperando para ouvir como ele reage.

Ele diz lentamente: "Lamento muito que você se sinta assim, Bill, mas as gavetas se abrem do meu lado da mesa. Estou dizendo para você que isso é, agora, um DEFCON 1, então vá colocar as melhores pessoas para trabalhar nesse problema. E quero atualizações de status sobre essa falha da TI a cada duas horas até que esteja corrigida. Entendido?"

Antes que eu possa pensar no que falar, me vejo dizendo: "Não sei por que você precisa que eu faça isso. Você está falando diretamente com o meu pessoal e está dando todas as ordens. Faça você mesmo. Eu não posso ser responsabilizado pelos resultados dessa situação FUBAR."

E antes de desligar na cara dele, digo: "E espere minha demissão pela manhã."

Eu limpo o suor da minha testa e tiro os olhos do meu telefone para ver minha esposa Paige me encarando com os olhos arregalados.

"Você está louco? Você acabou de pedir a conta? Assim? Como vamos pagar as contas agora?", pergunta ela, erguendo a voz.

Desligo a campainha do meu telefone e coloco-o de volta no bolso, dizendo: "Querida, eu não tenho certeza do quanto dessa conversa você escutou, mas deixe-me explicar…"

Parte 2

CAPÍTULO 17

• *Segunda-feira, 22 de setembro*

Nos quatro dias desde que pedi demissão, Paige tem estado infinitamente inquieta. Por um lado, estou maravilhado sobre como estou dormindo melhor à noite, como se um peso oculto gigantesco tivesse sido tirado de meus ombros.

Sem interrupções de e-mails ou mensagens de emergência, o final de semana foi incrivelmente pacífico. Eu ainda os recebi na quinta-feira, mas simplesmente apaguei as contas de e-mail e bloqueei as mensagens de texto.

Foi ótimo.

Eu disse a Paige para não levar Grant à casa de sua mãe. Em vez disso, eu o levarei a uma aventura. Paige reage com um sorriso confuso e me ajuda a organizar a mochila de Thomas, A Locomotiva.

Às 8h estamos fora de casa e indo alegremente à estação de trem, onde, por meses, estive prometendo levar Grant. Por uma hora nós observamos os trens passarem, e eu fico continuamente espantado com a alegria descarada de Grant. Apesar da incerteza acerca do que farei em seguida, me sinto abençoado por poder compartilhar esse momento com meu filho.

Enquanto tiro fotos de Grant gritando de alegria e apontando para os trens a diesel passando, percebo que tirei poucas fotos de meus filhos no último mês.

Ainda estamos observando os trens, quando meu telefone toca. É o Wes. Eu deixo cair na caixa de mensagens.

Ele liga várias outras vezes, e a cada vez deixa uma mensagem de voz.

Então Patty liga, e eu também deixo cair na caixa de mensagens. Depois de mais três ligações, gemo exasperado: "Por favor, gente…"

"Palmer", eu atendo o telefone.

"Bill, acabamos de ouvir a notícia pelo Steve", eu escuto Patty dizer, soando como se estivesse no viva-voz. Com uma raiva surpreendente em sua voz, ela continua: "Eu estou com o Wes aqui, e estamos completamente chocados. Nós sabíamos que havia algo de errado quando você não apareceu para nossa reunião regular do CCM na sexta-feira. Não consigo acreditar que você pediu demissão durante essa interrupção… e depois de tudo o que realizamos!"

"Olha, galera, não teve nada a ver com vocês", explico. "Steve e eu só tivemos algumas diferenças irreconciliáveis sobre como resolver a grande falha de faturamento. Tenho certeza de que vocês ficarão bem sem mim."

Enquanto digo a última parte, me sinto levemente insincero.

"Bem, nós meio que ferramos com tudo desde que você foi embora", diz Wes, soando genuinamente envergonhado, confirmando meus piores temores. "Steve insistiu em que trouxéssemos todos os engenheiros, incluindo Brent. Ele disse que queria um 'senso de urgência' e 'mãos nos teclados, não pessoas sentadas na reserva'. Obviamente, não fizemos um trabalho bom o bastante coordenando os esforços de todos e…"

Wes não termina a frase. Patty continua de onde ele parou: "Não sabemos com certeza, mas, no mínimo, os sistemas de gestão de inventário estão agora completamente fora do ar também. Ninguém consegue obter os níveis de inventário das fábricas ou depósitos, e eles não sabem quais matérias-primas precisamos reabastecer. Todos os caras do financeiro estão prestes a pular da janela, porque talvez não consigam fechar a tempo a contabilidade do trimestre. Com todos esses sistemas fora do ar, ninguém tem os dados necessários para calcular os custos dos bens vendidos, o lucro bruto e a margem líquida."

"Puta merda!" Sem palavras por um momento, finalmente digo: "Inacreditável."

Grant pega meu telefone, exigindo minha atenção. Eu digo: "Olha, gente, estou com meu filho, e nós estamos no meio de algo muito importante. Não posso falar muito. Mas tenham certeza de que estou muito orgulhoso de tudo o que fizemos juntos, e sei que vocês conseguem passar por essa crise sem mim."

"Isso é um monte de besteira, e você sabe", diz Patty. "Como você pode nos deixar em apuros assim? Nós temos tantas coisas que planejamos corrigir juntos, e você está deixando tudo completamente inacabado! Nunca achei que você fosse alguém que desistiria assim!"

"Eu concordo. Sair agora é muita sacanagem, se você me perguntar", diz Wes, entrando na conversa.

Eu suspiro. Nunca contarei a eles sobre todas as reuniões frustrantes e absurdas que tive que aguentar com Steve. Isso é entre mim e ele.

"Sinto muito por desapontar vocês, mas é algo que tive que fazer", digo. "Vocês se sairão bem. Só não deixem Steve ou qualquer outra pessoa microgerenciar vocês. Ninguém conhece os sistemas de TI como vocês, então não deixem ninguém tentar dar as ordens, beleza?"

Eu escuto Wes gemer: "Tarde demais pra isso."

Agora Grant está tentando desligar meu telefone. "Galera, preciso correr. Conversamos mais tarde, beleza? Tomando cerveja."

"Sim, claro", diz Wes.

"Puxa, obrigada por tudo", diz Patty. "Nos vemos por aí."

Com isso, a linha é desconectada.

Deixo escapar um suspiro longo. Então, olhando para Grant, deixo meu telefone de lado e dou a ele toda minha atenção novamente, pretendendo recuperar nosso momento de felicidade antes de ter sido interrompido.

Meu telefone toca de novo na volta para casa. Grant está dormindo no banco de trás. Desta vez é o Steve.

Não tenho interesse nenhum em falar com ele agora, então deixo cair na caixa de mensagens. Três vezes.

Estaciono na garagem e saio do carro, tentando tirar Grant da cadeirinha sem acordá-lo. Enquanto caminho pela casa com ele, vejo Paige. Eu aponto para Grant, falando silenciosamente para ela: "Dormindo." Subo as escadas suavemente, finalmente transferindo-o para sua cama e tirando seus sapatos.

Com um suspiro de alívio, fecho a porta atrás de mim e volto para o andar de baixo.

Quando Paige me vê, ela diz: "Aquele babaca do Steve me ligou esta manhã. Eu quase desliguei na cara dele, mas ele me contou uma longa história sobre fazer toda essa busca profunda com algum cara chamado Erik. Ele diz que tem uma proposta pra você. Eu disse que transmitiria a mensagem."

Quando bufo, ela diz em uma voz repentinamente preocupada: "Olha, eu sei que você pediu as contas porque sentiu que era a coisa certa a se fazer. Mas você sabe tão bem quanto eu que não existem muitas outras empresas na cidade que paguem tão bem quanto a Parts Unlimited. Principalmente depois da sua promoção. Eu não quero mudar para longe da minha família."

Ela olha nos meus olhos. "Querido, eu sei que ele é um otário, mas ambos ainda precisamos ganhar dinheiro. Prometa para mim que você escutará o que Steve tem a dizer e manterá a mente aberta, tudo bem? Bill? Beleza?"

Eu apenas concordo com a cabeça e vou até a sala de jantar, clicando na discagem rápida para Steve.

Steve responde seu celular no primeiro toque. "Boa tarde, Bill. Obrigado por ligar de volta. Eu tive o prazer de falar com sua esposa e contei a ela o quanto fui babaca."

"Sim, ela me disse algo do tipo", respondi. "Ela disse que você queria muito conversar."

Eu o escuto dizer: "Olha, eu queria me desculpar pela maneira que me comportei desde que você graciosamente aceitou meu pedido para se tornar o VP de Operações de TI. Dick achou que eu estava maluco quando disse que faria a TI se reportar a mim. Mas contei a ele sobre como, quando eu me tornei gerente de fábrica, muitas décadas atrás, trabalhei na linha de montagem por um mês, só para ter certeza de que entendia as entradas e saídas de todo mundo que trabalhava lá.

"Eu prometi a Dick que sujaria minhas mãos e não apenas delegaria os problemas. Estou com raiva de mim mesmo por não ter cumprido essa promessa. E delegar todas as questões de TI para Sarah foi uma burrice total.

"Escuta, eu sei que não fui justo com você, especialmente quando cumpriu seu lado do acordo. Você foi uma pessoa honesta e tentou genuinamente evitar que coisas ruins acontecessem."

Ele para por alguns instantes. "Olha, acabei de levar uma bronca do Erik e de todo o comitê de auditoria. Ele me pressionou até que eu finalmente entendesse alguma coisa. Ele me fez perceber que eu estive fazendo algo realmente errado por muitos anos, e quero corrigir isso.

"Resumindo, eu gostaria que você voltasse ao seu cargo de VP de Operações de TI imediatamente. Eu gostaria de trabalhar com você, como o Erik disse, como os dois lados de um casamento problemático. Talvez nós dois juntos possamos descobrir o que realmente há de errado na maneira como a TI é gerenciada aqui na Parts Unlimited.

"Estou convencido de que TI é uma competência que precisamos desenvolver aqui. Tudo o que estou pedindo é que você passe 90 dias comigo e dê uma chance. E se no fim dos 90 dias você ainda quiser ir embora, então você pode, com um pacote de indenização de um ano."

Lembrando minha promessa a Paige, escolho minhas palavras com cuidado. "Você foi muito consistente em ser, como você disse, um completo babaca no último mês. Eu fui muito consistente em apresentar a você minhas análises e recomendações, repetidamente. E todas as vezes você cagou para elas. Por que deveria confiar em você agora?"

Quarenta e cinco minutos depois, após Steve tentar continuamente me ganhar de volta, desligo o telefone e volto à cozinha, onde Paige está esperando para ouvir o que aconteceu.

CAPÍTULO 18

• *Terça-feira, 23 de setembro*

Na manhã seguinte, estou dirigindo até o trabalho às 6h30 para a externa de liderança de TI de Steve. Ele está chamando de externa, mesmo a reunião sendo no Prédio 2.

Hoje, mais cedo, entrei suavemente nos quartos de Grant e Parker para dar tchau. Vendo Parker dormir, eu o beijei e sussurrei suavemente: "Desculpe pelo papai não poder levar você em uma aventura hoje. Era a sua vez, mas papai precisa voltar ao trabalho. Este final de semana, eu prometo."

É bom que isso valha a pena, Steve.

A reunião é na sala de reunião corporativa. Chegando no 15º andar, ainda não consigo acreditar no quanto ele é diferente de todos os outros prédios.

Chris, Wes e Patty já estão aqui, todos com suas xícaras de café e pratos cheios de artigos de confeitaria.

Patty mal percebe minha presença.

Wes me cumprimenta alto, dizendo sarcasticamente: "Ei, Bill. Bom ver você. Espero que não peça demissão hoje de novo."

Valeu, Wes.

Chris me reconhece com um sorriso compreensivo, bufando e fazendo movimentos de tomar uma cerveja. Eu concordo e sorrio, e viro-me para os fundos da sala.

Meu humor melhora quando vejo os Donuts Vandal nos fundos, e começo a encher meu prato descartável. Enquanto tento decidir se ter seis donuts no meu prato é uma violação do protocolo social, sinto uma mão bater em meu ombro.

É o Steve. "Bom ver você de novo, Bill. Fico feliz por você estar aqui." Olhando para meu prato transbordante, ele ri alto. "Por que não leva a bandeja toda com você?"

"Boa ideia. Bom estar aqui", respondo.

Erik se senta bem à minha frente, dizendo: "Bom dia, Bill." Atrás de mim, há uma grande mala que ele acabou de arrastar.

Eu aperto os olhos para ver a mala. Da última vez que vi uma mala sem rodinhas foi no sótão da minha mãe, há 20 anos.

O cabelo de Erik está pingando, encharcando os ombros de sua camisa jeans.

Ele estava atrasado esta manhã e teve que sair correndo de seu hotel sem secar o cabelo? Ou ele é assim todas as manhãs?

Onde exatamente Steve encontrou esse cara?

"Bom dia", diz Steve, dirigindo-se a toda a sala. "Primeiro, eu agradeço por todos terem vindo aqui tão cedo. Especialmente porque sei que vocês e suas equipes têm trabalhado até incrivelmente tarde nas últimas duas semanas."

"Rá!", bufa Erik. "Essa provavelmente é a sutileza do século."

Todo mundo ri nervosamente, esforçando-se para não fazer contato visual com mais ninguém.

Steve dá um sorriso amarelo. "Eu sei que as últimas duas semanas foram angustiantes. Agora percebo o quanto de responsabilidade carrego por tudo isso. Não só pelo desastre do Fênix, mas por tudo que levou aos problemas de auditoria, faturamento de clientes e falhas no inventário nos últimos dois dias, e o problema que estamos tendo com os auditores."

Ele para, obviamente aflito e precisando de um momento para se recompor.

Ele está lacrimejando?

Esse é um lado de Steve que não se vê todos os dias. O que diabos aconteceu com ele depois que fui embora?

Ele coloca de lado um cartão que estava segurando, dá de ombros e gesticula para Erik. "Erik descreveu o relacionamento entre um CEO e um CIO como um casamento problemático, em que ambos os lados sentem-se incapazes e mantêm um ao outro como refém."

Seus dedos se incomodam com o cartão. "Há duas coisas que aprendi no último mês. Uma é que a TI é importante. A TI não é só um departamento que eu possa delegar. A TI está bem no meio de cada esforço principal que temos na empresa, e é crucial para quase todo aspecto das operações diárias."

Ele diz: "Eu sei que nada agora, absolutamente nada, é mais importante para o sucesso da empresa do que o desempenho dessa equipe de liderança.

"A segunda coisa que aprendi é que minhas ações pioraram quase todos os nossos problemas de TI. Eu recusei os pedidos de Chris e Bill por mais orçamento, o pedido de Bill por mais tempo para fazer o Fênix direito, e microgerenciei coisas quando não estava conseguindo os resultados que queria."

Então, Steve olha para mim. "A pessoa que eu mais prejudiquei foi Bill. Ele me disse coisas que eu não queria ouvir, e eu o silenciei. Em retrospectiva, ele estava completamente certo, e eu estava completamente errado. Por isso, Bill, eu sinto muito."

Eu vejo o queixo de Wes cair.

Completamente envergonhado, eu apenas digo: "Tudo são águas passadas agora. Como eu disse para você ontem, Steve, desculpas não esperadas, mas agradeço."

Steve concorda com a cabeça e olha para seu cartão por vários momentos. "Os enormes desafios à nossa frente exigirão uma equipe excepcional operando no seu melhor absoluto. Ainda assim, nós não confiamos completamente uns nos outros. Eu sei que sou parcialmente culpado, mas isso precisa acabar agora.

"Durante o final de semana, repensei minha carreira, que, como vocês devem saber, poderá terminar a qualquer momento, como minha diretoria deixou claro. Eu sei que minhas horas mais recompensadoras foram sempre quando eu fiz parte de uma grande equipe. Isso vai para ambas, minha vida profissional e pessoal.

"Uma grande equipe não significa ter as pessoas mais inteligentes. O que tornava as equipes ótimas era que todos confiavam uns nos outros. Pode ser algo poderoso quando existe essa dinâmica mágica."

Steve continua: "Um dos meus livros favoritos sobre dinâmicas de equipe é *Os Cinco Desafios da Equipe*, de Patrick Lencioni. Ele escreve que, para ter confiança mútua, você precisa ser vulnerável. Então vou contar a vocês um pouco sobre mim e o que me faz funcionar. E então pedirei que vocês façam o mesmo.

"Isso pode deixá-los desconfortáveis, mas é parte do que eu preciso de vocês como líderes. Se você não puder fazer isso por si mesmo, faça pela subsistência dos quase quatro mil empregados da Parts Unlimited e suas famílias. Eu não subestimo essa responsabilidade, e vocês também não deveriam."

Ah, merda! Essa é outra parte das "externas de gestão" que eu esqueci. Esse besteirol de sensibilidade.

Steve ignora a tensão disparada na sala, enquanto todo mundo, como eu, coloca seus escudos defletores. "Minha família era muito pobre, mas eu sou extremamente orgulhoso de ser o primeiro a realmente ir à faculdade. Ninguém antes de mim passou do ensino médio. Crescendo no interior do Texas, meus pais trabalharam em um moinho de algodão. Meus irmãos e eu éramos jovens demais para trabalhar lá, então colhíamos algodão nos campos nos verões."

As pessoas colhiam algodão no último século? Eu faço rapidamente os cálculos na cabeça, pensando se isso era possível.

"Então lá estava eu, no topo do mundo na Universidade do Arizona. Meus pais não tinham dinheiro para pagar as mensalidades, então eu arrumo um emprego na mina de cobre.

"Eu não sei se o OSHA existia naquela época, mas se visitassem aquela mina, a teriam fechado. Era perigosa e suja." Ele aponta para sua orelha esquerda dizendo: "Eu perdi boa parte da minha audição neste ouvido quando alguns explosivos foram detonados perto de mim.

"Eu finalmente consigo minha primeira grande chance quando arrumo um emprego na fábrica de canos, ajudando na manutenção de equipamentos. Esse foi o primeiro emprego em que fui pago para pensar.

"Eu estudo gestão, e mais do que qualquer coisa, quero entrar para vendas depois da faculdade. Pelo que vejo na fábrica, aqueles caras de vendas têm os melhores empregos do mundo. Eles são pagos pra comer e beber com os clientes, e viajam de cidade em cidade, vendo o que todas as melhores fábricas estão fazendo."

Steve balança a cabeça pesarosamente. "Mas não é assim que acontece. Para ajudar a pagar a faculdade, entro pro ROTC, onde vejo pela primeira vez como são os jovens norte-americanos de classe média. E isso significa que, depois da faculdade, em vez de trabalhar na indústria, tenho que cumprir minhas obrigações com o exército dos EUA, que é onde eu descubro meu amor pela logística. Eu garanto que os materiais cheguem onde precisam chegar. Logo obtenho a reputação de ser o cara a quem procurar quando você realmente precisa de praticamente qualquer coisa."

Eu sou fisgado. Steve é um bom contador de histórias.

"Mas é difícil ser um caipira, jeca e pobre, cercado por pessoas de famílias privilegiadas. Eu sinto que preciso me provar para todo mundo. Tenho 25 anos e ainda tenho colegas oficiais me chamando constantemente de burro e lento por causa do meu sotaque e criação...", diz ele, enquanto sua voz falha levemente.

"Isso me deixa ainda mais determinado a provar quem eu sou. Depois de nove anos, estou pronto para sair do exército, depois de uma carreira distinta. Pouco antes de ser dispensado, meu comandante me diz algo que muda minha vida.

"Ele diz que, embora eu tenha conseguido classificações altas consistentemente ao longo dos anos, sem exceção, nenhuma pessoa que trabalhou comigo gostaria de trabalhar novamente. Ele me disse que, se houvesse um Prêmio de Babaca da Década, eu ganharia com folga. E que se eu quisesse ser alguma coisa na vida, tinha que consertar isso."

Pelo canto do olho, vejo Wes olhando indignado para Chris, que o ignora intencionalmente.

"Eu sei o que você está pensando", diz Steve, acenando com a cabeça para Wes. "Mas foi um dos momentos mais destruidores da minha vida, e percebi que cometi um erro crucial em como estava vivendo a minha vida, traindo meus próprios valores.

"Pelas próximas três décadas, eu me tornei um aluno constante de construção de ótimas equipes que realmente confiam uns nos outros. Fiz isso primeiro como gerente de materiais, depois como gerente de fábrica, como chefe de Marketing e, mais tarde, como chefe de Operações de Vendas. Então, 12 anos atrás, Bob Strauss, nosso CEO na época, me contratou para ser o novo COO."

Steve exala lentamente, esfregando o rosto, parecendo repentinamente muito cansado e velho. "De alguma maneira, fiz a jogada errada de novo, assim como fiz no exército. Eu me tornei aquela pessoa que prometi a mim mesmo que nunca mais seria."

Ele para de falar e olha para todos na sala. O silêncio continua por um longo tempo, enquanto o vemos olhar para fora pela janela. O sol está começando a entrar pelas janelas da sala de reuniões.

Steve diz: "Temos grandes problemas à nossa frente que precisamos corrigir. Erik tem razão. A TI não é só um departamento. A TI é uma competência que precisamos ganhar na empresa como um todo. E sei que, se pudermos nos transformar em uma ótima equipe, todos confiando uns nos outros, poderemos ter sucesso."

Ele então diz: "Vocês estão dispostos a fazer o que for preciso para ajudar a criar uma equipe na qual todos podemos confiar uns nos outros?"

Steve olha pela mesa. Eu vejo que todos estão olhando de volta para ele com muita atenção.

O silêncio aumenta desconfortavelmente.

Chris é o primeiro a falar. "Estou dentro. Trabalhar em uma equipe ferrada é uma droga. Então, se você está oferecendo ajuda para arrumar isso, estou dentro."

Eu vejo Patty e Wes também concordando, e então todo mundo olha para mim.

CAPÍTULO 19
• *Terça-feira, 23 de setembro*

Finalmente, eu também assinto.

Patty diz: "Sabe, Bill, eu acho que você fez um trabalho fantástico nas últimas duas semanas. E sinto muito pelo modo como reagi quando você pediu demissão. Vi uma diferença muito grande em como toda a organização de TI funciona. Essa é uma organização que resistiu a adotar qualquer tipo de processo e teve problemas sérios de confiança entre os departamentos. É incrível de ver, e eu dou a maior parte do crédito a você."

"Estou com ela. Suponho que também esteja feliz por você estar de volta, seu grande pedidor de contas", Wes ri alto. "O que quer que eu tenha dito naquele primeiro dia, não quero seu trabalho. Precisamos de você aqui."

Envergonhado, eu só sorrio, reconhecendo suas observações. Mas sem querer que eles tagarelem mais, digo: "Beleza. Obrigado, galera."

Steve concorda, vendo nossa interação. Finalmente, ele diz: "Vamos passar pela mesa para que cada um de vocês compartilhe algo de sua história pessoal. Onde você nasceu? Quantos irmãos tem? Você era o mais velho ou mais novo? Quais eventos da sua infância ajudaram a formá-lo como um adulto?

"O objetivo desse exercício é conhecer uns aos outros como pessoas. Vocês aprenderam um pouco sobre mim e minhas vulnerabilidades. Mas isso não é o suficiente. Precisamos conhecer mais uns sobre os outros. E isso cria a base para a confiança."

Ele olha em volta. "Quem quer começar?"

Ah, merda!

Fuzileiros navais não gostam dessa coisa sentimental. Eu imediatamente desvio os olhos, sem querer ser chamado primeiro.

Para meu grande alívio, Chris se voluntaria.

Ele começa: "Eu nasci em Beirute, era o mais novo de três filhos. Antes dos 18 anos, morei em oito países diferentes. Por isso eu falo quatro idiomas."

Chris nos conta sobre como ele e sua esposa tentaram ter filhos por cinco anos, sobre a agonia de ter que administrar as injeções do tratamento de fertilidade para ela e sobre ser simplesmente incapaz de passar por isso uma terceira vez.

Então ele conta sobre o milagre de ter gêmeos idênticos, das complicações e de ter de ficar com sua esposa na unidade de tratamento intensivo por três meses depois que eles nasceram prematuramente. E passar noite após noite rezando para que eles ficassem bem e sem querer que um dos gêmeos passasse a vida sem o outro, quando estavam destinados a entender um ao outro de uma maneira que nenhuma outra pessoa no mundo poderia.

E como essa experiência o ensinou o quanto ele era egoísta e seu recém-descoberto desejo de não o ser.

Para minha surpresa, eu evito as lágrimas piscando, vendo as aspirações sinceras de Chris para o futuro de seus filhos. E noto furtivamente outros fazendo o mesmo.

"Obrigado por compartilhar, Chris", diz Steve solenemente depois de um momento, e então olha para todos na sala. "Quem é o próximo?"

Para minha surpresa e alívio, Wes vai em seguida.

Eu aprendo que ele foi noivo três vezes em sua vida e que, no último minuto, cancelou cada noivado. E quando finalmente se casou, divorciou-se rapidamente, porque ela estava cansada de seu hábito maníaco de corridas de carros.

Como pode um cara que pesa quase 113 quilos fazer corrida de carro?

Wes tem quatro carros, e mesmo que não fosse funcionário da Parts Unlimited, ele seria um dos nossos clientes mais fanáticos. Ele passa a maior parte de suas horas de folga trabalhando em seu Mazda Miata e em um velho Audi, com o qual participa de corridas competitivas quase todo fim de semana. Aparentemente lutou a vida inteira para perder peso, mesmo quando era criança. Ele falou sobre ser rejeitado.

Ele ainda luta contra seu peso. Não para fazer amigos ou por sua saúde, mas para tentar acompanhar os adolescentes asiáticos magrelas que participam das corridas e têm metade da sua idade. Até foi para um acampamento de perda de peso. Duas vezes.

Há um longo silêncio.

Eu estou nervoso demais para rir.

Steve finalmente diz: "Obrigado por compartilhar, Wes. Quem é o próximo?"

Eu pressiono os lábios e novamente fico aliviado quando Patty levanta a mão.

Nós aprendemos que ela, na verdade, é formada em Artes. É uma daquelas pessoas de quem eu tirei sarro a vida inteira? Mas ela parece tão razoável!

Ela nos conta como foi crescer sendo a "menina inteligente com peitos grandes e óculos", tentando decidir o que fazer da vida. Ela mudou de curso cinco vezes na faculdade, desistindo para se tornar cantora e compositora em Athens, Geórgia, passando dois anos fazendo turnê em clubes por todo o país com sua banda. Ela voltou para fazer faculdade, mas depois de confrontar a pobreza potencial de viver como artista, candidatou-se para trabalhar na Parts Unlimited. Ela quase não conseguiu o emprego, devido a uma prisão por desobediência civil que ainda estava em sua ficha.

Quando Patty parou de falar, Steve agradeceu a ela. E então, sorrindo pelo meu desconforto, ele diz: "Obrigado. Sobrou você, Bill..."

Embora eu soubesse que esse momento estava chegando, pareceu que a sala havia desaparecido.

Eu odeio falar sobre mim mesmo. Na Marinha eu consegui criar um personagem que podia simplesmente gritar com as pessoas e dizer a elas o que precisava ser feito. Eu era pago para manter meu pessoal vivo, sendo levemente mais esperto do que eles e tendo ótimas cordas vocais.

Eu não compartilho meus sentimentos com colegas de trabalho.

Ou com quase ninguém.

Olho para o bloco de notas à minha frente, onde estive escrevendo ideias que queria compartilhar. Tudo o que vejo são rabiscos nervosos.

O silêncio é quase absoluto, com todo mundo agora me olhando com expectativa. Não impacientes, eu vejo. Em vez disso, parecem pacientes e bondosos.

Eu vejo a expressão de Patty ficar solidária.

Pressiono os lábios por um momento, e então deixo escapar: "O que me influenciou mais? Quando percebi que minha mãe fez tudo por nós e que era impossível depender do meu pai. Ele era alcoólatra, e quando as coisas não estavam indo bem, todos os meus irmãos e irmãs se escondiam dele. Mas chegou um momento em que eu finalmente me cansei e fugi. E os deixei para trás. E minha irmã mais nova tinha só oito anos.

"Sabe, ser preso foi uma das melhores coisas que aconteceu comigo. A alternativa era ter que ir pra casa. Então, em vez disso, eu entrei para a Marinha. Isso me introduziu a um mundo totalmente novo, onde aprendi que havia um jeito totalmente diferente de viver a vida. Isso me ensinou que era possível ser recompensado por fazer as coisas certas e tomar conta de seus colegas soldados.

"O que eu aprendi? Que meu principal objetivo é ser um ótimo pai, não o pai de merda que eu tive. Eu quero ser o homem que meus filhos merecem." Eu sinto lágrimas começando a correr pelo meu rosto, que eu limpo com raiva por meu corpo estar me traindo.

"Está bom o bastante pra você, Steve?", digo com muito mais raiva do que pretendia.

Steve concorda com um meio sorriso, dizendo, devagar: "Obrigado, Bill. Eu sei que isso foi difícil pra você, como foi pra todos nós."

Eu suspiro lentamente. Respiro profundamente mais uma vez, tentando recuperar parte do equilíbrio que eu não tinha percebido que havia perdido.

O silêncio desconfortável continua.

"Eu sei que não posso dizer nada, Bill", diz Wes. "Mas eu tenho quase certeza de que seu pai estaria incrivelmente orgulhoso de você. E ele perceberia o quanto ele foi um merda comparado a você."

Escuto risadas pela mesa, e Patty diz baixinho: "Eu concordo com Wes. Seus filhos jamais saberão como são mais sortudos."

Wes geme em concordância, e Chris assente com a cabeça para mim. E eu me vejo chorando pela primeira vez em mais de 30 anos.

Envergonhado, me recomponho e olho para todo mundo.

Estou aliviado por ver todo mundo mudando de assunto e voltando sua atenção para Steve, que olha para todos na sala.

"Primeiro, eu gostaria de agradecer a todos vocês por compartilhar e fazer esse exercício comigo", diz ele. "Embora seja bom conhecer melhor cada um de vocês, eu não faria isso se não achasse que fosse importante. Resolver qualquer problema complexo de negócios requer trabalho em equipe, e trabalho em equipe requer confiança. Lencioni ensina que mostrar vulnerabilidade ajuda a criar uma base para isso.

"Eu sei que não é realista pensar que vamos sair dessa reunião sabendo exatamente o que precisamos fazer, com prioridades e proprietários atribuídos", continua ele. "Mas eu gostaria de ter uma visão conjunta enquanto nos movemos em direção a uma solução."

Steve coloca ambas as mãos à sua frente e diz: "Só para começar, eu gostaria de propor que um dos nossos principais problemas é que estouramos todo compromisso e agendamento que fazemos. As pessoas de fora da TI estão sempre resmungando que perdemos toda expectativa que estabelecemos. De longe.

"O que me faz pensar", diz ele, olhando pela sala, "que provavelmente não sejamos bons em assumir compromissos internos uns com os outros aqui dentro da TI. Ideias?"

Silêncio desconfortável.

"Olha, eu não quero fazer picuinha", diz Chris finalmente, na defensiva. "Mas se você observar a métrica atual, meu grupo entregou quase todo projeto principal no prazo. Nós cumprimos nossos prazos."

"Sim, assim como você cumpriu o prazo do Fênix, né?" Wes diz, zombando. "Isso sim foi um grande sucesso. Ouvi dizer que Steve ficou realmente orgulhoso da sua performance na semana passada."

Chris fica vermelho, erguendo ambas as mãos à sua frente. "Não foi isso que eu quis dizer." Ele pensa por um momento, acrescentando: "Foi um desastre total. Mas, tecnicamente, nós cumprimos o prazo."

Interessante.

"Se isso é verdade", digo, entrando na conversa, "há algo realmente errado com nossa definição do que é um 'projeto concluído'. Se significa 'O Chris cumpriu todas as suas tarefas do Fênix', então foi um sucesso. Mas se queríamos o Fênix na produção cumprindo os objetivos da empresa, sem incendiar todo o negócio, deveríamos chamá-lo de fracasso total."

"Vamos parar de pisar em ovos aqui", Steve interrompe. "Eu falei para a Sarah que o Fênix foi uma das piores execuções de projetos na história da nossa empresa. Qual é uma definição melhor de sucesso?"

Pensando por um momento, eu finalmente digo: "Eu não sei. Mas esse é um padrão recorrente. O grupo do Chris nunca inclui todo o trabalho que as Operações precisam fazer. E mesmo quando o faz, usa todo o tempo do cronograma, não deixando nada pra gente. E nós sempre ficamos pra arrumar a bagunça por muito tempo depois."

Chris concorda compreensivamente. "Bem, você e eu estamos corrigindo um pouco disso. Parte disso é uma questão de planejamento e arquitetura, o que você e eu já falamos em corrigir. Mas você está subestimando o quanto seu grupo é um gargalo. Temos um monte de outras aplicações que precisam ser implementadas, mas como sua equipe está comprometida, todas as outras implementações esperando na fila também são adiadas."

Ele acrescenta: "Em qualquer semana, nós temos cinco ou seis grupos de aplicação esperando na fila para seu grupo implementar alguma coisa. E quando algo dá errado, tudo fica empilhado. Sem ofensas, mas quando seus caras atrasam, é como um aeroporto que fecha. Antes que perceba, tem um monte de aviões circulando para pousar."

Wes geme alto: "Sim, bem, isso acontece quando o avião que você construiu se espatifa, destruindo totalmente a pista de pouso."

Então Wes ergue uma mão apaziguadora. "Olha, eu não estou culpando você, Chris. Só estou afirmando um fato bem conhecido. Quando as implementações não saem como o planejado, tenha o plano sido escrito pelo seu ou pelo meu grupo, isso afeta todo mundo. É isso que eu estou dizendo."

Eu assinto com a cabeça, concordando com a caracterização do Wes. E, surpreendentemente, Chris também está concordando.

Eu respondo: "Erik me ajudou a entender que há quatro tipos de trabalho para Operações de TI: projetos de negócios, projetos de Operações de TI, mudanças e trabalho não planejado. Mas nós só estamos falando do primeiro tipo de trabalho, e o trabalho não planejado que é criado quando o fazemos errado. Só estamos falando da metade do trabalho que fazemos nas Operações de TI."

Eu me viro para olhar para Steve, dizendo: "Mostrei pra você nossa lista de projetos. Além dos 35 projetos de negócios, temos cerca de outros 75 projetos de Ops em que estamos trabalhando. Temos um atraso de milhares de mudanças que, aparentemente, precisam ser executadas por uma razão ou outra. Além disso, temos uma quantidade cada vez maior de trabalho não planejado, principalmente causado por quebras de nossas frágeis aplicações, o que inclui o Fênix."

Eu digo categoricamente: "Estamos muito além da capacidade, dada a quantidade de trabalho à nossa frente. E ainda nem contamos direito o grande projeto de remediação para as descobertas da auditoria, que Steve diz ainda ser a maior prioridade."

Eu vejo a compreensão começar a recair sobre Steve e Chris.

Falando nisso...

Eu olho em volta, intrigado. "Ei, onde está o John? Se estamos falando sobre conformidade, ele não deveria estar aqui também? Ele também não faz parte da equipe de liderança de TI?"

Wes geme de leve, bufando e dizendo: "Ah, ótimo! Era exatamente de quem a gente precisava."

Steve olha, assustado. Olha para o cartão que estava segurando antes. Então passa o dedo por um calendário impresso à sua frente. "Merda. Eu esqueci de chamá-lo."

Chris resmunga: "Bem, nós estávamos conseguindo fazer tanto. Isso provavelmente foi uma bênção disfarçada, certo?"

Há mais risadas desconfortáveis, mas as pessoas parecem envergonhadas de tirar sarro de John sem ele estar presente.

"Não, não, não, não foi isso que eu quis dizer", diz Steve rapidamente, parecendo o mais envergonhado de todos. "Bill está certo, precisamos dele aqui. Galera, vamos fazer um intervalo de 15 minutos. Eu vou pedir para a Stacy encontrá-lo."

Decido dar uma volta para espairecer.

Quando volto dez minutos depois, vejo os remanescentes de uma reunião corporativa em andamento: copos de isopor com café pela metade, pratos com sobras de comida, guardanapos amassados.

Do outro lado da sala, Patty e Wes estão discutindo animadamente com Chris. Do outro lado da mesa, Steve está falando em seu celular com alguém, enquanto Erik olha as fotos das peças automotivas penduradas na parede.

Penso em me juntar a Patty e Wes, quando vejo John entrar na sala. Debaixo do braço, é claro, está seu fichário de três argolas.

"Stacy disse que você estava procurando por mim, Steve?", diz. Faz questão de olhar em volta devagar, para as evidências de uma reunião que começou sem ele há muito tempo. "Eu não vi o aviso de reunião? Ou só fui deixado de fora de mais uma?"

Como quase todo mundo faz muito esforço para evitar contato visual com ele, diz mais alto: "Ei, a sala está com cheiro de como se tivessem acabado de fazer sexo aqui. Eu perdi algo bom?"

Chris, Patty e Wes interrompem sua conversa e, com indiferença exagerada, voltam aos seus lugares.

"Ah, bom, você está aqui. Fico feliz que pôde vir", diz Steve, parecendo completamente imperturbável. "Por favor, sente-se. Galera, vamos recomeçar.

"John, desculpe-me por não enviar um convite a você. É totalmente minha culpa", diz Steve enquanto volta à ponta da mesa. "Organizei esta reunião ontem, de última hora, logo depois da reunião do comitê de auditoria. Depois de reconhecer minha parte em piorar todos os problemas da TI, eu queria reunir a equipe de liderança da TI para ver se conseguiríamos concordar em uma direção geral para a solução dos problemas que estamos tendo com projetos, estabilidade operacional e conformidade."

John olha para mim interrogativamente, levantando uma sobrancelha.

Estou curioso com a omissão de Steve sobre o exercício de vulnerabilidade e tudo mais. Provavelmente, ele viu que, se não pode refazê-lo, melhor nem falar a respeito.

Eu concordo com a cabeça, tranquilizando John.

Steve se volta para mim. "Bill, por favor, continue."

"Quando você disse a palavra comprometimento, lembrei de algo que Erik me perguntou na semana passada que não me saiu da cabeça", digo. "Ele perguntou em que baseamos nossa decisão de aceitar um novo projeto. Quando eu disse que não sabia, ele me levou para outro passeio pela fábrica de MRP-8. Ele me levou a Allie, a coordenadora de Planejamento de Recursos de Fabricação, e perguntou a ela como decidia aceitar ou não um novo pedido."

Eu volto às minhas anotações. "Ela disse que primeiro olhava o pedido e então olhava a nota de materiais e roteamentos. Com base nisso, ela olhava os carregamentos dos centros relevantes de trabalho na fábrica e então decidia se aceitar o pedido colocaria em risco qualquer comprometimento existente.

"Erik me perguntou como tomávamos o mesmo tipo de decisão na TI", recordo. "Eu disse a ele então, e digo a vocês agora: eu não sei. Tenho quase certeza de que não fazemos nenhum tipo de análise de capacidade e demanda antes de aceitar trabalho. O que significa que estamos sempre nos virando, tendo que tomar atalhos, o que significa aplicações mais frágeis na produção. O que significa mais trabalho não planejado e combate a incêndios no futuro. Então seguimos em círculo."

Para minha surpresa, Erik interrompe. "Bem colocado, Bill. Você acabou de descrever a 'dívida técnica' que não está sendo paga. Ela surge ao tomar atalhos, o que pode fazer sentido no curto prazo. Mas, como a dívida financeira, os custos de juros compostos crescem com o tempo. Se uma organização não paga sua dívida técnica, cada caloria da organização pode ser gasta só pagando juros, na forma de trabalho não planejado.

"Como vocês sabem, o trabalho não planejado não é de graça", continua ele. "Bem pelo contrário. É muito caro, porque o trabalho não planejado vem à custa de..."

Ele olha em volta professoralmente, em busca de uma resposta.

Wes finalmente fala: "Trabalho planejado?"

"Precisamente!", diz Erik jovialmente. "Sim, é exatamente isso, Chester. Bill mencionou os quatro tipos de trabalho: projetos de negócios, projetos de Operações de TI, mudanças e trabalho não planejado. Sem verificação, a dívida técnica garantirá que o único trabalho que seja concluído é o não planejado!"

"Isso parece muito com a gente", diz Wes, concordando. Ele então olha firmemente para Erik, dizendo: "E é Wes, não Chester. Eu sou o Wes."

"Sim, tenho certeza de que você é", diz Erik, concordando.

Ele se dirige ao resto da sala. "O trabalho não planejado tem outro efeito colateral. Quando você passa todo seu tempo apagando incêndios, há pouco tempo ou energia sobrando para planejar. Quando tudo o que você faz é reagir, não há tempo suficiente para fazer o trabalho mental de descobrir se você pode aceitar trabalho novo. Então mais projetos são acumulados no prato, com menos ciclos disponíveis para cada um, o que significa mais multitarefas ruins, mais escalonamentos de código malfeito, o que significa mais atalhos. Como Bill disse, 'seguimos em círculo'. É a espiral da morte da capacidade da TI."

Eu sorrio para mim mesmo por Erik confundir o nome de Wes. Não tenho certeza de que tipo de jogo mental ele está jogando, mas é divertido de assistir.

Incerto, pergunto a Steve: "Nós temos permissão para dizer não? Toda vez que eu pedi que você priorizasse ou deferisse trabalho de um projeto, você arrancou minha cabeça. Quando todo mundo está condicionado a acreditar que 'não' não é uma resposta aceitável, então nos tornamos recebedores de ordens submissos, marchando cegamente por um caminho condenado. Eu me pergunto se também foi isso que aconteceu com meus predecessores."

Wes e Patty concordam levemente com a cabeça.

Até Chris concorda.

"É claro que você pode dizer não!", responde Steve acaloradamente, com um olhar de irritação genuíno em seu rosto. Ele então respira fundo antes de dizer: "Deixe-me ser claro. Eu preciso que você diga não! Não podemos permitir que esta equipe de liderança seja formada por recebedores de ordens. Nós pagamos vocês para *pensar*, não para *fazer*!"

Steve parece cada vez mais bravo, dizendo: "O que está em jogo aqui é a sobrevivência da empresa! Os resultados desses projetos ditam se esta empresa inteira será bem-sucedida ou fracassará!"

Ele olha diretamente para mim. "Se você ou qualquer pessoa sabe que um projeto fracassará, eu preciso que vocês digam. E eu preciso que isso seja confirmado por dados. Mostre-me dados como os que aquela coordenadora da fábrica mostrou a você, para que possamos entender o porquê. Desculpe, Bill, eu gosto muito de você, mas dizer não baseado apenas no seu instinto não é o suficiente."

Erik bufa e resmunga: "Essa é uma retórica exorbitante muito boa, Steve. Muito comovente. Mas você sabe qual é o seu problema? Vocês, do negócio, estão embriagados de projetos, assumindo novos trabalhos que não têm chance de ser bem-sucedidos. Por quê? Porque você não faz ideia da capacidade que realmente tem. Você é como o cara que está sempre escrevendo cheques sem fundo, porque não sabe quanto dinheiro tem e nunca se incomoda em abrir sua correspondência.

"Deixe-me contar uma história", diz ele. "Deixe-me contar sobre como essa fábrica de MRP-8 era antes de eu chegar. Aqueles pobres coitados pegavam esses envelopes pardos que simplesmente apareciam contendo todos os tipos de pedidos malucos. O negócio fazia comprometimentos absurdos para enviar algo em uma data impossível, inconscientes de todo o trabalho que já estava no sistema.

"Era um pesadelo por dia. Eles tinham inventário empilhado até o teto. E havia uma maneira sistemática para passar o WIP pela fábrica? Claro que não! O que era feito era baseado em quem gritava mais alto ou com mais frequência, quem poderia projetar as melhores ofertas com expedidores, ou quem poderia chegar aos ouvidos do executivo mais bem posicionado."

Erik está mais animado do que nunca. "Nós começamos a restaurar a sanidade quando descobrimos onde estavam nossas restrições. Então nós as protegemos, certificando-nos de que o tempo da restrição nunca fosse perdido. E fizemos de tudo para garantir que o trabalho fluísse por ela."

Erik então fica quieto e apenas diz: "Para corrigir seu problema, você precisa fazer muito mais do que apenas aprender a dizer não. Essa é a ponta do iceberg."

Todos nós olhamos para ele, esperando que continuasse. Mas, em vez disso, ele se levanta, anda até sua mala e a abre, revelando uma confusão de roupas, um snorkel, um saco de lixo e um calção boxer.

Ele começa a procurar, tira uma barra de cereal, fecha a mala e volta à mesa.

Todos nós observamos enquanto ele abre o pacote da barra de cereal e começa a comê-la.

Steve, parecendo tão confuso quanto o resto de nós, finalmente diz: "Erik, essa é uma história intrigante. Por favor, continue."

Erik suspira. "Não, isso era tudo o que eu pretendia dizer. Se vocês não conseguem entender o que precisam fazer a partir disso, então realmente não há muita esperança para nenhum de vocês."

Steve bate na mesa, exasperado.

Mas minha mente está a mil.

O que precisamos fazer não é meramente priorizar melhor. Eu já aprendi quais são as prioridades, por mais inconvenientes que sejam: o Fênix. Fazer desaparecer as descobertas da auditoria. Tudo enquanto mantemos todo o resto funcionando.

Achamos que sabemos qual é a restrição. É o Brent. Brent, Brent, Brent. E já tomamos medidas para proteger Brent do trabalho não planejado.

Eu sei que não posso contratar mais recursos.

Sei também que a carga de trabalho em minha organização está totalmente fora de controle.

Nenhuma quantia de heroísmo da minha parte pode abalar a grande onda de trabalho que permitiram entrar no sistema. Porque ninguém nunca disse não.

Nossos erros foram cometidos muito antes de chegarem a mim. Os erros foram cometidos ao aceitar o projeto e todos os atalhos resultantes que Chris teve de tomar antes de chegar a mim.

Como podemos reverter essa insanidade?

Então uma ideia estranha me vem à cabeça.

Penso nela por um momento. Parece completamente absurda, e ainda assim não consigo encontrar nenhuma falha na lógica.

Eu digo: "Steve, eu tenho uma ideia. Mas, por favor, deixe-me terminar de contar a ideia toda antes de reagir."

E eu digo a eles no que estou pensando.

Steve é o primeiro a falar. "Você deve estar maluco", diz ele, sua descrença inicial se transformando em exasperação. "Você quer simplesmente parar de trabalhar? Quem você acha que somos? Agricultores de batatas subsidiados, pagos para não plantar?"

Mas antes que eu possa responder, John fala. "Eu concordo. Sua ideia parece exatamente a coisa errada a se fazer. Nós temos uma grande crise que permite que façamos o certo. Precisamos aproveitar enquanto temos a oportunidade. Essa é a tempestade perfeita para finalmente conseguirmos o orçamento de que precisamos, não só para fazer as coisas certas, mas para fazer as coisas certas direito."

Ele começa a contar os pontos nos dedos: "Nós temos as descobertas da auditoria que têm visibilidade da diretoria, o projeto de alta visibilidade que não pode fracassar e uma falha operacional que também não pode se repetir. Nós deveríamos ir a todo vapor e colocar os controles de segurança necessários de uma vez por todas."

Wes interrompe, gargalhando de John: "Estou chocado! Eu achei que você adoraria a ideia do Bill. Quero dizer, você ama evitar que as coisas sejam feitas e dizer não, certo? Isso deveria ser como realizar um sonho para você!"

John fica muito vermelho, obviamente preparando uma resposta mordaz. Mas Wes coloca a mão em seu ombro e diz com um sorriso: "Ei, só estou brincando, beleza? Só fazendo piada."

Todo mundo começa a falar ao mesmo tempo, quando Erik repentinamente fica de pé, amassa o pacote de sua barra de cereais e o arremessa para o outro lado da sala em um cesto de lixo, errando totalmente. Ele se encosta na cadeira, dizendo: "Bill, eu acho sua proposta muito astuta."

Olhando para John, ele continua: "Lembre-se, Jimmy: o objetivo é aumentar a taxa de transferência do sistema inteiro, não só aumentar o número de tarefas realizadas. E se você não tem um sistema de trabalho confiável, por que deveria confiar no seu sistema de controles de segurança? Bah! Uma total perda de tempo."

John olha para Erik, intrigado. "O quê?"

Erik suspira e bufa, indignado. Em vez de responder a John, ele volta seu olhar para Steve. "Você foi gerente de fábrica. Pense nisso como congelar a liberação de material até que WIP o suficiente seja concluído e saia da fábrica. Para controlar esse sistema, precisamos reduzir o número de peças móveis."

Quando Steve não parece convencido, Erik se inclina para a frente em sua cadeira e pergunta incisivamente a ele: "Suponha que você esteja gerindo a fábrica de MRP-8 e tenha um inventário empilhado até o teto. O que aconteceria se você parasse de liberar trabalhos e materiais para o chão da fábrica?"

Surpreso em ser o alvo da pergunta, Steve a considera por um momento. "A quantidade de WIP da fábrica diminui, porque o trabalho começará a sair da fábrica como bens concluídos."

"Correto", diz Erik, aprovando com a cabeça. "E o que provavelmente acontecerá com a performance de prazos?"

"A performance de prazos sobe, porque o WIP diminuiu", diz Steve, parecendo cada vez mais suspeito e relutante sobre para onde Erik o está levando.

"Sim, muito bem", diz Erik encorajadamente. "Mas, por outro lado, o que acontece com os níveis do inventário se você permitir que a fábrica continue a aceitar pedidos e liberar novos trabalhos?"

Ele diz depois de um momento: "O WIP aumenta."

"Excelente", diz Erik. "E o que acontece com a performance dos prazos?"

Parece que Steve acabou de engolir algo que não caiu bem, e finalmente diz: "Todo mundo sabe que, em fabricação, enquanto o WIP aumenta, a performance de prazos diminui.

"Espera um pouco", diz ele, espremendo os olhos para Erik. "Você não está realmente sugerindo que isso se aplica à TI também! Que parando todo o trabalho, exceto pelo Fênix, nós reduziremos a quantidade de WIP na TI e que isso, de alguma forma, melhorará a performance de prazos! É isso mesmo que você está sugerindo?"

Erik se encosta na cadeira parecendo muito feliz consigo mesmo. "Sim."

Wes diz: "Isso não deixará a maioria de nós só de pernas para o ar sem nada para fazer? São 130 pessoas nas Operações de TI sem fazer nada. Isso não soa um pouco como... um desperdício?"

Erik zomba e diz: "Eu vou falar sobre desperdício. Que tal mais de mil mudanças presas no sistema, sem jeito aparente de serem concluídas?"

Wes fecha a cara. Então ele concorda, dizendo: "Isso é verdade. O número de cartões do quadro de mudanças da Patty continua aumentando. Se isso é *work in progress*, está definitivamente saindo do controle. Estamos provavelmente há apenas algumas semanas de que esses cartões também cheguem ao teto."

Eu concordo. Ele tem razão.

A ideia é a de que as Operações de TI e o Desenvolvimento não aceitem nenhum projeto novo por duas semanas e parem todo o trabalho nas Operações de TI, exceto pelo trabalho relacionado ao Fênix.

Eu olho em volta. "Se nos concentrarmos no projeto mais importante por duas semanas e ainda não formos capazes de fazer uma grande diferença, então acho que todos deveríamos encontrar novos empregos."

Chris concorda. "Eu acho que deveríamos tentar. Continuaremos trabalhando em outros projetos ativos, mas congelaremos todo o trabalho de implementação, exceto pelo Fênix. Da perspectiva de Bill, parecerá que é a única coisa em que estaremos trabalhando. Mas não se enganem, o Fênix será a prioridade de todos."

Patty e Wes assentem com a cabeça em concordância.

John cruza os braços. "Não tenho certeza se posso apoiar essa proposta insana. Primeiro, nunca vi nenhuma organização fazer nada nem remotamente parecido com isso. Segundo, estou muito preocupado de que, se fizermos isso, perderemos nossa chance de corrigir os problemas de auditoria. Como Steve já disse, aquelas descobertas da auditoria podem matar a empresa também."

"Sabe qual é o seu problema?", pergunta Erik, apontando um dedo para John. "Você nunca vê o processo de negócios do início ao fim, então eu garanto que muitos dos controles que você quer implementar nem são necessários."

John exclama: "O quê?"

Novamente, Erik dispensa a pergunta de John. "Não se preocupe com isso agora. Deixe o inevitável acontecer, e nós veremos o que podemos aprender com isso."

Steve se vira para John. "Eu entendo sua preocupação com a segurança. Mas o maior risco para a empresa não são as descobertas não resolvidas da auditoria. O maior risco para a empresa é que não sobrevivamos. Precisamos que o Fênix recupere a paridade competitiva."

Ele faz uma pausa e diz: "Vamos dar uma semana a esse projeto de congelamento e ver se faz alguma diferença no trabalho do Fênix. Se não, colocaremos novamente o trabalho de remediação na linha de frente. Beleza?"

John concorda relutantemente. Então abre seu fichário de três argolas em uma página e faz algumas anotações. Provavelmente está registrando a promessa de Steve.

"Steve, nós definitivamente precisamos de sua ajuda para fazer isso acontecer", digo. "Meu pessoal é rotineiramente ameaçado a fazer projetos menores por quase todo gerente nesta empresa. Eu acho que precisamos de um e-mail seu para a empresa toda, não só explicando por que estamos fazendo isso, mas quais serão as consequências se alguém tentar colocar trabalho não autorizado no sistema."

Erik emite um som encorajador.

"Sem problemas", responde Steve rapidamente. "Vou enviar a todos vocês um esboço, depois desta reunião. Revisem-no, e eu o enviarei para todos os gerentes da empresa. Bom o bastante pra você?"

Tentando manter a descrença fora da minha voz, eu digo: "Sim."

É surpreendente com o que concordamos na hora seguinte. As Operações de TI congelarão todo o trabalho não Fênix. O Desenvolvimento não pode parar os mais de 20 projetos não Fênix, mas congelará todas as implementações. Em outras palavras, nenhum trabalho fluirá do Desenvolvimento para as Operações de TI por duas semanas.

Além disso, identificaremos as principais áreas de dívida técnica, que o Desenvolvimento atacará para diminuir o trabalho não planejado sendo criado por aplicações problemáticas na produção.

Isso tudo fará uma grande diferença na carga de trabalho da minha equipe.

Além do mais, Chris e Kirsten revisarão todas as tarefas do Fênix não sendo executadas e roubarão recursos de outros projetos para colocá-los no trabalho novamente.

Todo mundo parece energizado e animado para colocar o plano em prática. Até John.

Antes de sairmos, Steve diz: "Obrigado a todos por seus bons raciocínios hoje e por compartilhar algo sobre si mesmos. Acho que agora os conheço melhor. E por mais inacreditável que eu ache que o projeto maluco de congelamento do Bill seja, acho que pode funcionar. Estou ansioso para que esta seja a primeira de muitas ótimas decisões que esta equipe tomará.

"Como eu disse, um dos meus objetivos é criarmos uma equipe na qual possamos todos confiar uns nos outros", continua ele. "Espero que tenhamos dado um pequeno passo nessa direção, e eu os encorajo a continuar exigindo comunicações honestas e verdadeiras entre vocês."

Ele olha em volta da sala e pergunta: "Há algo que vocês queiram de mim, por enquanto?"

Não há pedidos, então encerramos.

Enquanto todos nos levantamos para sair, Erik diz alto: "Ótimo trabalho, Bill. Eu mesmo não poderia ter feito melhor."

CAPÍTULO 20
- *Sexta-feira, 26 de setembro*

Três dias depois, estou em minha mesa tentando ler em meu notebook um relatório de Kirsten sobre o progresso do Fênix. Enquanto ele faz barulhos, eu me pergunto quantas semanas se passaram desde que o patch de segurança de John travou meu notebook.

Conseguir um notebook substituto é como uma loteria. É tentador subornar uma das pessoas do service desk, como um dos gerentes de Marketing sugeriu, mas me recuso a furar a fila. Tenho que continuar seguindo as regras, já que sou a pessoa responsável por fazê-las e aplicá-las. Faço uma anotação para falar com Patty sobre nossa necessidade urgente de reduzir tempos de execução nessas substituições de notebooks.

Finalmente, o e-mail aparece:

> De: Kirsten Fingle
> Para: Steve Masters
> Cc: Bill Palmer, Chris Allers, Sarah Moulton
> Data: 26 de setembro, 10h33
> Assunto: Ótimas notícias da frente do projeto!
>
> Steve,

Finalmente estamos avançando. O projeto de congelamento e o foco resultante da TI no Fênix quebrou o bloqueio. Realizamos mais nos últimos sete dias do que normalmente fazemos em um mês inteiro.

Parabéns a todos da equipe!

Uma observação: muitos patrocinadores de projetos estão bastante frustrados por seus projetos serem colocados na espera. Em particular, Sarah Moulton acredita que seus projetos são isentos do congelamento. Eu a remeti a você.

Anexo está o relatório de status formal. Por favor, diga-me se tiver qualquer pergunta.

Kirsten

Embora a nota sobre Sarah arranjando problemas de novo faça meu maxilar travar, essa é uma notícia absolutamente fantástica.

Estávamos esperando, mas uma boa notícia é sempre bem-vinda, especialmente depois do início da semana. Tivemos um grande atraso por causa de um incidente Sev 1 que derrubou todos os sistemas internos de telefones e mensagens de voz, atrapalhando as Vendas e a Fabricação no último dia do trimestre.

Duas horas após da interrupção, descobrimos que ela foi causada por um de nossos vendedores de rede, que acidentalmente fez uma mudança em nosso sistema de telefone de produção, em vez do sobressalente de segurança.

A interrupção impactará nossa renda trimestral, mas ainda não sabemos o quanto. Para evitar que isso aconteça novamente, estamos montando um projeto para monitorar mudanças não autorizadas em nossos sistemas cruciais.

Wes, Patty e John estão conversando sobre esse projeto de monitoramento, amontoados em volta da mesa de reuniões de Patty.

Eu digo: "Desculpem a interrupção, mas eu queria compartilhar uma boa notícia." E mostro a eles o e-mail de Kirsten.

Wes se encosta e diz: "Bem, isso oficializa. Seu projeto congelamento está realmente funcionando."

Patty olha para ele parecendo surpresa. "Você realmente duvidava? Pare, ambos estivemos conversando sobre como nunca vimos as pessoas tão focadas antes. É incrível como o projeto congelamento reduziu os conflitos de prioridade e as multitarefas ruins. Nós sabemos que fez uma grande diferença na produtividade."

Wes dá de ombros e então sorri. "Até Kirsten nos dar crédito, era tudo coisa da nossa cabeça."

Ele tem razão. É realmente ótimo ter o reconhecimento de Kirsten sobre o progresso que estamos fazendo.

"A propósito", diz Patty, "ela não está brincando sobre os gerentes surtando. Cada vez mais VPS estão me ligando, exigindo uma isenção para seus projetos ou pedindo para que realizemos algum trabalho por fora. Não é só a Sarah. Ela é só a mais descarada e reivindicante".

Eu torço o nariz. "Tudo bem, isso faz parte do nosso trabalho e esperávamos por isso. Mas não quero esse tipo de pressão sendo feita em ninguém do nosso pessoal. Wes?"

"Falei pra todo mundo da minha equipe que eles têm que rotear as reclamações para mim. E acredite, eu ligo para cada um desses caras e encho a orelha deles", diz ele.

Patty diz: "Eu já estou ficando ansiosa sobre o que faremos depois que tirarmos o projeto congelamento. Isso não será como abrir as comportas?"

Mais uma vez, ela apontou algo importante. Eu digo: "Vou ligar para o Erik. Mas, antes disso, como estamos priorizando o trabalho atualmente? Quando nos comprometemos a trabalhar em um projeto, uma mudança, um pedido de serviço ou qualquer outra coisa, como alguém decide no que trabalhar a qualquer momento? O que acontece se há prioridades concorrentes?"

"Isso acontece todo santo dia!", diz Wes, parecendo incrédulo. "Isso que é o bom em congelar todos os projetos exceto por um. Ninguém tem que decidir no que trabalhar. Nenhuma multitarefa é permitida."

"Essa não é a minha pergunta", digo. "Quando temos fluxos múltiplos de trabalho acontecendo simultaneamente, como alguém decide o que precisa ser feito a qualquer momento?"

"Bem", diz Wes, "nós confiamos que eles tomem a decisão certa com base nos dados que têm. É por isso que contrato pessoas inteligentes".

Isso não é bom.

Lembrando de meus 20 minutos observando Brent, antes do projeto congelamento, eu pergunto: "E em quais dados nossas pessoas inteligentes baseiam suas decisões de priorização?"

Wes diz defensivamente: "Todos nós tentamos fazer malabarismo com as prioridades concorrentes o melhor que podemos. É a vida, certo? Prioridades mudam."

"Vamos ser honestos", diz Patty. "A Prioridade 1 é quem quer que esteja gritando mais alto, com o desempate sendo quem pode chegar ao executivo mais sênior. Exceto quando são mais sutis. Já vi um bando da minha equipe sempre priorizando os pedidos de certo gerente porque ele os leva para almoçar uma vez por mês."

Ah, ótimo! Além de alguns engenheiros sofrerem bullying, eu tenho outros engenheiros que são como o Cabo Max Klinger de *M*A*S*H*, conduzindo seu próprio mercado negro de trabalho de TI.

"Se isso for verdade, não há como retirar o projeto congelamento. Você não vê que não temos um jeito de liberar trabalho para a TI e confiar que ele será feito?"

Tentando manter a resignação longe de minha voz, eu digo: "Patty tem razão. Nós temos muito a descobrir antes que o projeto congelamento acabe. Que é exatamente em uma semana."

Decido dar uma volta rápida lá fora. Tenho 30 minutos antes da minha próxima reunião, e preciso pensar.

Estou mais inquieto do que nunca. Quando temos mais de um projeto no sistema ao mesmo tempo, como protegemos o trabalho de ser interrompido ou ter sua prioridade excedida por quase qualquer um da empresa ou outra pessoa da TI?

O sol brilha sobre mim. São 11h, e o ar cheira a outono. As folhas nas árvores estão começando a ficar alaranjadas e marrons, e há pilhas delas começando a se formar no estacionamento.

Apesar da minha inquietação, percebo o quão refrescante é conseguir pensar sobre qual trabalho precisamos fazer e como priorizá-lo e liberá-lo. Por um momento eu admiro a falta de constante combate a incêndio que dominou tanto a minha carreira na TI.

Os tipos de trabalho que estamos tendo que resolver ultimamente são tão... cerebrais.

Foi o que pensei que era a gestão quando fiz meu MBA.

Eu me convenci de que, se fizermos um bom trabalho pensando, podemos fazer uma diferença real. Nesse momento, decido ligar para Erik.

"Alô?", eu o escuto dizer.

"Oi, é o Bill. Você tem alguns minutos para conversar? Tenho algumas perguntas sobre o projeto congelamento." Eu paro, e então acrescento: "Ou melhor, sobre o que acontece depois que retirarmos o projeto congelamento."

"Bem, já era hora. Eu estava pensando quando você descobriria que tem um novo problema enorme nas mãos."

Eu rapidamente o atualizo sobre as boas notícias de Kirsten. Esboço os problemas que encontramos ao considerarmos o projeto de monitoramento e como protegemos o trabalho no sistema.

"Nada mal, filho!", diz Erik. "Você obviamente colocou nossa discussão sobre restrições em prática e está fazendo tudo o que pode para proteger essa restrição de ser atingida por trabalho não planejado. Você está fazendo algumas perguntas muito importantes sobre a Primeira Maneira e como gerencia seu fluxo de trabalho planejado. Até que possa fazer isso, não consegue gerir muito de nada, consegue?

"Você está confuso porque percebeu que não sabe como o trabalho é realmente feito", continua ele.

Eu reprimo um suspiro irritado.

"Acho que é hora de outra viagem à MRP-8. Em quanto tempo você consegue chegar lá?", pergunta ele.

Surpreso, eu pergunto: "Você está na cidade?"

"Tô", diz ele. "Há uma reunião com os auditores e os caras do financeiro esta tarde, que eu não perderia de jeito nenhum. Certifique-se de comparecer. Vamos fazer a cabeça do John cair."

Eu digo a ele que chego na MRP-8 em 15 minutos.

Erik está no meio do saguão esperando por mim.

Eu dou mais uma olhada. Ele está usando camiseta desbotada e moletom de capuz e zíper com uma logo desbotada da união. Ele já tem um crachá de visitante e está batendo o pé impacientemente.

"Eu vim o mais rápido que pude", digo.

Erik apenas resmunga e gesticula para segui-lo. Novamente subimos as escadas e paramos na passarela que dá a visão do chão da fábrica.

"Então, diga-me o que vê", diz, gesticulando em direção ao chão da fábrica.

Eu olho para baixo, confuso, sem saber o que ele quer ouvir. Começando com o óbvio, eu digo: "Como da última vez, vejo matérias-primas entrando pelas docas de carregamento à esquerda. E à direita, vejo os bens terminados saindo pelo outro conjunto de docas de carregamento."

Surpreendentemente, Erik assente com a cabeça aprovando. "Bom. E no meio?"

Eu olho para a cena. Parte de mim se sente bobo, com medo de parecer o Karatê Kid sendo questionado pelo Sr. Miyagi. Mas pedi essa reunião, então começo a falar. "Eu vejo materiais e trabalho em andamento, fluindo da esquerda para a direita. Mas, obviamente, movendo-se bem devagar."

Erik espia sobre a passarela e diz: "Ah, é mesmo? Como um rio?"

Ele se vira para mim, balançando a cabeça em desgosto: "O que você acha que é isso, algum tipo de aula de leitura de poesia? De repente o WIP é como a água correndo sobre pedras lisas? Fala sério. Como um gerente de fábrica responderia essa pergunta? De onde para onde o trabalho vai e por quê?"

Tentando novamente, eu digo. "Ok, ok. O WIP vai de centro de trabalho para centro de trabalho, como ditado pela lista de materiais e rotas. E tudo isso está na ordem de serviço que foi liberada naquela mesa ali."

"Melhor", diz Erik. "E você consegue encontrar os centros de trabalho nos quais existem restrições?"

Eu sei o que Erik me falou naquela primeira viagem estranha a esta fábrica.

"Os fornos de tratamento térmico e as cabines de pintura", digo repentinamente.

"Lá", digo, depois de olhar para o chão da fábrica e finalmente encontrando um conjunto de grandes máquinas na parede ao longe. "E lá", digo, apontando para as grandes salas com a placa, "Cabine de Pintura #30-A" e "Cabine de Pintura #30-B".

"Bom. Entender o fluxo de trabalho é a chave para alcançar a Primeira Maneira", diz Erik, concordando com a cabeça. Com mais seriedade, ele pergunta: "Então agora me diga novamente: que centros de trabalho você determinou serem restrições em sua organização?"

Eu sorrio, respondendo facilmente: "Brent. Nós já falamos sobre isso."

Ele tosse, voltando-se para olhar o chão da fábrica.

"O quê?", eu quase grito. "Como pode não ser Brent? Você até me parabenizou quando eu disse que era Brent há algumas semanas!"

"De repente Brent é um forno de tratamento térmico? Você está me dizendo que seu equivalente para aquela cabine de pintura lá é Brent?", diz ele fingindo descrença. "Sabe, essa pode ser a coisa mais idiota que já ouvi."

Ele continua: "Então onde isso deixaria seus dois gerentes, Chester e Penelope? Deixe-me adivinhar. Talvez eles sejam o equivalente àquela estação de prensa e àquela máquina de estampar ali? Ou talvez seja o moedor de metal?"

Erik me olha duramente: "Fala sério. Eu perguntei pra você quais centros de trabalho são suas restrições. Pense."

Completamente confuso, olho de volta para o chão da fábrica.

Eu sei que parte da resposta é Brent. Mas quando exclamei tão confiante, Erik só faltou me bater na cabeça. De novo.

Erik parece irritado por eu ter nomeado uma pessoa de verdade, sugerindo que Brent era um equipamento.

Eu olho novamente para o forno de tratamento térmico. E então eu os vejo. Há duas pessoas usando macacões, capacetes e óculos. Um está em frente a uma tela de computador inserindo alguma coisa, enquanto o outro inspeciona uma pilha de peças em um palete de carga, escaneando algo com seu computador portátil.

"Ah", digo, pensando em voz alta. "O forno de tratamento térmico é um centro de trabalho, que tem trabalhadores associados a ele. Você perguntou quais centros de trabalho são nossas restrições, e eu disse que era Brent, o que não pode estar certo, porque Brent não é um centro de trabalho.

"Brent é um trabalhador, não um centro de trabalho", digo novamente. "E aposto que Brent é, provavelmente, um trabalhador apoiando centros de trabalho demais. E é por isso que ele é uma restrição."

"Agora estamos chegando a algum lugar!", diz Erik, sorrindo. Gesticulando amplamente para o chão da fábrica abaixo, ele diz: "Imagine se 25% de todos os centros de trabalho aqui só pudessem ser operados por uma pessoa chamada Brent. O que aconteceria com o fluxo de trabalho?"

Eu fecho os olhos para pensar.

"O trabalho não seria concluído a tempo, porque Brent só pode estar em um centro de trabalho de cada vez", digo. E, entusiasmado, continuo: "É exatamente isso o que está acontecendo conosco. Eu sei que, para um punhado de nossas mudanças planejadas, o trabalho não pode nem começar se Brent não estiver à mão. Quando isso acontece, nós escalamos Brent, dizendo a ele para largar o que estiver fazendo para que outro centro de trabalho possa funcionar. Teremos sorte se ele puder ficar lá tempo suficiente para a mudança ser completamente implementada, antes de ser interrompido por outra pessoa."

"Exatamente!", diz.

Estou um pouco consternado com o sentimento bom de aprovação que sinto em resposta.

Ele continua: "Obviamente, cada centro de trabalho é formado por quatro coisas: a máquina, o homem, o método e as medidas. Suponha que, para a máquina, selecionemos o forno de tratamento térmico. O homem são as duas pessoas exigidas para executar os passos predefinidos, e nós obviamente precisaremos das medidas baseadas nos resultados da execução dos passos no método."

Eu torço o nariz. Esses termos de fábrica são vagamente familiares dos meus anos de MBA. Mas nunca pensei que eles seriam relevantes no domínio da TI.

Buscando algum modo de escrever isso, percebo que deixei minha prancheta no carro. Bato nos bolsos e encontro um pequeno cartão amassado no bolso de trás.

Apressadamente, escrevo: "Centro de trabalho: máquina, homem, método, medida".

Erik continua: "É claro, neste chão de fábrica não há um quarto dos centros de trabalho dependentes de uma só pessoa. Isso seria um absurdo. Infelizmente, no seu caso, você tem. É por isso que quando Brent tira férias, todos os trabalhos simplesmente se acumulam, porque somente ele sabe como completar certos passos. Passos que provavelmente somente Brent sabia que existiam, certo?"

Eu concordo com a cabeça, incapaz de conter um gemido. "Você está certo. Eu escutei meus gerentes reclamarem que, se hipoteticamente Brent fosse atropelado por um ônibus, nós estaríamos totalmente ferrados. Ninguém sabe o que se passa na cabeça dele. É por isso que criei o *pool* de escalação de níveis 3."

Eu explico rapidamente o que fiz para impedir escalações a Brent durante as interrupções, para evitar que ele seja interrompido por trabalho não planejado, e como tentei fazer o mesmo para mudanças planejadas.

"Bom", diz ele. "Você está padronizando o trabalho de Brent para que outras pessoas possam executá-lo. E como está finalmente documentando esses passos, também é capaz de reforçar algum nível de consistência e qualidade. Você não está só reduzindo o número de centros de trabalho nos quais Brent é necessário, mas está gerando documentação que permitirá automatizar alguns deles."

Ele continua: "A propósito, até que faça isso, não importa quantos Brents a mais você contrate, ele sempre permanecerá como sua restrição. Qualquer um que você contrate simplesmente ficará por ali."

Eu compreendo e assinto com a cabeça. Isso é exatamente como Wes descreveu. Embora ele tenha conseguido o número adicional de funcionários para contratar mais Brents, nós nunca conseguimos realmente aumentar nossa taxa de transmissão.

Repentinamente me sinto animado, como se as peças estivessem se encaixando na minha cabeça. Ele está confirmando algumas de minhas intuições mais profundas e fornecendo uma teoria subjacente para a razão de eu acreditar nelas.

Meu júbilo dura pouco. Ele olha para mim com desaprovação: "Você está perguntando sobre como retirar o projeto congelamento. Seu problema é que você continua confundindo duas coisas. Até que consiga separá-las na sua cabeça, continuará andando em círculos."

Ele começa a andar, e eu corro atrás dele. Logo estamos parados no meio do chão da fábrica.

"Você vê aquele centro de trabalho ali, com a luz amarela piscando?", pergunta ele, apontando.

Quando eu concordo, ele diz: "Diga-me o que você vê."

Imaginando o que seria necessário para ter uma conversa normal com ele, eu volto ao meu papel de trainee burro. "Algum tipo de equipamento que, aparentemente, está fora do ar. É isso que eu acho que a luz piscando indica. Há cinco pessoas amontoadas ao lado, incluindo o que parecem ser dois gerentes. Eles parecem preocupados. Há mais três pessoas agachadas, olhando o que acho que é o painel de inspeção da máquina. Eles têm lanternas, e, sim, também estão segurando chaves de fenda. Definitivamente, uma máquina fora do ar..."

"Bom chute", diz ele. "Provavelmente é um moedor computadorizado que está fora de serviço, e a equipe de manutenção está trabalhando para colocá-lo de volta à ativa. O que aconteceria se cada equipamento lá embaixo precisasse que Brent o consertasse?"

Eu dou risada. "Cada interrupção seria imediatamente escalada para Brent."

"Sim. Então vamos começar com a sua primeira pergunta. Quais projetos são seguros para liberar quando o projeto congelamento for retirado? Sabendo como o trabalho flui por certos centros de trabalho e como alguns centros de trabalho requerem Brent e outros não, qual você acha que seria a resposta?"

Eu lentamente repito o que Erik acabou de dizer, tentando juntar as peças da resposta.

"Entendi", digo, sorrindo. "Os projetos candidatos que são seguros para liberar são aqueles que não requerem Brent."

Eu sorrio ainda mais quando ele diz: "Bingo! Bem simples, não?"

Meu sorriso desaparece quando penso nas implicações. "Espere, como eu sei quais projetos não requerem Brent? Nós nunca achamos que precisamos de Brent até estarmos na metade do trabalho!"

Imediatamente me arrependo de fazer a pergunta quando Erik me olha. "Eu devo lhe dar a resposta de tudo, pois você é desorganizado demais para descobrir sozinho?"

"Desculpe-me. Eu descobrirei", digo rapidamente. "Sabe, eu vou ficar muito aliviado quando finalmente soubermos de todo o trabalho que realmente requer Brent."

"Com certeza", diz ele. "O que você está montando é a lista de materiais para todo o trabalho que faz nas Operações de TI. Mas, em vez de uma lista de peças e subconjuntos, como moldes, parafusos e roldanas, você está catalogando todos os pré-requisitos do que precisa antes de poder completar o trabalho, como números de modelos de notebooks, especificações de informação de usuário, o software e licenças necessárias, suas configurações, informação de versão, requisitos de segurança e capacidade e continuidade, e blá, blá, blá…"

Ele interrompe a si mesmo, dizendo: "Bem, para ser mais preciso, você está, na verdade, montando uma lista de recursos. Essa é a lista de materiais, com a lista de centros de trabalho requeridos, e a rota. Uma vez que tiver isso, junto às ordens de serviço e seus recursos, você finalmente poderá entender qual é sua capacidade e demanda. Isso é o que permitirá que você finalmente saiba se pode aceitar trabalho novo e, então, realmente possa agendá-lo."

Incrível. Eu acho que quase entendi.

Estou prestes a fazer algumas perguntas, mas Erik diz: "Sua segunda pergunta foi se era seguro começar seu projeto de monitoramento. Você já estabeleceu que ele não requer o Brent. Além do mais, você diz que o objetivo desse projeto é prevenir interrupções, o que evita escalas ao Brent. Mais do que isso, quando ocorrerem interrupções, você precisará de menos do tempo de Brent para solucionar e corrigir. Você já identificou a restrição, explorou-a ao máximo e então subordinou o fluxo de trabalho para a restrição. Então qual é a importância desse projeto de monitoramento?"

Eu penso por um momento. E então gemo por causa da resposta óbvia.

Passo os dedos pelos cabelos. "Você disse que nós sempre precisamos buscar maneiras de elevar a restrição, o que significa que eu preciso fazer o que for preciso para tirar mais ciclos de Brent. Isso é exatamente o que o projeto de monitoramento faz!"

Eu digo, com certa descrença por não ter percebido antes: "O projeto de monitoramento é, provavelmente, o projeto de melhoria mais importante que temos. Precisamos iniciá-lo imediatamente."

"Precisamente", diz Erik. "Elevar adequadamente o trabalho preventivo está no centro de programas como o Total Productive Maintenance, que foi abraçado pela Comunidade Enxuta. O TPM insiste que façamos o que for possível para garantir a disponibilidade da máquina elevando a manutenção. Como um de meus senseis diria: 'Melhorar o trabalho diário é ainda mais importante do que realizar o trabalho diário.' A Terceira Maneira trata de garantir que estejamos continuamente colocando tensão no sistema, para que reforcemos continuamente os hábitos e melhoremos algo. A engenharia de resiliência nos diz que devemos injetar falhas no sistema rotineiramente, fazendo-o frequentemente, para torná-las menos dolorosas.

"O sensei Mike Rother diz que quase não importa o que você melhore, contanto que melhore alguma coisa. Por quê? Porque, se você não melhorar, a entropia garante que vai piorar, o que garante que não há caminho para zero erros, zero acidentes relacionados a trabalho e zero perdas."

De repente, é tão óbvio e evidente. Eu me sinto como se precisasse ligar para Patty imediatamente para dizer a ela para começar o projeto de monitoramento imediatamente.

Erik continua: "O Sensei Rother chama isso de Melhoria Kata. Ele usou a palavra *kata* porque entendia que a repetição cria o hábito, e hábitos são o que possibilitam a maestria. Esteja você falando de treinamento para esportes, aprender um instrumento musical ou treinar nas Forças Especiais, nada é melhor para a maestria do que prática e treinos. Estudos mostram que praticar cinco minutos por dia é melhor do que praticar uma vez por semana durante três horas. E se você quiser criar uma cultura genuína de melhoria, deve criar esses hábitos."

Virando-se novamente para o chão da fábrica, ele continua: "Antes de irmos, volte sua atenção dos centros de trabalho para todo o espaço *entre* eles. Tão importante quanto controlar a liberação de trabalho é gerenciar as transferências. O tempo de espera para dado recurso é a porcentagem da ocupação desse recurso, dividida pela porcentagem da ociosidade do recurso. Então, se um recurso é 15% utilizado, o tempo de espera é 50/50, ou uma unidade. Se o recurso é 90% utilizado, o tempo de espera é 90/10, ou nove vezes maior. E se o recurso for 99% utilizado?"

Embora eu não esteja entendendo bem a relevância, faço as contas de cabeça: 99/1. Eu digo: "99".

"Correto", diz ele. "Quando um recurso é 99% utilizado, você precisa esperar 99 vezes mais do que se ele fosse 50% utilizado."

Ele gesticula expansivamente: "Uma parte crítica da Segunda Maneira é tornar o tempo de espera visível, para que você saiba quando seu trabalho fica dias esperando na fila de alguém. Ou, pior, quando o trabalho precisa voltar porque não tem todas as partes ou requer retrabalho.

"Lembre-se de que nosso objetivo é maximizar o fluxo. Aqui na MRP-8 tivemos uma situação há muitos anos em que certos componentes nunca chegavam na montagem final a tempo. Era porque não tínhamos recursos suficientes ou porque certas tarefas estavam demorando demais?

"Não! Quando realmente seguimos as peças pelo chão da fábrica, descobrimos que, na maioria do tempo, elas estavam simplesmente esperando em filas. Em outras palavras, o 'tempo de toque' era uma pequena fração do 'tempo total do processo'. Nossos expedidores tiveram que procurar em montanhas de trabalho para encontrar as peças e as fazerem passar pelo centro de trabalho", diz ele incrédulo.

"Isso também está acontecendo na sua fábrica, então tome cuidado", diz.

Eu concordo com a cabeça e digo: "Erik, ainda estou preso em liberar o projeto de monitoramento. As pessoas sempre insistem que seu projeto especial é urgente e precisa ser trabalhado à custa de todo o resto. Onde se encaixam todos os projetos urgentes de remediação de auditoria e segurança que John sempre quer?"

Erik olha atentamente para meu rosto e finalmente diz: "Você escutou alguma coisa do que eu disse nas últimas duas semanas?"

Ele olha para o relógio e diz: "Preciso ir."

Assustado, eu observo enquanto ele anda rapidamente para a saída da passarela. Tenho que correr para alcançá-lo. Ele é um cara grande, provavelmente com pouco mais de 50 anos. Apesar dos quilos extras que carrega, ele se move rápido.

Quando o alcanço, digo: "Espera. Você está dizendo que os problemas de auditoria não são importantes o suficiente para serem corrigidos?"

"Eu *nunca* disse isso", diz ele, parando em seu caminho e virando o rosto para mim. "Você ferrou com alguma coisa que põe em risco a capacidade da empresa de manter a concordância com leis e regulamentos relevantes? É melhor que você corrija, ou deverá ser demitido."

Ele se vira e continua seu caminhar, dizendo por cima do ombro: "Diga-me. Todos aqueles projetos em que Jimmy, seu CISO, está insistindo. Eles aumentam o fluxo do trabalho de projetos na organização de TI?"

"Não", respondo rapidamente, correndo para alcançá-lo novamente.

"Eles aumentam a estabilidade operacional ou diminuem o tempo requerido para detecção e recuperação de interrupções ou falhas de segurança?"

Eu penso um pouco mais. "Provavelmente não. Boa parte é só mais trabalho, e, na maioria dos casos, o trabalho que eles pedem é arriscado e realmente poderia causar interrupções."

"Esses projetos aumentam a capacidade de Brent?"

Eu dou risada sem achar graça. "Não, o oposto. Só os problemas de auditoria poderiam prender Brent pelo próximo ano."

"E o que executar todos esses projetos de Jimmy faria com os níveis de WIP?", pergunta ele, abrindo a porta que nos leva de volta à escadaria.

Exasperado, eu digo, enquanto descemos os dois andares de escada: "Iria para os ares. De novo."

Quando alcançamos o fim, Erik para repentinamente e diz: "Beleza. Esses projetos de 'segurança' diminuem sua taxa de transferência de projetos, o que é uma restrição para o negócio todo. E sobrecarrega o recurso mais restrito da sua organização. E eles não fazem nada pela escalabilidade, disponibilidade, sobrevivência, sustentabilidade, segurança, suportabilidade ou defensibilidade da organização."

Ele pergunta impassível: "Então, gênio: os projetos de Jimmy parecem um bom uso do tempo para você?"

Enquanto começo a responder, ele só abre a porta de saída e passa por ela. Aparentemente, foi uma pergunta retórica.

CAPÍTULO 21
• *Sexta-feira, 26 de setembro*

Apesar de ultrapassar todos os limites de velocidade no caminho, estou 20 minutos atrasado para a reunião da auditoria no Prédio 2. Quando entro na sala de reuniões, fico surpreso com o quanto está lotada.

Imediatamente, fica óbvio que essa é uma reunião de alto risco, cheia de nuances políticas. Dick e nosso conselho corporativo estão na ponta da mesa.

Opostos a eles estão os auditores externos, que são legalmente responsáveis por encontrar erros de relatórios financeiros e fraudes, e ainda assim querem nos manter como clientes.

Dick e sua equipe tentarão mostrar que o que os auditores encontraram é tudo um mal-entendido genuíno. Seu objetivo é parecer sincero, mas indignado porque seu tempo precioso está sendo desperdiçado.

É tudo um teatro político, mas teatro político de alto risco está definitivamente além da minha capacidade.

Ann e Nancy também estão aqui, com Wes e alguns outros caras que me são familiares.

Então eu vejo John e dou mais uma conferida.

Meu Deus, ele está horrível! Como alguém em seu terceiro dia depois de abandonar um vício. Está parecendo que acha que a sala inteira ficará contra ele a qualquer momento e o fará em pedacinhos, o que pode não estar muito longe da verdade.

Sentado ao lado de John está Erik, que é a imagem da compostura.

Como ele chegou aqui tão rápido? E onde trocou de roupa para essas calças cáqui e camisa jeans? No carro? Enquanto estava caminhando?

Quando me sento ao lado de Wes, ele se inclina na minha direção. Ele gesticula para um conjunto de papéis grampeados e suspira: "A pauta desta reunião é passar por essas 2 fraquezas materiais e 16 deficiências significativas. Lá está o John, parecendo como se estivesse em frente a um esquadrão de fuzilamento, esperando pela bala."

Vejo as manchas de suor sob os braços de John e penso comigo: *Nossa senhora, John. Controle-se.* Sou o gerente operacional onde todas aquelas deficiências de TI estão, então sou eu quem está na linha de tiro, não você.

Mas, diferente de John, eu tive o benefício de ser constantemente assegurado por Erik de que tudo ficará bem.

Mas, novamente, Erik não parece estar em risco, e por um breve momento eu me pergunto se deveria estar tão nervoso quanto John.

Cinco horas mais tarde, a mesa de reuniões está cheia de papéis marcados e copos de café vazios, a sala cheirando a mofo e rançosa de toda a tensão e discussões acaloradas.

Eu olho para cima com o som do parceiro de auditoria fechando sua maleta.

Ele diz a Dick: "Devido a esses novos dados, parece que, para as duas fraquezas materiais em potencial, os controles de TI podem realmente estar fora do escopo e, assim, podem ser resolvidos rapidamente. Muito obrigado desde já por disponibilizarem seu tempo para obter a documentação necessária para resolver esses problemas o mais rápido possível.

"Levaremos tudo isso em consideração e enviaremos algo daqui a um ou dois dias", continua ele. "Muito provavelmente vamos querer agendar testes adicionais desses controles descendentes recém-documentados para garantir que estão estabelecidos e operantes, para apoiar as demonstrações financeiras que vocês estão fazendo."

Enquanto ele se levanta, eu olho em descrença para o parceiro de auditoria. Nós realmente nos livramos dessa. Olhando em volta da mesa, a equipe da Parts Unlimited parece igualmente surpresa.

Uma exceção é Erik, que só concorda com a cabeça, em aprovação, obviamente irritado por ter demorado tanto tempo para finalmente ter os auditores do nosso lado.

A outra exceção é John. Ele parece extremamente perturbado, sentado com os ombros caídos, a ponto de eu repentinamente ficar preocupado com seu bem-estar.

Estou prestes a me levantar para ver como John está, quando o parceiro de auditoria aperta a mão de Dick, e, para minha surpresa, Erik se levanta e dá um abraço nele.

"Erik, faz muito tempo desde a GAIT e Orlando", diz o parceiro de auditoria calorosamente. "Eu tinha certeza de que nossos caminhos se cruzariam novamente, mas nunca achei que fosse em um compromisso com um cliente! O que você tem feito?"

Erik ri e diz: "Principalmente navegando meu barco alegremente. Um amigo pediu para me juntar à diretoria da Parts Unlimited, parcialmente porque seus auditores externos estavam arranjando problemas com um punhado de auditores jovens que se desgarraram da reserva. Eu deveria saber que você estaria envolvido."

O parceiro de auditoria parece genuinamente envergonhado, e eles se amontoam, cochichando.

Pelas últimas cinco horas, John, Wes e eu ficamos sentados, enquanto os gerentes de negócios tinham uma discussão precisa com os auditores sobre como os problemas de controle de TI não poderiam levar a um erro não detectado de declaração financeira. Eles vieram com algo chamado documento de "Princípios GAIT" e citaram alguns fluxogramas contidos.

Como em uma partida de tênis, a bola foi e voltou entre nossa equipe e os auditores, usando palavras como "ligação", "significância" e "controles de confiança". Ocasionalmente Dick trazia vários especialistas de áreas de negócios relevantes para mostrar que, até se alguém mal-intencionado conseguisse causar uma falha no controle de TI, a fraude ainda seria vista por outro controle em algum outro lugar.

Gerentes da Gestão de Materiais, Entrada de Pedidos, Tesouraria e Recursos Humanos mostraram que até se a aplicação, o banco de dados, o sistema operacional e o firewall estivessem repletos de buracos de segurança e completamente comprometidos, a transação fraudulenta ainda seria pega por algum relatório de reconciliação de inventário diário ou semanal.

Repetidamente, eles passaram por cenários em que supunham que toda a infraestrutura de TI era como um queijo suíço, nos quais qualquer empregado descontente ou criminoso, ou um hacker mal-intencionado poderia entrar e cometer fraude com impunidade.

Mas eles ainda detectariam qualquer erro material nas declarações financeiras.

Uma vez Dick apontou que um departamento inteiro, de 20 pessoas, é responsável por encontrar pedidos errôneos, que dirá fraudulentos. Eles, e não o controle de TI, eram a rede de segurança do negócio.

A cada vez, os auditores, muito relutantes, concordaram que os controles de confiança estavam estabelecidos para fazer reconciliações financeiras. E não nos sistemas de TI ou nos controles internos de TI.

Isso era novidade para mim. Mas eu certamente não discordaria deles. Na verdade, se calar a boca e ficar em silêncio permitisse que a Parts Unlimited escapasse de todas as descobertas da auditoria, eu ficaria feliz em babar e fingir que sou incapaz de ler.

"Você tem um minuto para conversar?", eu escuto John dizer ao meu lado com voz áspera.

Ele ainda está caído, as mãos na cabeça.

"Claro", digo, olhando para a sala quase vazia. Somos só John e eu em uma grande mesa de reuniões, enquanto Erik continua sua reunião sussurrada com o parceiro de auditoria no canto distante.

John parece mal. Se sua camisa estivesse só um pouco mais amassada, e talvez tivesse uma ou duas manchas na frente, ele quase passaria por um desabrigado.

"John, você está ficando doente? Você não parece muito bem", digo.

Sua expressão fica feia: "Você sabe quanto capital político eu gastei nos últimos dois anos tentando fazer com que todos fizessem a coisa certa? Esta organização tem empurrado a segurança da informação com a barriga há uma década. Eu coloquei absolutamente tudo em risco. Eu disse a eles que o mundo acabaria se não fossem além da hipocrisia e, pelo menos, tentassem corrigir alguns desses problemas de segurança sistêmicos da TI... quero dizer, nós precisamos, pelo menos, fingir que nos importamos."

Do outro lado da sala, vejo Erik se virar e olhar para nós. O parceiro de auditoria não parece ter escutado John. Contudo, Erik coloca seu braço ao redor dele e colegialmente leva a conversa para o corredor, fechando a porta com muito barulho.

Desatento, John continua: "Sabe, tem vezes que acho que eu sou a única pessoa nesta empresa inteira que realmente se importa com a segurança dos nossos sistemas e dados. Você sabe como é ter a organização inteira de Dev escondendo suas atividades de mim e ter que implorar para que as pessoas me digam onde estão se reunindo? O que é isso, uma escola primária? Eu só estou tentando ajudá-los a fazer seus trabalhos!"

Quando não digo nada, ele me desdenha. "Não olhe pra mim assim. Eu sei que você me menospreza, Bill."

Eu olho pra ele com surpresa genuína.

"Eu sei que você nunca lê meus e-mails. Eu tenho que ligar para você para que você os abra. Sei disso porque recebo os avisos de leitura enquanto estamos no telefone, seu babaca."

Ah!

Mas eu li muitos de seus e-mails sem ele ter que me ligar primeiro. Entretanto, antes de poder responder, ele continua: "Vocês todos me menosprezam. Sabe, eu costumava gerenciar servidores, assim como você. Mas descobri meu chamado fazendo segurança da informação. Eu queria ajudar a pegar os bandidos. Queria ajudar as organizações a se protegerem de pessoas que queriam prejudicá-las. Isso veio de um senso de dever e um desejo de tornar o mundo um lugar melhor.

"Mas desde que cheguei aqui, tudo o que fiz foi lutar com a burocracia corporativa e dos negócios, embora esteja tentando protegê-los de si mesmos." Rindo bruscamente, ele diz: "Os auditores deveriam nos intimidar. Eles deveriam punir pecadores, como nós, por nossas heresias. E sabe do que mais? A tarde inteira nós só assistimos ao parceiro de auditoria nos mimar com luvas de pelica. Qual é o objetivo de ter um programa de segurança da informação então? Nem os auditores ligam! Tudo foi varrido para baixo do tapete pelo custo de um jogo de golfe."

John está quase gritando: "Nossos auditores deveriam ser julgados por incompetência! Todas essas descobertas que eles dispensaram eram basicamente problemas de higiene! Nós vivemos em uma fossa agitada de riscos. Eu estou surpreso que este lugar ainda não tenha caído sob seu próprio peso com a falta de cuidado. Eu esperei por anos que tudo desabasse sobre nós."

Ele para, suspirando: "E, ainda assim, aqui estamos..."

Naquele momento, Erik entra novamente na sala, batendo a porta. Ele senta perto da porta e olha severamente para John.

"Sabe qual é o seu problema, Jimmy?", diz Erik, apontando o dedo para ele. "Você é como o comissário político que anda pelo chão da fábrica mostrando seu distintivo orgulhosamente para todos os trabalhadores de linha, sadisticamente colocando seu nariz nos assuntos de todo mundo e intimidando-os a fazer sua licitação, só para aumentar seu próprio senso insignificante de autoestima. Metade do tempo você mais quebra do que conserta. Pior, você ferra os cronogramas de todo mundo que realmente está fazendo um trabalho importante."

Isso está passando muito dos limites.

John gagueja: "Quem você pensa que é? Estou tentando manter esta organização segura e manter os auditores afastados! Eu..."

"Ora, obrigado por nada, Sr. CISO", diz Erik, interrompendo-o. "Como você acabou de observar, a organização pode manter os auditores afastados sem você ter que fazer nada. Você é como o encanador que não percebe que está trabalhando em um avião, que dirá a rota que está voando ou a condição de negócios da linha aérea."

Agora John está tão branco quanto um papel, seu queixo caído.

Estou prestes a intervir em seu nome, quando Erik fica de pé e grita para John: "Eu não tenho mais nada para dizer a você até que me prove que entende o que acabou de acontecer nesta sala. O negócio conseguiu escapar da auditoria SOX-404 sem qualquer ajuda da sua equipe. Até que descubra como e por quê, você não tem que interferir nas operações diárias desta organização. Isso deve ser seu princípio guia: você ganha quando protege a organização, sem colocar trabalho insignificante no sistema de TI. E você ganha ainda mais quando consegue tirar trabalho insignificante do sistema de TI."

Ele então se vira para mim e diz: "Bill, você deve estar certo. Vocês por aqui realmente parecem ter ferrado completamente a segurança da informação."

Eu nunca disse nada assim. Eu me viro para olhar para John, pretendendo transmitir que não tenho ideia do que ele está falando, mas John não me nota. Ele está encarando Erik com uma expressão de ódio intenso no rosto.

Erik diz para mim, apontando o polegar para John: "Este cara é como o gerente de QA que faz seu grupo escrever milhões de novos testes para um produto que nem expedimos mais e então arquiva milhões de relatórios de erro para recursos inexistentes. Obviamente ele está fazendo o que você e eu chamaríamos de 'erro de escopo'."

John está tremendo de indignação. Ele diz: "Como você ousa? Como diretor em potencial, eu não acredito que esteja nos dizendo para colocar os dados dos nossos clientes e declarações financeiras em risco!"

Erik olha calmamente de volta para John. "Você realmente não entende, não é? O maior risco que a Parts Unlimited está correndo é o de fechar as portas. E você parece totalmente determinado a fazer com que isso aconteça ainda mais rápido, com toda a sua minúcia técnica mal-concebida e irrelevante. Não é de surpreender que tenha sido marginalizado! Todo mundo está, pelo menos, *tentando* ajudar o negócio a sobreviver. Se este fosse um episódio de *No Limite*, você teria sido eliminado há muito tempo!"

Agora Erik está sobre John. "Jimmy, a Parts Unlimited tem, pelo menos, quatro dos números de cartão de crédito da minha família em seus sistemas. Eu preciso que você proteja esses dados. Mas você nunca protegerá adequadamente quando o produto do trabalho já está na produção. Você precisa protegê-lo no processo que cria o produto do trabalho."

Colocando as mãos nos bolsos, ele diz mais suavemente: "Você quer uma dica? Vá à fábrica MRP-8 e encontre a oficial de segurança da fábrica. Fale com ela, descubra o que ela está tentando realizar e como ela o faz."

A expressão de Erik se ilumina levemente e ele acrescenta: "E, por favor, transmita minhas saudações a ela. Estarei pronto para falar com você novamente quando Dick disser que realmente o quer por perto."

Com isso, ele sai.

John olha para mim: "Que diabos?"

Saindo de minha cadeira, eu digo: "Não deixe isso o atingir. Ele diz coisas parecidas para mim. Estou exausto e vou para casa. Sugiro que você faça o mesmo."

John fica de pé, sem palavras. Com a expressão calma remanescente em seu rosto, ele empurra o fichário de três argolas da mesa. Ele bate no chão com um baque alto, o conteúdo se espalhando por todos os lados. Centenas de páginas agora espalhadas pelo chão.

Ele olha para mim com um sorriso amarelo e diz: "Eu vou. Para casa, quero dizer. Eu não sei se virei amanhã… ou nunca mais. Qual é o objetivo?"

Ele então sai da sala.

Eu olho para o fichário de John, não acreditando que ele o descartou tão negligentemente. Ele o tem carregado por aí há mais de dois anos. Em frente ao lugar onde ele estava sentado há um único pedaço de papel, quase em branco, com algumas linhas rabiscadas. Pensando se é um bilhete de suicídio ou uma carta de demissão, dou uma espiada no que parece ser um poema.

Um haiku?

> Aqui eu me sento, mãos atadas
> A sala com raiva, eu poderia salvá-los
> Se, pelo menos, eles soubessem

CAPÍTULO 22
• *Segunda-feira, 29 de setembro*

Na segunda-feira seguinte à reunião da auditoria, John desapareceu. Há um bolão na COR especulando se ele sofreu uma crise nervosa, foi demitido, está se escondendo ou pior.

Eu vejo Wes e alguns de seus engenheiros, todos rindo alto, presumivelmente à custa de John.

Limpo a garganta para chamar a atenção de Wes. Quando ele vem até mim, me viro para ficar de costas para a COR, evitando que todo mundo escute o que falo para Wes. "Faz um favor pra mim? Não espalhe os boatos sobre John. Você se lembra do que Steve estava tentando reforçar para nós na externa? Precisamos construir um relacionamento mutualmente respeitoso e de confiança com ele."

O sorriso de Wes desaparece, e depois de um momento ele finalmente diz: "Sim, eu sei. Estou só brincando, tá?"

"Bom", digo, assentindo. "Tudo bem, chega disso. Venha comigo. Preciso falar com você e com Patty sobre o projeto de monitoramento." Nós vamos ao escritório dela, onde está sentada à mesa, digitando em uma aplicação de gestão de projetos cheia de gráficos de Gantt.

"Tem meia hora?", pergunto a ela.

Ela confirma, e nos reunimos em volta de sua mesa de reuniões. Eu digo: "Falei com Erik na sexta-feira antes da reunião de auditoria. Eis o que eu aprendi."

Eu digo a eles como Erik validou o lançamento do projeto de monitoramento e o quão importante ele é para elevar Brent ainda mais. Então tento explicar o processo de raciocínio de como podemos determinar quais projetos podem ser liberados com segurança, baseados em se eles têm alguma dependência de Brent.

"Espera um pouco. Lista de recursos e rotas?", diz Wes, repentinamente parecendo muito em dúvida. "Bill, eu não preciso lembrar você de que não estamos dirigindo uma fábrica aqui. Isto aqui é trabalho de TI. Nós usamos nosso cérebro para fazer as coisas, não nossas mãos. Eu sei que o Erik disse algumas coisas inteligentes aqui e ali, mas fala sério... Isso parece algum tipo de truque de consultoria."

"Olha, também estou com problemas para entender isso", digo. "Mas você realmente pode dizer que as conclusões a que temos chegado com base no raciocínio dele estão erradas? Você acha que não é seguro lançar o projeto de monitoramento?"

Patty franze a testa. "Sabemos que o trabalho de TI pode ser de projetos ou mudanças. E em muitos dos projetos há muitas tarefas ou subprojetos que aparecem repetidamente. Como configurar um servidor. É trabalho recorrente. Acho que você poderia chamar isso de submontagem."

Ela fica de pé, anda até a lousa e desenha algumas caixas. "Vamos usar o exemplo de configurar um servidor. Ele envolve a aquisição, instalação de SO e aplicações de acordo com alguma especificação, e então estruturação e escalonamento. Então validamos que foi construído corretamente. Cada um desses passos normalmente é feito por pessoas diferentes. Talvez cada passo seja como um centro de trabalho, cada um com suas próprias máquinas, métodos, homens e medidas."

Com menos certeza, ela continua: "Mas não tenho certeza se sei o que seria essa máquina."

Eu sorrio, enquanto Patty rabisca na lousa. Ela está fazendo alguns saltos que eu não fui capaz de fazer. Não sei onde ela vai chegar, mas acho que está no caminho certo.

"Talvez a máquina", eu especulo, "sejam as ferramentas necessárias para fazer o trabalho? Os consoles de gerenciamento de virtualização, sessões de terminal e, talvez, o espaço de disco virtual que anexamos a isso?"

Patty balança a cabeça. "Talvez. Parece que os consoles e os terminais poderiam ser a máquina. E acho que espaço de disco, aplicações, chaves de licença e assim por diante são, na verdade, entradas ou matérias-primas das quais precisamos para criar as saídas."

Ela olha para a lousa e finalmente diz: "Suspeito que, até que façamos alguns desses, só estaremos tropeçando no escuro. Estou começando a achar que toda essa noção de central de trabalho realmente descreve muito bem o trabalho de TI. Para esse exemplo de configuração de servidor, nós sabemos que é um centro de trabalho atingido por quase todo o negócio e projetos de TI. Se isso for conclusivo, nós seremos capazes de fornecer estimativas melhores para Kirsten e todos os seus gerentes de projeto."

"Dá um tempo, gente", diz Wes. "Primeiro, nosso trabalho não é repetitivo. Segundo, ele requer muito conhecimento, diferente das pessoas que simplesmente montam peças ou apertam parafusos. Nós contratamos pessoas muito inteligentes, com experiência. Acreditem em mim. Não podemos padronizar nosso trabalho, como a fabricação faz."

Eu considero o ponto de Wes. "Semana passada, eu acho que concordaria com você, Wes. Mas observei um dos centros de trabalho de montagem final no chão da fábrica por 15 minutos na semana passada. Fiquei surpreso com tudo o que estava acontecendo. Francamente, eu mal pude acompanhar. Apesar de tentar tornar tudo repetitivo e repetível, eles ainda tinham que fazer uma quantidade incrível de improvisação e resolução de problemas só para alcançar suas metas diárias de produção. Eles estão fazendo muito mais do que apertar parafusos. Eles são heróis todos os dias, usando cada pedaço de sua experiência e inteligência."

Eu digo inflexivelmente: "Eles realmente ganharam meu respeito. Se não fosse por eles, nenhum de nós teria um emprego. Acho que temos muito a aprender com a gerência de chão de fábrica."

Faço uma pausa. "Vamos começar o projeto de monitoramento assim que possível. Quanto antes começarmos, mais cedo teremos benefícios. Precisamos projetar cada um de nossos recursos como se todos fossem Brents, então vamos fazer isso."

"Tem mais uma coisa", diz Patty. "Fico pensando nas rotas de trabalho que estamos tentando criar. Eu gostaria de testar alguns desses conceitos com os pedidos de serviços que estão chegando, como adição/mudança/exclusão de contas, redefinição de senhas e — você sabe — substituição de notebooks."

Ela olha desconfortavelmente para meu notebook gigante, que está ainda pior do que quando o peguei há três semanas. Tive que colocar ainda mais fita para impedir que ele se despedaçasse, devido a alguns danos a mais que causei quando usei minha chave do carro para abri-lo. E agora metade da tinta da tampa da tela descascou.

"Ah, por favor", geme Wes, olhando para ele, genuinamente envergonhado. "Não acredito que ainda não deram um substituto pra você. Nós não somos *tão* ruins. Patty, vou encontrar alguém para você dedicar ao atraso de notebook e desktop."

"Fantástico", responde Patty. "Tenho uma pequeno experimento em mente que gostaria de tentar."

Sem querer atrapalhar, eu digo: "Faça."

Quando chego ao escritório na segunda-feira seguinte, Patty está esperando por mim. "Você tem um minuto?", pergunta ela, obviamente ansiosa para me mostrar algo.

Quando vejo, estou na Sala de Coordenação de Mudanças da Patty. Imediatamente vejo no fundo da sala um quadro novo. Nele, cartões organizados em quatro linhas.

As linhas estão nomeadas "Mudar escritório do empregado", "Adicionar/mudar/excluir conta", "Fornecimento de novo desktop/notebook" e "Redefinir senha".

Cada linha foi dividida em três colunas, chamadas "Preparado", "Fazendo" e "Feito".

Interessante. Isso parece vagamente familiar. "O que é isso? Outro quadro de mudanças?"

Patty dá um sorriso e diz: "É um quadro kanban. Depois de nossa última reunião, eu mesma fui para a MRP-8. Fiquei tão curiosa sobre essa noção de centro de trabalho, que tive que vê-la em ação. Consegui encontrar um dos supervisores com quem trabalhei antes, e ele passou uma hora comigo mostrando como gerenciam o fluxo de trabalho."

Patty explica que um quadro kanban, dentre muitas outras coisas, é uma das principais maneiras como nossas fábricas agendam e tiram trabalho do sistema. Isso torna a demanda e o WIP visíveis, e é usado para sinalizar estações ascendentes e descendentes.

"Estou experimentando colocar kanbans acerca de nossos recursos-chave. Qualquer atividade em que trabalhem deve passar pelo kanban. Não por e-mail, mensagem, telefone ou outra coisa.

"Se não estiver no quadro kanban, não será feito", diz ela. "E, mais importante, se estiver no kanban, será feito rapidamente. Você ficaria surpreso com a velocidade que o trabalho está sendo concluído porque estamos limitando o trabalho em andamento. Com base em nossos experimentos até agora, acho que seremos capazes de prever tempos de execução para trabalho e conseguir uma taxa de transferência mais rápida do que nunca."

Patty está soando um pouco como Erik, e isso é tão perturbador quanto animador.

"O que eu fiz", continua ela, "foi pegar parte de nossos pedidos de serviço mais frequentes, documentar exatamente quais são os passos e quais recursos podem executá-los, e cronometrei o tempo que cada operação leva. Eis o resultado".

Orgulhosa, ela me entrega um pedaço de papel.

Está intitulado "Fila de substituição de notebook". Nela há uma lista de todo mundo que pediu um notebook ou desktop novo ou substituto, junto a quando submeteram o pedido e à data projetada em que o receberão. Estão classificados por pedidos mais antigos primeiro.

Eu aparentemente sou o décimo quarto na fila, com meu notebook projetado para chegar daqui a quatro dias.

"Você realmente acredita neste cronograma?", pergunto, tentando parecer cético. Entretanto, seria realmente fascinante se pudéssemos publicar isso para todo mundo e cumprir essas datas.

"Trabalhamos nisso o final de semana inteiro", responde ela. "Com base nos testes que fizemos desde sexta-feira, estamos muito confiantes de que entendemos o tempo requerido para ir do início ao fim. Até descobrimos como economizar vários passos, mudando onde estamos fazendo espelhamento de disco. Cá entre nós, com base na economia de tempo que estamos gerando, acho que conseguimos cumprir essas datas."

Ela balança a cabeça. "Sabe, fiz uma enquete rápida de pessoas para as quais enviamos notebooks. Normalmente leva 15 tentativas para finalmente configurá-los corretamente. Estou acompanhando isso agora e tentando diminuir isso para 3. Estamos colocando *checklists* por todos os lados, especialmente quando fazemos transferências dentro da equipe. Isso está realmente fazendo a diferença. As taxas de erro estão bem mais baixas."

Eu sorrio e digo: "Isso é importante. Dar aos executivos e empregados as ferramentas das quais precisam para fazer seus trabalhos é uma das nossas responsabilidades primárias. Não estou dizendo que não acredito em você, mas vamos manter essas estimativas de tempo entre nós, por enquanto. Se você conseguir gerar um registro de acompanhamento de uma semana cumprindo essas datas, então começaremos a publicar isso para todos os solicitantes e seus gerentes, beleza?"

Patty sorri de volta. "Eu estava pensando a mesma coisa. Imagine o que isso fará com a satisfação do usuário, se pudermos dizer a eles, quando fizerem o pedido, quanto tempo a fila demora, o dia em que receberão, e realmente cumprir a data, porque não estamos deixando nossos empregados fazer múltiplas tarefas ou ser interrompidos!

"Meu amigo supervisor da fábrica também me contou sobre o Kata de Melhoria que adotaram. Acredite se quiser, Erik os ajudou a instituir isso há muitos anos. Eles têm ciclos de melhoria contínuos de duas semanas, cada um exigindo que eles implementem um pequeno projeto Planejar-Fazer-Verificar-Agir (PDCA), para mantê-los marchando em direção ao objetivo. Você não se importa de eu ter tomado a liberdade de adotar esta prática em nosso grupo para que continuemos nos movendo em direção a nossos objetivos, né?"

Erik havia mencionado esse termo *kata* e os ciclos de melhoria contínua de duas semanas. Mais uma vez, Patty está pelo menos um passo na minha frente.

"Ótimo trabalho, Patty. Realmente, muito, muito bom."

"Obrigada", responde ela modestamente, mas está sorrindo de orelha a orelha. "Estou muito animada com tudo o que estou aprendendo. Pela primeira vez estou vendo como poderíamos gerenciar nosso trabalho, e até mesmo aquelas tarefas mais simples do *service desk*, e sei que isso fará uma grande diferença."

Ela aponta para o quadro de mudanças na frente da sala. "Estou realmente ansiosa para começar a usar essas técnicas para trabalhos mais complexos. Uma vez que descobrirmos quais são nossas tarefas mais recorrentes, precisaremos criar centros e linhas de trabalho, assim como fiz com meus pedidos de serviços. Talvez até possamos nos livrar de parte desse agendamento e criar quadros kanban no lugar. Nossos engenheiros poderiam então pegar qualquer cartão da coluna Pronto e movê-lo para Fazendo, até estarem Feitos!"

Infelizmente, não consigo visualizar. "Continue. Só se certifique de que esteja trabalhando com Wes nisso, e que ele está de acordo, beleza?"

"Já estou cuidando disso", responde ela rapidamente. "Na verdade, tenho uma reunião com ele mais tarde, para discutir sobre colocar um kanban acerca de Brent, para isolá-lo ainda mais de nossas crises diárias. Quero formalizar como Brent recebe trabalho e aumentar nossa capacidade de padronizar no que ele está trabalhando. Isso nos dará uma maneira de entender de onde vem todo o trabalho de Brent, tanto do lado ascendente quanto descendente. E, é claro, isso nos dará mais uma linha de defesa contra as pessoas que pegam Brent no caminho."

Eu dou a ela um positivo e me preparo para sair. "Espera, o quadro de mudanças parece diferente. Por que existem cartões de cores diferentes?"

Ela olha para o quadro e diz: "Ah, eu não contei? Estamos codificando os cartões por cores para nos ajudar a nos preparar para quando retirarmos o projeto congelamento. Precisamos ter algum jeito de nos certificar de que estamos trabalhando nas coisas mais importantes. Então os cartões roxos são as mudanças que apoiam um dos cinco principais projetos de negócios, caso contrário, são amarelos. Os verdes são para projetos de melhoria interna da TI, e estamos experimentando alocar 20% de nossos ciclos apenas para eles, como Erik recomendou. À primeira vista, podemos confirmar que há um equilíbrio certo de cartões roxos e verdes no trabalho.

"As notas adesivas cor-de-rosa indicam os cartões que estão bloqueados de alguma maneira, que, portanto, revisaremos duas vezes ao dia. Também estamos colocando todos esses cartões de volta na nossa ferramenta de acompanhamento de mudanças, então também colocamos os IDs de mudanças em cada um dos cartões. É um pouco tedioso, mas pelo menos agora parte do acompanhamento está automatizado."

"Uau, isso é... incrível!", digo, com espanto genuíno.

Mais tarde, estou sentando em outra mesa de reuniões com Wes e Patty para descobrir como vamos abrir de novo a torneira de projetos o suficiente para que possamos beber, mas sem nos afogar.

"Como Erik apontou, nós realmente temos duas filas de projetos aos quais precisamos dar sequência: projetos de negócios e internos", diz Patty, apontando para a fina pilha de papéis grampeados à nossa frente. "Vamos fazer os projetos de negócios primeiro, porque são mais fáceis. Já identificamos os cinco projetos mais importantes, como classificados por todos os patrocinadores de projetos. Quatro deles exigirão algum trabalho de Brent. Quando o congelamento for retirado, propomos que liberemos apenas esses cinco projetos."

"Isso foi fácil", Wes ri. "Eu não acredito em quantas discussões, presunções, negociações e rasteiras aconteceram para identificar os cinco principais projetos. Foi pior do que na política!"

Ele tem razão. Mas, no fim, conseguimos nossa lista priorizada.

"Agora a parte difícil. Ainda estamos lutando para priorizar nossos 73 projetos internos", diz ela, sua expressão ficando abatida. "Ainda há projetos demais. Passamos semanas com todos os líderes de equipe tentando estabelecer algum tipo de nível relativo de importância, mas foi só o que fizemos. Discutir."

Ela vira para a segunda página. "Os projetos parecem cair nas seguintes categorias: substituir a infraestrutura frágil, atualizações de vendedores ou dar suporte a algum requisito de negócio interno. O resto é uma mistura de trabalho de auditoria e segurança, atualização de data center, e assim por diante."

Eu olho para a segunda lista, coçando a cabeça. Patty tem razão. Como alguém decide objetivamente se "consolidar e atualizar o servidor de e-mails" é mais ou menos importante que "atualizar 35 instâncias de bancos de dados SQL"?

Passo meus dedos pela página, tentando ver se algo aparece para mim. É a mesma lista que vi durante minha primeira semana no trabalho, e todos eles ainda parecem importantes.

Percebendo que Wes e Patty passaram quase uma semana com essa lista, tento elevar meu pensamento. Deve haver uma maneira simples de priorizar essa lista que não seja mudando um monte de caixas de lugar.

De repente me lembro de como Erik descreveu a importância do trabalho preventivo, como o projeto de monitoramento. Eu digo: "Não me importo com o quanto todo mundo *acha* que seu projeto é importante. Precisamos saber se ele aumenta nossa capacidade na nossa restrição, que *ainda* é Brent. A não ser que o projeto reduza sua carga de trabalho ou permita que outra pessoa o assuma, talvez nem devêssemos fazê-lo. Por outro lado, se um projeto não exigir Brent, não há razão para não fazê-lo."

Eu digo assertivamente: "Quero três listas. Uma que exija o trabalho de Brent, uma que aumente a taxa de transferência de Brent e a última é todo o resto. Identifique os principais projetos em cada lista. Não passe muito tempo colocando-os em ordem — não quero que passemos dias discutindo. A lista mais importante é a segunda. Precisamos manter a capacidade de Brent alta, reduzindo a quantidade de trabalho não planejado que chega até ele."

"Isso parece familiar", diz Patty. Ela desenterra a lista de serviços frágeis que criamos para o processo de gestão de mudanças. "Devemos ter certeza de termos um projeto para substituir ou estabilizar cada um destes. E talvez suspendamos indefinidamente qualquer projeto de atualização de infraestrutura para qualquer coisa que não seja frágil."

"Espera um pouco agora", diz Wes. "Bill, você mesmo disse. Trabalho preventivo é importante, mas é sempre adiado. Estamos tentando fazer alguns desses projetos há anos! Essa é a nossa chance de conseguir."

Patty diz rapidamente: "Você não ouviu o que Erik disse a Bill? Melhorar algo em qualquer lugar que não seja na restrição é uma ilusão. Sabe, sem ofensas, mas você meio que parece o John agora."

Apesar de minhas melhores tentativas, ainda dou risada.

Wes fica vermelho por um momento, e então ri alto. "Ai. Beleza, você me pegou. Mas eu só estou tentando fazer a coisa certa."

"Err!", diz ele, interrompendo a si mesmo. "Fiz de novo."

Todos damos risada. Isso me faz pensar em como está John. Até onde eu sei, ninguém o viu o dia todo.

Enquanto Wes e Patty fazem anotações, eu olho a lista de projetos internos novamente. "Ei, por que há um projeto para atualizar o banco de dados BART, mesmo sabendo que ele será desativado no ano que vem?"

Patty olha sua lista e então parece envergonhada. "Ah, nossa! Eu não vi isso porque nunca reconciliamos os projetos de negócios e de TI uns com os outros. Precisaremos verificar as listas mais uma vez para encontrar dependências como essa. Tenho certeza de que existem outras."

Patty pensa por um momento: "É estranho. Embora tenhamos tantos dados sobre projetos, mudanças e tíquetes, nunca organizamos e ligamos todos eles desta maneira."

"Eis outra coisa que podemos aprender com a fabricação, eu acho", continua ela. "Estamos fazendo o que os Departamentos de Controle de Produção de Fabricação fazem. Eles são as pessoas que agendam e supervisionam toda a produção para garantir que a demanda do cliente seja satisfeita. Quando aceitam um pedido, eles confirmam que há capacidade o suficiente e entradas necessárias em cada centro de trabalho requerido, expedindo trabalho quando necessário. Eles trabalham com o gerente de vendas e o gerente de fábrica para construir um cronograma de produção, para que possam cumprir todos os seus compromissos."

Novamente Patty está muito mais adiantada que eu. Isso responde a uma das primeiras perguntas que Erik me fez antes que eu pedisse demissão. Tomo nota para visitarmos a MRP-8 para ver seu processo de controle de produção.

Tenho um palpite de que "gerenciar o cronograma de produção de Operações de TI" deveria estar em algum lugar na descrição do meu trabalho.

Dois dias depois, fico surpreso ao ver um novo notebook no meu escritório. Meu notebook antigo foi desconectado e deixado de lado.

Olho para minha prancheta, voltando para o cronograma de substituição de notebook/desktop que Patty me deu no início dessa semana.

Caramba!

Patty prometeu a entrega do meu notebook para sexta-feira, e eu o estou recebendo dois dias antes.

Faço login para garantir que ele foi configurado adequadamente. Todas as aplicações parecem estar lá, todos os meus dados foram transferidos, o e-mail está funcionando, os drives de rede aparecem como antes, e eu ainda posso instalar novas aplicações.

Sinto lágrimas de gratidão surgindo quando vejo o quanto meu novo notebook é rápido. Pegando o cronograma de Patty, vou para a sala ao lado. "Eu amo meu notebook novo. E ainda dois dias antes do cronograma! Todo mundo na minha frente conseguiu seus sistemas também, certo?"

Patty sorri. "Sim. Cada um deles. Alguns dos primeiros que entregamos tinham alguns erros de configuração ou faltava alguma coisa. Corrigimos isso nas instruções de trabalho, e parece que estamos cumprindo 100% na entrega de sistemas corretos nos últimos dois dias."

"Ótimo trabalho, Patty!", digo animadamente. "Vá em frente e comece a publicar o cronograma. Quero começar a exibir isso!"

CAPÍTULO 23
• *Terça-feira, 7 de outubro*

Enquanto dirijo para o trabalho na terça-feira seguinte pela manhã, recebo uma ligação urgente de Kirsten. Aparentemente Brent está quase uma semana atrasado para entregar outra tarefa do Fênix — supostamente algo que ele disse que levaria apenas uma hora para fazer. Mais uma vez, o cronograma todo do Fênix está em risco.

Além disso, várias outras tarefas cruciais do meu grupo estão atrasadas, colocando ainda mais pressão no prazo final. Ouvir isso é genuinamente desanimador. Pensei que todas as nossas descobertas recentes resolveriam esses problemas de performance de prazos.

Como podemos descongelar mais trabalho se não conseguimos nem manter o ritmo agora?

Deixo uma mensagem de voz para Patty. Para minha surpresa, ela leva três horas para me ligar de volta. Ela me diz que algo está dando muito errado com as estimativas de nosso cronograma e que precisamos nos reunir imediatamente.

Mais uma vez, estou na sala de reuniões, com Patty na lousa e Wes examinando as impressões que ela fez.

"Eis o que aprendemos até agora", diz Patty, apontando para uma das folhas de papel. "A tarefa sobre a qual Kirsten ligou é a entrega de um ambiente de teste para a QA. Como ela disse, Brent estimou que levaria apenas 45 minutos."

"É isso aí", diz Wes. "Você só precisa criar um novo servidor virtualizado e, então, instalar o SO e alguns pacotes nele. Ele provavelmente até dobrou a estimativa de tempo para não ter problemas."

"Foi isso o que eu pensei também", diz Patty, mas ela está balançando a cabeça. "Exceto que não é só uma tarefa. O que Brent assumiu foi mais como um pequeno projeto. Há mais de 20 passos envolvendo pelo menos seis equipes diferentes! Ele precisa do SO e de todos os pacotes de software, chaves de licença, endereços de IP dedicados, configurações especiais de contas de usuários, pontos de montagem configurados, e depois precisa que os endereços de IP sejam adicionados à lista ACL em algum servidor de arquivos. Neste caso em particular, as exigências dizem que precisamos de um servidor físico, então também precisamos de uma porta de roteador, cabeamento e um rack de servidores em que tenhamos espaço suficiente."

"Ah...", diz Wes, parecendo exasperado, lendo o que Patty apontava. Ele resmunga: "Servidores físicos são uma dor de cabeça."

"Você não está entendendo a questão. Isso ainda aconteceria mesmo se fosse virtualizado", diz ela. "Primeiro, a 'tarefa' de Brent acabou sendo consideravelmente mais do que apenas uma tarefa. Segundo, descobrimos que são múltiplas tarefas abrangendo várias pessoas, cada qual tendo seu próprio trabalho urgente para fazer. Estamos perdendo dias a cada transferência. Nesse ritmo, sem alguma intervenção drástica, levará semanas até que o QA receba o que precisa."

"Pelo menos não precisamos de uma mudança no firewall", diz Wes, sarcasticamente. "Da última vez que precisamos de uma dessas, o grupo de John levou quase um mês. Quatro semanas para uma mudança de 30 segundos!"

Eu concordo com a cabeça, sabendo exatamente ao que Wes está se referindo. O tempo de execução para mudanças de firewall tornou-se lendário.

Espera. O Erik não mencionou algo assim? Para uma mudança de firewall, embora o trabalho exigisse apenas 30 segundos de tempo de toque, ainda levou 4 semanas de tempo do relógio.

Isso é apenas um microcosmo do que está acontecendo com Brent. Mas o que está acontecendo conosco agora é muito, muito pior, porque há transferências.

Com um gemido, coloco minha cabeça na mesa de reuniões.

"Você está bem?", pergunta Patty.

"Me dê um segundo", digo. Vou até a lousa e luto para desenhar um gráfico com um dos marcadores. Depois de algumas tentativas, o gráfico ficou mais ou menos assim:

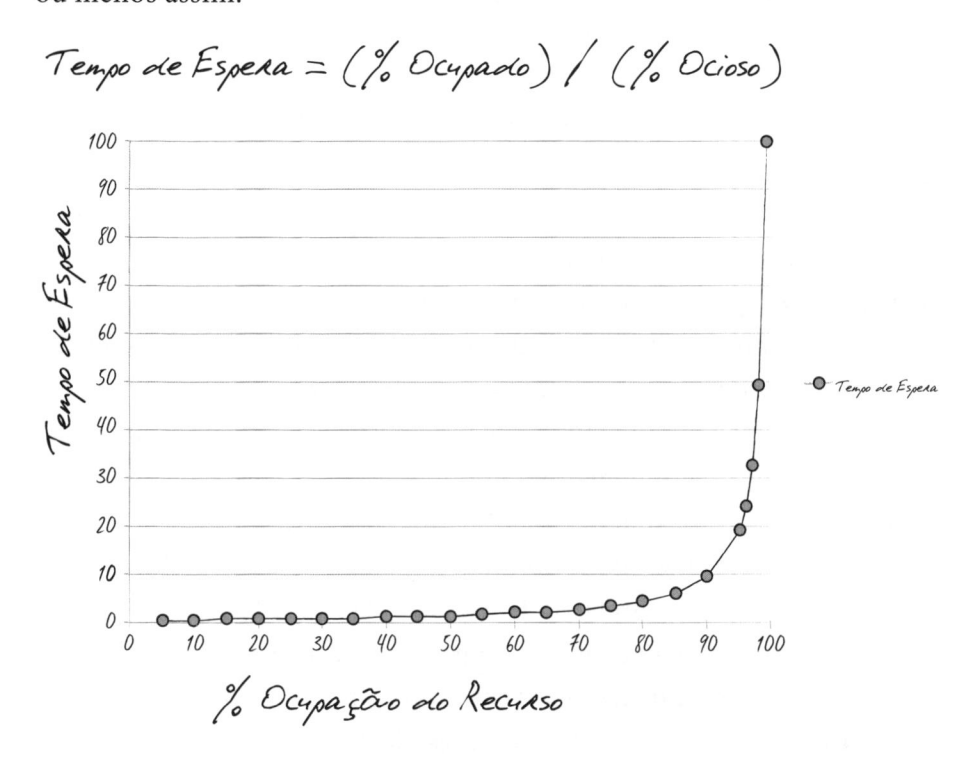

$$\text{Tempo de Espera} = (\% \text{ Ocupado}) / (\% \text{ Ocioso})$$

(Gráfico: Tempo de Espera versus % Ocupação do Recurso — curva que cresce lentamente até cerca de 80% e depois sobe abruptamente próximo de 100%.)

Eu digo a eles o que Erik me disse na MRP-8, sobre como os tempos de espera dependem da utilização do recurso. "O tempo de espera é a 'porcentagem de tempo de ocupação' dividida pela 'porcentagem do tempo ocioso'. Em outras palavras, se um recurso está 50% ocupado, então está 50% ocioso. O tempo de espera é de 50% dividido por 50%, então é uma unidade de tempo. Vamos dizer que seja uma hora. Então, em média, nossa tarefa esperaria na fila por uma hora antes de ser trabalhada.

"Por outro lado, se um recurso estiver 90% ocupado, o tempo de espera será de '90% dividido por 10%', ou 9 horas. Ou seja, nossa tarefa esperaria na fila 9 vezes mais do que se o recurso estivesse 50% ocioso."

Eu concluo: "Então, para a tarefa do Fênix, supondo que temos 7 transferências e que cada um desses recursos esteja ocupado 90% do tempo, as tarefas passariam um total de 9 horas vezes os 7 passos na fila…"

"O quê? Sessenta e três horas, só na fila?", diz Wes, incrédulo. "Isso é impossível!"

Patty diz com um sorrisinho: "Ah, é claro. Porque são apenas 30 segundos de digitação, certo?"

"Ah, merda!", diz Wes, encarando o gráfico.

De repente me lembro de minha conversa com Wes pouco antes de Sarah e Chris decidirem implementar o Fênix na reunião de Kirsten. Wes reclamou dos tíquetes liberados em relação ao Fênix circulando durante semanas, o que atrasou a implementação.

Já estava acontecendo antes também. Isso não foi uma transferência entre o pessoal de Operações de TI. Foi uma transferência entre o Desenvolvimento e a organização de Operações de TI, o que é muito mais complexo.

Criar e priorizar o trabalho dentro de um departamento é difícil. Gerenciar trabalho entre departamentos deve ser, pelo menos, dez vezes mais difícil.

Patty diz: "O que esse gráfico diz é que todo mundo precisa de tempo ocioso, ou tempo de folga. Se ninguém tem tempo de folga, o WIP fica preso no sistema. Ou, mais especificamente, preso em filas, só esperando."

Enquanto digerimos isso, Patty continua: "Cada uma dessas folhas de papel no quadro é como uma 'tarefa' do Fênix", diz ela, fazendo aspas no ar com as mãos. "Parece uma tarefa de uma única pessoa, mas não é. São, na verdade, vários passos com várias transferências entre várias pessoas. Não é de se admirar que as estimativas do projeto de Kirsten estejam erradas.

"Precisamos corrigir isso no cronograma de Kirsten e na sua estrutura analítica de projetos, ou EAP. Com base no que vi, um terço de todos os nossos compromissos com Kirsten caem nessa categoria."

"Ótimo", diz Wes. "É como em *A Ilha dos Birutas*. Nós continuamos a mandar pessoas em passeios de três horas, e um mês depois nos perguntamos por que nenhuma delas volta."

Patty diz: "Eu me pergunto, será que poderíamos criar uma linha kanban para cada uma dessas 'tarefas'?"

"Sim, é isso", digo. "Erik estava certo. Você acabou de encontrar uma grande pilha de trabalho recorrente! Se pudermos documentar e padronizar esse trabalho recorrente, e ganhar algum domínio sobre ele, assim como você fez com a substituição do notebook, tenho certeza de que podemos melhorar o fluxo!"

E acrescento: "Sabe, se pudermos padronizar todo nosso trabalho de implementação recorrente, finalmente conseguiremos aplicar a uniformidade das configurações de nossa produção. Esse seria nosso problema de infraestrutura de floco de neve. Você sabe, não existem dois iguais. Brent virou Brent porque nós permitimos que ele construísse infraestruturas que só ele consegue entender. Não podemos deixar isso acontecer de novo."

"Bom ponto", geme Wes. "Sabe, é estranho. Tantos desses problemas que estivemos encarando são causados por decisões que nós tomamos! Nós encontramos o inimigo. E somos nós."

Patty diz: "Sabe, implementações são como a montagem final em uma fábrica. Cada fluxo de trabalho passa por ela, e você não pode enviar o produto sem ela. De repente eu sei exatamente como o kanban deve ser."

Nos 45 minutos seguintes, nós criamos nosso plano. Patty trabalhará com a equipe de Wes para reunir as 20 principais tarefas recorrentes mais frequentes.

Ela também descobrirá como gerenciar e controlar melhor as tarefas quando estão na espera. Patty propõe um novo cargo, uma combinação de gerente de projetos e expedidor. Em vez de supervisão diária, ele forneceria controle de minuto a minuto. Ela diz: "Precisamos de transferências rápidas e eficazes de qualquer trabalho concluído para o próximo centro de trabalho. Se necessário, essa pessoa esperará no centro de trabalho até que o trabalho seja concluído, e o carregará para o próximo centro de trabalho. Nunca deixaremos o trabalho crucial se perder na pilha de tíquetes novamente."

"O quê? Alguém incumbido de levar tarefas de pessoa para pessoa, como um garçom?", pergunta Wes em descrença.

"Na MRP-8 eles têm um cargo de 'aranha d'água' que faz exatamente isso", rebate ela. "Quase todo esse último atraso do Fênix foi devido a tarefas esperando em filas ou transferências. Isso garantirá que não aconteça de novo."

"Por fim", adiciona ela, "quero mover todos os kanbans, para que não precisemos de uma pessoa agindo como mecanismo sinalizador para transferências de trabalho. Não se preocupe. Eu ajeitarei isso em alguns dias".

Wes e eu não ousamos duvidar dela.

CAPÍTULO 24
• *Sábado, 11 de outubro*

O sábado seguinte foi relativamente pacífico. Na verdade, foi o final de semana mais relaxante que minha família teve desde que assumi o novo cargo. Com o Halloween chegando em apenas algumas semanas, Paige insistiu que levássemos a família toda para uma plantação de abóboras.

Era uma manhã fria, então estávamos exaustos só de vestir as crianças e colocá-las no carro. Quando chegamos na fazenda, Paige e eu rimos incontrolavelmente de Parker, que parecia uma salsicha gigante e raivosa dentro de sua parca azul. Ela não conseguia resistir em tirar fotos, enquanto Grant orbitava ao nosso redor, animado, tirando fotos com sua própria câmera.

Em seguida fomos a uma microcervejaria local, aproveitando um almoço no pátio no sol morno da tarde.

"Estou tão feliz por conseguirmos fazer isso", diz Paige. "É muito bom. Você parece menos estressado ultimamente. Dá pra ver que as coisas estão melhorando."

Ela tem razão. Parecia que tínhamos virado a página no trabalho de alguma forma. Assim como eu não estava perdendo tanto tempo lutando com meu notebook ancião, parecia que minha equipe estava passando cada vez mais de nosso tempo realizando trabalho produtivo e cada vez menos combatendo incêndios.

Embora eu saiba que obter um novo notebook não tenha absolutamente nada a ver com nossa performance organizacional, livrar-me daquela velharia era como me livrar de uma âncora de 500 quilos que alguém amarrou no meu pescoço enquanto eu nadava pelo oceano.

Ainda estamos lutando com o derretimento gradual do projeto congelamento. Acho que provavelmente seremos capazes de descongelar 25% de todos os projetos, junto a um punhado de outros projetos novos destinados a elevar Brent ainda mais.

Ainda há muitas incertezas. Mas, diferente de antes, nossos desafios parecem dentro de nossa capacidade de entender e conquistar. Nossos objetivos finalmente parecem alcançáveis. Não sinto mais que estou sempre pisando em ovos, com cada vez mais pessoas piorando a situação ou tentando me derrubar.

Com a concordância da empresa, exceto por Sarah, de quais são as prioridades, meu trabalho realmente parece justo. É como se tivéssemos a iniciativa e estivéssemos atacando o problema, e não o contrário.

Eu gosto disso.

Olho e vejo Paige sorrindo de volta para mim, e então grito em pânico ao ver Parker derrubando seu copo de cerveja.

O resto da tarde passa rápido demais, mas é um dos melhores dias que tive o ano todo.

Mais tarde, à noite, Paige está aconchegada comigo no sofá. Estamos assistindo ao filme de Clint Eastwood, *O Cavaleiro Solitário*. As crianças foram dormir, e esta é a primeira vez que assistimos a um filme juntos em meses.

Eu dou risada descontroladamente assistindo ao personagem principal, "o Pregador", interpretado por Eastwood, matando metodicamente a gangue de nove delegados malvados. Paige olha para mim em divertida desaprovação.

"O que exatamente é tão engraçado nisso?", pergunta ela.

Isso me faz rir ainda mais. Quando outro delegado leva um tiro no plano de fundo, eu digo: "Olha aquilo! Você sabe o que vai acontecer, mas o xerife só fica lá no meio da rua, assistindo à carnificina! Olha como o vento farfalha pelo casaco dele! E ele nem sacou a arma! Eu adoro!"

"Eu nunca vou entender você", diz Paige, balançando a cabeça com um sorriso.

Nesse momento, meu telefone toca. Eu instintivamente o pego.

Puta merda! É o John. Ninguém o viu ou ouviu falar dele desde aquela reunião de auditoria, há mais de duas semanas. Temos certeza de que ele não foi demitido, mas ninguém sabe mais do que isso. Eu pretendia verificar os hospitais locais para me certificar de que ele não estivesse convalescendo sozinho em algum lugar.

Por mais que eu queira falar com ele, não quero largar Paige e o filme. Olho o relógio e vejo que provavelmente há só mais 15 minutos até o final. Sem querer perder o duelo de armas final, silencio o telefone. Ligarei de volta quando o filme acabar.

Alguns segundos mais tarde, meu telefone toca de novo, e novamente aperto o botão de silenciar.

Meu telefone toca de novo. Pela terceira vez eu o silencio, mas rapidamente envio de volta uma mensagem de texto: *Bom saber de você. Ñ posso falar agora. Ligo em 20 min.*

Inacreditavelmente, meu telefone toca de novo, então eu desligo a campainha, colocando o telefone debaixo de algumas almofadas do sofá.

Paige pergunta: "Quem não para de ligar?"

Quando eu digo "John", ela bufa indignada, e nós assistimos aos dez minutos finais do filme.

"Não acredito que não tinha visto esse filme até hoje!", digo, abraçando Paige. "Essa foi uma ótima ideia, querida!"

"Foi um dia ótimo. É tão bom ter uma vida normal de novo", diz ela, me abraçando de volta, e então, com um sorriso, ela se levanta, levando as garrafas vazias de cerveja com ela.

Eu concordo. Pego meu telefone, meu coração titubeando quando vejo "15 ligações perdidas".

De repente fico com medo de ter perdido algo realmente desastroso, e rapidamente vejo quem ligou. Todas as ligações são de John. Ligo para ele imediatamente.

"Billy, tão bom ouvir sua voz de novo. Meu amigo, meu querido, querido e velho... querido e velho amigo", ele fala enrolado. Deus do céu. Ele está completamente bêbado.

"Desculpe não poder retornar suas ligações imediatamente. Eu estava fora com Paige", digo, sentindo-me um pouco culpado por minha leve inverdade.

"Sem problemas. Olha, eu só queria ver você mais uma... *maish uma veix* antes de ir... de ir embora", diz ele.

"Ir embora? O que você quer dizer com 'ir embora'? Para onde você está indo?", pergunto alarmado, imaginando há quanto tempo está bebendo. Talvez eu devesse ter ligado antes. De repente o vejo do outro lado do telefone com um pote aberto de remédios para dormir na mão, já pela metade.

Eu o ouço rir, talvez um pouco histericamente. "Não se preocupe, Billy. Eu não vou me matar. Não bebi o suficiente... ainda. Rá rá! Eu só queria ver você antes de deixar a cidade esta noite. Deixa eu te pagar uma última cerveja."

"Ahn, isso não pode esperar até amanhã? É quase meia-noite", digo, levemente aliviado.

Ele me diz que estará bem longe amanhã e me convence a juntar-me a ele no centro, no Hammerhead Saloon.

Quando estaciono, imediatamente vejo o Volvo de John. Engatado atrás de seu carro há um trailer U-Haul e uma pilha de latas de cerveja vazias do lado de fora da porta do motorista.

Eu o encontro em uma mesa nos fundos do bar lotado, e é óbvio que ele esteve ali o dia todo. Parece que ele não tomou banho ou trocou de roupas desde a última vez que o vi. Seu cabelo está ensebado e terrivelmente bagunçado, como se tivesse acabado de acordar. Seu rosto está coberto por uma barba de vários dias, e há manchas de comida em sua camisa. Suas chaves e carteira foram descuidadamente jogadas perto do saleiro e pimenteiro.

John acena urgentemente para uma garçonete, levando um momento para ensaiar suas palavras, mas ainda falando enrolado, e diz: "Eu gostaria de dois uísques duplos, puros, para mim e meu amigo aqui. E aqueles nachos deliciosos... Por favor."

Ela olha para mim interrogativamente, obviamente já o tendo servido bastante. Eu concordo, mas digo baixinho: "Vamos começar com duas xícaras de café, por favor. Eu cuidarei dele." Enquanto digo isso, tiro suas chaves da mesa.

Por um momento, ela parece em dúvida, mas me dá um pequeno sorriso e se afasta.

"Cara, você tá uma merda", digo francamente.

"Valeu, cara. Você também", responde ele antes de explodir em risadas.

"Boa. Onde diabos você esteve? Todo mundo tem lhe procurado", digo.

"Eu estive em casa", diz ele, pegando algumas pipocas da nossa mesa. "Estive lendo e assistindo à TV. Nossa, tem umas coisas loucas na TV agora. Loucura! Mas comecei a pensar que era hora de seguir em frente, então passei a maior parte do dia de hoje empacotando as coisas. Só queria fazer uma perguntinha pra você antes de ir embora."

"Você mencionou isso ao telefone", digo, enquanto a garçonete chega com duas xícaras de café e os nachos.

John olha confuso para as canecas na mesa, então eu digo: "Não se preocupe. Nossos drinques estão chegando."

Quando consigo que ele tome um gole de café, ele pergunta: "Só me diz. É verdade mesmo que eu não fiz nada de valor pra você? Nos três anos que trabalhamos juntos, eu nunca, nunca fui útil?"

Eu respiro fundo, tentando decidir o que dizer a ele. Um amigo me disse há muitos anos: "Dizer a verdade é um ato de amor. Reter a verdade é um ato de ódio. Ou pior, apatia."

Eu ri dessas palavras na época, mas com o passar dos anos percebi que um feedback honesto é um presente raro. Olhando para John, mesmo ele parecendo um homem completamente destruído, eu me pergunto se a coisa certa a fazer é deixá-lo escapar dessa e dizer o que ele quer ouvir.

Finalmente, eu digo: "Olha, John. Você é um cara legal, e eu sei que você tem as melhores intenções, mas até a hora em que você ajudou a nos esconder dos auditores do PCI durante a crise do Fênix, eu diria que não. Eu sei que não é isso que você quer ouvir, mas... eu queria ter certeza de não dizer a você um monte de baboseiras."

Incrivelmente, John parece ainda mais abatido do que antes. "Onde está aquele maldito uísque?", grita ele. Virando-se de volta para mim, ele diz: "Você está falando sério? Depois de três anos do inferno trabalhando juntos, você está me dizendo que eu não ajudei você nem um pouquinho?"

"Bem, na maioria desse tempo, eu estava encarregado do grupo de médio porte, com o qual você não se envolvia muito", explico calmamente. "Nós descobrimos nossa própria orientação de segurança na internet. Quando interagíamos, você só tentava jogar um monte de trabalho pra cima de mim. Olha, eu me preocupo com segurança, e sempre procuro riscos em nossos sistemas e dados, mas estamos sempre até o pescoço de trabalho urgente, tentando não nos afogar. E, em meu cargo, só estou tentando ajudar a empresa a sobreviver."

John diz: "Mas você não vê, é isso que eu também estou tentando fazer! Eu só estou tentando ajudar você e o negócio a sobreviverem!"

Eu respondo: "Eu sei. Mas no meu mundo eu sou o responsável por manter todos os nossos serviços funcionando e implementar novos serviços, como o Fênix. A segurança teve que ficar em segundo plano. Acredite em mim, estou bem ciente dos riscos de uma segurança ruim, e sei que uma falha de larga escala na segurança durante meu turno acabaria com minha carreira."

Eu dou de ombros. "Estou tomando as melhores decisões possíveis, dado meu conhecimento dos riscos. Só não acho que todas aquelas coisas que você queria que eu fizesse teriam ajudado o negócio tanto quanto todas as outras coisas que eu tinha pra fazer.

"Fala sério", continuo, "você fica profundamente incomodado pelo negócio passar pela auditoria SOX-404 sem você? Isso faz você questionar a importância e a validade de suas recomendações?".

John só me olha.

No momento certo, nossa garçonete chega com os dois uísques. John pega o seu e o termina em um gole. "Outra rodada, por favor."

Quando ela olha para mim, eu balanço a cabeça e murmuro as palavras: "A conta, por favor? E chama um táxi?"

Ela concorda e desaparece. Eu tomo um gole do meu uísque e olho para John. Sua cabeça está agora reclinada para trás e ele está resmungando algo. Agora ele está completamente ininteligível.

Sinto pena dele.

Pego sua carteira da mesa.

"Ei!", diz.

"Nossa garçonete está fechando a conta e eu tenho que pagar pra ela, mas esqueci minha carteira em casa", digo.

Ele ri, mal olhando para mim. "Sem problemas, velho amigo. Eu pago essa. Eu sempre pago, não?"

"Obrigado", digo, e pego a carteira de motorista dele. Aceno para a garçonete e aponto para o endereço dele.

Devolvendo a carteira de John, eu pego a minha e pago.

Eu ajudo John a se levantar e o coloco no táxi, garantindo que sua carteira e chaves estejam de volta em seu bolso. Sem querer que John fale com o taxista, eu o pago também.

Observando-o ir embora, e então dando uma olhada no seu trailer e U-Haul com apenas uma parte de seus pertences mundanos, eu só balanço a cabeça. Volto para meu carro imaginando quando o verei de novo.

No dia seguinte, ligo para John algumas vezes em seu celular, mas ele não atende. Finalmente, deixo uma mensagem de voz dizendo que espero que ele tenha chegado bem em casa, onde seu carro estava e para me ligar caso precise de alguma coisa.

Os boatos estão a toda. Há conversas de que ele foi hospitalizado, preso, abduzido por alienígenas ou internado em um hospício.

Não tenho certeza sobre como esses rumores começaram, já que não contei a ninguém sobre meu encontro à noite com ele, nem nunca contarei.

Estou terminando de colocar Grant para dormir, na segunda-feira, quando recebo uma mensagem de texto de John. Eu a leio rapidamente: *Obrigado pela carona para casa no outro dia. Estive pensando. Falei pro Dick que você estará presente na nossa reunião das 8h amanhã. Vai ser interessante.*

Que reunião com Dick?

Eu olho para meu telefone. Por um lado, John está vivo e parece capaz de trabalhar. Isso é bom.

Por outro, John está falando sobre uma reunião com Dick, o segundo executivo mais poderoso da empresa, amanhã de manhã, possivelmente em algum estado mentalmente desequilibrado e já transmitiu que sou seu coconspirador.

Isso não é bom. Digito rapidamente uma resposta para ele: *Bom saber de vc. Espero que esteja bem. Sobre o q é a reunião de Dick? Talvez ñ consiga ir.*

Ele responde imediatamente: *Fui arrogante. Percebi ontem q ñ sei mto sobre Dick. Devemos mudar isso. Juntos.*

Preocupado que John esteja totalmente fora da casinha, ligo para ele na mesma hora. Ele atende no primeiro toque, soando estranhamente alegre. Eu o escuto dizer: "Boa noite, Bill. Obrigado de novo por sábado à noite. O que foi?"

"O que exatamente você está aprontando, John?", pergunto. "Sobre o que é essa reunião de amanhã com Dick e por que você está me arrastando pra ela?"

Ele responde: "Eu passei a maior parte do dia de ontem na cama, já que mal conseguia ir e voltar do banheiro. Minha cabeça parecia um limão amassado por um tijolo. Que bebidas você me pagou naquele dia?"

Ele não espera que eu responda antes de continuar: "Fiquei pensando sobre nossa última conversa no bar. Percebi que, se não fiz nada útil para *você*, com quem eu deveria ter mais em comum, então parece lógico que não fui útil para quase ninguém com quem não tenho *nada* em comum.

"Isso deve mudar", diz ele com firmeza.

Mordo a língua, esperando ouvir John, antes de recomendar que cancele a reunião de amanhã.

Ele continua: "Fiquei pensando no que Erik disse, que ele estaria pronto para falar comigo quando Dick dissesse que me queria por perto."

"Ahn, eu não acho que uma reunião de 30 minutos para 'conhecer alguém' fará você chegar lá", digo, seriamente cético.

Ele responde completamente calmo: "Você não concordaria que, como muitas coisas na vida, devemos sempre começar, pelo menos, obtendo uma compreensão da pessoa com quem estamos lidando? O que pode dar errado? Eu só quero aprender mais sobre o trabalho dele."

Na minha cabeça, imediatamente vejo John perguntando ou dizendo algo idiota, irritando Dick completamente, e Dick o demitindo na hora, e então me demitindo também, só para eliminar o contágio.

Ainda assim me vejo dizendo: "Beleza, estarei lá."

CAPÍTULO 25
• *Terça-feira, 14 de outubro*

Na manhã seguinte, às 7h50, ando em direção ao escritório de Dick. Enquanto faço a curva no corredor, vejo John já falando cordialmente com a assistente de Dick. Meu queixo cai. A aparência física de John está completamente mudada.

Ele obviamente tomou banho e se arrumou. Também raspou a cabeça e parece ter perdido 7kg. Ele está usando o que eu só posso descrever como uma camisa no estilo europeu e um colete. Diferente das camisas levemente largas que ele normalmente usa, a camisa rosa que está usando lhe serve perfeitamente. Combinada com o colete, ele parece um... modelo? Alguém que vai a baladas? Um crupiê de Las Vegas?

Com a cabeça raspada, seu sorriso amigável e postura perfeita, ele parece algum tipo de monge iluminado.

Mais acentuadamente, noto que seu fichário de três argolas não está em lugar algum. Em vez disso, ele só está carregando um caderno limpo de anotações preto e branco e uma caneta.

"Bom dia, Bill", diz John com calma angelical.

"Oi", digo finalmente. "Ahn, você está melhor do que da última vez que o vi."

Ele só sorri e então diz algo baixinho para a assistente de Dick, algo que a faz colocar as mãos na boca e rir alto. Ela então se levanta, vai até a porta de

Dick e gesticula para que a sigamos, dizendo: "Vamos ver se conseguimos começar sua reunião um pouco mais cedo. Isso lhes dará mais tempo com ele."

Entro na sala de Dick, seguindo John.

"Belo corte de cabelo", diz Dick a John com um sorriso, apontando para sua própria cabeça raspada. Depois, em um tom de negócios, ele diz: "Então, o que posso fazer por você? Tenho um compromisso às 8h30, então não vamos perder tempo."

John abre seu caderno na primeira página, que está completamente em branco. "Obrigado por reservar esse tempo para nos encontrarmos tão em cima da hora. Prometo que não desperdiçaremos seu tempo. E para garantir que eu não tenha nenhuma noção incorreta ou preconcebida, você poderia começar nos falando o que exatamente faz aqui na Parts Unlimited? Qual exatamente é o seu cargo?"

Meus olhos se arregalam de horror com a pergunta de John. Essa pergunta é feita por crianças no Dia de Levar Seu Filho para o Trabalho, mas não por executivos da empresa.

Eu olho rapidamente para medir a reação de Dick. Ele parece surpreso por um momento, mas então responde suavemente: "Pergunta interessante."

Ele faz uma pausa breve e então parece simplesmente colaborar. "Eu comecei aqui na Parts Unlimited há 15 anos como CFO, que, na época, era definido de maneira bem tradicional. Eu era principalmente responsável por gerenciar os riscos financeiros da organização e liderar o planejamento financeiro e processos de operações. Mesmo naquela época, nós tínhamos um grande número de problemas de conformidade regulamentar, que também eram de minha responsabilidade.

"Logo depois que Steve se tornou o CEO, ele me disse que precisávamos de um executivo sênior para ser responsável pelo planejamento e operações de toda a organização, e então me deu essas responsabilidades. Para ajudar a garantir que a empresa alcance suas metas, estabeleci objetivos e um programa de medidas para toda a equipe gerencial. Eu queria responsabilizar todos nossos gerentes, garantir que eles tivessem as habilidades necessárias para ter sucesso e me certificar de que iniciativas complexas sempre tivessem os investidores certos envolvidos, e assim por diante."

John tira os olhos de seu novo caderno depois de tomar notas furiosamente na primeira página. "Eu ouvi muitas pessoas o chamarem de 'coo de fato' por aqui, e que você é, basicamente, o braço direito de Steve."

Dick considera seus comentários por um momento antes de dizer: "Meu título oficial não tem 'operações' em lugar nenhum, mas é a parte do meu trabalho que mais amo. Quando uma empresa é tão grande quanto esta, com tantos processos de negócios, tantos gerentes e empregados, quase tudo é complexo. Por mais que Steve seja inteligente, até ele precisa de ajuda para garantir que a estratégia e os objetivos da empresa sejam realistas e para fazer uma avaliação objetiva do que realmente somos capazes."

Com um sorrisinho, ele adiciona: "Quer ouvir algo engraçado? As pessoas dizem que eu sou mais acessível que Steve! Steve é incrivelmente carismático, e, vamos ser sinceros, eu sou um babaca. Mas quando as pessoas se preocupam, elas não querem mudar de ideia. Elas querem alguém que as escute e as ajude a garantir que Steve receba o recado."

Eu me vejo inclinar para a frente. Estou surpreso por ouvir Dick dando a John, e consequentemente a mim, respostas tão sinceras e informativas.

"O que diferencia um dia bom de um dia ruim para você?", continua John.

Momentaneamente surpreso, Dick ri alto. "Eu vou lhe dizer como é um dia bom. É como o fim do ano, quando estamos dando um banho nos concorrentes... quando não encerramos a contabilidade, mas todo mundo sabe que será um trimestre monstro. Todos os vendedores atingiram as cotas, e os que estão no topo pisam no acelerador. Um bom dia é quando minha equipe entra em pânico com o tamanho das comissões que daremos a eles.

"Não fico preocupado, porque essas grandes comissões significariam que a empresa estaria ganhando dinheiro", diz ele, sorrindo ainda mais. "Steve ficaria animado em anunciar para a Wall Street e para os analistas o quanto o desempenho da empresa é bom. Tudo possível porque tínhamos uma estratégia vencedora, e também porque tínhamos o plano certo e capacidade de operar e executar. Isso significa que fizemos com que todas as partes desta organização trabalhassem como uma equipe e ganhassem.

"*Isso* é um dia divertido para mim. Nós podemos planejar, e planejar por muito tempo, mas até que executemos e alcancemos nossos objetivos, é só teoria", diz ele. Então seu sorriso some. "É claro que não temos um dia como esse há mais de quatro anos...

"Um dia ruim é como o que tivemos há duas semanas", diz ele, parecendo frustrado agora, e até com raiva. "Não conseguimos fechar o trimestre por causa de alguma falha na TI, não conseguimos executar nosso projeto mais crucial para nos aproximar da concorrência, continuamos a perder clientes, os auditores estão fazendo barulho sobre alguma reformulação de projeto, e o conselho de diretores está debatendo se demitem todos nós por causa dessas furadas."

Dick balança a cabeça, com um sorriso cansado e fraco: "Nesses momentos a gente se pergunta se o problema é a economia, nossa estratégia, nossa equipe gerencial, vocês da TI, ou, muito francamente, talvez o problema todo seja eu. Esses são os dias em que eu só quero me aposentar."

John olha para suas anotações e então pergunta: "Quais são suas metas, objetivos e medidas para este ano?"

Dick se levanta e caminha até sua mesa, dizendo: "Aqui, vou lhe mostrar."

Ele pega um fichário preto e fino de três argolas que estava aberto sobre a mesa, senta em frente a nós e nos mostra o fichário aberto. "Estes são os dois slides que olho todos os dias."

METAS DO CFO

Saúde da empresa

Renda

Fatia de mercado

Tamanho médio de pedidos

Rentabilidade

Retorno sobre ativos

Saúde do Financeiro

Ciclo de pedido para dinheiro

Contas a receber

Relatório financeiro preciso e no prazo

Custos de empréstimos

"Essas são as metas e objetivos da empresa que estabeleci para as finanças", explica ele. "Aprendi que, embora as metas financeiras sejam importantes, elas não são as mais importantes. As finanças podem atingir todos os objetivos, e a empresa, ainda assim, fracassar. Afinal de contas, a melhor equipe de contas a receber do planeta não pode nos salvar no mercado errado, com a estratégia de produto errada, com um time de P&D que não consegue entregar."

Surpreso, percebo que ele está falando da Primeira Maneira de Erik. Ele está falando sobre pensamento sistêmico, sempre confirmando que a organização inteira alcance suas metas, não apenas parte dela.

Enquanto pondero isso, Dick aponta para o segundo slide, dizendo: "Então é isso que está no segundo slide, que mostra o que eu acredito que sejam as metas mais importantes da empresa. Eu olho para esse slide todos os dias."

> Somos competitivos?
> Entender as necessidades e vontades do cliente: sabemos o que construir?
> Portfólio de produtos: temos os produtos certos?
> Eficácia de P&D: conseguimos construir eficazmente?
> Hora de lançar: conseguimos enviar cedo o bastante para que importe?
> Pipeline de vendas: conseguimos converter produtos para potenciais interessados?
> Somos eficazes?
> Entrega no prazo para clientes: os clientes estão obtendo o que prometemos a eles?
> Retenção de clientes: estamos ganhando ou perdendo clientes?
> Precisão da previsão de vendas: podemos fatorar isso em nosso processo de planejamento de vendas?

John e eu nos inclinamos para estudar o slide. Normalmente gerentes como eu só veem os objetivos do próprio departamento. Esse slide mostra a visão geral.

Enquanto penso, John aponta para o slide e pergunta: "Quais dessas medidas estão correndo mais risco?"

Dick dá uma risada sem graça. "Todas elas! Da perspectiva de portfólio de produto, a concorrência está nos matando e roubando nossa fatia de mercado a cada dia. Estamos com $20 milhões e há anos no Projeto Fênix, e ainda não somos competitivos no mercado. Do lado do varejo e fabricação do negócio, a satisfação do cliente está caindo, e estamos perdendo clientes, apesar da promessa das Vendas de que podemos ganhá-los de volta de alguma forma."

John sublinha algumas de suas anotações. "Podemos conseguir uma cópia disso? Bill e eu gostaríamos de estudar mais a fundo e nos certificarmos de que nossas equipes entendam isso, para que possamos garantir que tudo o que fazemos nos ajude a avançar nessas metas."

Dick pensa por um momento. "Claro. Acho que não tem problema. Eu pedirei que minha assistente faça uma cópia para cada um quando forem embora."

"Mais uma coisa", diz John. "Para cada uma dessas iniciativas e medidas, quem são os gerentes responsáveis?"

Dick olha para John de forma avaliadora, assim como eu. Eu também nunca vi esse lado de John antes.

Dick diz: "Minha assistente também conseguirá uma planilha para você com esses nomes."

John agradece a ele e então olha para o relógio. "Nosso tempo está quase acabando. Isso foi realmente ótimo. Muito obrigado por nos dar algum tempo para contar sobre sua vida diária. Há alguma coisa que qualquer um de nós possa fazer por você?"

"Claro", responde ele. "Continuem focados e façam o Fênix funcionar. Sem ele, estamos presos na lama."

Eu fecho a cara. Olho de novo para o segundo slide. Sinto como se o Fênix não fosse aquilo em que Dick deveria me pedir para focar.

Incapaz de articular o porquê, eu apenas digo: "Sim, senhor. Certamente teremos boas notícias para compartilhar no fim do mês." Não tenho certeza absoluta de quais serão as boas notícias, mas aprendi que, ao lidar com oficiais seniores, há hora e lugar para dar más notícias. E não é agora.

"Bom", diz ele, dando-nos um sorrisinho.

Nós trocamos cumprimentos de despedida e saímos de seu escritório.

Quando a porta do elevador se abre, John me diz: "Sabe, eu acho que há algo muito similar sobre escaparmos da auditoria do SOX-404 e o que está no segundo slide de Dick", diz ele. "Não consigo entender bem o que é, mas acho que há algo aqui que precisamos entender melhor."

"Você tem razão", digo. "Não acho que Dick percebe o quanto essas medidas dependem da TI. Ele fez um pedido sobre o Fênix, mas deveria ter feito sobre todos os objetivos."

Ambos entramos no elevador. Eu continuo: "Você está disponível mais tarde para nos encontrarmos? Vamos ver se conseguimos ligar todos esses pontos. Suspeito que não estejamos vendo a ligação que possa explicar por que a empresa continua a não alcançar suas metas e por que a TI continua sendo subvalorizada."

"Com certeza", diz ele animadamente.

Mal posso conter minha animação. A reunião louca de John com Dick parece ter revelado algo genuinamente importante.

Acredito com absoluta certeza que, o que quer que estejamos tentando descobrir, é crucial para a Primeira Maneira. Ele falou sobre a necessidade de entender o verdadeiro contexto do negócio em que a TI reside.

Tenho certeza de que ninguém ligou as principais medidas de Dick aos pré-requisitos dos objetivos de TI.

Não é de se admirar que Dick tenha apenas um senso vago de que a TI esteja estragando tudo. É uma dor chata e latejante que não conseguimos localizar. Nosso próximo passo é óbvio: devemos deixar essas dores bem específicas e visíveis para convencer Dick de que a TI é capaz não só de estragar com menos frequência as coisas, mas ajudar todo o negócio a vencer.

Isso é importante e urgente demais para que lutemos cegamente no escuro, e eu preciso ligar para o Erik para pedir conselho. Em pé no saguão do Prédio 2, faço uma discagem rápida para ele.

"Sim?", eu o escuto atender.

Eu digo: "Bom dia, Erik. Acabamos de ter uma reunião extraordinária com Dick. Você tem algum tempo para me ajudar a pensar sobre isso?"

Quando ele geme "Sim", descrevo para ele a reunião e como ela aconteceu, e minha certeza de que descobrimos algo crucial.

"Bem, que bom para o Jimmy. Ou talvez eu deva chamá-lo de 'John'. Ele finalmente parou de pensar só em si mesmo para começar a enxergar", escuto Erik dizer enquanto ri, sem crueldade. "Como parte da Primeira Maneira, você deve ter uma compreensão verdadeira do sistema do negócio em que a TI opera. W. Edwards Deming chamou isso de 'avaliação do sistema'. Quando se trata de TI, você encontra duas dificuldades: por um lado, no segundo slide de Dick, você vê que agora há compromissos organizacionais pelos quais a TI é responsável a ajudar a erguer e proteger, que ninguém ainda havia verbalizado precisamente. Por outro, John descobriu que alguns controles de TI que ele valoriza muito não são necessários, porque outras partes da organização estão mitigando adequadamente esses riscos.

"Isso tudo trata de dar escopo ao que realmente importa dentro da TI. E, como quando o sr. Esfera disse a todos na *Planolândia*, você deve sair do reino da TI para descobrir onde o negócio depende da TI para alcançar suas metas." E ele continua: "Sua missão é dupla: precisa descobrir onde fez um subescopo da TI — onde certas partes dos processos e tecnologia que você gerencia ativamente põem em risco a conquista de metas de negócios — como codificado pelas medidas de Dick. E, em segundo lugar, John deve descobrir onde ele fez um superescopo da TI, tais como todos aqueles controles de TI da SOX-404 que não eram necessários para detectar erros materiais nas declarações financeiras.

"Você deve achar que estamos misturando as coisas, mas garanto que não estamos", continua ele. "Alguns dos auditores mais espertos dizem que existem apenas três objetivos de controle interno: obter garantia de confiabilidade do relatório financeiro, concordância com leis e regulamentações, e eficiência e eficácia de operações. É isso. Isso de que você e John estão falando são só slides diferentes do que é chamado de 'cubo COSO'."

Eu me forço a continuar escutando, tomando notas furiosamente para que possa procurar os termos mais tarde no Google.

Eu o escuto continuar: "Eis o que você e John precisam fazer: falem com os donos dos processos de negócios para os objetivos do segundo slide de Dick. Descubram quais são exatamente os cargos deles, quais processos de negócios servem de base para suas metas, e então obtenham com eles a lista principal de coisas que põem essas metas em risco.

"Vocês devem entender as cadeias de valores requeridas para alcançar cada uma das metas de Dick, incluindo as que não são tão visíveis, como aquelas da TI. Por exemplo, se você fosse uma empresa de fretes que cruzasse o país entregando pacotes usando uma frota de 100 caminhões, uma de suas metas corporativas seria a satisfação do cliente e a entrega no prazo."

Eu o escuto continuar: "Todo mundo sabe que um fator que põe em risco a entrega no prazo são quebras de veículos. Um fator causal chave para quebras de veículos é a falha na troca de óleo. Então, para mitigar esse risco, você criaria um SLA para operações de veículos para trocar o óleo a cada 8.000km."

Obviamente se divertindo, ele continua explicando: "Nosso indicador-chave de desempenho (KPI) é a entrega no prazo. Então, para alcançá-lo, você criaria um novo KPI preditivo, digamos, da porcentagem de veículos que realizaram as trocas de óleo exigidas.

"Afinal de contas, se apenas 50% de nossos veículos estiverem em concordância com as políticas de manutenção requeridas, há uma boa chance de que, em um futuro próximo, nossos KPIs de entrega no prazo caiam muito quando os caminhões começarem a parar na beira da estrada com todos os pacotes que estão carregando.

"As pessoas acham que, só porque a TI não usa óleo de motor e não carrega pacotes físicos, ela não precisa de manutenção preventiva", diz Erik, rindo para si mesmo. "Que, de alguma forma, como o trabalho e a carga que a TI carrega são invisíveis, você só precisa jogar mais pó mágico nos computadores para que funcionem de novo.

"Metáforas como trocas de óleo ajudam as pessoas a fazerem essa conexão. Trocas preventivas de óleo e políticas de manutenção de veículos são como patches preventivos de vendas ou políticas de gestão de mudanças. Ao mostrar como os riscos de TI colocam as medidas de desempenho de negócios em risco, você pode começar a tomar melhores decisões de negócios.

"Tudo bem, mais uma coisa antes de eu ir", diz ele. "Garanta que John cumpra sua missão. Ele precisa falar com o lado financeiro da equipe de auditoria da SOX-404. Ele deve aprender exatamente como o negócio conseguiu se livrar da última auditoria e como o ambiente de controle realmente se parece e onde a dependência realmente está. E ele deve, então, explicar isso pra você.

"Vocês estarão prontos para sua reunião com Dick quando tiverem construído as cadeias de valores, ligando seus objetivos a como a TI os coloca em risco. Reunindo exemplos concretos de como os problemas da TI colocaram essas metas em risco no passado. Garanta que estejam preparados."

E, com isso, ele diz: "Na verdade, sinta-se à vontade para me convidar para essa reunião. Quero ver a cara do Dick quando você apresentar o que aprendeu." E ele desliga o telefone.

CAPÍTULO 26

• *Sexta-feira, 17 de outubro*

Quando Patty entra na sala de reuniões, suspira alto ao ver a aparência transformada de John. "Ai, meu Deus, John. Você está fantástico!"

Surpreendentemente, quando Wes chega, não parece notar nada diferente.

Quando todos estão presentes, eu rapidamente compartilho o que aprendi com Erik. Decidimos que Patty e eu começaremos as entrevistas com os donos de processos de negócios para "entender as necessidades e desejos dos clientes", "portfólio de produtos", "hora de lançar" e "pipeline de vendas", enquanto John pesquisará o ambiente de controle sox-404 do negócio, como orientado por Erik.

É sexta-feira, e estamos agendando a entrevista com Ron Johnson, o VP de Vendas de Fabricação. Trabalhei com ele há alguns anos, como parte do projeto de integração de aquisição, e estou surpreso que esteja na cidade. Ele normalmente está por aí, viajando pelo mundo, ajudando a fazer negociações e a salvar contas problemáticas. Ele tem a reputação bem merecida de ser uma das pessoas mais divertidas da empresa com quem viajar. O tamanho de seus relatórios de gastos prova isso.

Patty e eu estamos sentados na frente da mesa dele no Prédio 2. Enquanto o escutamos berrar com seus colegas em uma chamada de conferência, eu olho as várias fotos dele na parede: em campos de golfe, com seus principais vendedores em locais exóticos, em Clubes Presidenciais e apertando a mão de clientes. No canto, há uma árvore falsa em um vaso, completamente coberta com centenas de crachás de conferências e cordões de segurança.

Este é, definitivamente, o escritório de alguém que adora estar com pessoas. Ele é um cara grande e sociável, com uma risada ainda mais alta.

Ao longo de vários uísques com ele em uma noite em Chicago, fiquei surpreso ao ouvir que muito de seu comportamento é um personagem cuidadosamente construído. Enquanto ele é externamente muito barulhento e extrovertido, na verdade, é introvertido por natureza, muito analítico e apaixonado pela disciplina de vendas. Ouvindo-o repreender mais uma pessoa ao telefone, penso no quanto é estranho que até uma disciplina como vendas, conhecida por sua natureza caótica e imprevisível, seja mais previsível que a TI.

Há pelo menos um funil previsível que vem de campanhas de marketing, gerando prospectos, *leads*, líderes qualificados e oportunidades de vendas que levam a uma pipeline de vendas. Um vendedor que não atinja seu número raramente põe em risco o departamento todo.

Por outro lado, qualquer um de meus engenheiros pode me fazer ser demitido ao cometer uma mudança aparentemente pequena e inofensiva que resulte em uma interrupção incapacitante abrangendo toda a empresa.

Ron bate o telefone. "Desculpa, gente. Apesar de todo treinamento que faço, às vezes minha equipe se comporta como um bando de animais selvagens", diz ele, ainda exasperado. Ele rasga em dois o documento grampeado que está segurando e o joga na lata de lixo.

"Nossa, Ron", eu não posso deixar de dizer. "O lixo reciclável está bem ao seu lado!"

"Eu já não estarei mais aqui quando os aterros estiverem cheios!", diz ele com uma risadona.

Ele pode morrer logo, mas meus filhos não. Enquanto explico para ele por que estamos aqui, pego os papéis do lixo debaixo da mesa e os coloco no lixo reciclável. "Você está listado como o proprietário das medidas do 'pipeline de vendas' e da 'precisão da previsão de vendas' na planilha de Dick. O que você pode nos contar sobre os desafios de atingir esses números?"

"Olha, não sei muito sobre TI. Talvez seja melhor se vocês conversarem com alguém da minha equipe", responde ele.

"Não se preocupe, não estamos perguntando nada relacionado a TI. Vamos só falar sobre suas medidas", eu o asseguro.

"Tudo bem, é o seu tempo...", diz ele. "Se você quer falar sobre precisão de previsão de vendas, precisa primeiro saber por que ela é tão imprecisa. Tudo começa quando Steve e Dick me entregam um alvo de renda maluco, deixando que eu me vire para descobrir como entregá-lo. Por anos tive que atribuir capacidade de quota demais para a minha equipe, então *é claro* que não atingimos os números! Eu digo isso a Steve e Dick, ano após ano, mas eles não escutam. Provavelmente porque a diretoria está enfiando um alvo arbitrário de renda goela abaixo deles.

"É uma maneira de merda de dirigir uma empresa. Isso desmoraliza minha equipe, e os melhores que eu tenho estão se demitindo em massa. Claro, nós os substituímos, mas leva pelo menos um ano para que os substitutos tenham desempenho de capacidade total de quota. Mesmo nessa economia ruim, demora tempo demais para encontrar vendedores qualificados.

"Sabe o que me incomoda?", continua ele. "A Sarah prometeu que adquirindo as lojas de varejo aceleraríamos nossas vendas. E isso aconteceu? Claro que não!

"Nós estamos ferrando completamente a execução. Esta manhã, um gerente de distrito estava gritando que precisava de cargas dos nossos novos kits de injeção de combustível, porque todas as suas lojas não têm mais estoque. Estamos perdendo as vendas mais fáceis que podemos fazer! Nossos clientes querem comprar, mas estão saindo de mãos vazias, provavelmente comprando algo pior de um de nossos concorrentes."

Ron diz, com raiva: "Não temos ideia do que nossos clientes querem! Temos produtos demais que nunca serão vendidos e nunca o suficiente dos que vendem."

Suas palavras me soam familiares, e eu olho para o slide de Dick novamente. "Você está dizendo que a 'precisão de previsão de vendas' está em risco pela nossa má 'compreensão das necessidades e desejos dos clientes'? E que, se soubermos quais produtos estão sem estoque nas lojas, poderemos aumentar as vendas?"

"Isso aí", diz ele. "Com o tráfego que temos nas lojas, essa é a maneira mais rápida e fácil de aumentar nossa renda. É muito mais fácil do que lidar com os caprichos inconstantes de nossos grandes compradores automotivos, com certeza."

Tomo nota para mim mesmo, para descobrir como os dados de esgotamento de estoque são gerados, e vejo Patty tomando notas furiosamente também.

Pergunto a Ron sobre o processo de pipeline de vendas e seus desafios, e ouço bastante. Ele nos fala muito sobre o quanto é difícil para seus gerentes obter os relatórios de que precisam no nosso sistema de gestão de relacionamento com o cliente (CRM) e a batalha sem fim para garantir que sua força de vendas o utilize no trabalho diário.

Mas as comportas realmente se abrem quando pergunto como é um dia ruim para ele.

"Um dia ruim?", repete ele, olhando para mim de modo desaprovador. "Ora, Bill, é positivamente catastrófico quando o MRP e os sistemas de telefone que você gerencia caem, como aconteceu há algumas semanas. Só com a interrupção do MRP, nós tínhamos clientes gritando sobre atraso de pedidos, e dois deles cancelaram pedidos de $25 milhões na hora. Estamos nos virando do avesso para evitar que alguns de nossos melhores clientes façam nova licitação de contratos de $1,5 milhão."

Ele se inclina na mesa. "E quando os telefones caíram nos últimos dias do trimestre, e os clientes não conseguiam nos passar pedidos ou fazer mudanças de última hora! Isso atrasou outro $1,5 milhão em pedidos, e 10 clientes estão reavaliando seus contratos, colocando outros $5 milhões de contratos em risco.

"Você está dificultando meu trabalho cada vez mais, colega", diz ele. "Muitos dos meus vendedores perderam sua quota por pequenas frações devido a coisas totalmente fora do controle deles. Para manter o moral elevado, estou exigindo que Steve dê um crédito de quota por qualquer pedido que tenha atrasado por causa de nossas cagadas."

Faço uma careta. Steve vai amar a ideia tanto quanto amou Sarah entregando vouchers para clientes insatisfeitos do Fênix.

"Eu sinto muito que isso tenha acontecido sob a minha supervisão. Não há desculpas para isso", digo sinceramente. E conto a ele o que aconteceu com o vendedor fazendo a mudança não autorizada no interruptor de telefone, e os passos que estamos tomando para garantir que isso não aconteça novamente.

Explico: "Nós temos políticas de controle de mudanças, mas, como você sabe, treinamento e confiança vão só até certo ponto. A certa altura, precisamos monitorar para reforçar essas políticas. O problema é que precisamos expandir o licenciamento além do que a Segurança da Informação implementou, e está difícil de conseguir capital de emergência atualmente. Especialmente para as Operações de TI."

Ron fica muito vermelho. "Por quê? Para que estão economizando? Provavelmente outra aquisição sem noção com que Sarah está sonhando." Ele ri, sem achar graça. "De quanto dinheiro estamos falando?"

Quando conto, ele parece enojado. "Nós gastamos mais dinheiro regando os jardins das fábricas toda semana! Dick vai me ouvir sobre isso. Se ele não está disposto a gastar dinheiro, talvez percamos pedidos, mesmo que seu projeto seja só uma garantia para que possamos coletar todo o trabalho duro que minha equipe de vendas faz. É muito fácil resolver!"

"Nós também achamos. Obrigado pelo apoio", digo. "Estamos quase sem tempo. Há algum outro desafio ou obstáculo com o qual possamos ajudar?

Ele olha para seu relógio por um momento. "Não, só evite que aqueles vendedores derrubem nossos sistemas telefônicos de novo, entendeu?"

Patty parece revigorada enquanto folheia suas notas perto dos elevadores. Ela diz: "Ron mencionou o quanto os telefones e os sistemas MRP são cruciais, mas tenho certeza de que há mais, como os sistemas de gestão de inventário. Trabalharei na criação da lista completa de aplicações e infraestrutura que dão suporte a Ron. Se algum deles for frágil, precisaremos adicioná-los à nossa lista de substituição. Essa é uma ótima oportunidade para sermos proativos."

"Você leu minha mente", digo, sorrindo. "Esse trabalho preventivo dá suporte aos objetivos mais importantes da empresa. Como sabemos? Começamos pelas medidas com as quais Dick mais se importa."

Estou satisfeito. Agora eu realmente estou ansioso pela nossa próxima entrevista, que é com Maggie Lee, que patrocinou o Fênix.

Patty e eu nos reunimos com Maggie na segunda-feira seguinte. Durante o final de semana, Sarah me enviou um e-mail exigindo saber a pauta da reunião, ameaçando cancelá-la. Quando comecei a copiar Dick e Steve em minhas respostas, ela se acalmou, mas me avisou para não me intrometer em seu departamento.

Eu não estou preocupado. Tanto Patty quanto eu trabalhamos com Maggie regularmente. Ela é a patrocinadora de negócios de mais da metade dos projetos de TI. Dentre outras coisas, Maggie é responsável por garantir que a empresa tenha a melhor variedade de mercadorias possível em cada uma de nossas lojas, e ela é dona dos mapas de categoria e precificação.

Ao descrever suas responsabilidades, ela resume: "Basicamente, a maneira pela qual meço nossa compreensão das necessidades e desejos dos clientes é procurando saber se eles nos recomendariam para seus amigos. De qualquer jeito que você olhe, nossas métricas não são muito boas."

Quando pergunto por que, ela suspira. "Na maior parte do tempo, estamos voando às cegas. Idealmente, nossos dados de vendas nos diriam o que os clientes querem. É de se pensar que, com todos esses dados em nossa entrada de pedidos e sistemas de gestão de inventário, poderíamos fazer isso. Mas não podemos, porque os dados quase sempre estão errados."

Patty me olha de forma significativa, enquanto Maggie continua: "Nossa qualidade de dados é tão ruim, que não podemos confiar neles para fazer nenhum tipo de previsão. Os melhores dados que temos agora vêm de entrevistas com nossos gerentes de lojas a cada dois meses e dos grupos de foco de clientes que fazemos duas vezes por ano. Não se pode dirigir um negócio bilionário desse jeito e esperar ter sucesso!

"No meu último emprego, recebíamos relatórios de vendas e esgotamento de estoque todos os dias", continua ela. "Aqui nós os recebemos uma vez por mês do Financeiro, mas eles estão cheios de erros. O que você espera? São feitos por um bando de estagiários, copiando e colando números entre um milhão de planilhas."

"Se você pudesse ter uma varinha mágica, o que faria?", pergunto.

"Qual o tamanho dessa varinha mágica?", pergunta ela.

"Ela pode fazer o que você quiser", respondo, sorrindo.

"Essa é uma varinha mágica grande", diz ela, rindo. "Eu quero informações de pedidos precisas e oportunas de nossas lojas e canais online. Quero conseguir isso apertando um botão, em vez de correr pelo circo que criamos. Eu usaria esses dados para criar campanhas de marketing que fazem testes A/B de ofertas continuamente, descobrindo as que nossos clientes querem. Quando descobríssemos o que funciona, replicaríamos isso em toda nossa lista de clientes. Fazendo isso, criaríamos um funil de vendas enorme e previsível para Ron.

"Eu usaria essa informação para conduzir nosso cronograma de produção, para que pudéssemos gerenciar nossas curvas de oferta e demanda. Manteríamos os produtos certos nas prateleiras certas das lojas e os manteríamos em estoque. Nossa renda por cliente iria às alturas. Nossos tamanhos médios de pedidos aumentariam. Finalmente aumentaríamos nossa fatia de mercado e começaríamos a ganhar da concorrência de novo."

Enquanto nos fala isso, parece animada e entusiasmada. Mas então sua exuberância desaparece, e soando derrotada, ela diz: "Mas, infelizmente, estamos presos com os sistemas que temos."

"Espera um pouco. Pensei que o Fênix devesse corrigir tudo isso", digo.

Ela bufa em desgosto. "Tudo o que conseguimos com o Fênix foi um monte de promessas. Ele deveria fazer muitos dos relatórios, mas há tanta pressão política para lançar algo, que eles começaram a desistir de alguns recursos. E adivinha qual recurso estão adiando até algum dia no ano que vem." Ela torce o nariz em descrença.

"Relatórios?", eu chuto, esperando o pior.

Maggie concorda, e tento me manter otimista. "Por enquanto, vamos supor que a varinha mágica tenha funcionado. Agora temos ótimos dados vindo das lojas. Você mantém os produtos certos nas lojas, e as campanhas que você inventa estão tendo mais sucesso do que nos seus melhores sonhos. E aí?"

"A vida fica animadora, é isso!", diz ela, seus olhos se iluminando. "Ano passado nós enviamos um sistema de injeção de combustível personalizado para um novo carro esportivo. Tivemos só seis meses para colocar isso no mercado, da prancheta de desenhos para as prateleiras. Conseguimos! Os designers, o pessoal de P&D e o Marketing, todos arrasaram. Tivemos o produto certo, o lugar certo, a marca certa, o preço certo e a qualidade certa. Foi um dos produtos mais vendidos do ano.

"Nós arriscamos e ganhamos muito", diz ela. "Se tivéssemos melhor visibilidade de nossas operações de varejo, poderíamos fazer 50 dessas apostas por ano. Aposto que quatro delas seriam sucesso de passarela! Nós não só seríamos rentáveis, seríamos insanamente rentáveis."

Patty pergunta: "Qual é o tempo aceitável para lançar seus produtos?"

Ela responde rapidamente: "Atualmente? Os produtos precisam ser lançados em seis meses. Nove meses, no máximo. Caso contrário, alguma empresa chinesa roubará nossa ideia, a colocará nas prateleiras de nossos concorrentes e pegará a maioria do mercado.

"Nestes tempos competitivos, o mais importante é chegar rápido ao mercado e fracassar rápido. Nós não podemos ter timelines de vários anos para desenvolvimento de produto, esperando até o fim para descobrir se temos um vencedor ou um perdedor em mãos. Precisamos de ciclos de tempos curtos e rápidos para integrar continuamente o feedback do mercado.

"Mas essa é só metade do todo", continua ela. "Quanto maior o ciclo de desenvolvimento de produto, mais o capital da empresa fica preso e não nos dá retorno. Dick espera que, em média, nossos investimentos em P&D retornem mais de 10%. Essa é a taxa interna mínima. Se não atingirmos a taxa mínima, o capital da empresa teria sido mais bem investido no mercado de ações ou apostado em corridas de cavalo.

"Quando o capital de P&D está preso como WIP por mais de um ano, sem retornar dinheiro para a empresa, fica quase impossível pagar o negócio", continua ela.

Puta merda! A Maggie também está começando a soar estranhamente como o Erik. A necessidade de reduzir continuamente os tempos de ciclos faz parte da Primeira Maneira. A necessidade de amplificação de *loops* de feedback, idealmente do cliente, faz parte da Segunda Maneira.

Mas nove meses, no máximo, para retornar dinheiro para a empresa? Estamos com o Fênix há quase três anos, e ele ainda não criou o valor comercial desejado.

Tenho a terrível sensação de que estamos tratando o Fênix de um jeito totalmente errado.

Olho meu relógio e vejo que nosso tempo está quase acabando. Colocando os pensamentos sobre o Fênix de lado, eu pergunto a Maggie sobre outras maneiras de a TI estar impedindo a realização de suas metas.

Sua expressão fica obscura. "Bem, tem mais uma coisa…"

Maggie descreve, então, a intensa competição por recursos de projetos de TI. "Nosso horizonte de planejamento é de 6 a 12 meses. Como alguém sabe em quais projetos deve trabalhar daqui a 3 anos?", pergunta ela, com raiva, repentinamente lembrando-me Ron.

Nada une mais as pessoas do que reclamar da TI.

"Eu entendo completamente sua frustração", digo impassível. "Você tem alguma ideia de como corrigir isso?"

Ela compartilha várias ideias sobre contratar mais gente de TI, dedicar pessoas da TI para seu grupo, colocar mais escrutínio nos projetos que estão entupindo a fila de projetos de TI, e assim por diante.

A maioria das ideias não é nova, e eu apenas levanto minhas sobrancelhas com a noção de um orçamento maior de TI. Steve e Dick nunca aceitarão isso.

"Incrível!", exclama Patty enquanto saímos do escritório de Maggie. "Não acredito no quanto Maggie e Ron estão frustrados. Você consegue acreditar que citaram de novo dados não confiáveis em entradas de pedidos e sistemas de gestão de inventário? E não acredito que o Fênix, como projetado atualmente, não corrigirá os problemas de qualidade de dados!"

Eu concordo com a cabeça e digo decisivamente: "Marque uma reunião com John e Wes. Mostraremos a eles o que aprendemos até agora. Convide o Chris também. Isso vai além das Operações de TI. Isso também pode mudar como priorizamos e desenvolvemos nossas aplicações."

Enquanto ela sai, eu olho para meus cálculos do Fênix novamente.

Nós gastamos mais de $20 milhões no Fênix ao longo de três anos. Com todo esse WIP e capital preso dentro do projeto, ele provavelmente nunca conseguirá a taxa interna mínima de 10%. Ou seja, o Fênix não deveria ter sido aprovado.

CAPÍTULO 27

• *Terça-feira, 21 de outubro*

Estou em uma sala de reuniões com Patty, Wes, Chris e John para compartilhar o progresso que Patty e eu fizemos.

Eu começo declarando: "Nós entrevistamos Ron e Maggie, os proprietários dos processos de negócios do slide de medidas da empresa que Dick fez. Passei algum tempo pensando no que aprendemos."

Desenterro minhas notas e ando até a lousa, escrevendo: "Resultados de negócios desejados pela Parts Unlimited: aumentar a renda, aumentar a fatia de mercado, aumentar o tamanho médio de pedidos, recuperar a lucratividade, aumentar o retorno dos recursos."

Depois, desenho a seguinte tabela:

MEDIDAS DE DESEMPENHO	ÁREA DE DEPENDÊNCIA DA TI	RISCOS DE NEGÓCIOS DEVIDO À TI	CONTROLES DE TI DEPENDEM DE
1. Entender as necessidades e desejos do cliente	Sistemas de entrada de pedidos e de gestão de inventário	Dados imprecisos, relatórios fora do prazo e que requerem retrabalho	
2. Portfólio de produtos	Sistemas de entrada de pedidos	Dados imprecisos	
3. Eficácia do P&D			
4. Hora de comercializar (P&D)	Fênix	Tempo de ciclo de três anos e WIP tornam improvável o alcance da taxa mínima interna de retorno	
5. Pipeline de vendas	CRM, campanha de marketing, telefone/correio de voz, sistemas MRP	Gerente de vendas não consegue ver/gerenciar o pipeline, clientes não conseguem inserir/mudar pedidos	
6. Entrega no prazo para clientes	CRM, telefone/correio de voz, sistemas MRP	Clientes não conseguem inserir/mudar pedidos	
7. Retenção de clientes	CRM, sistemas de suporte ao cliente	Vendas não consegue gerenciar a saúde do cliente	
8. Precisão de previsão de vendas	(idem ao nº1)	(idem ao nº1)	

Apontando para a lousa, eu digo: "A primeira coluna dá nome às capacidades e processos necessários para alcançar os resultados desejados por Dick. A segunda coluna lista os sistemas de TI dos quais esses processos de negócios dependem. A terceira coluna lista o que pode dar errado com os sistemas de TI ou com os dados. E na quarta coluna escreveremos as contramedidas para evitar que essas coisas ruins aconteçam, ou, no mínimo, que possamos detectá-las e reagir."

Durante a meia hora seguinte, passo com eles a tabela e todas as queixas. "Aparentemente, para as coisas com que Dick mais se importa, a TI é importante", digo, impassível. Wes diz: "Fala sério. Eu não sou o cara mais inteligente aqui, nem de longe. Mas, se somos tão importantes, por que eles estão tentando nos terceirizar? Admita, nós mudamos de um orfanato para outro há décadas."

Nenhum de nós tem uma resposta boa.

"Sabe, eu realmente gosto da terceira coluna de Bill: 'riscos de negócio devido à TI'", diz John. "Ao descrever o que poderia dar errado na TI que evita que o resultado do negócio seja alcançado, estamos ajudando os proprietários de processos de negócios a conseguir seus bônus. Isso deve ser *muito* persuasivo. A empresa poderia até nos agradecer por fazer todo esse trabalho, o que seria uma mudança revigorante."

"Eu concordo. Bom trabalho, Bill", diz Chris finalmente. "Mas qual é a solução?"

Eu digo: "Alguém tem alguma ideia?"

Surpreendentemente, John fala primeiro. "Parece bem óbvio para mim. Precisamos criar os controles para mitigar os riscos na sua terceira coluna. Depois mostramos essa tabela para Ron e Maggie, nos certificando de que acreditem que nossas contramedidas os ajudam a alcançar seus objetivos. Se eles comprarem a ideia, trabalharemos com eles para integrar a TI em suas medidas de desempenho...

"Esse exemplo que Erik nos deu é perfeito. Eles integraram 'concordância com procedimentos de manutenção de veículos' como o indicador líder para 'entrega no prazo' e 'retenção de clientes'. Precisamos fazer o mesmo."

Arregaçamos as mangas e começamos a trabalhar.

Para os sistemas telefônicos e de MRP, estabelecemos rapidamente que as medidas preditivas incluíam a concordância com o processo de gestão de mudanças, supervisão e revisão de mudanças de produção, conclusão da manutenção agendada e eliminação de todos os pontos individuais de falha conhecidos.

Quando começamos as 'necessidades e desejos dos clientes', ficamos presos.

É John quem nos faz continuar de novo. "Aqui, o objetivo não é a disponibilidade do sistema, é a integridade dos dados, que, incidentalmente, formam duas das três pernas do 'triângulo confidencialidade, integridade e disponibilidade' ou CID." E ele pergunta para o Chris: "Então o que está causando os problemas de integridade de dados?"

Chris bufa em desgosto. "O Fênix corrige vários deles, mas ainda temos problemas. A maioria deles é causada no fluxo superior, porque o pessoal de Marketing continua inserindo inventário malformado de SKUs. O Marketing também precisa se ajeitar."

Então, para "necessidades e desejos do Marketing", nossas medidas propostas incluem a habilidade do Fênix de dar suporte a relatórios semanais e, por fim, diários, porcentagem de SKUs válidos criados pelo Marketing etc.

No fim do dia, nós geramos um conjunto de slides, que Patty e eu levaremos de volta a Ron e Maggie e, então, apresentaremos para Dick.

"Essa, meus amigos, é uma proposta sólida", diz Wes orgulhoso. E com uma risada alta, ele conclui: "Até um macaco poderia seguir os pontos que conectamos!"

No decorrer do dia seguinte, Patty e eu obtemos um ótimo feedback de Ron e Maggie, e eles se comprometem a apoiar nossa proposta junto a Dick. Quando Ron fica sabendo que ainda não nos deram um orçamento para nosso projeto de monitoramento, ele liga para Dick bem na nossa frente, deixando para ele uma mensagem de voz acalorada, exigindo saber por que ele está se arrastando.

Com todo esse apoio entusiasmado, acho que nossa reunião de quinta-feira com Dick será tranquila.

"*Tudo o que você me disse* é que você dormiu totalmente ao volante!", diz Dick severamente, obviamente nada impressionado pelo que apresentei. De repente me lembro de como Steve nem olhou para as planilhas que preparei quando pedi que priorizasse o trabalho do Fênix e das descobertas da auditoria.

Mas Dick não está sendo desdenhoso. Ele está realmente com raiva. "Você está me dizendo algo que um macaco sem bolas podia ter descoberto. Você não sabia que essas medidas eram importantes? Em toda reunião pública, Steve as repete. Está nos boletins da nossa empresa, é sobre o que Sarah fala em cada um de seus *briefings* de estratégia. Como vocês podem ter deixado passar algo tão importante?"

Eu vejo Chris e Patty inquietos, um a cada lado, enquanto sentamos à frente de Dick na mesa. Erik está perto da janela, inclinado contra a parede.

Eu tenho um *flashback* de quando era sargento da Marinha segurando a bandeira em um desfile. Do nada apareceu um coronel rosnando para mim na frente da unidade toda: "Essa pulseira de relógio é irregular, Sargento Palmer!" Eu podia ter morrido de vergonha na hora, porque sabia que tinha feito cagada.

Mas hoje estou certo de que entendo a missão, e para a empresa ter sucesso, preciso que Dick entenda o que acabei de aprender. Mas como?

Erik limpa a garganta e fala para Dick: "Eu concordo que um macaco sem bolas deveria ter descoberto isso. Então, Dick, explique por que nessa sua pequena planilha de medidas você lista quatro níveis de gerência para cada uma de suas medidas, mas em lugar algum há gerentes de TI listados. Por quê?"

Sem esperar pela resposta de Dick, ele continua: "Toda semana o pessoal de TI é arrastado para exercícios de incêndio no último minuto por gerentes tentando alcançar essas medidas, assim como Brent era puxado para ajudar a lançar a promoção de vendas mais nova de Sarah." Erik faz uma pausa e diz: "Francamente, eu acho que você é um macaco sem bolas tanto quanto Bill."

Dick geme, mas não parece perturbado. Ele finalmente diz: "Talvez, Erik. Sabe, cinco anos atrás, nosso CIO costumava comparecer às nossas revisões de negócios trimestrais, mas ele nunca abria a boca, exceto para nos dizer que tudo o que propúnhamos era impossível. Depois de um ano disso, Steve parou de convidá-lo."

Dick se vira de novo para mim. "Bill, você está me dizendo que todo mundo poderia fazer tudo certo na empresa, mas por causa dos problemas da TI, todos nós ainda não conseguiríamos alcançar esses objetivos?"

"Sim, senhor", digo. "Os riscos operacionais representados pela TI precisam ser gerenciados assim como qualquer outro risco de negócios. Ou seja, eles não são riscos de TI. São riscos de negócios."

Novamente, Dick geme. Ele afunda em sua cadeira, esfregando os olhos. "Merda! Como diabos devemos escrever um contrato de terceirização da TI se nem sabemos do que o negócio precisa?", diz ele, batendo a mão na mesa.

Então pergunta: "Bem, qual é a sua proposta? Presumo que tenha uma."

Eu me sento ereto e começo a apresentação que ensaiei tantas vezes com minha equipe. "Eu gostaria de ter três semanas com cada um dos proprietários de processos de negócios nessa planilha. Precisamos definir melhor e concordar sobre os riscos de negócio representados pela TI e então propor para você um modo de integrar esses riscos nos principais indicadores de desempenho. Nosso objetivo é não só melhorar o desempenho dos negócios, mas obter indicadores mais cedo sobre se vamos alcançá-los ou não, para que possamos tomar atitudes adequadas.

"Além disso", eu continuo, "eu gostaria de agendar uma reunião de tópico único com você e Chris sobre o Fênix", explicando minhas preocupações em como ele, do jeito que é, não deveria nem ter sido aprovado.

"Estamos nos movendo devagar demais, com WIP demais e recursos demais em jogo. Precisamos diminuir nossas liberações e encurtar e entregar mais rápido o reembolso, para que possamos atingir a taxa interna mínima. Chris e eu temos algumas ideias, mas parecerão bem diferentes do nosso plano atual de registro."

Ele permanece em silêncio. Então, declara decisivamente: "Sim para ambas as suas propostas. Eu vou designar Ann para ajudar. Você precisa dos melhores talentos da empresa."

Pelo canto do olho, vejo Chris e Patty sorrindo.

"Obrigado, senhor. Faremos isso", digo, ficando de pé e empurrando todos para fora da sala antes que Dick mude de ideia.

Enquanto saímos do escritório, Erik bate com sua mão em meu ombro. "Nada mal, filho. Parabéns por estar no caminho certo para dominar a Primeira Maneira. Agora ajude John a chegar lá, porque você terá muito trabalho para abordar a Segunda Maneira."

Confuso, eu pergunto: "Por quê? O que vai acontecer?"

"Você descobrirá logo", diz Erik com uma risada.

Na sexta-feira, John convoca uma reunião com Wes, Patty e eu, prometendo notícias fantásticas. Ele diz efusivamente: "Vocês fizeram um ótimo trabalho ligando a TI aos objetivos operacionais de Dick. Finalmente aprendi como nos livramos da auditoria, e tenho quase certeza de que podemos fazer algo fantástico para reduzir nossa carga de trabalho de auditoria e conformidade."

"Fazer menos trabalho de auditoria?", pergunta Wes, olhando para cima e largando o telefone. "Sou todo ouvidos!"

Ele também tem a minha atenção. Se houver uma maneira de tirar a auditoria do nosso pé, sem outra Marcha da Morte de Bataan, não será nada menos que um milagre.

Ele se vira em direção a Wes e Patty. "Precisei entender como escapamos de todas as descobertas dos auditores internos e externos. Primeiro achei que tinha sido só um parceiro de auditoria se desdobrando para nos manter como clientes. Mas isso não era tudo…

"Fui a todos da equipe da Parts Unlimited que estavam naquela reunião, tentando descobrir quem tinha o santo remédio. Para minha surpresa, não era Dick nem nosso conselho corporativo. Dez reuniões depois, eu finalmente descubro Faye, uma analista financeira que trabalha para Ann no Financeiro.

"Faye tem um passado técnico. Ela passou quatro anos na TI", diz ele enquanto nos entrega alguns papéis. "Ela criou esses documentos de controle do SOX-404 para a equipe financeira. Eles mostram o fluxo de informação de ponta a ponta para os processos do negócio principal em cada conta financeiramente significativa. Ela documentou onde o dinheiro ou ativos entraram no sistema e traçou todo o caminho para a contabilidade geral.

"Isso é algo padrão, mas ela levou além: não observou nenhum dos sistemas de TI até que compreendesse exatamente onde nos processos podiam ocorrer erros de material *e* onde seriam detectados. Descobriu que, na maior parte do tempo, seriam detectados em um passo de reconciliação manual no qual o saldo e os valores de uma fonte eram comparados um com o outro, em geral semanalmente.

"Quando isso acontecia", diz ele, com respeito e admiração em sua voz, "ela sabia que os sistemas de TI estariam fora do escopo da auditoria.

"Aqui está o que ela mostrou aos auditores", diz John animadamente, virando para a segunda página. "Citação: 'O controle em que nos baseamos para detectar erros materiais é o passo de reconciliação manual, não os sistemas de TI superiores'. Eu folheei todos os papéis de Faye, e em cada um dos casos os auditores concordaram, retirando sua descoberta de TI.

"É por isso que Erik chamou a pilha de descobertas da auditoria de 'erro de escopo'. Ele tem razão. Se o plano de teste de auditoria tivesse feito o escopo corretamente no início, não haveria nenhuma descoberta na TI!", conclui ele.

John olha em volta, enquanto Patty, Wes e eu olhamos para ele inexpressivamente.

Eu digo: "Não estou entendendo. Como isso se relaciona com reduzir a carga de trabalho de auditoria?"

"Eu estou reconstruindo do zero nosso programa de conformidade, com base na nossa nova compreensão de onde exatamente estamos dependendo de nossos controles", diz John. "Isso dita o que importa. É como ter um conjunto de óculos mágicos que pode diferenciar quais controles são incrivelmente importantes *versus* aqueles que não têm valor algum."

"Sim!", digo. "Esses 'óculos mágicos' nos ajudaram a ver, finalmente, o que importa para Dick em relação às operações da empresa. Estava bem na nossa frente por anos, mas nunca conseguimos ver."

John concorda e sorri muito. Ele vira para a última página do folheto. "Estou propondo 5 coisas que poderiam reduzir nossa carga de trabalho relacionada à segurança em 75%."

O que ele apresenta é de tirar o fôlego. Sua primeira proposta reduz drasticamente o escopo do programa de conformidade SOX-404. Quando ele verbaliza tão precisamente por que é seguro fazer isso, percebo que John também está dominando a Primeira Maneira, tendo realmente alcançado uma "profunda avaliação do sistema".

Sua segunda proposta requer que descubramos, antes de tudo, como as vulnerabilidades da produção chegaram lá, para que possamos garantir que não aconteça de novo, modificando nossos processos de implementação.

Sua terceira proposta requer que sinalizemos todos os sistemas no escopo para auditorias de conformidade no processo de gestão de mudanças da Patty, para que possamos evitar mudanças que poderiam colocar em risco nossas auditorias, e que criemos a documentação corrente que os auditores pedirão.

John olha em volta, vendo todos nós o encarando em um silêncio chocado. "Eu disse algo de errado?"

"Sem ofensas, John...", diz Wes devagar. "Mas... ahn... Você está se sentindo bem?"

Eu digo: "John, eu não acho que você terá nenhuma objeção da minha equipe sobre suas propostas. Acho que são ótimas ideias". Wes e Patty concordam veementemente.

Parecendo satisfeito, ele continua: "Minha quarta proposta é reduzir o tamanho do nosso programa de conformidade de PCI, nos livrando de qualquer coisa que armazene ou processe dados do titular do cartão, que é como lixo tóxico. Perder ou lidar de forma errada com isso pode ser letal, e custa demais para proteger.

"Vamos começar com o sistema de ponto de vendas bobo da cafeteria. Eu nunca mais quero fazer outra revisão de segurança daquela porcaria. Francamente, não me importo com quem leve aquilo, mesmo se for o Vinnie, primo da Sarah. Aquilo tem que ir embora."

Patty cobriu a boca com uma mão, e até o queixo de Wes está na mesa. John enlouqueceu de vez? Essa proposta parece... potencialmente inconsequente.

Wes pensa por um momento e muda de ideia. "Eu adorei! Eu queria que tivéssemos nos livrado disso há anos. Passamos meses protegendo aquele sistema para os auditores. Até foi para o escopo das auditorias do SOX-404 porque se comunicava com os sistemas de folha de pagamento!"

Patty finalmente concorda. "Suponho que ninguém discuta que a POS da cafeteria é uma competência central. Não ajuda nosso negócio, mas certamente o prejudica. E retira recursos escassos do Fênix e de nossos sistemas POS nas lojas, que são definitivamente parte de nossas competências centrais."

"Beleza, John, vamos fazer isso. Você rebateu quatro de quatro", digo decisivamente. "Mas você realmente acha que conseguimos nos livrar disso a tempo de fazer diferença?"

"Aham", diz John, sorrindo confiantemente. "Já falei com Dick e com a equipe jurídica. Nós só precisamos encontrar um terceirizado adequado e nos convencer de que podemos confiar nele para manter e proteger os sistemas e os dados. Podemos terceirizar o trabalho, mas não a responsabilidade."

Wes exclama com esperança: "Você pode fazer alguma coisa para tirar o Fênix do escopo das auditorias também?"

"Por cima do meu cadáver", diz John categoricamente, cruzando os braços. "Minha quinta e última proposta é que paguemos toda a dívida técnica no Fênix, usando todo o tempo que economizaremos com minhas propostas anteriores. Sabemos que há uma quantidade enorme de risco no Fênix: risco estratégico, operacional e um enorme de segurança e conformidade. Quase todas as medidas-chave de Dick dependem dele.

"Como Patty disse, nossos sistemas de entrada de pedidos e de gestão de inventário *são* uma competência central. Dependemos disso para ter uma vantagem competitiva, mas com todos os atalhos que tomamos com isso, é como um barril de pólvora esperando para explodir."

Wes suspira, parecendo incomodado. *O velho John está de volta*, sua expressão diz.

Eu discordo. Esse John é muito mais complexo e cheio de nuances que o velho. No período de alguns minutos, ele esteve disposto a correr riscos maiores, quase inconsequentes, de terceirizar os sistemas POS da cafeteria, até sua insistência inflexível e categórica em que protejamos e fortifiquemos o Fênix.

Eu gosto desse novo John.

"Você está absolutamente certo, John. Temos que pagar a dívida técnica", digo firmemente. "Como você propõe que façamos isso?"

Concordamos rapidamente em parear pessoas nos grupos de Wes e Chris com a equipe de John, para que possamos aumentar o banco de experiência em segurança. Com isso, começaremos a integrar a segurança em todo o nosso trabalho diário, sem mais proteger as coisas depois que são implementadas.

John agradece a todos, indicando que cobrimos tudo na pauta. Eu olho para o meu relógio. Acabamos 30 minutos mais cedo. Isso deve ser um novo recorde mundial de tempo mais curto requerido para concordar em qualquer coisa relacionada à segurança.

CAPÍTULO 28
• *Segunda-feira, 27 de outubro*

No meu caminho para o trabalho, preciso ligar meu aquecedor de banco meses antes do que o normal.

Espero que esse inverno não seja tão ruim quanto o do ano passado. Os parentes da Paige, as pessoas mais céticas que já conheci, começaram a se perguntar se realmente pode haver algo como essa coisa de mudança climática global, no fim das contas.

Quando chego ao meu escritório, tiro meu notebook da mala, sorrindo com a rapidez que ele liga. Enquanto escrevo um relatório para Steve sobre o quanto caminhamos nas últimas seis semanas, não digo nada sobre meu novo notebook, mas quero.

Para mim, o notebook representa tudo o que minha equipe realizou junto. Estou incrivelmente orgulhoso dela. A vida parece diferente agora. O número de interrupções Sev 1 neste mês caiu em mais de dois terços. O tempo de recuperação de incidentes também caiu, provavelmente mais da metade.

O *insight* que ganhamos com aquela primeira reunião estranha com Dick e John me diz que estamos no caminho certo para entender como realmente podemos ajudar o negócio a vencer.

Abrindo meu e-mail, vejo uma nota de Kirsten. Todos os seus gerentes de projeto estão entusiasmados com o quanto os projetos estão fluindo muito mais rapidamente. O número de tarefas esperando por Brent e o resto das Operações de TI está muito mais baixo. Na verdade, se estou lendo o relatório corretamente, Brent está quase acompanhando o fluxo.

Na frente do projeto, estamos em ótima forma, especialmente com o Fênix.

Há outra implementação do Fênix agendada para sexta-feira. É apenas um punhado de correções de defeitos, sem adicionar ou mudar as principais funcionalidades, então deve ser muito melhor do que a última vez. Concluímos todos os nossos produtos no prazo, mas, como sempre, há um milhão de detalhes que ainda precisam ser trabalhados.

Estou feliz por minha equipe conseguir ficar tão focada no Fênix, porque estabilizamos nossa infraestrutura. Quando as interrupções inevitáveis e os incidentes ocorrem, estamos operando como uma máquina bem lubrificada. Estamos construindo um corpo de conhecimento tribal que está nos ajudando a corrigir as coisas mais rápido do que nunca, e quando precisamos escalar, é de maneira controlada e ordenada.

Por causa de nosso monitoramento cada vez melhor da produção de infraestrutura e aplicações, com mais frequência sabemos dos incidentes antes que a empresa saiba.

Nosso atraso de projetos foi bastante diminuído, parcialmente pela erradicação de projetos idiotas da nossa fila. E John fez sua entrega. Nós cortamos um monte de projetos de segurança desnecessários de nossa preparação para auditoria e trabalho de remediação, substituindo-os por projetos de segurança preventiva que minha equipe inteira está ajudando a fazer. Ao modificar nossos processos de desenvolvimento e implementação, estamos fortificando e protegendo tanto as aplicações quanto a infraestrutura de produção de maneira significativa e sistemática. E estamos confiantes de que esses defeitos nunca mais acontecerão no futuro.

Nossas reuniões de gestão de mudança estão mais suaves e regulares do que nunca. Não só temos visibilidade do que nossas equipes estão fazendo, mas o trabalho está realmente fluindo.

Mais do que nunca, as pessoas sabem exatamente no que devem trabalhar. Elas estão obtendo satisfação em corrigir coisas. Estou ouvindo dizer que estão se sentindo mais felizes e otimistas, porque podem realmente fazer seus trabalhos.

É estranho o quanto vejo o mundo da TI mais claramente agora e o quanto ele parece diferente para mim do que há dois meses.

Os experimentos de Patty, estabelecendo kanbans acerca de Brent, são um sucesso. Nós também descobrimos instâncias de trabalho voltando para Brent, porque não entendemos ou não especificamos suficientemente alguma tarefa ou resultado, exigindo que Brent a traduza ou corrija.

Agora, quando isso acontece, nós pulamos rapidamente nisso para garantir que não aconteça de novo.

E não é só o trabalho de Brent que estamos melhorando. Ao reduzir o número de projetos em andamento, estamos mantendo pistas limpas de trabalho, então o trabalho pode ir de um centro de trabalho para outro rapidamente, sendo concluído em tempo recorde.

Todos nós esvaziamos nosso sistema de tíquetes de trabalho antigo. Em um caso, até descobrimos um tíquete que Wes inseriu há mais de dez anos como engenheiro júnior, referindo-se a alguma tarefa para uma máquina que há muito tempo foi descontinuada. Agora temos confiança de que todo o trabalho no sistema é importante e realmente tem a possibilidade de ser concluído.

Não somos mais o Bates Motel de trabalho.

Contra as expectativas de meus funcionários, continuamos aumentando o número de projetos com os quais achamos que podemos lidar ao mesmo tempo. Como temos uma ideia melhor de quais são nossos fluxos de trabalho, e gerindo cuidadosamente os que são permitidos a ir para Brent, descobrimos que podemos liberar mais projetos sem impactar nossos compromissos existentes.

Não penso mais no Erik como um cientista maluco, mas ele é excêntrico, com certeza. Agora que vi os resultados com meus próprios olhos, na minha própria organização, eu sei que o trabalho de Operações de TI é muito similar ao trabalho de fábrica. Erik afirmou repetidamente que nossas melhorias até agora são apenas a ponta do iceberg.

Ele diz que estamos começando a dominar a Primeira Maneira: estamos contendo as transferências de defeitos para centros de trabalho inferiores, gerindo o fluxo de trabalho, estabelecendo o ritmo por nossas restrições e, com base em nossos resultados da auditoria e de Dick, estamos entendendo melhor do que nunca o que é importante e o que não é.

No fim, liderei a porção retrospectiva, em que autoavaliamos como nos saímos e as áreas que deveríamos melhorar. Quando alguém mencionou que deveríamos começar a convidar as pessoas do Desenvolvimento quando fazemos nossa reunião de *postmortem* de análise da causa principal de interrupção, percebi que também estamos no caminho certo para entender a Terceira Maneira de Erik.

Como Erik continua me lembrando, uma grande equipe tem melhor desempenho quando pratica. A prática cria hábitos, e hábitos criam a maestria de qualquer processo ou habilidade. Seja calistenia, treinamento esportivo, tocar um instrumento musical ou, em minha experiência, o exercício sem fim que fazíamos na Marinha. A repetição, especialmente para coisas que exigem trabalho em equipe, cria confiança e transparência.

Na semana anterior, enquanto passávamos pelo nosso último treinamento de interrupção bissemanal, fiquei bem impressionado. Estamos ficando muito bons nisso.

Tenho certeza de que, se a falha na folha de pagamento que aconteceu no meu primeiro dia de trabalho acontecesse agora, poderíamos completar a execução inteira de pagamentos — não só dos assalariados, mas dos horistas também.

John rapidamente obteve a aprovação de Dick e Steve para que um terceirizado assumisse os sistemas POS da cafeteria e o substituísse por algo comercialmente suportado.

Foi um exercício fascinante para Wes, Patty e eu trabalharmos com John para reunir os requisitos de terceirização para os sistemas POS da cafeteria. Como parte do processo de diligência prévia, ouviremos de todos os terceirizados prospectivos todos os dogmas em que costumávamos acreditar antes de nossas interações com Erik. Será interessante ver se conseguimos treiná-los novamente.

Para mim, parece que, se alguém está gerenciando a TI sem falar sobre as Três Maneiras, está gerenciando com suposições perigosamente erradas.

Enquanto pondero isso, meu telefone toca. É o John.

Quando atendo, ele diz: "Minha equipe descobriu algo perturbador hoje. Para impedir o surgimento de atividades não autorizadas de TI de mercado negro, começamos a revisar rotineiramente todos os projetos propostos chegando ao Escritório de Gestão de Projetos da Kirsten. Também procuramos cobranças recorrentes em todos os cartões de crédito corporativos que possam ser por serviços online ou de nuvem — que é outra forma não autorizada de TI. Algumas pessoas estão contornando o projeto congelamento. Você tem um tempo para conversar?"

"Vamos nos encontrar em dez minutos", digo. "Não me deixe esperando. Quem está tentando passar por cima do sistema?"

Eu escuto John rir do outro lado da linha. "Sarah. Quem mais?"

Eu convido Wes e Patty para a reunião improvisada, mas somente Patty consegue comparecer.

John começa a apresentar o que descobriu. O grupo de Sarah tem quatro instâncias de uso de vendedores externos e serviços online. Duas são relativamente inócuas, mas as outras são mais sérias: ela contratou um vendedor para um projeto de $200 mil para fazer mineração de dados de clientes e outro vendedor para inserir tudo em nossos sistemas POS para obter dados de vendas para análises de clientes.

"O primeiro problema é que ambos os projetos violam a política de privacidade de dados que damos aos nossos clientes", diz John. "Nós prometemos repetidamente que não compartilharemos dados com parceiros. Se mudamos ou não essa política, é claro, é uma decisão da empresa. Mas não se engane, se continuarmos com a iniciativa de mineração de dados de clientes, não estaremos em concordância com nossa própria política de privacidade. Podemos até quebrar regulamentações de privacidade estatal que nos expõem a certa responsabilidade."

Isso não parece bom, mas o tom de voz de John sugere que há coisa pior. "O segundo problema é que o vendedor da Sarah usa a mesma tecnologia de banco de dados que usávamos para nosso sistema POS da cafeteria, o qual sabemos que é praticamente impossível de proteger e manter o suporte na produção, se e quando ele se tornar parte das operações diárias."

Eu sinto meu rosto ficar quente. Não é só por causa de outro sistema POS de cafeteria que precisamos adaptar para a produção. É porque aplicações como essa contribuem com nossos dados imprecisos de entrada de pedidos e gestão de inventário. Temos gente demais dando ordens, e ninguém é responsável por manter a integridade dos dados.

"Olha, eu não me importo com as ferramentas de gestão de projeto e faturamento da Sarah. Se os tornarem mais produtivos, deixe que usem", digo. "Provavelmente é seguro, contanto que não faça interface com um sistema de negócios existente, armazene dados confidenciais, afete o relatório financeiro ou coisa do tipo. Mas, se o fizer, então precisamos nos envolver e, pelo menos, confirmar que não impacta nenhum de nossos compromissos existentes."

"Eu concordo", diz John. "Quer que eu dê a primeira olhada naquele documento de política de serviço terceirizado de TI?"

"Perfeito", digo. Mas com menos certeza continuo: "Mas qual é o jeito certo de lidar com a Sarah? Eu me sinto completamente fora da minha área. Steve a protege constantemente. Como transmitimos a ele o caos em potencial que ela está causando com seus projetos não autorizados?"

Certificando-me de que a porta do escritório de John esteja fechada, e digo para ele e Patty: "Caras, me ajudem. O que o Steve vê nela? Como ela se livra de tanta merda? Nas últimas duas semanas eu vi o quanto o Steve pode ser teimoso, mas a Sarah se livra das piores coisas rotineiramente. Por quê?"

Patty bufa. "Se Steve fosse mulher, diria que ele é atraído por homens malvados. Vários de nós especulamos isso há anos. Eu tinha uma teoria, que, devo dizer, foi muito validada na nossa última externa."

Quando ela vê John e eu nos inclinando conspirativamente, sorri. "Steve tem orgulho de ser um cara das operações, e já admitiu várias vezes em reuniões da empresa que não tem dom para a estratégia. Acho que é por isso que ele adorava tanto trabalhar com seu antigo chefe e nosso novo presidente, Bob. Por uma década, Bob foi o cara da estratégia, e tudo o que Steve tinha que fazer era executar a visão.

"Por anos, Steve procurou uma pessoa da estratégia para ser seu braço direito. Ele passou por várias pessoas, até colocando alguns executivos uns contra os outros nessa competição ridícula. Muito maquiavélico." E ela continua. "E Sarah ganhou. O que dizem por aí é que houve muitas punhaladas pelas costas e táticas traiçoeiras, mas suponho que isso seja necessário para chegar ao topo. Evidentemente ela dominou como sussurrar as coisas certas no ouvido dele, reforçando sua paranoia e aspirações."

A explicação de Patty é muito mais sofisticada do que qualquer coisa em que eu tenha pensado. Na verdade, soa muito similar ao que Paige especularia quando fico distante e pareço bravo na hora do jantar.

John diz estranhamente: "Hmm, você não acha que haja algo entre eles, acha? Como algo… inadequado?"

Eu levanto as sobrancelhas. Também pensei nisso.

Patty só cai na gargalhada. "Eu sou muito boa em julgar pessoas. Meus pais eram psicólogos. Eu comeria o diploma dos dois se isso fosse verdade."

Vendo a expressão em meu rosto, ela ri ainda mais. "Olha, nem Wes acredita nisso, e não há ninguém melhor em criar drama do que ele. A Sarah *morre de medo* do Steve! Você já notou que quando alguém está falando, ela está sempre olhando para ele, tentando avaliar sua reação? É bizarro, na verdade."

Ela continua: "Steve tem um ponto cego para as deficiências de Sarah, porque ela tem algo de que ele precisa e admira, que é a habilidade de criar estratégias criativas, independentemente de serem boas ou ruins. Por outro lado, por ser tão insegura, ela fará o que for preciso para não parecer ruim.

"Ela simplesmente não liga para a contagem de corpos que deixa em seu rastro, porque quer ser a próxima CEO da Parts Unlimited", diz Patty. "E, aparentemente, Steve também quer. Ele a está preparando como sua sucessora há anos."

"O quê? Ela poderia ser nossa próxima CEO?", exclamo em choque, rapidamente limpando o café que cuspi na mesa de reuniões de John.

"Eita, chefe! Você não passa muito tempo perto dos bebedores, né?", diz Patty.

É o dia da implementação do Fênix, e eu perdi o Halloween com meus filhos.

Já são 23h40. Enquanto estamos mais uma vez de pé em volta da mesa de reuniões da COR, eu tenho um sentimento inquietante de déjà-vu. Conto 15 pessoas aqui, incluindo Chris e William.

A maioria das pessoas está tensamente amontoada em volta da mesa, com notebooks abertos, caixas de pizza e papéis de doces empilhados atrás delas. Várias outras pessoas estão na lousa, apontando para *checklists* ou diagramas.

Levou três horas a mais do que o planejado para migrar o Fênix para o ambiente de teste de QA e passar por todos os testes. Embora isso seja muito melhor do que na implementação anterior, eu pensei que teríamos menos problemas, dado o quão duro trabalhamos para melhorar o processo de implementação.

Às 21h30, estávamos finalmente prontos para fazer a migração para a produção. Havíamos passado por todos os testes, e Chris e William deram positivo para a implementação. Wes, Patty e eu olhamos os relatórios de testes e demos o sinal verde para começar o trabalho.

Então as portas do inferno se abriram.

Um dos passos críticos de migração de banco de dados falhou. Nós só tínhamos completado 30% dos passos de implementação, e mais uma vez estávamos impossibilitados de continuar. Devido a mudanças no banco de dados e os scripts já executando, não era possível voltar no tempo restante antes de as lojas abrirem na manhã do dia seguinte.

Mais uma vez, tínhamos que lutar para seguir em frente, tentando chegar ao próximo passo para que a implementação pudesse ser retomada.

Encostando-me na parede, observo todos trabalhando, de braços cruzados, tentando não caminhar. É frustrante que mais uma vez estejamos lutando com outra implementação do Fênix dando errado, com resultados potencialmente desastrosos.

Por outro lado, comparado à última vez, as coisas estão bem mais calmas. Embora haja tensão e um monte de argumentos acalorados, todo mundo está intensamente focado na resolução dos problemas. Já notificamos todos os gerentes de lojas sobre nosso progresso, e todos eles já têm procedimentos manuais reservas prontos para o caso de os sistemas POS não estarem funcionando quando as lojas abrirem.

Vejo Wes dizer algo a Brent, ficar de pé para esfregar a testa cansadamente, e então andar na minha direção. Chris e William também se levantam e o seguem.

Eu os encontro no meio do caminho. "E então?", pergunto.

"Bem", responde Wes quando está perto o bastante para falar suavemente e ser ouvido. "Nós encontramos a arma do crime. Acabamos de descobrir que Brent fez uma mudança no banco de dados da produção há algumas semanas, para dar suporte a um módulo de inteligência de negócios do Fênix. Ninguém sabia disso, e nem foi documentado. Isso entrou em conflito com algumas mudanças no banco de dados do Fênix, então os caras do Chris vão precisar fazer um pouco de recodificação."

"Merda!", digo. "Espera. Qual módulo do Fênix?"

"É um dos projetos da Sarah que liberamos depois que retiramos o projeto congelamento", responde ele. "Foi antes de colocarmos o kanban acerca de Brent. Foi uma mudança no esquema de banco de dados que passou por entre os dedos."

Eu xingo baixinho. A Sarah *de novo*?

Chris tem uma expressão esquelética no rosto. "Isso vai ser complicado. Teremos que renomear várias colunas do banco de dados, o que afetará, quem sabe, talvez centenas de arquivos. E todos os scripts de suporte. Isso será trabalho braçal e muito propenso a erros."

Ele se volta para William. "O que podemos fazer para pelo menos realizar os testes básicos antes de continuarmos a implementação?"

William parece vagamente doente, limpando o suor do rosto com as mãos. "Isso é muito, muito... arriscado... Podemos testar, mas ainda podemos não encontrar os erros até chegar a essas linhas do código. Isso significa que teremos falhas na produção, em que a aplicação só explode. Isso pode até derrubar os sistemas POS nas lojas, e isso seria ruim."

Ele olha para o relógio. "Temos apenas seis horas para completar o trabalho. Como não temos tempo o suficiente para refazer todos os testes, teremos que tomar alguns atalhos."

Passamos os próximos 10 minutos esboçando um cronograma revisado que ainda se conclui às 6h, permitindo que as lojas abram normalmente com 1 hora de folga. Enquanto Chris e William seguem para notificar suas equipes, eu indico para Wes que fique para trás.

"Quando não estivermos a salvo", digo, "precisamos descobrir como evitar que isso aconteça de novo. Não pode haver maneira alguma de os ambientes de Dev e QA não combinarem com o ambiente de produção".

"Você tem razão", diz Wes, balançando a cabeça em descrença. "Eu não sei como faremos isso. Mas não vou argumentar contra."

Ele olha para Brent atrás dele, incrédulo. "Você consegue acreditar que Brent está no centro de tudo isso de novo?"

Muito mais tarde, quando a implementação é declarada como concluída, todos aplaudem. Eu olho para meu relógio. São 5h42 de sábado. A equipe passou a noite toda trabalhando, concluindo a implementação 20 minutos mais cedo. Isto é, 20 minutos mais cedo em relação ao cronograma de emergência que fizemos. De acordo com o cronograma original, terminamos quase 6 horas mais tarde.

William confirmou que os sistemas POS de teste estão funcionando, bem como o site de e-commerce e todos os módulos associados ao Fênix.

Patty começou a enviar notificações para todos os gerentes de lojas de que a implementação foi "bem-sucedida". Ela está anexando uma lista de erros conhecidos a serem observados, um site interno para obter o último status do Fênix e instruções sobre como podem reportar qualquer problema novo. Estamos mantendo todo o pessoal de *service desk* de prontidão, e tanto a equipe de Chris quanto a minha estão agora de plantão para fornecer suporte inicial. Basicamente, estamos todos de prontidão para dar suporte ao negócio.

Com Wes e Patty lidando com o cronograma do plantão, eu digo "bom trabalho" para todos e junto minhas coisas. Em meu caminho para casa, frito meu cérebro tentando pensar em como podemos evitar que cada implementação do Fênix cause uma emergência.

CAPÍTULO 29
• *Segunda-feira, 3 de novembro*

Às 7h10 da segunda-feira seguinte, Chris, Wes, Patty e John estão novamente todos sentados comigo na sala da diretoria. Enquanto esperamos por Steve, conversamos sobre as consequências da segunda implementação do Fênix.

Erik está nos fundos da sala. À sua frente há uma tigela, um pacote vazio de aveia instantânea e uma cafeteira de prensa francesa cheia de água esverdeada, com folhas flutuando nela.

Vendo minha expressão intrigada, ele diz: "Erva-mate. Minha bebida preferida da América do Sul. Nunca viajo sem ela."

Steve passa pela porta, ainda falando ao telefone. "Olha, Ron, pela última vez, não! Sem mais descontos, mesmo se fossem nossos últimos clientes. Temos que manter a linha em algum lugar. Entendeu?"

Ele desliga, exasperado, e finalmente senta à ponta da mesa, resmungando: "Desculpem-me pelo atraso." Ele abre sua pasta, levando um momento para estudar algo dentro dela.

"Apesar de como a implementação do Fênix ocorreu durante o final de semana, estou extremamente orgulhoso de tudo o que vocês fizeram nas últimas semanas. Muitas pessoas me disseram o quanto estão satisfeitas com a TI. Até o Dick", diz ele, incrédulo. "Ele me contou sobre como vocês estão ajudando a melhorar nossas medidas de desempenho centrais da empresa, e ele acha que isso será uma verdadeira virada de mesa."

Ele sorri. "Estou muito orgulhoso por fazer parte desta equipe, que está obviamente trabalhando junto melhor do que nunca, confiando uns nos outros e conseguindo resultados incríveis."

Ele se volta para John. "A propósito, Dick também me contou que, com sua ajuda, eles estabeleceram que a correção financeira não será material." Dando um sorriso, ele diz: "Graças a Deus. Eu não vou aparecer na capa da revista *Fortune* usando algemas, no fim das contas."

Nesse momento, Sarah bate à porta e entra na sala.

"Bom dia, Steve", diz ela, enquanto entra recatadamente, sentando-se ao lado de Erik. "Suponho que você queria falar comigo sobre as novas iniciativas de marketing?"

"Você quer dizer as mudanças não autorizadas de trabalho que você está conduzindo dentro da fábrica de TI como algum gerente de fábrica chinês inescrupuloso?", pergunta Erik.

Sarah olha Erik de cima a baixo, obviamente avaliando-o.

Steve indica para que John apresente suas descobertas. Quando ele conclui, Steve diz severamente. "Sarah, eu emiti uma declaração clara. Ninguém tem permissão de começar nenhuma iniciativa nova de TI, interna ou externa, sem minha aprovação explícita. Por favor, explique suas ações."

Sarah pega seu iPhone e digita com raiva por alguns momentos. Largando-o, ela diz: "Nossos concorrentes estão acabando com a gente. Precisamos de toda vantagem que conseguirmos. Para alcançar os objetivos estabelecidos, eu não posso esperar pela TI. Tenho *certeza* de que estão trabalhando muito duro, fazendo seu melhor com o que têm e com o que sabem, mas não é o suficiente. Precisamos ser ágeis, e às vezes precisamos comprar, em vez de construir."

Wes bufa, indignado.

Eu respondo: "Eu sei que no passado a TI nem sempre foi capaz de entregar aquilo de que você precisava, e sei que o Marketing e as Vendas foram prejudicados. Queremos que o negócio vença tanto quanto você. O problema é que algumas de suas iniciativas criativas estão colocando em risco outros compromissos importantes da empresa, como a concordância com leis e regulamentos estatais sobre privacidade de dados, bem como nossa necessidade de ficar focados no Fênix.

"O que você está propondo poderia levar a mais problemas de integridade de dados em nosso sistema de entrada de pedidos e gestão de inventário. Dick, Ron e Maggie deixaram claro que devemos limpar esses dados e mantê-los limpos. Nada é mais importante do que isso para entender as necessidades e desejos dos clientes, ter o portfólio certo de produtos, reter nossos clientes e, por fim, aumentar nossa renda e fatia de mercado."

Eu acrescento: "Dar suporte a esses projetos também requer uma quantidade incrível de trabalho. Precisaríamos dar acesso aos nossos bancos de dados de produção a seus vendedores, explicar como os configuramos, fazer diversas mudanças no firewall e, provavelmente, mais de outros 100 passos. Não é tão fácil quando assinar um faturamento."

Ela olha para mim fulminantemente. Isso é o mais zangada que já a vi ficar.

Claramente ela não gosta de me ver citando para ela os objetivos de Dick para a empresa, usando-os para negar o que ela quer.

Acaba de me ocorrer que posso ter acabado de fazer uma inimiga perigosa.

Ela se dirige para a sala: "Já que Bill parece entender do negócio muito melhor do que eu, por que não conta a todos nós o que ele propõe?"

"Sarah, ninguém melhor do que você entende do que sua área de negócio precisa. Você tem todo o direito de procurar satisfazer essas necessidades que não conseguimos entregar fora da empresa, contanto que tomemos a decisão compreendendo como isso pode pôr em risco outra parte da empresa", digo o mais razoavelmente possível. "Que tal você, Chris e eu nos encontrarmos regularmente para ver como podemos ajudá-la em suas próximas iniciativas?"

"Estou muito ocupada", diz ela. "Não posso passar um dia inteiro me reunindo com você e Chris. Tenho um departamento inteiro para comandar, sabe."

Para meu alívio, Steve interrompe. "Sarah, você arrumará tempo. Estou ansioso para ouvir como essas reuniões se darão e como você resolverá suas duas iniciativas não autorizadas de TI. Fui claro?"

Ela diz, irritada: "Sim. Só estou tentando fazer o que é certo para a Parts Unlimited. Farei o melhor com o que eu tenho, mas não estou otimista em relação ao resultado. Você está realmente atando minhas mãos aqui."

Sarah fica de pé. "A propósito, tive uma conversa com Bob Strauss ontem. Não acho que sua coleira seja tão longa quanto você acha que é. Bob diz que precisamos procurar opções estratégicas, como dividir a empresa. Eu acho que ele tem razão."

Enquanto ela sai, batendo a porta atrás de si, Erik diz ironicamente: "Bem, tenho certeza de que essa é a última vez que *a* vemos…"

Steve olha para a porta por um momento e então se vira para mim. "Vamos para o último item da pauta de hoje. Bill, você está preocupado que estamos caminhando para o lado errado com o Fênix… que as coisas não só vão piorar, mas que podemos nunca alcançar os resultados de negócios desejados. Isso é extremamente perturbador."

Eu encolho os ombros. "Agora você sabe tudo o que eu sei. Na verdade, eu estava esperando que Erik nos desse alguns insights."

Erik olha para cima, limpando seu bigode com um guardanapo. "Insights? Para mim, a resposta para o seu problema é óbvia. A Primeira Maneira trata de controlar o fluxo de trabalho do Desenvolvimento para as Operações de TI. Você melhorou o fluxo, congelando e suprimindo as liberações de projetos, mas o tamanho de seus lotes ainda é grande demais. A falha na implementação de sexta-feira é prova disso. Você também tem WIP demais ainda preso dentro da fábrica, e do pior tipo. Suas implementações estão causando trabalho de recuperação não planejado mais adiante.

"Agora você deve provar que consegue dominar a Segunda Maneira, criando *loops* de feedback constantes das Operações de TI de volta para o Desenvolvimento e projetando qualidade no produto nos estágios iniciais. Para fazer isso, você não pode ter liberações de nove meses de duração. Você precisa de um feedback muito mais rápido.

"Você nunca atingirá o alvo se só puder usar o canhão uma vez a cada nove meses. Pare de pensar em canhões da era da Guerra Civil. Pense em armas antiaéreas."

Ele se levanta para jogar sua tigela de aveia no lixo. Então espia para dentro da lixeira e pega sua colher de volta.

Virando-se, diz: "Em qualquer sistema de trabalho, o ideal teórico é um fluxo de peça única, que maximiza a transmissão e minimiza a variação. Você chega lá reduzindo continuamente o tamanho dos lotes.

"Você está fazendo exatamente o oposto ao ampliar os intervalos de liberação do Fênix e aumentar o número de recursos em cada liberação. Você até perdeu a capacidade de controlar a variação de uma liberação para a outra."

Ele faz uma pausa. "Isso é ridículo, dado todo o investimento que você fez virtualizando seus sistemas de produção. Você ainda faz implementações como se fossem servidores físicos. Como Sensei Goldratt diria, você implementou uma ótima tecnologia, mas como não mudou sua maneira de trabalhar, na verdade não diminuiu a limitação."

Olho para todo mundo, confirmando que ninguém entende sobre o que Erik está falando, e digo: "A última liberação do Fênix foi causada por uma mudança da produção no servidor de banco de dados que não foi replicada nos ambientes anteriores. Eu estava prestes a concordar com Chris. Nós deveríamos ter parado as implementações até que pudéssemos entender como manter todos os ambientes sincronizados. Isso significa diminuir as liberações, certo?"

Ainda de pé, Erik bufa. "Bill, isso é simultaneamente uma das coisas mais inteligentes que ouvi o mês todo... e uma das mais idiotas."

Eu não reajo enquanto Erik olha para um dos desenhos na parede da sala da diretoria. Apontando, ele diz: "Wilbur, que tipo de motor é este?"

Wes faz uma careta e diz: "Esse é um motor de 1.300CC para uma motocicleta Suzuki Hayabusa Dragster 2007. E, a propósito, é 'Wes'. Não 'Wilbur'. Meu nome não mudou desde a última vez."

"Sim, é claro", responde Erik. "É muito divertido ver motocicletas Dragster. Essa provavelmente chega a 370 quilômetros por hora. Quantos motores essa corredora tem?"

Sem parar, Wes responde: "Seis. Engrenamento constante, com transmissão por corrente #532."

"Isso inclui a marcha a ré?", pergunta Erik.

"Esse modelo não tem marcha a ré", responde Wes rapidamente.

Erik concorda enquanto olha mais de perto o desenho na parede, dizendo: "Interessante, não é? Sem marcha a ré. Então por que seu fluxo de trabalho deveria ter uma marcha a ré?"

O silêncio aumenta quando Steve finalmente diz: "Olha, Erik. Você pode simplesmente dizer no que está pensando? Pra você esse pode ser um jogo divertido, mas nós temos um negócio para salvar."

Erik olha Steve de perto, estudando-o. "Pense como um gerente de fábrica. Quando você vê o trabalho subindo, o que isso significa pra você?"

Ele responde rapidamente: "O fluxo de trabalho deveria idealmente seguir apenas uma direção: para a frente. Quando eu vejo trabalho voltando, penso em 'desperdício'. Pode ser por causa de defeitos, falta de especificação ou retrabalho... Independentemente do que seja, é algo que devemos corrigir."

Erik concorda. "Excelente. Eu também acredito nisso."

Ele pega sua cafeteira de prensa francesa vazia e a colher da mesa, as coloca em sua mala e começa a fechá-la. "O fluxo de trabalho segue apenas uma direção: em frente. Crie um sistema de trabalho na TI que faça isso. Lembre-se: o objetivo é um fluxo de peça única."

Ele se vira para mim. "A propósito, isso também resolveria o problema com o qual você tem se preocupado com Dick. Uma consequência inevitável dos longos ciclos de liberação é que você nunca atingirá os alvos de taxa interna de retorno, uma vez que fatore o custo do trabalho. Você precisa de tempos de ciclo mais rápidos. Se o Fênix está evitando que você faça isso, então descubra como entregar os recursos de outro jeito.

"Sem ser como a Sarah, é claro", diz ele com um sorrisinho. Pegando sua mala, ele acrescenta: "Para isso você precisará colocar Brent bem na linha de frente, assim como Herbie em *A Meta*. Brent precisa trabalhar nos primeiros estágios do processo de desenvolvimento. Bill, você, mais do que ninguém, deve ser capaz de descobrir como fazer isso.

"Boa sorte, galera", diz ele, e todos observamos enquanto ele fecha a porta atrás de si.

Steve finalmente diz: "Alguém tem alguma sugestão ou proposta?"

Chris responde primeiro. "Como compartilhei antes, até as menores liberações de correção de erro do Fênix são tão problemáticas, que não podemos fazê-las mensalmente. Apesar do que Erik disse, acho que precisamos diminuir a velocidade de nosso cronograma de liberação. Eu proponho mudarmos para uma liberação por mês."

"Inaceitável", diz Steve, balançando a cabeça. "No último trimestre nós não atingimos quase nenhum objetivo que estabelecemos. Este será nosso quinto trimestre consecutivo assim, e isso depois que baixamos nossas expectativas com Wall Street. Todas as nossas esperanças dependem de concluir o Fênix. Você está me dizendo que teremos que esperar ainda mais para obter os recursos necessários, enquanto nossa concorrência continua a seguir em frente? Impossível."

"Pode ser 'impossível' para você, mas olhe da minha perspectiva", diz Chris no mesmo tom. "Eu preciso que meus desenvolvedores construam novos recursos. Eles não podem estar constantemente presos à equipe de Bill, lidando com problemas de implementação."

Steve responde: "Este trimestre é tudo ou nada. Nós prometemos ao mundo que lançaríamos o Fênix no mês passado, mas por causa de todos os recursos que adiamos, não estamos obtendo os benefícios de venda que esperávamos. Agora já passou mais de um mês do trimestre, com a estação de compras de fim de ano chegando em menos de 30 dias. Estamos sem tempo."

Pensando nisso, eu me forço a aceitar que Chris está afirmando a realidade que ele vê, e que isso está baseado em fatos. E o mesmo vale para Steve.

Eu digo para Chris: "Se você diz que a equipe do Fênix precisa desacelerar, não terá nenhuma objeção da minha parte. Na Marinha, quando temos uma companhia de 100 homens, com um ferido, a primeira coisa que perdemos é a mobilidade.

"Mas ainda precisamos entender como alcançar aquilo de que Steve precisa", continuo. "Como Erik sugeriu, se não podemos fazer isso dentro da estrutura do Fênix, talvez possamos fazê-lo fora. Eu proponho que formemos uma equipe SWAT, destacando um pequeno esquadrão da equipe principal do Fênix, dizendo a eles para descobrir quais recursos podem nos ajudar a atingir nossas metas de renda o mais rápido possível. Não temos muito tempo, então precisaremos selecionar os recursos cuidadosamente. Diremos a eles que têm permissão para quebrar qualquer regra requerida para realizar o trabalho."

Chris considera isso por um momento e finalmente concorda. "O Fênix deve ajudar clientes a comprar as coisas conosco, mais rápido e em maior quantidade. As duas últimas liberações estabeleceram a base para fazer isso acontecer, mas os recursos para realmente aumentar as vendas ainda estão atolados. Precisamos focar a geração de boas recomendações de clientes e permitir que o Marketing crie promoções para vender produtos lucrativos que estão no inventário."

"Temos anos de dados de compras de clientes, e por causa de nossos cartões de crédito de marca, conhecemos a demografia e as preferências de nossos clientes", exclama Steve, inclinando-se para a frente. "O Marketing me garante que podemos criar algumas ofertas muito atraentes para nossos clientes, se pudermos lançar esses recursos."

Chris, Wes e Patty começam a discutir isso com mais entusiasmo, enquanto John parece em dúvida. Finalmente, Wes diz: "Sabe, isso pode funcionar." E quando todos concordam, incluindo John, sinto uma sensação de animação e possibilidade que não estava aqui há poucos minutos.

Parte 3

CAPÍTULO 30
• *Segunda-feira, 3 de novembro*

Uma hora depois que a reunião com Steve foi encerrada, eu ainda estou remoendo os comentários enigmáticos de Erik. Sinto como se estivesse prestes a descobrir algo grande, mas tenho muitas perguntas. Finalmente, decido ligar para ele.

"Sim?", ele atende.

"É o Bill aqui", digo. "Preciso de mais algumas dicas sobre o que diabos devemos fazer..."

"Encontre-me fora do prédio", diz ele, desligando.

Quando chego do lado de fora, o vento está tempestuoso e feroz. Olho em volta por alguns momentos, quando escuto uma buzina. Erik está em uma BMW conversível vermelha que parece cara, com a capota abaixada. "Entre. Rápido!"

"Belo carro", digo, sentando do lado do passageiro.

"Obrigado", diz ele. "Minha amiga insistiu que eu pegasse isso emprestado enquanto estivesse na cidade."

Enquanto ele pisa no acelerador, eu seguro no descanso de braço e rapidamente coloco o cinto de segurança. Vejo uma bolsa no chão e imediatamente me pergunto quem é essa "amiga".

"Estamos voltando para a MRP-8", ele diz.

Quando peço para levantar a capota, ele olha para mim e diz: "Eu achei que não existisse essa coisa de 'ex-fuzileiro naval'. Talvez eles tenham deixado vocês mais moles do que no meu tempo."

"Você serviu?", pergunto, tentando esconder que estou batendo os dentes.

Ele ri. "Por 20 anos."

"Você se aposentou como oficial, suponho", arrisco.

"Major, Forças Especiais, Exército dos EUA", responde ele olhando para mim. Fico esperando que ele mantenha os olhos na estrada, dada a velocidade em que estamos indo. Em vez disso, ele continua: "Mesma divisão do Steve, mas ele entrou como oficial. Eu entrei como soldado alistado, assim como você."

Ele não revela mais nada, mas já me contou o suficiente para entender sua carreira militar. Ele obviamente foi um NCO sênior, como muitos com que tive que lidar cotidianamente, agora reconhecendo seu comportamento muito familiar e porte físico. Ele deve ter sido identificado pelos superiores como uma daquelas pessoas raras de alto potencial que decidiram investir em seu futuro, enviando-o para a faculdade e para a Officer Candidate School, voltando depois para as linhas como o segundo tenente mais velho por lá, provavelmente dez anos mais velho que todo mundo.

Só uma pessoa especial consegue passar por isso.

Chegamos na fábrica em tempo recorde e agora estamos de pé na passarela. Ele começa o discurso pelo qual eu estive esperando. "Uma fábrica é um sistema. As matérias-primas começam de um lado, e um milhão de coisas precisam ocorrer bem certinho para que elas saiam como um bem concluído do outro lado, como programado. Tudo funciona junto. Se qualquer centro de trabalho estiver em guerra com os outros centros de trabalho, especialmente se a Fabricação estiver em guerra com a Engenharia, cada centímetro de progresso será uma luta."

Erik se vira para mim, apontando: "Você precisa parar de pensar como um supervisor de centro de trabalho. Você precisa pensar maior, como um gerente de fábrica. Ou melhor ainda, pense como a pessoa que projetou essa fábrica e todos os processos dos quais ela depende. Eles olham para todo o fluxo de trabalho, identificam quais são as restrições e usam cada tecnologia possível e pedaço de conhecimento de processo que têm para garantir que o trabalho seja realizado eficaz e eficientemente. Eles se aproveitam de seu 'Allspaw interior'."

Estou prestes a perguntar o que ele quer dizer com um "Allspaw", quando ele só dispensa a minha pergunta com as mãos. "Na fabricação nós temos uma medida chamada *takt time*, que é o tempo de ciclo necessário para acompanhar a demanda do cliente. Se qualquer operação no fluxo de trabalho demorar mais do que o takt time, você não consegue acompanhar a demanda do cliente.

"Então, quando você corre por aí gritando 'Ah, não! Nós não temos os ambientes prontos do Fênix! Ajudem, ajudem! Ah, não! Não podemos implementar, porque alguém estragou os ambientes do Fênix de novo!'", diz ele com uma voz aguda, como se fosse uma criança. "Isso significa que o tempo de ciclo de alguma operação crítica na sua área de responsabilidade é maior do que o takt time. É por isso que você não consegue acompanhar a demanda do cliente.

"Como parte da Segunda Maneira, você precisa criar um loop de feedback que vá até o início da definição de produto, projeto e desenvolvimento", diz. "Dadas as conversas que você tem com Dick, pode ir até antes nesse processo."

Apontando para o chão, ele diz: "Olhe para a longa faixa de equipamentos entre as faixas alaranjadas no chão. Essa faixa faz alguns dos itens mais lucrativos que temos. Mas, como quis o destino, esse fluxo específico de trabalho envolve duas operações que têm as configurações e os tempos de processos mais longos: aplicação de uma camada de pó de tinta e assá-la no forno de tratamento térmico."

Ele olha para cima, braços abertos. "No passado, o tempo de ciclo para essas duas operações era tão maior do que o takt time, que nunca conseguíamos acompanhar a demanda do cliente. Como a vida podia ser tão injusta? Os itens mais lucrativos usavam *ambas* as nossas restrições: o forno de tratamento térmico *e* as cabines de pintura! O que fazer?

"Os clientes estavam até nos oferecendo dinheiro, implorando que fizéssemos mais desse equipamento, mas tínhamos que rejeitar. O tempo de configuração para cada trabalho levava horas ou até dias. Tínhamos que usar tamanhos de lotes enormes para cumprir a demanda. Nós tínhamos essas bandejas gigantes para pintar e queimávamos a maior quantidade possível de unidades ao mesmo tempo. Sabíamos que precisávamos reduzir o tamanho dos lotes para melhorar a transferência, mas todos diziam que isso era impossível.

"O modo como a Toyota resolveu esse problema é lendário", diz ele. "Durante a década de 1950, eles tinham um processo de estampagem de capô que tinha um tempo de mudança de quase três dias. Isso exigia mover tintas enormes que pesavam muitas toneladas. Como nós, os tempos de configuração eram tão longos, que eles precisavam usar grandes tamanhos de lotes, o que os impedia de usar uma máquina de estampagem para fabricar vários modelos de carro simultaneamente. Você não pode fazer um capô para um Prius, e então um para um Camry, se leva três dias para fazer as mudanças, certo?

"O que eles fizeram?", pergunta ele retoricamente. "Eles observaram de perto todos os passos requeridos para fazer a mudança e então colocaram uma série de preparações e melhorias que diminuíram o tempo de mudança para menos de dez minutos. E isso, é claro, é de onde vem o termo lendário 'troca rápida de ferramentas'.

"Nós estudamos todos os trabalhos dos Sensei Taiichi Ohno, Steven Spear e Mike Rother. Sabíamos que tínhamos que diminuir o tamanho do nosso lote, mas não estávamos lidando com tintas de estampagem de capô. Estávamos lidando com tintura e cura", ele continua. "Depois de semanas fazendo brainstorming, investigação e experimentação com a Engenharia, tivemos uma ideia maluca: talvez pudéssemos fazer a pintura e a curação em uma única máquina. Juntamos um forno que também aplicava o pó de tinta nas peças, que eram puxadas por uma corrente e engrenagem que tiramos de uma bicicleta.

"Combinamos quatro centros de trabalho em um, eliminando mais de 30 passos manuais propensos a erros, automatizando completamente o ciclo de trabalho, alcançando o fluxo de peça individual e eliminando todo o tempo de configuração. A transferência subiu às alturas.

"Os benefícios foram enormes", diz ele com orgulho. "Primeiro, quando defeitos eram encontrados, nós os corrigíamos imediatamente e não precisávamos descartar todas as outras peças naquele lote. Segundo, o WIP diminuiu, porque cada centro de trabalho nunca superproduzia um produto só para que ficasse na fila de espera do próximo centro de trabalho. Mas o benefício mais importante foi que os tempos de execução de pedidos foram cortados de um mês para menos de uma semana. Nós podíamos construir e entregar o que quer que fosse, na quantidade que o cliente quisesse, e nunca ter um depósito cheio de porcarias que precisaríamos liquidar a preço de queima de estoque.

"Então agora é a sua vez", diz ele severamente, cutucando meu peito com o dedo. "Você tem que descobrir como diminuir seu tempo de mudança e permitir um tempo de ciclo de implementação mais rápido.

"Eu acho que seu alvo deveria ser...", diz ele, parando por um momento. "Dez implementações por dia. Por que não?"

Meu queixo cai. "Isso é impossível."

"Ah, é mesmo?", diz ele, inexpressível. "Deixe-me contar uma história. Em 2009, eu era membro da diretoria de uma empresa de tecnologia, onde um de nossos engenheiros foi à Velocity Conference e voltou delirando como um lunático, cheio de ideias perigosas e impossíveis. Ele viu uma apresentação de John Allspaw e seu colega Paul Hammond que virou seu mundo de cabeça para baixo. Allspaw e Hammond conduziam os grupos de Operações de TI e engenharia da Flickr. Em vez de lutarem como cães e gatos, eles falaram sobre como estavam trabalhando juntos para fazer rotineiramente dez implementações por dia! Isso em um mundo onde a maioria das organizações de TI estava fazendo, em geral, implementações trimestrais ou anuais. Imagine só. Eles estavam fazendo implementações em uma taxa mil vezes mais rápida que a tecnologia de ponta anterior.

"Deixe-me contar", ele continua, "nós todos pensamos que esse engenheiro tinha perdido os parafusos. Mas eu aprendi que as práticas que Allspaw e Hammond adotaram são o resultado inevitável da aplicação das Três Maneiras ao fluxo de valor de TI. Isso mudou totalmente o modo como gerenciávamos a TI e salvou nossa empresa".

"Como eles fizeram isso?", pergunto, embasbacado.

"Boa pergunta", responde ele. "Allspaw nos ensinou que Dev e Ops trabalhando juntos, ao lado da QA e dos negócios, são uma supertribo que pode realizar coisas incríveis. Eles também sabiam que, até que o código estivesse na produção, nenhum valor estava realmente sendo gerado, porque era meramente WIP preso no sistema. Ele continuava reduzindo o tamanho dos lotes, possibilitando um fluxo rápido de recursos. Em parte, fez isso garantindo que os ambientes estivessem sempre disponíveis quando necessário. Ele automatizou o processo de construção e implementação, reconhecendo que a infraestrutura poderia ser tratada como código, assim como a aplicação que o Desenvolvimento lança. Isso permitiu que ele gerasse um ambiente de criação e procedimento de implementação de um passo, assim como descobrimos uma maneira de fazer a pintura e curação de um passo.

"Então agora sabemos que Allspaw e Hammond não eram tão loucos, no fim das contas. Humble e Dave Farley chegaram à mesma conclusão independentemente e então codificaram as práticas e princípios que permitiram múltiplas implementações por dia no livro influente *Entrega Contínua*. Eric Ries nos mostrou então como essa capacidade pode ajudar o negócio a aprender e vencer, em seu trabalho *A Startup Enxuta*."

Enquanto Erik fala, ele está mais animado do que já o vi. Balançando a cabeça, ele olha severamente para mim.

"Seu próximo passo deveria ser óbvio agora, gafanhoto. Para que você acompanhe a demanda do cliente, que inclui seus camaradas superiores no Desenvolvimento", diz ele, "você precisa criar o que Humble e Farley chamaram de *pipeline de implementação*. Isso é todo seu fluxo de valor, da entrada do código até a produção. Isso não é arte. É produção. Você precisa colocar tudo no controle de versão. Tudo. Não só o código, mas tudo o que é requerido para construir o ambiente. Depois você precisa automatizar todo o processo de criação de ambiente. Você precisa de um pipeline de implementação onde possa criar ambientes de teste e produção, e então implementar código neles, totalmente por encomenda. É assim que você reduz seus tempos de configuração e elimina erros, para que possa finalmente atingir qualquer taxa de mudança cujo ritmo seja estabelecido pelo Desenvolvimento."

"Espera um pouco", digo. "O que exatamente eu preciso automatizar?"

Erik olha para mim severamente. "Vá perguntar a Brent. Atribua-o a essa nova equipe e se certifique de que ele não se distraia. Agora, mais do que nunca, até que você automatize seu processo de construção, ele é o seu gargalo. Codifique nos procedimentos de construção as coisas que estão na cabeça dele. Tire os humanos dos negócios de implementação. Descubra como fazer dez implementações por dia."

Eu não consigo superar meu ceticismo. "Dez implementações por dia? Tenho quase certeza de que ninguém está pedindo isso. Você não está mirando muito mais alto do que o negócio precisa?"

Erik suspira, indignado. "Pare de focar a taxa-alvo de implementação. A agilidade dos negócios não trata só de velocidade bruta. Trata do quão bom você é em detectar e responder às mudanças no mercado e ser capaz de correr riscos maiores e mais calculados. Trata-se de experimentação contínua, como Scott Cook fez na Intuit, onde ele conduziu mais de 40 experimentos durante a alta temporada de declaração de impostos, para descobrir como maximizar as taxas de conversão de clientes. Durante a alta temporada de declaração de impostos!

"Se você não consegue experimentar mais e ganhar de seus concorrentes no tempo de lançamento e na agilidade, está perdido. Recursos são sempre uma aposta. Se você tiver sorte, 10% conseguirão os benefícios desejados. Então, quanto mais rápido você colocar esses recursos no mercado e testá-los, melhor será. Incidentalmente, você também paga o negócio mais rápido pelo uso de capital, o que significa que o negócio começa a ganhar dinheiro mais rápido também.

"Steve está apostando sua total sobrevivência na sua capacidade de executar e implementar recursos mais rapidamente. Então vá trabalhar com Chris para descobrir como, em cada estágio do processo de implementação ágil, você não só precisa de código enviável, mas de um ambiente funcionando no qual possa implementá-lo!"

"Tudo bem, tudo bem", digo. "Mas por que você me arrastou até aqui nesse frio de lascar? Explicar isso em uma lousa não seria o suficiente?"

"Você acha que Operações de TI é uma coisa mais avançada, comparada à fabricação. Que baboseira", diz ele desdenhosamente. "Do meu ponto de vista, as pessoas neste prédio foram muito mais criativas e corajosas do que qualquer coisa que vi do seu pessoal de TI até agora."

CAPÍTULO 31
• *Segunda-feira, 3 de novembro*

São 12h31 quando entro na primeira reunião da equipe SWAT. Meu cabelo está pingando, e minha camisa está ensopada da minha carona de volta no conversível de Erik. Chris está falando. "... e então Steve autorizou que essa pequena equipe entregue a funcionalidade de promoção e faça o que for preciso para ter um impacto positivo na temporada de compras de fim de ano."

Chris se vira para mim e aponta para o fundo da sala. "Eu me adiantei e pedi almoço para todos para começar isso. Vá em frente e... o que aconteceu com você?"

Eu dispenso a pergunta dele. Olhando para onde ele aponta, estou agradavelmente surpreso em ver uma caixa de sanduíche de peru ainda nos fundos. Pegando-a, eu me sento e tento medir a temperatura de todos na sala, especialmente Brent.

Brent responde: "Explique de novo, por que estou aqui?"

"É isso que viemos descobrir", diz Wes sinceramente. "Você sabe tanto quanto nós. Um dos membros em potencial da diretoria insistiu que você fizesse parte desta equipe. Francamente, ele tem acertado vezes o suficiente para que eu confie nele, mesmo que eu não tenha ideia alguma do porquê."

Patty se intromete. "Bem, ele nos deu algumas dicas. Ele disse que os problemas nos quais precisamos focar estão no processo de implementação e na maneira como estamos construindo os ambientes. Ele parece achar que estamos fazendo algo fundamentalmente errado, por causa de todo o caos resultante em cada implementação do Fênix."

Enquanto desembalo meu sanduíche, eu digo: "Acabei de voltar de uma reunião com ele. Ele me mostrou um monte de coisas e explicou como eles fizeram a troca rápida de ferramentas na Toyota. Ele acha que precisamos construir a capacidade de fazer dez implementações por dia. Ele não só insistiu que isso é possível, mas também que dá suporte aos ciclos de implementação de recurso de que o negócio precisa, não só para sobreviver, mas para vencer no mercado."

Surpreendentemente, Chris fala mais ferozmente. "*O quê?* Por que diabos precisaríamos fazer dez implementações por dia? Nossos intervalos mais rápidos são de três semanas. Não temos nada para implementar dez vezes por dia!"

Patty balança a cabeça. "Tem certeza? E as correções de erro? E as melhorias de performance quando o site sofre uma parada, como a que aconteceu durante os dois maiores lançamentos? Você não adoraria fazer esses tipos de mudança na produção rotineiramente, sem ter que quebrar todas as regras para fazer algum tipo de mudança de emergência?"

Chris pensa por alguns momentos antes de responder. "Interessante. Eu normalmente chamaria esses tipos de correções de patch ou lançamento menor. Mas você tem razão, também são implementações. Seria ótimo se pudéssemos fazer nossas correções mais rapidamente, mas fala sério, *dez implementações por dia?*"

Pensando no que Erik disse, eu adiciono: "Que tal permitir que o Marketing faça suas próprias mudanças no conteúdo ou nas regras do negócio ou permitir experimentação e testes de divisão A/B mais rápidos, para ver quais ofertas funcionam melhor?"

Wes coloca ambas as mãos na mesa. "Gravem minhas palavras, galera. Isso não pode ser feito. Estamos lidando com as leis da física aqui. Esqueçam o quanto isso demora atualmente, o que requer mais de uma semana de preparação e mais de oito horas pra fazer a implementação em si! Você só consegue colocar bits no disco com determinada velocidade."

É exatamente isso o que eu teria dito antes do passeio na fábrica com Erik. Eu digo sinceramente: "Olha, talvez você esteja certo, mas pense comigo por um segundo: quantos passos existem no processo inteiro de implementação de ponta a ponta? Estamos falando de 20, 200 ou 2 mil passos?"

Wes coça a cabeça por um momento antes de dizer: "O que você acha, Brent? Eu pensaria em cerca de 100 passos..."

"Mesmo?", responde Brent. "Eu acho que é mais como 20 passos."

William diz: "Eu não tenho certeza de onde vocês estão começando a contar, mas se começarmos do ponto onde o Desenvolvimento entrega o código e nós o etiquetamos como 'candidato à liberação', eu poderia provavelmente contar uns 100 passos, mesmo antes de entregá-lo para as Operações de TI."

Eita!

Wes interrompe: "Não, não, não. Bill disse 'passos de implementação'. Não vamos abrir uma lata de..."

Enquanto Wes fala, penso em Erik me desafiando a pensar como um gerente de fábrica, em vez de como um supervisor de centro de trabalho. De repente percebo que ele provavelmente quis dizer que eu precisava abranger os limites departamentais do Desenvolvimento e das Operações de TI.

"Vocês dois estão corretos", digo, interrompendo Wes e William. "William, você se importaria de escrever todos os passos na lousa? Sugiro que você comece com 'código entregue' e continue até a transferência para nosso grupo."

Ele concorda, vai até a lousa e começa a desenhar caixas, discutindo os passos enquanto isso. Ao longo dos 10 minutos seguintes, ele mostra que estamos provavelmente acima dos 100 passos, incluindo as conduções de testes automatizados no ambiente Dev, a criação de um ambiente QA que combine com o Dev, a implementação de código nele, a realização de todos os testes, a implementação e a migração em um ambiente de preparo novo que combine com a QA, o carregamento dos testes e, finalmente, o bastão ser passado para as Operações de TI.

Quando William termina, há 30 caixas na lousa.

Olhando para Wes, vejo que, em vez de parecer irritado, realmente parece absorto em pensamentos, esfregando o queixo enquanto olha para o diagrama.

Eu indico para Brent e Wes que um deles deve continuar de onde William parou.

Brent se levanta e começa a desenhar caixas para indicar o empacotamento de código para implementação, a preparação das instâncias do novo servidor, o carregamento e a configuração do sistema operacional, dos bancos de dados e das aplicações, todas as mudanças nas redes, nos firewalls e nos balanceadores de carga e então o teste para garantir que a implementação tenha sido concluída com sucesso.

Eu contemplo o diagrama completo, que surpreendentemente me lembra o chão da fábrica. Cada um desses passos é como um centro de trabalho, cada um com máquinas, homens, métodos e medidas diferentes. O trabalho de TI é provavelmente *muito mais complexo* do que o trabalho de fabricação. O trabalho não é só invisível, dificultando seu acompanhamento, mas há muito mais coisas que podem dar errado.

Várias configurações precisam ser feitas corretamente, sistemas precisam de memória suficiente, todos os arquivos precisam ser colocados no lugar certo e todo o código e ambiente precisam operar corretamente.

Mesmo um pequeno erro poderia derrubar tudo. Certamente, isso significa que precisaríamos de *mais* rigor e disciplina e planejamento do que na fábrica.

Mal posso esperar pra dizer isso a Erik.

Percebendo a importância e enormidade do desafio à nossa frente, vou até a lousa, pego um marcador vermelho e digo: "Colocarei uma grande estrela vermelha em cada passo em que tivemos problemas durante lançamentos anteriores."

Começando a fazer marcas na lousa, eu explico: "Como não tínhamos um ambiente novo de QA disponível, usamos uma versão antiga. Por causa de todas as falhas nos testes, fizemos mudanças no código e no ambiente de QA, que nunca voltou para os ambientes de Dev ou Produção. E como nunca sincronizamos todos os ambientes, também tivemos os mesmos problemas na vez seguinte."

Deixando um rastro de estrelas vermelhas, eu começo a marchar para as caixas do Brent. "Como não tínhamos instruções corretas de implementação, fizemos cinco tentativas até acertar os pacotes e os scripts de implementação. Isso explodiu na produção, porque o ambiente não foi construído corretamente, o que eu já falei."

Embora eu não tenha feito isso de propósito, quando terminei, quase todas as caixas do William e do Brent tinham estrelas vermelhas ao lado.

Virando-me, vejo as caras desanimadas de todo mundo, enquanto absorvem o que eu fiz. Percebendo meu erro em potencial, eu acrescento rapidamente: "Olha, meu objetivo aqui não é culpar ninguém ou dizer que estamos fazendo um trabalho ruim. Estou apenas tentando colocar no papel exatamente o que estamos fazendo e obter algumas medidas objetivas de cada passo.

Vamos lutar contra o problema que está na lousa como uma equipe, e não culpar uns aos outros, beleza?"

Patty diz: "Sabe, isso me lembra de algo que vi os caras do chão de fábrica usarem o tempo todo. Se um deles entrasse, acho que pensariam que estamos construindo um 'mapa de fluxo de valor'. Posso adicionar alguns elementos?"

Eu passo o marcador para ela e me sento.

Para cada uma das caixas, ela pergunta quanto tempo cada uma das operações normalmente leva e então escreve o número no topo da caixa. Em seguida, pergunta se é nesse passo que normalmente o trabalho tem que esperar, e então desenha um triângulo antes de cada caixa, indicando trabalho em andamento.

Puta merda! Para Patty, a similaridade entre nossas implementações e uma linha de fábrica não é uma questão acadêmica. Ela está tratando nossa implementação como se realmente fosse uma linha de fabricação!

Ela está usando ferramentas e técnicas enxutas que os caras da fabricação usam para documentar e melhorar seus processos.

De repente entendo o que Erik quis dizer quando falou sobre o "pipeline de implementação". Embora não se possa ver nossa linha de trabalho em uma fábrica, ele ainda é um fluxo de valor.

Eu me corrijo. É nosso fluxo de valor, e estou confiante de que estamos prestes a descobrir como aumentar drasticamente o fluxo de trabalho por ele.

Depois que Patty termina de registrar a duração dos passos, ela redesenha as caixas, usando pequenas legendas para descrever os passos do processo. Em uma lousa separada, ela coloca dois pontos: "ambientes" e "implementação".

Apontando para o que acabou de escrever, ela diz: "Com o processo atual, duas questões surgem continuamente: em cada estágio do processo de implementação, os ambientes nunca estão disponíveis quando precisamos deles, e mesmo quando estão, requer um retrabalho considerável sincronizá-los uns com os outros. Sim?"

Wes bufa, dizendo: "Nenhuma recompensa para afirmar algo *tão* óbvio, mas você está certa."

Ela continua: "A outra fonte óbvia de retrabalho e tempo longo de configuração está no processo de empacotamento de código, em que as Operações de TI pegam o que o Desenvolvimento coloca no controle de versão e então geram os pacotes de implementação. Embora Chris e sua equipe façam seu melhor para documentar o código e as configurações, algo sempre passa por entre os dedos, e isso só aparece quando o código falha em executar no ambiente depois da implementação. Correto?"

Desta vez, Wes não responde imediatamente. Brent ganha dele, dizendo: "Perfeitamente. William provavelmente pode entender esses problemas: as instruções de lançamento nunca estão atualizadas, então estamos sempre revirando, perdendo tempo com isso, tendo que reescrever os scripts de instalação e instalar repetidamente..."

"É", diz William, concordando com firmeza.

"Eu sugiro que foquemos nessas duas áreas então", diz ela, olhando para o quadro e depois sentando-se novamente. "Alguma ideia?"

Brent diz: "Talvez William e eu possamos trabalhar juntos para construir um livro de condução de implementação, para armazenar todas as lições aprendidas de nossos erros?"

Eu concordo, ouvindo as ideias de todos, mas nenhuma delas parece a descoberta massiva de que precisamos. Erik descreveu a redução do tempo de configuração para o processo de estampagem do capô. Ele pareceu indicar que isso era importante. Mas por quê?

"Obviamente, não está funcionando cada grupo remendar os ambientes juntos. O que quer que façamos, deve ser um grande passo em direção a esse objetivo de 'dez implementações por dia'", digo. "Isso implica que precisamos de uma quantidade significativa de automação. Brent, o que seria preciso para gerar um processo de criação comum de ambientes para que possamos construir os ambientes Dev, QA e de Produção ao mesmo tempo, e simultaneamente mantê-los sincronizados?"

"Ideia interessante", diz Brent, olhando para a lousa. Ele se levanta e desenha três caixas chamadas "Dev", "QA" e "Produção". E então, abaixo delas, ele desenha outra caixa, chamada "Procedimento de Construção", com flechas para cada uma das caixas acima.

"Isso é realmente muito brilhante, Bill", diz ele. "Se tivéssemos um procedimento comum de construção, e todo mundo usasse essas ferramentas para criar seus ambientes, os desenvolvedores realmente escreveriam código em um ambiente que, pelo menos, lembraria o ambiente de Produção. Só isso seria uma enorme melhoria."

Ele tira a tampa do marcador da boca. "Para construir o ambiente do Fênix, usamos vários scripts que escrevemos. Com um pouco de documentação e limpeza, aposto que conseguiríamos remendar algo usável em alguns dias."

Virando-me para Chris, eu digo: "Isso parece promissor. Se pudermos padronizar os ambientes e colocá-los no uso diário pelo Desenvolvimento, QA e Operações de TI, poderemos eliminar a maioria da variação que está causando tanto problema no processo de implementação."

Chris parece animado. "Brent, se não tiver problema pra você e pra todo mundo, eu gostaria de convidá-lo para os *sprints* de nossa equipe, para que possamos integrar a criação de ambientes no processo de desenvolvimento o quanto antes. Agora nós focamos principalmente em ter código implementável no fim do projeto. Proponho que mudemos essa exigência. A cada intervalo de *sprint* de três semanas, não só precisamos ter código implementável, mas também o ambiente exato no qual ele é implementado, e também verificar isso no controle de versão."

Brent dá um grande sorriso com a sugestão. Antes que Wes possa responder, eu digo: "Concordo completamente. Mas, antes de seguirmos, podemos investigar a outra questão que Patty destacou? Mesmo se adotarmos as sugestões de Chris, ainda há a questão dos scripts de implementação. Se tivéssemos uma varinha mágica, sempre que tivermos um ambiente de QA novo, como deveríamos implementar o código? Sempre que implementamos, fazemos constantemente um pingue-pongue com o código, os scripts e Deus sabe o que mais entre os grupos."

Patty entra na conversa. "No chão de fábrica, sempre que vemos o trabalho dar a ré, isso é retrabalho. Quando acontece, você pode apostar que a quantidade de documentação e fluxo de informação será bem pobre, o que significa que nada é reproduzível e que ficará pior sempre que tentarmos ir mais rápido. Eles chamam isso de atividade 'sem valor agregado' ou 'desperdício'."

Olhando para a primeira lousa com todas as caixas, ela diz: "Se reprojetarmos o processo, precisamos ter as pessoas certas envolvidas desde o início. Isso é como o grupo de engenharia da fábrica garantindo que todas as peças sejam projetadas para que otimizem a fabricação e que as linhas de fabricação estejam otimizadas para as peças, idealmente em um fluxo de peça única."

Eu concordo, sorrindo com as similaridades entre o que Patty está recomendando e o que Erik sugeriu mais cedo.

Virando-me para William e Brent, digo: "Beleza, caras, vocês têm a varinha mágica. Estão na linha de frente. Digam-me como projetariam a linha de fabricação para que o trabalho nunca volte e o fluxo siga para a frente rápida e eficientemente."

Quando ambos me dão um olhar vazio, eu digo com alguma exasperação: "Vocês têm uma *varinha mágica*. Usem-na!"

"Qual é o tamanho da varinha mágica?", pergunta William.

Eu repito o que disse para Maggie. "É uma varinha mágica *muito* poderosa. Pode fazer qualquer coisa."

William vai até a lousa e aponta para uma caixa chamada "código comprometido". "Se eu pudesse usar essa varinha mágica, mudaria este passo. Em vez de pegar código-fonte ou compilar código do Dev pelo controle de fonte, eu quero código empacotado que já esteja pronto para ser implementado."

"E, sabe", ele continua, "quero tanto isso, que me voluntariaria alegremente para assumir a responsabilidade pela criação de pacotes. Eu também sei exatamente a qual pessoa atribuiria isso. Ela seria responsável pela transferência do Dev. Quando o código estiver etiquetado como 'pronto para testar', nós geraremos e efetivaremos o código empacotado, o que acionará uma implementação automatizada no ambiente de QA. E, mais tarde, talvez até no ambiente de Produção também".

"Uau! Você realmente faria isso?", pergunta Wes. "Isso seria realmente ótimo. Vamos fazer isso. A não ser que Brent queira continuar empacotando."

"Você está brincando?", pergunta Brent, explodindo em risos. "Eu pagaria bebidas pelo resto do ano pra quem quer que fosse essa pessoa! Amo essa ideia. E quero ajudar a construir as novas ferramentas de implementação. Como eu disse, tenho várias ferramentas escritas que podemos usar como ponto de partida."

Posso sentir a energia e a animação na sala. Estou espantado em como passamos de acreditar que o alvo de 'dez implementações por dia' era uma fantasia, para pensar no quão próximos conseguimos chegar.

De repente, Patty olha e diz: "Espera um pouquinho. Esse módulo inteiro do Fênix lida com dados de compras de clientes, que devem ser protegidos. Alguém da equipe de John não deveria fazer parte desse esforço também?"

Nós todos nos olhamos, concordando que ele precisa estar envolvido. E, mais uma vez, eu me admiro com o quanto mudamos como uma organização.

CAPÍTULO 32
• *Segunda-feira, 10 de novembro*

As duas semanas seguintes voam com as atividades da equipe SWAT consumindo boa parte do meu tempo, bem como do de Wes e de Patty.

Faz mais de uma década desde que tive interações diárias com desenvolvedores. Eu tinha me esquecido do quanto podem ser excêntricos. Para mim eles parecem mais como músicos indie do que como engenheiros.

Na minha época, desenvolvedores usavam protetores de bolsos — não camisetas vintage e sandálias — e carregavam réguas de cálculo, não skates.

De muitas maneiras, a maioria desses caras são meus opostos temperamentais. Eu gosto de pessoas que criam e seguem processos, pessoas que valorizam o rigor e a disciplina. Esses caras evitam o processo a favor da extravagância e do capricho.

Mas ainda bem que eles estão aqui.

Eu sei que não é justo estereotipar uma profissão inteira. Sei que todas essas habilidades diversas são vitais se quisermos ter sucesso. O desafio é como reunir todos nós, para que trabalhemos em direção ao mesmo objetivo.

O primeiro desafio: dar nome ao projeto da equipe SWAT. Não podíamos continuar chamado de "mini-Fênix", então, finalmente, tivemos que passar uma hora debatendo nomes.

Meus caras queriam chamá-lo de "Cujo" ou "Stiletto". Mas os desenvolvedores queriam chamá-lo de "Unicórnio".

Unicórnio? Como arco-íris e Ursinhos Carinhosos?

E, contra todas as minhas expectativas, "Unicórnio" ganhou a votação.

Desenvolvedores. Eu nunca os entenderei.

Independentemente de não gostar do nome, o Projeto Unicórnio estava se moldando incrivelmente bem. Com o objetivo de fazer o que quer que fosse para entregar recomendações e promoções eficazes de clientes, começamos com um código-base limpo, completamente desacoplado do gigante Fênix.

Foi incrível ver como essa equipe atacou os obstáculos. Um dos primeiros desafios foi começar a analisar os dados de compras dos clientes, que era o primeiro obstáculo. Mesmo tocar os bancos de dados da produção significava fazer ligações às suas bibliotecas, e qualquer mudança nelas exigia convencer a equipe de arquitetura a dar aprovação.

Já que a empresa inteira poderia falir até lá, os desenvolvedores e Brent decidiram criar um banco de dados totalmente novo, usando ferramentas de código aberto, com dados copiados não só do Fênix, mas também do sistema de entrada de pedidos e gestão de inventário.

Ao fazer isso, poderíamos desenvolver, testar e até conduzir operações sem impactar o Fênix ou outras aplicações cruciais aos negócios. E, ao nos desacoplarmos dos outros projetos, poderíamos fazer todas as mudanças necessárias sem colocá-los em risco. Ao mesmo tempo, não ficaríamos atolados nos processos dos quais não precisávamos fazer parte.

Com todo o coração, aprovei e aplaudi essa abordagem. Entretanto, uma pequena parte de mim ficou imaginando como gerenciaríamos o espalhamento inevitável se cada projeto pudesse resultar em um novo banco de dados por impulso. Lembrei-me de garantir que padronizássemos quais tipos de bancos de dados podíamos colocar na produção para garantir que tivéssemos as habilidades certas para dar suporte a isso no longo prazo.

No meio-tempo, Brent trabalhou com a equipe de William para criar os procedimentos de construção e mecanismos automatizados que poderiam criar simultaneamente os ambientes Dev, QA e de Produção. Estávamos todos surpresos de que, dentro do *sprint* de três semanas, talvez pela primeira vez de que podíamos nos lembrar, todos os desenvolvedores estavam usando exatamente o mesmo sistema operacional, versões de bibliotecas, bancos de dados, configurações de bancos de dados, e assim por diante.

"Isso é inacreditável", um dos desenvolvedores disse na retrospectiva do *sprint*, realizada no final de cada um. "Para o Fênix, nós levamos três ou quatro semanas para que novos desenvolvedores executem as construções em suas máquinas, porque nunca reunimos a lista completa das trocentas coisas que precisamos instalar para ele compilar e executar. Mas agora tudo o que temos que fazer é conferir a máquina virtual que Brent e a equipe construíram, e estão todos prontos."

De maneira similar, estávamos todos surpresos por termos um ambiente de QA disponível que combinava com o Dev tão no início do projeto. Isso também não tinha precedentes. Nós precisávamos fazer um monte de ajustes para refletir que os sistemas Dev tinham memória e armazenamento consideravelmente menores do que a QA, e que a QA tinha menos do que a Produção. Mas a maioria dos ambientes era idêntica e poderia ser modificada e criada em minutos.

As implementações automatizadas de código não estavam funcionando ainda, nem a migração de código entre os ambientes, mas a equipe de William tinha feito demonstrações de capacidades suficientes para que todos tivéssemos confiança de que isso aconteceria logo.

Além disso, os desenvolvedores tinham atingido seus objetivos de recursos no sprint antes do programado. Eles geraram relatórios mostrando "clientes que compraram este produto compraram também estes outros". Os relatórios estavam levando centenas de vezes mais tempo do que o esperado, mas eles prometeram que podiam melhorar o desempenho.

Por causa de nosso progresso rápido, decidimos diminuir o intervalo de sprint para duas semanas. Ao fazermos isso, podíamos reduzir nosso horizonte de planejamento para tomar e executar decisões com mais frequência, em vez de manter o plano feito há quase um mês.

O Fênix continua a operar em um plano escrito há mais de três anos. Eu tento não pensar muito nisso.

Nosso progresso parecia melhorar exponencialmente. Estamos planejando e executando mais rápido do que nunca, e a lacuna de velocidade entre o Unicórnio e o Fênix continua aumentando. As equipes do Fênix estão notando e começando a emprestar as práticas a torto e a direito, e obtendo resultados que não achávamos ser possíveis.

O impulso do Unicórnio parece imbatível e agora tem vida própria. Eu duvido que pudéssemos fazê-los parar e voltar a como era antes, mesmo se quiséssemos.

Durante uma reunião de orçamento, Wes liga. "Temos um grande problema."

Saindo da sala, eu digo: "O que foi?"

"Ninguém conseguiu encontrar Brent nos últimos dois dias. Você tem alguma ideia de onde ele está?", pergunta ele.

"Não", respondo. "Espera, como assim não conseguem encontrá-lo? Ele está bem? Você tentou o celular dele, né?"

Wes não se incomoda de esconder sua exasperação. "É claro que liguei pro celular dele! Tenho deixado mensagens de voz para ele de hora em hora. Todo mundo está tentando encontrá-lo. Temos trabalho até o pescoço, e seus colegas de equipe estão começando a se desesperar que... Puta merda! É o Brent ligando... Espera um pouco..."

Eu o escuto atender seu telefone da mesa dizendo: "Onde diabos você esteve? Todo mundo está procurando você! Não... Não... Des Moines? O que você está fazendo aí? Ninguém me contou... Uma missão secreta para Dick e Sarah? Mas que diabos..."

Eu o escuto por alguns momentos com algum divertimento, enquanto Wes tenta entender a situação de Brent. Finalmente o escuto dizer: "Espera um segundo. Deixe-me descobrir o que Bill quer fazer...", enquanto ele pega o celular de novo.

"Beleza, você deve ter escutado parte disso, certo?", ele me diz.

"Diga que vou ligar pra ele imediatamente."

Depois que desligo, ligo para Brent, imaginando o que Sarah fez agora.

"Oi, Bill", eu o escuto dizer.

"Você se importa de me dizer o que está acontecendo e por que está em Des Moines?", pergunto educadamente.

"Ninguém no escritório de Dick te contou?", pergunta ele. Quando não digo nada, ele continua: "Dick e a equipe financeira me levaram às pressas ontem pela manhã para fazer parte de uma força-tarefa para criar um plano de separação da empresa. Aparentemente, esse é um projeto de prioridade máxima, e eles precisam entender quais são as implicações para todos os sistemas de TI."

"E por que Dick o colocou na equipe?", pergunto.

"Eu não sei", responde ele. "Confie em mim, não quero estar aqui. Eu odeio aviões. Um dos analistas de negócios deles deveria estar nisso, mas talvez seja porque eu conheço muito sobre como todos os principais sistemas se conectam uns aos outros, onde todos residem, de quais serviços eles dependem... A propósito, eu posso dizer imediatamente que separar a empresa será um pesadelo completo."

Eu me lembro de quando liderei a equipe de integração da aquisição, quando adquirimos o grande varejista. Foi um projeto enorme. Separar a empresa pode ser ainda mais difícil.

Se isso impactará cada uma das centenas de aplicações que suportamos, Brent provavelmente tem razão. Isso levará anos.

A TI está em toda parte, então não é como amputar um membro. É mais como separar o sistema nervoso da empresa.

Lembrando-me de que Dick e Sarah arrancaram de mim um dos meus recursos-chave sem nem pedir, digo lenta e deliberadamente: "Brent, ouça com cuidado: sua prioridade mais importante é descobrir o que seus colegas da equipe Unicórnio precisam e entregar a eles. Perca seu voo se precisar. Eu farei algumas ligações, mas há uma boa chance da minha assistente Ellen agendar um voo de retorno pra você esta noite. Entendeu?"

"Você quer que eu perca meu voo deliberadamente?", pergunta ele.

"Sim."

"O que direi a Dick e Sarah?", pergunta ele, incerto.

Eu penso por um momento. "Diga a eles que preciso de você em uma chamada de emergência, e que você os alcançará depois."

"Tá...", diz ele. "O que está acontecendo aqui?"

"É simples, Brent", explico. "O Unicórnio é a última esperança que temos de atingir os números deste trimestre. Mais um trimestre explodido e a diretoria, com certeza, vai querer separar a empresa, e você poderá ajudar a força-tarefa quando isso acontecer. Mas, se atingirmos nossos números, temos uma chance de manter a empresa. É por isso que o Unicórnio é nossa prioridade absoluta mais alta. Steve foi muito claro com isso."

Brent diz em dúvida: "Beleza. Só me diga onde você quer que eu vá, e estarei lá. Deixarei que você discuta com os mandachuvas." Ele está claramente incomodado pelos sinais diferentes enviados para ele.

Mas não tanto quanto eu estou.

Ligo para Stacy, a assistente de Steve, e digo que estou a caminho.

Enquanto caminho para o Prédio 2, para encontrar Steve, ligo para Wes.

"Você fez o quê?", ele gargalha. "Ótimo. Você agora está no meio da batalha política, com Steve de um lado e Dick e Sarah do outro. E, francamente, não tenho certeza de que teha escolhido o lado vencedor."

Depois de um momento, ele diz: "Você realmente acha que Steve vai nos apoiar nisso?"

Eu reprimo um suspiro. "Espero que sim. Se não pegarmos Brent de volta por tempo integral, o Unicórnio afundará. E isso provavelmente significa que teremos um novo CEO, seremos terceirizados, e também descobriremos como separar a empresa. Isso soa como um trabalho divertido para você?"

Eu desligo e vou até o escritório de Steve. Ele sorri muito e diz: "Bom dia. Stacy diz que você tem más notícias para mim."

Conto a ele o que soube durante minha ligação com Brent e fico surpreso por seu rosto ficar escarlate. Pensei que ele sabia de tudo isso, já que ele é o CEO.

Obviamente não.

Depois de um momento, ele finalmente diz: "A diretoria garantiu para mim que não seguiriam pelo caminho de separação da empresa até ver como este trimestre ficaria. Suponho que tenham perdido a paciência."

Ele continua: "Então me diga qual é o efeito no Unicórnio se Brent for reatribuído."

"Eu falei com Chris, Wes e Patty", respondo. "O Projeto Unicórnio afundaria completamente. Sou um cara cético por natureza, mas realmente acho que o Unicórnio funcionará. Com o Dia de Ação de Graças daqui a apenas duas semanas, Brent tem uma chance significativa de obter as capacidades que precisamos construir. E, a propósito, muitas das descobertas que estamos fazendo estão sendo copiadas pela equipe do Fênix, o que é fantástico."

Para ressaltar meu argumento, concluo: "Sem Brent não seremos capazes de alcançar nenhum dos objetivos de vendas e lucro que ligamos ao Unicórnio. Sem chance."

Apertando os lábios, Steve pergunta: "E o que acontece se você preencher a vaga de Brent com seu segundo melhor?"

Eu transmito a Steve o que Wes me contou, o que espelhava meu próprio pensamento. "Brent é muito especial. O Unicórnio precisa de alguém que tenha o respeito dos desenvolvedores, tenha experiência profunda o suficiente com quase todo tipo de infraestrutura de TI que temos e possa descrever o que os desenvolvedores precisam construir para que possamos realmente gerenciar e operar na produção. Essas habilidades são raras, e não temos ninguém mais que possa entrar nesse papel especial neste momento."

"E se você designar seu segundo melhor para a força-tarefa de Dick?", pergunta ele.

"Acho que o planejamento de separação não seria tão preciso, mas ainda poderia ser bem concluído", respondo.

Steve se inclina em sua cadeira, sem dizer nada.

Finalmente, ele diz: "Traga Brent de volta. Eu cuido do resto".

CAPÍTULO 33
- *Terça-feira, 11 de novembro*

No dia seguinte, Brent está de volta ao Unicórnio, e um dos engenheiros nível 3 juntou-se à equipe de Dick em algum lugar do centro-oeste coberto de neve. Horas depois, recebo um e-mail copiado de Sarah:

De: Sarah Moulton

Para: Bob Strauss

Cc: Dick Landry, Steve Masters, Bill Palmer

Data: 11 de novembro, 7h24

Assunto: Alguém está minando o Projeto Garra

Bob, descobri que Bill Palmer, o VP atuante de Operações de TI, roubou o recurso crucial do Projeto Garra.

Bill, estou profundamente preocupada com suas ações recentes. Por favor, explique para nós por que mandou que Brent voltasse para casa. Isso é absolutamente intolerável. A diretoria nos instruiu a explorar opções estratégicas.

Eu exijo que Brent volte à equipe Garra o mais rápido possível. Por favor, confirme que entendeu esta mensagem.

Sarah

Genuinamente alarmado por ter minha atenção chamada em um e-mail para o presidente da empresa, eu ligo para Steve, que está, obviamente, furioso com a mudança de lealdade de Sarah. Depois de xingar baixinho, ele me garante que lidará com isso e que posso continuar como o planejado.

Na reunião diária do Unicórnio, William não parece feliz. "A boa notícia é que, desde a noite passada, nós geramos nosso primeiro relatório de promoção de clientes e parece estar funcionando corretamente. Mas o código está executando 50 vezes mais devagar do que esperávamos. Um dos algoritmos de clusterização não está paralelizando como achávamos que faria, então as execuções previstas já estão levando mais de 24 horas, mesmo para o teste de nosso pequeno conjunto de dados de clientes."

Resmungos e gemidos são ouvidos na sala.

Um dos desenvolvedores diz: "Não podemos só usar a força bruta? Jogar mais hardware no problema. Com servidores o suficiente, podemos diminuir o tempo de execução."

"Você está brincando?", diz Wes, com exasperação. "Nós só orçamos para 20 dos servidores mais rápidos que podíamos encontrar. Você precisaria de mais de mil servidores para diminuir o tempo de execução para o que precisamos. Isso é mais de $1 milhão em capital não orçado!"

Eu pressiono os lábios. Wes tem razão. O Fênix já está muito além do orçamento como está, e estamos falando de uma grande quantidade de dinheiro, que será impossível aprovar, especialmente dada a nossa condição financeira.

"Não precisamos de hardware novo", responde o desenvolvedor. "Nós investimos todo esse esforço para criar imagens de computadores que podemos implementar. Por que não enviá-las para a nuvem? Poderíamos executar centenas ou milhares de instâncias de computador quando precisarmos, acabar com elas quando tivermos terminado, e só pagar pelo tempo que usarmos."

Wes olha para Brent, que diz: "É possível. Já estamos usando virtualização para a maioria de nossos ambientes. Não deve ser muito difícil convertê-los para que executem em um provedor de computação em nuvem."

Depois de um momento, ele acrescenta: "Sabe, isso seria divertido. Eu sempre quis tentar algo assim."

A animação de Brent é contagiante.

Começamos a atribuir tarefas para investigar a viabilidade. Brent faz uma dupla com o desenvolvedor que sugeriu a ideia, para fazer um protótipo rápido, a fim de ver se é mesmo possível.

Maggie está tão interessada no Unicórnio, que está rotineiramente presente nas reuniões diárias, se voluntaria para ver a precificação e ligará para seus colegas na indústria para ver se algum deles fez isso antes, para obter recomendações de vendedores.

Um dos engenheiros de segurança de John interrompe: "Enviar os dados dos nossos clientes para a nuvem pode apresentar alguns riscos, como divulgação acidental de dados privados ou alguém sem autorização hackear esses servidores."

"Bem pensado", digo. "Você consegue listar os principais riscos nos quais deveríamos pensar e preparar uma lista de contramedidas e controles em potencial?"

Ele sorri em resposta, feliz por termos perguntado. Um dos desenvolvedores se voluntaria para trabalhar com ele.

No final da reunião, estou surpreso com os resultados não antecipados de automatizar nosso processo de implementação. Os desenvolvedores podem escalar mais rapidamente a aplicação, e potencialmente poucas mudanças seriam requeridas de nós.

Apesar disso, estou extremamente em dúvida com todo esse barulho de computação em nuvem. As pessoas tratam isso como se fosse um elixir mágico que reduz custos instantaneamente. Na minha cabeça, é só outra forma de terceirização.

Mas, se resolve um problema que temos, estou disposto a tentar. Eu lembro a Wes para também manter a mente aberta.

Uma semana mais tarde, mais uma vez, é hora da demonstração. Estamos todos de pé na área da equipe Unicórnio. É o fim do sprint, e o líder de Desenvolvimento está ansioso para mostrar o que a equipe realizou.

"Eu mal posso acreditar no quanto realizamos", ele começa. "Por causa de toda a automatização de implementação, fazer as instâncias de computador executarem na nuvem não foi tão difícil quanto pensamos. Na verdade, está funcionando tão bem que consideramos passar todos os sistemas de produção locais do Unicórnio para sistemas de teste, e usar a nuvem para todos os nossos sistemas de produção.

"Começamos a execução dos relatórios de recomendações toda noite e executamos centenas de instâncias de computador até acabarmos, e então os desligamos. Fizemos isso nos últimos quatro dias, e está funcionando bem. Muito bem."

Brent tem um sorriso largo no rosto, assim como o restante da equipe.

Em seguida, normalmente é o gerente de produção quem fala, mas desta vez Maggie apresentará em seu lugar. Ela obviamente tem mais do que um interesse casual no projeto.

Ela coloca um slide de PowerPoint no projetor. "Essas são as promoções geradas pelo Unicórnio para minha conta de clientes. Como podem ver, ele olhou meu histórico de compras e me mostrou que pneus de neve e baterias estão com 15% de desconto. Eu realmente fui ao nosso site e comprei ambos, porque precisava deles. A empresa acabou de ganhar dinheiro, porque todos esses itens têm um excesso de inventário e altas margens de lucro."

Eu sorrio. Isso é brilhante.

"E aqui estão as promoções do Unicórnio para o Wes", ela continua, passando para o próximo slide, com um sorriso. "Parece que você conseguiu um desconto em pastilhas de freio para corrida e aditivos de combustível. Isso te interessa?"

Wes sorri. "Nada mal!"

Maggie explica que todas essas ofertas já estão no sistema do Fênix e estavam só esperando pela funcionalidade de promoção para finalmente chegar aos clientes.

Ela continua: "Eis minha proposta: eu gostaria de fazer uma campanha por e-mail para 1% de nossos clientes, para ver o que acontece. O Dia de Ação de Graças é daqui a uma semana. Se pudermos fazer algumas tentativas e tudo sair bem, faríamos a todo vapor na Black Friday, que é o dia de compras mais movimentado do ano."

"Parece um bom plano", digo. "Wes, há alguma razão para não fazermos isso?"

Wes balança a cabeça. "Do ponto de vista de Ops, não consigo pensar em nada. Todo o trabalho duro já foi feito. Se Chris, William e o Marketing estiverem confiantes de que o código está funcionando, eu digo para irmos em frente."

Todos concordam. Algumas questões surgem, mas Maggie diz que sua equipe está disposta a trabalhar a noite toda para fazer isso acontecer.

Eu sorrio internamente. Pela primeira vez não seremos nós a ficar a noite inteira acordados porque algo deu muito errado. Na verdade, é o completo oposto. As pessoas estão ficando a noite toda acordadas porque tudo está dando certo.

Na segunda-feira seguinte, a temperatura está pouco acima de congelante enquanto dirijo para o trabalho, mas o sol está brilhando muito. Parece que será uma ótima semana para o feriado do Dia de Ação de Graças. Ao longo do final de semana eu fico um pouco surpreso em ver comerciais com o Papai Noel.

Quando chego ao escritório, jogo meu casaco pesado sobre a cadeira. Viro-me quando ouço Patty entrar no meu escritório e vejo que ela está com um largo sorriso no rosto. "Você ouviu as ótimas notícias do Marketing?"

Quando balanço a cabeça, ela apenas diz: "Leia o e-mail que Maggie acabou de mandar."

Eu abro meu laptop e leio:

De: Maggie Lee
Para: Chris Allers, Bill Palmer
Cc: Steve Masters, Wes Davis, Sarah Moulton
Data: 24 de novembro, 7h47
Assunto: Primeira campanha promocional do Unicórnio: INACREDITÁVEL!

A equipe de Marketing passou o final de semana trabalhando dia e noite e conseguiu fazer uma campanha de teste para 1% de nossos clientes.

Os resultados foram EXCELENTES! Mais de 20% dos respondentes foram ao nosso site, e mais de 6% fizeram compras. Essas são taxas de conversão incrivelmente altas. Provavelmente 5x mais altas do que qualquer campanha que já fizemos antes.

Recomendamos fazer uma promoção Unicórnio para todos os nossos clientes no Dia de Ação de Graças. Estou trabalhando para obter um painel de controle para que todos possam ver os resultados de campanhas Unicórnio em tempo real.

Lembrem-se também de que todos os itens sendo promovidos têm margem alta, então os efeitos em nossos lucros serão excelentes.

P.S.: Bill, com base nos resultados, esperamos uma explosão enorme no tráfego da web. Conseguimos garantir que nosso site não caia?

Ótimo trabalho, pessoal!

Maggie

"Adorei", digo para Patty. "Trabalhe com Wes para descobrir o que precisamos fazer para lidar com a explosão no tráfego. Só temos três dias para fazer isso, então não temos muito tempo. Não queremos estragar isso e transformar clientes em potencial em inimigos."

Ela concorda e está prestes a responder quando seu telefone vibra. Um instante depois, meu telefone também vibra. Ela olha rapidamente para baixo e diz: "A senhora dos dragões ataca novamente."

"Eu queria que tivesse um botão de 'cancelar assinatura' para os e-mails dela", diz Patty enquanto sai.

Meia hora mais tarde, Steve envia uma nota de parabenização para toda a equipe Unicórnio, que todos adoraram ler. Mais surpreendentemente, ele também envia uma resposta pública para Sarah, exigindo que ela pare de "agitar e causar problemas" e para "se encontrar comigo o mais cedo possível".

Isso ainda não impediu todos os e-mails públicos indo e voltando entre Sarah, Steve e Bob. Ver Sarah puxando o saco do nosso novo presidente, Bob, era esquisito e desconfortável. É como se ela nem ligasse para o quanto estava sendo óbvia e para todas as pontes que ela estava queimando.

Eu entro em uma sala de reuniões para encontrar John sobre a resolução de todas as questões de segurança do SOX-404 e do Unicórnio. Ele está usando camisa listrada Oxford e colete, completo com abotoaduras. Parece que acabou de sair de uma sessão de fotos da *Vanity Fair*, e eu acho que continua raspando a cabeça diariamente.

"Estou surpreso com a rapidez com que as correções de segurança do Unicórnio estão sendo integradas", diz ele. "Comparado com o resto do Fênix, corrigir questões de segurança do Unicórnio é muito fácil. O tempo de ciclo é tão curto, que uma vez colocamos uma correção em uma hora. Normalmente conseguimos fazer correções dentro de um ou dois dias. Comparado a isso, remediar questões do Fênix é como arrancar nossos próprios dentes, sem anestesia. Normalmente teríamos que esperar por um trimestre para que qualquer mudança significativa fosse feita, e fazer qualquer coisa para conseguir passar um pedido de mudança de emergência quase não valia a pena.

"Sério", ele continua, "fazer remendos é muito fácil, porque podemos reconstruir qualquer coisa na produção com o toque de um botão. Se quebrar, podemos reconstruir de novo, do zero".

Eu concordo. "Também estou surpreso com o que podemos fazer com os tempos de ciclo rápidos do Unicórnio. Com o Fênix, nós só ensaiávamos e praticávamos fazer as implementações uma vez por trimestre. Só nas últimas cinco semanas, fizemos mais de 20 implementações de código e ambientes do Unicórnio. Quase parece uma rotina. Como você disse, é o oposto do Fênix."

John diz: "A maioria das reservas que eu tinha sobre o Unicórnio parecem não ser mais válidas. Fizemos verificações regulares para garantir que os desenvolvedores que têm acesso diário à produção só tivessem acesso de leitura, e estamos fazendo um bom progresso ao integrar nossos testes de segurança nos procedimentos de construção. Estou muito confiante de que qualquer mudança que poderia afetar a segurança dos dados ou os módulos de autenticação será descoberta rapidamente."

Ele se encosta, cruzando os braços atrás da cabeça. "Eu estava com muito medo de como obteríamos qualquer tipo de garantia sobre a proteção do Unicórnio. Parcialmente porque estamos muito acostumados a levar um mês para mudar a revisão de segurança de aplicação. Em uma emergência, como em resposta a uma auditoria de alta prioridade, podíamos mudar as coisas, às vezes, em uma semana.

"Mas a ideia de ter que acompanhar dez implementações por dia?", ele continua. "Completamente lunática! Mas depois de sermos forçados a automatizar nossos testes de segurança e integrá-los no mesmo processo que William usa para seus testes de QA automatizados, estamos testando sempre que um desenvolvedor entrega um código. De muitas maneiras, nós agora temos uma visibilidade e cobertura de código melhores do que qualquer outra aplicação na empresa!"

Ele acrescenta: "Fique sabendo que acabamos de fechar os últimos problemas do SOX-404. Conseguimos provar para os auditores, em grande parte graças aos novos processos de controle de mudanças que você estabeleceu, que todos os controles atuais são suficientes, fechando as descobertas de auditoria repetidas de três anos."

Com um sorriso, ele acrescenta: "Parabéns, Bill! Você fez o que nenhum dos seus predecessores foi capaz, que é finalmente tirar os auditores do nosso pé!"

Para minha surpresa, a semana curta passa suavemente. Antes de todos irem embora na quarta-feira para o feriado do Dia de Ação de Graças, a grande campanha do Unicórnio está pronta. O desempenho do código ainda é dez vezes mais lento do que precisamos, mas está tudo bem por enquanto, porque podemos executar centenas de instâncias de computador na nuvem.

Tivemos um erro genuíno quando a QA descobriu que estávamos recomendando itens fora do estoque. Isso teria sido desastroso, enquanto os clientes clicassem animadamente na promoção, só para encontrar os itens listados como "em espera". Incrivelmente, o Desenvolvimento criou uma correção em um dia, e ela foi implementada em uma hora.

São 18h, e eu arrumei minhas coisas, ansioso pelo fim de semana prolongado. Todos nós merecemos.

CAPÍTULO 34
• *Sexta-feira, 28 de novembro*

Ao meio-dia de quinta-feira, bem no meio do Dia de Ação de Graças, soubemos que estávamos com problemas. O e-mail de promoção da noite do Unicórnio foi um sucesso incrível. A taxa de resposta foi incrivelmente alta, com o tráfego para nosso site explodindo a níveis recordes, o que fez nossos sistemas de e-commerce caírem continuamente.

Iniciamos uma chamada de emergência Sev 1, colocando todos os tipos de medidas de emergência para manter nossa capacidade de receber pedidos, incluindo mais servidores no rodízio e desligando todos os recursos intensivos de computação.

Ironicamente, um dos desenvolvedores sugeriu desligar todas as recomendações em tempo real, que tínhamos trabalhado tanto para construir. Por que recomendar mais produtos para comprar, ele argumentou, se os clientes não conseguem nem completar uma transação?

Maggie concordou rapidamente, mas os desenvolvedores ainda levaram duas horas para mudar e implementar. Agora esse recurso pode ser desativado com uma configuração, então podemos fazê-lo em minutos da próxima vez, em vez de requerer uma implementação completa de código.

Isso é que eu chamo de projetar para Operações de TI! Está ficando cada vez mais fácil lidar com o código na produção.

Nós também continuamos otimizando consultas de bancos de dados e movendo os maiores gráficos do site para uma rede de distribuição de conteúdo terceirizada, descarregando mais tráfego de nossos servidores. No fim da tarde do Dia de Ação de Graças, a experiência do cliente havia melhorado para algo tolerável.

O problema começou mesmo na manhã seguinte. Embora fosse um feriado oficial da empresa, chamei cada um dos meus funcionários de volta ao escritório.

Wes, Patty, Brent e Maggie estão aqui para a reunião da tarde. Chris está aqui, mas aparentemente decidiu que ser chamado hoje demandava um código de vestimenta diferente. Ele está usando camisa havaiana espalhafatosa e jeans, e trouxe café e donuts para todo mundo.

Maggie convocou a reunião há alguns minutos. "Esta manhã, nossos gerentes de loja abriram seus locais para a Black Friday. No momento em que abriram as portas, as pessoas começaram a entrar, mostrando impressões de seus e-mails promocionais do Unicórnio. O tráfego nas lojas hoje está em níveis recordes. O problema é que os itens promovidos estão quase no fim. Os gerentes começaram a entrar em pânico, porque os clientes estavam saindo com raiva e de mãos vazias.

"Quando os gerentes de loja tentam emitir cupons ou enviar um item para um cliente, eles têm de inserir manualmente o pedido de nosso depósito. Eles estão levando pelo menos 15 minutos por pedido, o que está resultando em longas filas nas lojas e clientes mais frustrados."

Naquele momento, o viva-voz na mesa toca. "Sarah ligando. Quem está na linha?"

Maggie fica indignada, e várias outras pessoas resmungam umas para as outras. As tentativas de Sarah de minar o Unicórnio são bem conhecidas agora. Maggie precisa parar por dois minutos para anunciar todos na chamada, para atualizá-la.

"Obrigada", diz Sarah. "Permanecerei na ligação. Por favor, continue."

Maggie agradece a ela educadamente e começa a fazer o *brainstorming* de como resolver os problemas.

Uma hora mais tarde, geramos 20 ações que abordaremos durante todo o final de semana. Estabeleceremos um site para lojistas, onde podem digitar o código promocional do cupom, o que automatizará o cruzamento de envios de nossos depósitos. Além disso, criaremos um novo formulário no site da conta do cliente, onde poderão conseguir que os itens sejam entregues diretamente a eles.

É uma lista longa.

Na segunda-feira pela manhã, a situação estabilizou. O que é bom, porque temos nossa reunião semanal do Unicórnio com Steve.

Chris, Wes, Patty e John estão aqui. Diferente das reuniões anteriores, Sarah também está aqui. Ela senta com os braços cruzados, descruzando-os de vez em quando para digitar mensagens para alguém em seu iPhone.

Steve diz para todos nós, com um grande sorriso: "Quero parabenizá-los por todo seu trabalho duro. Valeu a pena mais do que minhas maiores expectativas. Graças ao Unicórnio, nossas vendas em lojas e na internet estão quebrando recordes, resultando em uma renda semanal recorde. Na taxa atual, o Marketing estima que atingiremos a lucratividade deste trimestre. Será nosso primeiro trimestre lucrativo desde a metade do ano passado.

"Meus parabéns mais sinceros a todos vocês", diz ele.

Todo mundo sorri com a notícia, menos Sarah.

"Isso é apenas metade da história, Steve", diz Chris. "A equipe Unicórnio está arrasando. Eles passaram de fazer implementações a cada duas semanas para cada uma semana, e agora estamos experimentando fazer implementações diárias. Como o tamanho do lote é tão menor, podemos fazer pequenas mudanças muito rapidamente. Agora fazemos testes A/B o tempo todo. Resumindo, nunca conseguimos responder ao mercado tão rapidamente, e tenho certeza de que podemos tirar mais coelhos dessa cartola."

Eu concordo enfaticamente. "Suspeito que vamos querer seguir o modelo Unicórnio para qualquer nova aplicação desenvolvida internamente. É mais fácil de escalar, bem como de gerenciar, do que qualquer aplicação que suportamos no passado. Estamos estabelecendo os processos e procedimentos para que possamos implementar a qualquer ritmo necessário, para responder rapidamente aos clientes. Em alguns casos, estamos até permitindo que os desenvolvedores implementem o código. O desenvolvedor poderá apertar um botão e, dentro de alguns minutos, o código estará no ambiente de teste ou na produção."

"Não acredito no quanto caminhamos em tão pouco tempo. Estou orgulhoso de todos vocês", diz Steve. "Eu quero elogiar vocês por trabalharem juntos e serem dignos da confiança uns dos outros."

"Antes tarde do que nunca, suponho", diz Sarah. "Se acabamos de dar parabéns a nós mesmos, eu tenho uma chamada de negócios para vocês. Mais cedo, neste mês, nosso maior concorrente do varejo começou uma parceria com seus fabricantes para permitir a montagem de kits personalizados por demanda. As vendas de alguns dos nossos principais itens já caíram 20% desde que eles lançaram essa oferta."

Com raiva, ela adiciona: "Há anos estou tentando fazer a TI construir a infraestrutura para permitir essa capacidade, mas tudo o que ouvi foi 'não, não pode ser feito'. Enquanto isso, nosso concorrente pode trabalhar com qualquer fabricante que diz sim."

Ela acrescenta: "Por isso a ideia de Bob de separar a empresa tem tanto mérito. Estamos sendo acorrentados pelo lado do legado da fabricação do negócio."

O quê? Comprar a firma de varejo foi ideia dela! Talvez a vida teria sido mais fácil para todo mundo se ela tivesse ido trabalhar para um varejista.

Steve fecha a cara. "Esse é o próximo item da pauta. Como SVP de Operações de Varejo, é direito da Sarah trazer necessidades de negócios e riscos a esta equipe."

Wes bufa. Para Sarah, ele diz: "Você está brincando, né? Você entende o que acabamos de realizar com o Unicórnio e a rapidez com que fizemos isso? O que você está descrevendo não é difícil, comparado ao que acabamos de fazer."

No dia seguinte, Wes chega com uma cara abatida nada característica. "Ahn, chefe. Eu odeio dizer isso, mas não acho possível fazer isso."

Quando peço explicações, ele diz: "Para fazer o que nosso concorrente está fazendo, teríamos que reescrever completamente nosso sistema de planejamento de recursos de fabricação que dá suporte a todas as fábricas. É uma aplicação de estrutura velha, que usamos há décadas. Nós a terceirizamos há três anos. Principalmente porque pessoas velhas como você iriam se aposentar logo.

"Sem ofensas", ele adiciona. "Nós demitimos muito do nosso pessoal de mainframe há anos. Eles estavam ganhando salários muito mais altos que o normal. Algum contratante de terceirizados convenceu nosso CIO na época de que eles tinham a mão de obra grisalha que poderia manter nossa aplicação em suporte de vida até que fosse aposentada. Nosso plano era que pudéssemos substituí-la por um sistema ERP mais novo, mas obviamente nunca conseguimos."

"Droga, nós somos o cliente, e eles são nosso fornecedor", digo. "Diga a eles que os estamos pagando não só para manter a aplicação, mas também para fazer qualquer mudança de negócios necessária. De acordo com Sarah, precisamos dessa mudança. Então descubra quanto eles querem nos cobrar e quanto tempo teremos que esperar."

"Eu fiz isso", diz Wes, puxando uma resma de papel de debaixo do braço. "Esta é a proposta que eles finalmente enviaram, depois que consegui tirar o idiota do gerente de contas do caminho para falar com um dos analistas técnicos.

"Eles querem 6 meses para reunir os requisitos, outros 9 meses para desenvolver e testar, e se tivermos sorte, poderemos colocar isso na produção daqui a um ano", ele continua. "O problema é que os recursos de que precisamos não ficarão disponíveis até junho. Então estamos falando de 18 meses. No mínimo. Para começar o processo, eles precisariam de $50 mil para estudo de viabilidade e para garantir uma vaga em seu cronograma de desenvolvimento."

Wes está muito vermelho agora, balançando a cabeça. "Esse gerente de contas inútil continua insistindo que o contrato simplesmente não permite que ele nos ajude. Babaca. Obviamente, o trabalho dele é garantir que tudo que possa ser cobrado o seja e nos dissuadir de fazer qualquer coisa que não esteja no contrato, como desenvolvimento."

Eu suspiro alto, pensando nas implicações. A restrição que nos previne de ir aonde precisamos agora está fora de nossa organização. Mas se está fora da organização, o que possivelmente podemos fazer? Não podemos convencer um contratante de terceirizados a mudar suas prioridades ou suas práticas gerenciais, como nós fizemos.

De repente, um vislumbre de uma ideia chega até mim.

"Quantas pessoas eles alocaram para essa conta?", pergunto.

"Não sei", diz Wes. "Acho que são 6 pessoas atribuídas em 30% de alocação. Provavelmente depende do cargo delas."

"Chame a Patty aqui, junto de uma cópia do contrato, e vamos fazer os cálculos. E veja se consegue achar alguém das Compras também. Tenho uma proposta audaciosa que gostaria de explorar."

"Quem terceirizou a aplicação MRP?", pergunta Steve detrás de sua mesa.

Estou sentando no escritório de Steve com Chris, Wes e Patty, com Sarah do lado de fora, a quem tento ignorar.

Eu explico novamente nossa ideia para Steve. "Há muitos anos, decidimos que essa aplicação não era uma parte crucial dos negócios, então terceirizamos para cortar os custos. Obviamente eles não a viam como uma competência central."

"Bem, obviamente é uma competência central agora!", responde Steve. "Neste momento esse contratante está nos mantendo reféns, evitando que façamos algo que precisa ser feito. Eles são mais do que apenas um obstáculo. Estão colocando nosso futuro em risco."

Eu concordo. "Resumindo, gostaríamos de quebrar o contrato de terceirização mais cedo, trazendo esses recursos de volta à empresa. Estamos falando de aproximadamente seis pessoas, algumas das quais ainda estão no local. Para quitar o restante do contrato dois anos mais cedo, seriam quase $1 milhão, e nós recuperaríamos o controle completo da aplicação MRP e da infraestrutura subjacente. Todo mundo nesta equipe acredita que seja a coisa certa a se fazer, e até conseguimos a bênção inicial da equipe do Dick."

Prendo a respiração. Acabei de jogar na mesa um número bem grande. É consideravelmente maior do que o aumento do orçamento que pedi há dois meses, quando fui jogado para fora deste escritório.

Eu continuo rapidamente: "Chris acredita que, uma vez que a aplicação MRP esteja de volta na casa, possamos construir uma interface para o Unicórnio. Começaríamos então a construir a capacidade de fabricação para passar de 'construir para inventário' para 'construir para pedido', que permitiria que fornecêssemos os kits personalizados que a Sarah pediu. Se executarmos tudo sem erros, e a integração com os sistemas de entrada de pedidos e gestão de inventário sair como o planejado, poderíamos conseguir o que nossos concorrentes estão fazendo em cerca de 90 dias."

Pelo canto do olho posso ver as engrenagens girando furiosamente na cabeça da Sarah.

Steve não dispensa a ideia imediatamente. "Tudo bem, vocês têm minha atenção. Quais são os principais riscos?"

Chris responde essa. "O contratante pode ter feito grandes mudanças na base do código que não conhecemos, o que atrasaria o cronograma de desenvolvimento. Mas creio que esse risco seja mínimo. Com base no comportamento deles, não acho que tenham feito quaisquer mudanças significativas na funcionalidade.

"Não estou preocupado com os desafios técnicos", ele continua. "O MRP não foi projetado para lotes grandes e certamente não para tamanhos de lotes de que estamos falando aqui. Mas tenho certeza de que podemos fazer algo funcionar no curto prazo e descobrir uma estratégia de longo prazo no decorrer."

Quando Chris termina, Patty adiciona: "O contratante também poderia decidir dificultar a transação de devolução, e pode haver animosidade dos engenheiros afetados. Houve muito ressentimento quando anunciamos o contrato. Dentre outras coisas, o pagamento deles foi cortado no instante em que deixaram de ser empregados da Parts Unlimited para ser vendedores."

Ela continua: "Deveríamos envolver o John imediatamente, porque precisaremos retirar o acesso de todos os funcionários terceirizados que não traremos para cá."

Wes ri, dizendo: "Eu gostaria de apagar pessoalmente as credenciais de login daquele gerente de contas babaca. Ele é um idiota."

Steve está ouvindo atentamente. Ele se vira para Sarah e pergunta: "O que acha da proposta da equipe?"

Ela não diz nada por vários momentos, mas finalmente diz imperativamente: "Acho que precisamos falar com Bob Strauss e obter a aprovação de toda a diretoria antes de empreender um projeto tão grande e arriscado. Dada a performance prévia da TI, isso poderia colocar em risco todas as nossas operações de fabricação, o que é mais risco do que eu acho que devemos assumir. Resumindo, eu pessoalmente não apoio essa proposta."

Steve estuda Sarah, dizendo com um sorrisinho: "Lembre-se de que você trabalha para mim, não para o Bob. Se você não pode trabalhar dentro desse arranjo, eu preciso do seu pedido imediato de demissão."

Sarah fica branca, seu queixo cai, obviamente percebendo que fez uma jogada muito ruim.

Lutando para recuperar a compostura, ela ri nervosamente do comentário de Steve, mas ninguém se junta a ela. Eu olho furtivamente para meus colegas e vejo que, como eu, seus olhos estão arregalados, observando o drama se desenrolar.

Steve continua: "Por outro lado, graças à TI, talvez não precisemos mais considerar todas as opções estratégicas onerosas que você e Bob estão preparando, mas seu ponto foi entendido."

Para o resto de nós, Steve diz: "Estou atribuindo a vocês um dos melhores funcionários de Dick e nosso conselho corporativo. Eles o ajudarão a executar perfeitamente esse projeto e garantirão que usemos cada truque na manga para conseguirmos tudo o que precisarmos do contratante. Eu me certificarei que Dick dê sua atenção pessoal a esse projeto."

Os olhos de Sarah se arregalam ainda mais. "Essa é uma ideia excelente, Steve. Isso reduziria significativamente o risco aqui. Acho que o Bob gostará muito."

A expressão no rosto de Steve sugere que sua paciência para o teatro dela está quase no fim.

Ele pergunta se precisamos de mais alguma coisa. Quando não há nada, ele dispensa todo mundo, mas pede que Sarah fique.

Enquanto saímos, dou uma espiada para trás. Sarah está sentando onde eu estava antes, observando nervosamente todos saírem. Fazendo contato visual com ela, dou um sorriso e fecho a porta.

CAPÍTULO 35
• *Sexta-feira, 9 de janeiro*

Eu seguro o volante nervosamente enquanto dirijo para a casa de Steve. Ele está dando uma festa para todos os que trabalharam tanto no Fênix quanto no Unicórnio, convidando pessoas tanto dos negócios quando da TI. As estradas estão incomumente congeladas, sem derreter mesmo depois de semanas de sol. Já foi sacanagem o suficiente Paige e eu termos decidido ficar em casa para a virada de ano, em vez de celebrarmos com sua família, como normalmente fazemos.

Faz mais de um mês desde aquela última reunião com Steve e Sarah. Não a vimos muito desde então.

Enquanto dirijo, contemplo o quanto tudo está quieto. Continuo esperando que alguém ligue com outro incidente Sev 1. Em vez disso, meu telefone só fica parado no porta-copos, completamente silencioso — como ontem, e no dia anterior.

Não posso dizer que sinto falta da animação, mas tem vezes agora que literalmente não tenho nada para fazer.

Felizmente, agora estou orientando todos os meus gerentes pelos ciclos de melhorias de duas semanas, de acordo com o Kata de Melhoria, que evita que eu me sinta totalmente inútil. Estou especialmente orgulhoso de que, por um mês inteiro, meu grupo atingiu nosso objetivo de passar 15% do nosso tempo em projetos preventivos de infraestrutura. E isso é aparente.

Estamos usando todo o orçamento que temos alocado. Estamos fechando nossas lacunas de monitoramento, refatoramos ou substituímos nossos dez artefatos mais frágeis para que fiquem mais estáveis, e o fluxo de trabalho planejado está mais rápido do que nunca. Contra minhas expectativas, todo mundo pulou de alegria no Projeto Narval, também conhecido como projeto "Macaco do Caos do Exército Símio". Como as histórias lendárias do Apple Mac OS original e da infraestrutura de entrega em nuvem da Netflix, nós implementamos códigos que criaram rotineiramente falhas em larga escala, assim matando processos ou servidores inteiros aleatoriamente.

Claro, o resultado foi o mundo vindo abaixo por uma semana inteira, enquanto nosso teste, e de vez em quando nossa infraestrutura de produção, caía como um castelo de cartas. Mas, ao longo das semanas seguintes, enquanto o Desenvolvimento e as Operações de TI trabalhavam juntos para tornar nosso código e infraestrutura mais resilientes a falhas, tivemos verdadeiramente serviços de TI que foram resilientes, robustos e duráveis.

John adorou isso e começou um novo projeto chamado "Macaco Malvado do Caos". Em vez de gerar falhas operacionais na produção, ele tentaria explorar constantemente os buracos na segurança, enganar nossas aplicações com tempestades de pacotes malfeitos, tentar instalar backdoors, obter acesso a dados confidenciais e todos os outros tipos de ataques nefastos.

É claro que Wes tentou parar isso. Ele insistiu para que agendássemos testes de penetração em estruturas de tempo predefinidas. Mas eu o convenci de que esse era o meio mais rápido de institucionalizar a Terceira Maneira de Erik. Precisamos criar uma cultura que reforce o valor de correr riscos e aprender com o fracasso e a necessidade de repetição e prática para criar maestria.

Eu não quero pôsteres sobre qualidade e segurança. Quero melhoria do nosso trabalho diário aparecendo onde precisa estar: no nosso trabalho diário.

A equipe de John desenvolveu ferramentas que testaram pelo estresse cada ambiente de teste e produção com uma barragem contínua de ataques. E, como quando lançamos pela primeira vez o macaco do caos, imediatamente mais de metade do tempo foi passado corrigindo buracos na segurança e melhorando o código. Depois de várias semanas, os desenvolvedores estavam merecidamente orgulhosos de seu trabalho, afastando com sucesso tudo o que a equipe de John jogou neles.

Esses são os pensamentos passando pela minha cabeça a caminho da casa de Steve. A área que se estende está toda coberta de neve, escondendo os gramados imaculadamente bem cuidados.

Quando toco a campainha, uma hora antes, como Steve pediu, escuto latidos altos e o som de um cachorro muito grande derrapando em um chão de madeira e batendo na porta.

"Entre, Bill. É ótimo vê-lo novamente", diz Steve, segurando a coleira do cachorro e gesticulando em direção à cozinha, com um espeto de legumes na outra mão. Quando chegamos à cozinha, ele aponta para o balcão à sua frente, no qual há um grande balde de gelo cheio de garrafas. "Quer algo para beber? Cerveja? Refrigerante? Uísque?" Olhando em volta, ele adiciona: "Margarita?"

Eu pego uma cerveja do balde, agradeço e então dou a ele um rápido resumo do meu dia meio tedioso enquanto ele me leva até a sala.

Ele sorri. "Obrigado por vir mais cedo. Esse trimestre quebrará recordes. Não poderíamos ter feito isso sem você e Chris. Pela primeira vez em anos nossa fatia de mercado está aumentando! Sabe, eu queria ver a cara dos nossos concorrentes. Eles provavelmente estão se revirando, tentando entender como fizemos isso."

Steve está sorrindo muito. "Eu vi Dick dar um sorriso no outro dia. Bem, ele mostrou os dentes, pelo menos. O Projeto Unicórnio e aquele novo projeto, Narval, estão nos ajudando a entender o que os clientes realmente querem. Nosso tamanho médio de pedido chegou a um recorde na semana passada, e Dick disse que o Unicórnio teve o retorno mais rápido de todos os projetos que fizemos recentemente."

Ele continua: "Os analistas estão começando a nos amar de novo. Um me disse na semana passada que, se formos bem, será muito difícil para nossos concorrentes não integrados nos seguir. Sem dúvida, eles aumentarão nossos alvos de preço de ação, e Bob está finalmente retirando seu apoio de separação da empresa."

"Mesmo?", digo surpreso, erguendo as sobrancelhas. "Pensei que Sarah estava convencida de que separar a empresa era a única maneira de sobrevivermos."

"Ah, sim...", diz ele. "Ela decidiu buscar outras opções em outro lugar e está em licença."

Meu queixo cai. Se estou escutando corretamente, Sarah está sendo retirada da empresa. Eu sorrio.

"A propósito", diz Steve. "Projeto Narval? Projeto Unicórnio? Vocês não conseguem dar nomes melhores que esses?"

Eu dou risada. "Ninguém está mais incomodada com isso do que a Maggie. Ela está convencida de que todos os seus gerentes de produto estão rindo dela. Ela contou ao marido que, se o próximo projeto for chamado 'Hello Kitty', ela vai pedir a conta."

Ele ri. "Mas, como você pode adivinhar, não pedi que viesse mais cedo pra criticar os nomes de seus projetos. Sente-se."

Enquanto me acomodo em uma poltrona confortável, ele começa a explicar. "Nós estivemos com uma vaga aberta para CIO por meses. Você fez parte do processo de entrevistas. O que achou de nossos candidatos?"

"Honestamente? Fiquei desapontado", falei devagar. "Eles eram todos seniores com muito mais experiência do que eu. Ficavam falando sobre pequenas partes do problema. Propuseram apenas uma fração do que eu fiz nos últimos meses aqui na Parts Unlimited. Acho que, se forem contratados, haverá um risco considerável de voltar ao que tínhamos de ruim antes."

"Concordo com você, Bill. E é por isso que decidi que devemos preencher essa vaga internamente. Você tem alguma sugestão de quem deveríamos promover?"

Eu passo pelos possíveis candidatos na minha cabeça. Não é uma lista longa. "Acho que o Chris é a escolha óbvia. Ele foi a força motriz por trás do Unicórnio, bem como do Narval. Se não fosse pela liderança dele, tenho quase certeza de que estaríamos afundando na lama."

Ele sorri. "Sabe, é engraçado. Todo mundo achou que você diria isso. No entanto, não seguirei suas recomendações."

Ele continua, "Vai demorar um pouco para explicar isso. Você foi a escolha unânime para se tornar CIO. Mas, para ser brutalmente honesto, eu não quero você lá."

Reagindo à minha angústia óbvia, ele diz: "Ei, relaxa. Deixe-me explicar. Minha diretoria me responsabiliza por fazer o melhor uso dos recursos da empresa para atingir os objetivos que maximizam o valor do investidor. Meu trabalho primário é liderar minha equipe de gestão para que isso aconteça."

Ele se levanta, caminha até a janela e olha para o gramado coberto de neve. "Você me ajudou a ver que a TI não é meramente um departamento. Em vez disso, ela é difusa, como a eletricidade. É uma habilidade, como ser capaz de ler ou fazer cálculos. Na Parts Unlimited nós não temos um departamento centralizado de leitura ou de cálculos. Esperamos que todos que contratamos tenham algum domínio disso. Entender o que a tecnologia pode ou não fazer tornou-se uma competência central que todas as partes do negócio devem ter. Se qualquer um de meus gerentes de negócios estiver liderando uma equipe ou um projeto sem essa habilidade, falhará."

Ele continua: "Preciso que cada um de meus gerentes de negócios corra riscos calculados, sem colocar em risco toda a empresa. As pessoas em todo lugar do negócio estão usando tecnologia, então é como o Velho Oeste de novo... para o bem ou para o mal. As empresas que não conseguirem aprender a competir nesse novo mundo perecerão."

Virando-se de volta para mim, ele diz: "Para que a Parts Unlimited sobreviva, os negócios e a TI não podem tomar decisões exclusivamente para si mesmos. Não sei onde isso tudo vai dar, mas sei que da maneira que estamos organizados agora não estamos trabalhando com força total.

"Eu discuti isso com minha diretoria nos últimos meses", diz ele, sentando-se e olhando para mim. Eu conheço essa expressão. É como minha primeira reunião com ele no ano passado. É assim que ele fica quando está tentando seduzir alguém. "Estou impressionado com sua performance e com o que você fez com a TI. Você usou as mesmas habilidades que eu esperaria de qualquer um que tivesse liderando uma de nossas grandes divisões de fabricação.

"Agora quero ver você crescer e aprender, e construir novas habilidades para ajudar toda a Parts Unlimited. Se estiver disposto, estou preparado para investir em você. Quero colocá-lo em um plano intensivo de dois anos. Você fará rodízios nas Vendas e no Marketing, gerenciará uma fábrica, obterá experiência internacional, gerenciará os relacionamentos com nossos fornecedores mais cruciais e gerenciará nossa cadeia de suprimentos. Acredite em mim, isso não será como sair de férias. Você precisará de ajuda. Muita. Erik concordou gentilmente em ser seu mentor, porque ambos acreditamos que essa será a coisa mais difícil que você já fez.

"Mas", ele continua, "se você alcançar cada um dos 15 alvos específicos que estabelecemos, o colocaremos em um cargo provisório de diretor de Operações em 2 anos, no qual você trabalhará com Dick, enquanto ele se prepara para a aposentadoria. Se você trabalhar duro, obtiver resultados e fizer as jogadas certas, será o próximo COO da empresa em 3 anos".

Sinto que estou de queixo caído, minha garrafa de cerveja pingando água na minha perna.

"Você não precisa responder agora", diz ele, obviamente satisfeito por sua apresentação estar surtindo o efeito desejado. "Metade da minha diretoria acha que estou louco. Talvez eles estejam certos, mas confio nos meus instintos. Não sei como será isso, mas estou confiante de que seja o melhor para a empresa. Meu instinto me diz que em dez anos, quando estivermos varrendo nosso último concorrente do chão, essa será a aposta que terá possibilitado tudo isso.

"Enquanto estamos sonhando alto aqui, deixe-me dizer isto", ele continua. "Daqui a dez anos, estou certo de que todo COO que valha a pena terá vindo da TI. Qualquer COO que não entenda intimamente dos sistemas de TI que realmente conduzem os negócios é só um terno vazio que dependerá de outra pessoa para fazer seu trabalho."

A visão de Steve me deixa sem ar. Ele tem razão. Tudo o que minha equipe aprendeu, bem como Chris e John aprenderam, mostra que, quando a TI falha, o negócio falha. Parece lógico que, se a TI estiver organizada para que possamos vencer, o negócio vencerá também.

E Steve quer me colocar na vanguarda desse movimento.

Eu. Um cara de operações de tecnologia.

De repente penso em como um dos superiores de Erik decidiu elevá-lo de NCO sênior para um humilde tenente, forçando-o a subir novamente das mais baixas classificações oficiais. Obviamente Erik teve a coragem de fazê-lo, e as recompensas para ele (e sua família, se ele tiver uma) parecem bem evidentes. Ele está vivendo uma vida que parece ter transcendido nosso plano mortal de existência.

Como se Steve soubesse o que estou pensando, ele diz: "Sabe, quando Erik e eu nos conhecemos, muitos meses atrás, ele disse que o relacionamento entre a TI e os negócios é como um casamento problemático: ambos se sentem impotentes e reféns um do outro. Pensei nisso por meses, e finalmente entendi algo.

"Um casamento problemático supõe que os negócios e a TI são duas entidades separadas. A TI deveria ser embutida ou nas operações de negócios ou no negócio. *Voilà!* Aí está. Sem tensão. Sem casamento e, talvez, sem Departamento de TI também."

Eu só olho para Steve. De algum jeito parecido com o Erik, algo no que ele diz parece inevitavelmente verdadeiro.

Naquele momento, eu decido. Ainda preciso falar com Paige, mas eu sei, com certeza, que a jornada para a qual Steve quer me enviar é importante. Tanto para mim e minha família quanto para minha profissão inteira.

"Vou pensar nisso", digo solenemente.

Steve abre um grande sorriso e se levanta. Quando aperto sua mão esticada, ele segura meu ombro firmemente. "Bom. Isso será divertido."

Nesse momento, a campainha toca, e em poucos minutos, toda a turma está aqui: Wes, Patty, John e Chris... e também Maggie, Brent, Ann e, puta merda, até Dick e Ron.

À medida que a festa começa a ficar cada vez mais barulhenta, cada um deles me parabeniza, com bebidas nas mãos. É óbvio que eles já sabiam de tudo, incluindo a oferta surpreendente de Steve de passar por um plano de treinamento de três anos para ser o próximo COO.

Dick se aproxima de mim, segurando um copo de uísque. "Parabéns, Bill! Estou ansioso para trabalhar junto a você nos próximos anos."

Logo em seguida me vejo rindo com um monte de outras pessoas, aceitando seus parabéns e trocando histórias sobre a incrível jornada em que estivemos.

Wes me segura pelo ombro. "Agora que você está sendo promovido", diz ele, ainda mais alto e impetuosamente que o normal, "todos nós achamos que devemos dar a você algo que celebre o que realizamos. Algo que você possa levar para lembrá-lo de não esquecer de nós, sabe, pessoinhas".

Enquanto alcança uma caixa a seus pés, ele diz: "Nós discutimos por muito tempo sobre o que deveria ser. Mas, no fim, era óbvio..."

Quando vejo o que ele puxa da caixa, explodo em gargalhadas.

"Seu velho notebook de merda!", exclama ele, erguendo-o no ar. "É uma vergonha inutilizá-lo revestindo-o de bronze, mas você precisa admitir: tá lindo, não tá?"

Em descrença, fico boquiaberto, enquanto todos riem, aplaudem e gritam. Realmente é meu velho notebook. Pegando-o de Wes, vejo a dobradiça quebrada e a fita que coloquei para segurar a bateria no lugar. E agora todo o notebook está coberto pelo que parece ser uma camada grossa de tinta dourada, e está em cima de um pedestal de mogno.

Na parte inferior do pedestal há um letreiro em bronze. Eu leio em voz alta: "Em memória do querido finado Bill Palmer, vp de Operações de ti", com o último ano entre parênteses.

"Puta merda, caras!", digo, genuinamente tocado com o gesto. "Vocês fizeram parecer que eu morri!"

Todo mundo ri, inclusive Steve. A noite passa rapidamente, e eu me vejo surpreso por estar me divertindo tanto. Normalmente não sou uma pessoa social, mas hoje sinto como se estivesse na companhia de amigos e colegas a quem respeito, em quem confio e de quem realmente gosto.

Algum tempo mais tarde, Erik chega. Ele anda até mim, parando para examinar o notebook de bronze. "Sabe, embora eu dê a você uma chance de 50% de fracassar, ainda acredito em você", diz ele, em pé na minha frente, tomando um gole de cerveja. "Parabéns, filho. Você merece."

"Obrigado", digo, sorrindo muito, genuinamente tocado por seu fraco elogio.

"É, bem, não me decepcione", diz ele rudemente. "Eu nunca gostei desta cidade, e você me fará voar para aquele aeroporto dos quintos dos infernos por anos. Se você ferrar com isso, será tudo em vão."

"Farei o meu melhor", digo com uma quantidade surpreendente de confiança. "Espera um pouco! Eu achei que você viria para a cidade de qualquer maneira para nossas reuniões do conselho!"

"Depois do que vi, não quero fazer parte disso!", diz Erik, rindo alto. "Eu acho que a Parts Unlimited ganhará muito dinheiro. Veremos o quanto a concorrência é boa mesmo, mas minhas suspeitas dizem que não terão nem ideia do que os atropelou. Para mim, isso não é só conversa fiada. Se tudo sair de acordo com o planejado, dentro de algumas semanas eu provavelmente serei um dos maiores investidores desta empresa. A última coisa que quero é um monte de informações privilegiadas que restrinjam minha capacidade de comprar e vender!"

Eu olho para Erik. Ele tem dinheiro o suficiente para se tornar nosso maior investidor, mas ainda se veste como um trabalhador de linha de fábrica! Eu nunca teria desconfiado que ele se importava tanto com dinheiro.

Finalmente, pergunto, sem graça: "O que você quer dizer com 'informação privilegiada?'"

"Eu acredito há muito tempo que gerenciar eficazmente a ti não é só uma competência crucial, mas um previsor significativo do desempenho da empresa", explica ele. "Um dia desses eu gostaria de criar um fundo hedge que invista em empresas, assumindo posições *long* em empresas com ótimas organizações de TI que ajudam o negócio a vencer, e *short* em empresas nas quais a TI decepciona todo mundo. Acho que seria um sucesso. Há maneira melhor de forçar a próxima geração de CEOs a dar importância para a TI?"

Ele continua. "Eu não posso fazer isso se estiver amarrado como membro da diretoria em todas essas empresas. Dá uma impressão ruim. Potencial demais em risco com o SEC, auditores e tudo o mais."

"Ah", digo.

"Ei, desculpem-me interromper", diz John, "mas eu queria parabenizá-lo e expressar minha admiração." Ele então estica o braço para apertar a mão de Erik, dizendo: "E a você, também, senhor."

Erik ignora a mão dele, olhando-o de cima a baixo por alguns momentos. Então ele ri e aperta sua mão estendida. "Você evoluiu bastante, John. Muito bem. E, a propósito, eu gosto do novo visual. Muito discoteca europeia."

"Obrigado, Erkel", diz ele, inexpressível. "Eu não teria conseguido sem você. Sou grato."

"O prazer foi meu", diz Erik jovialmente. "Só não ande muito com os auditores. Isso não é bom pra ninguém."

John balança a cabeça concordando, retornando para a festa. Erik se vira para mim e diz, conspirando: "*Isso* é uma transformação incrível, você não concorda?"

Eu me viro para olhar para John. Ele está rindo e trocando insultos com Wes.

"Então", diz Erik, interrompendo meus pensamentos. "Quais são seus planos para o restante da organização de TI? Dada essa promoção, você tem algumas vagas para preencher."

Eu me viro de volta para Erik. "Sabe, eu nunca teria previsto isso". Erik bufa desdenhosamente, o que eu ignoro. "Wes, Patty e eu conversamos muito sobre isso. Com certeza promoverei Patty a VP de Operações de TI. Ela é o mais próximo que temos de um gerente de fábrica para as Operações de TI, e é ótima", digo com um sorriso.

"Boa escolha", responde ele. "Mas ela certamente não se parece com o típico gerente de Operações de TI... E o Wes?"

"Acredite se quiser, Wes deixou bem claro que não quer ser VP de Operações de TI", respondo. Com menos certeza, digo: "Se eu tiver que sair do meu cargo de CIO em dois anos, acho que Wes terá uma grande decisão a tomar. Se eu tivesse uma varinha mágica, ele assumiria o cargo da Patty como chefe de Operações de TI e Patty se tornaria a próxima CIO. Mas como vou conseguir preparar todo mundo, se Steve continua passando mais responsabilidades para mim?"

Erik fica indignado. "Me dá um tempo. Você está entediado no seu cargo atual. Você ficará muito menos entediado. Rápido. E lembre-se de que há muitas pessoas experientes no mundo que estiveram em jornadas semelhantes, então não seja o idiota que fracassa porque não pediu ajuda."

Ele se vira para sair, mas então olha para mim com um brilho no olhar. "Falando em ajudar outras pessoas, acho que *você me* deve algo."

"É claro", respondo sinceramente, repentinamente me perguntando se fui enganado desde o início. "O que você quiser, é só falar."

"Eu preciso que você me ajude a elevar o estado da prática de como as organizações gerenciam tecnologia. Sejamos sinceros. A vida na TI é bem ruim quando é tão mal entendida e mal gerenciada. Ela se torna ingrata e frustrante à medida que as pessoas percebem que são impotentes para mudar o resultado, como um filme de terror que se repete para sempre. Se isso não é danoso para nossa autoestima como seres humanos, não sei o que é. Isso precisa mudar", diz ele apaixonadamente. "Eu quero melhorar a vida de um milhão de trabalhadores de TI nos próximos cinco anos. Como um sábio uma vez me disse: 'Messias são bons, mas as escrituras são melhores.'"

Ele diz: "Eu quero que você escreva um livro descrevendo as Três Maneiras e como outras pessoas podem reproduzir a transformação que você fez aqui na Parts Unlimited. Chame-o de *Manual de DevOps* e mostre como a TI pode recuperar a confiança dos negócios e acabar com décadas de guerras entre tribos. Você pode fazer isso para mim?"

Escrever um livro? Ele não pode estar falando sério.

Eu respondo: "Não sou escritor. Nunca escrevi um livro antes. Na verdade, eu não escrevo nada mais longo que um e-mail há uma década."

Desgostoso, ele diz severamente: "Aprenda."

Balançando a cabeça por um momento, finalmente digo: "Claro. Seria uma honra e um privilégio escrever *Manual de DevOps* para você enquanto embarco no que provavelmente serão os três anos mais desafiadores de toda a minha carreira."

"Muito bem. Será um ótimo livro", diz ele, sorrindo. Então ele segura meu ombro novamente. "Vá aproveitar a noite. Você merece."

Para todo lado que olho, vejo pessoas que estão realmente se divertindo e aproveitando a companhia um do outro. Com minha bebida na mão, pondero no quão longe chegamos. Durante o lançamento do Fênix, duvido que qualquer um neste grupo imaginaria ser parte de uma supertribo que fosse maior do que apenas o Dev ou Ops ou Segurança. Há um termo que temos ouvido mais vezes ultimamente: algo chamado "DevOps". Talvez todos que estejam presentes nesta festa sejam uma forma de DevOps, mas suspeito que seja algo muito maior do que isso. É a Gestão de Produtos, Desenvolvimento, Operações de TI, e até a Segurança da Informação, todos trabalhando juntos e dando suporte uns aos outros. Até Steve faz parte desta supertribo.

Nesse momento eu me permito sentir o quanto estou incrivelmente orgulhoso de cada um nesta sala. O que conseguimos realizar é incrível, e embora meu futuro provavelmente seja menos certo do que em qualquer época da minha carreira, eu me sinto incrivelmente animado com os desafios que os próximos anos trarão.

Enquanto tomo outro gole de cerveja, algo chama minha atenção. Um punhado do meu pessoal começa a olhar para seus telefones. Momentos mais tarde, do outro lado da sala, um dos desenvolvedores próximos a Brent também está espiando seu telefone, com todos amontoados ao seu redor.

Velhos instintos surgindo, eu procuro por Patty urgentemente, que está fazendo o caminho mais curto até mim, seu telefone já em mãos.

"Primeiro de tudo, parabéns, chefe", diz ela, com um meio sorriso no rosto. "Você quer as más notícias ou as boas notícias primeiro?"

Virando-me para ela, digo com um senso de calma e paz interior: "O que temos, Patty?"

EPÍLOGO

O PASSADO – UMA HOMENAGEM AO LIVRO A META

Quando Kevin Behr, George Spafford e eu começamos a escrever *O Projeto Fênix* nunca suspeitamos da rapidez com que o DevOps seria aceito pelos profissionais de tecnologia em todos os tipos de organizações. Quando o original deste livro foi publicado pela primeira vez, em janeiro de 2013, o DevOps era muito recente, menos de quatro anos depois que o famoso "10+ Deploys Per Day: Dev and Ops Cooperation at Flickr" foi apresentado por John Allspaw e Paul Hammond, e um pouco mais de dois anos depois da primeira conferência DevOpsDays nos Estados Unidos.

Contudo, praticamente todos da área tecnológica já estavam bem familiarizados com os problemas comumente associados aos processos de entrega de software em cascata e às implementações grandes, complexas e "explosivas" na produção. Essa insatisfação com o status quo levou a uma adoção cada vez maior não só do DevOps, mas também das metodologias Ágil e Enxuta.

Por experiência em primeira mão, sabíamos que esses problemas eram enfrentados por quase toda empresa moderna em toda indústria vertical, independentemente do tamanho da organização ou se tinha ou não fins lucrativos.

Esse problema quase universal levou a um baixo desempenho crônico por todo o fluxo de valor tecnológico, que incluía o Desenvolvimento, as Operações e a Segurança da Informação. Mas o pior de tudo é que levava a um baixo desempenho crônico da organização servida por esses tecnólogos.

Com *O Projeto Fênix*, queríamos demostrar como era essa degradação, e também como eram as soluções surpreendentes. Muito do DevOps não é lógico, é contrário às práticas comuns e até controverso. Se as implementações na produção são problemáticas, como diabos pode ser uma boa ideia implementar com mais frequência? Como reduzir o número de controles pode realmente aumentar a segurança de nossos ambientes e aplicações? A tecnologia pode mesmo aprender alguma coisa com a manufatura? Há incontáveis exemplos dessa dificuldade em acreditar nas afirmações.

Como queríamos mostrar tanto o problema quanto as soluções de maneira reconhecível e relacionável, decidimos bem no começo que o único modo de descrever com fidelidade adequada a enorme complexidade desse problema era na forma de um romance, assim como o dr. Eliyahu Goldratt fez em *A Meta*, o livro seminal publicado por ele em 1984.

A Meta ajudou muitos de nós a ter um momento de lucidez gigantesco e significativo. Esse livro recebeu os créditos por ter ajudado a disseminar os princípios de manufatura Enxuta e, desde sua publicação, foi integrado em quase todos os currículos de MBA e cursos de gestão de operações, influenciando nossa próxima geração de líderes.

Foi transformador quando o li pela primeira vez, por volta dos anos 2000. Mesmo não tendo trabalhado com manufatura, certamente nunca tendo sido gerente de chão de fábrica, não havia dúvidas de que esse livro continha lições relevantes ao trabalho que realizamos todos os dias na tecnologia. Por mais de uma década, meus coautores e eu quisemos escrever uma versão de *A Meta* para o fluxo de valor tecnológico — esse livro obviamente foi *O Projeto Fênix*, que você tem em mãos neste momento.

O dr. Goldratt faleceu em 2011, mas deixou para trás um legado incrível. Sou particularmente grato por ter reservado um tempo para conversar comigo e com Kevin Berh em 2004. Foi sensacional ver como ele ajudou a expandir continuamente o corpo de conhecimento da Teoria das Restrições.

Eu recomendo a todos que se interessam pelo trabalho do dr. Goldratt que escutem seu audiolivro *Beyond the Goal* ["Além da Meta", em tradução livre], que foi lançado 21 anos depois de *A Meta*. Ele capta de forma brilhante em um único lugar as lições de sua vida toda e as sintetiza em um todo abrangente e compreensível.

Em *Beyond the Goal*, o dr. Goldratt compartilha uma história que previu muita coisa. Depois que *A Meta* foi publicado, ele começou a receber cartas de pessoas que afirmavam que ele deveria estar se escondendo em seus chãos de fábrica, porque descrevia todos os problemas que enfrentavam diariamente em seus trabalhos, e também como a Teoria das Restrições possibilitou que resolvessem seus problemas.

Não consigo imaginar um testemunho melhor ou mais persuasivo ao quão bem o dr. Goldratt entendia da universalidade da principal causa do problema, bem como das regras que descreviam uma direção genérica para a solução.

Sem dúvidas, escrevemos *O Projeto Fênix* como uma homenagem ao livro *A Meta*, esperando mostrar que os mesmos princípios expostos pelo dr. Goldratt originalmente para a manufatura também podiam ser usados para melhorar o trabalho tecnológico.

Como outra menção tanto ao trabalho do dr. Goldratt quanto ao modo que o relançou, junto à publicação desta nova edição, lançamos o *Beyond the Phoenix Project* [conteúdo online e em inglês], uma série em áudio colaborativa entre John Willis (coautor de *Manual de DevOps*) e eu. O projeto aborda os personagens e as filosofias que servem como base do movimento DevOps, incluindo um módulo completo sobre o dr. Goldratt.

Estou muito satisfeito por este livro estar seguindo os passos de *A Meta*. O original de *O Projeto Fênix* vendeu 400 mil exemplares, e como *A Meta*, está sendo integrado em programas de SIG, currículos de MBA e até programas de ciências da computação.

Às vezes, as similaridades com *A Meta* são absolutamente assombrosas. Logo depois da publicação de *O Projeto Fênix*, começamos a receber e-mails. Muitos expunham sentimentos como os seguintes: "Nossa senhora, você está escrevendo sobre a minha organização! É como se estivesse se escondendo no nosso escritório. Eu conheço esses personagens. Na verdade, o desastre da aplicação no livro acabou de acontecer conosco." (E incrivelmente, em um caso, a aplicação sendo implementada também se chamava Projeto Fênix!)

Tem sido particularmente gratificante ver como este livro é usado em várias organizações tecnológicas, muitas vezes em formato de clube do livro para discutir como o sistema atual pode colocar o Desenvolvimento, as Operações e a Segurança da Informação uns contra os outros, tornando praticamente impossível alcançar os objetivos organizacionais mais importantes e, ainda mais significativo, como isso levou a tipos totalmente novos de interações para explorar um novo modo de trabalho, com resultados muito melhores.

Sempre fico boquiaberto com histórias em que as pessoas usaram *O Projeto Fênix* para se encontrar: muitas vezes um agente de mudanças o recomenda ou distribui exemplares do livro para várias pessoas, prestando muita atenção em quem volta e diz: "Uau, o que acontece com a Parts Unlimited está acontecendo com a gente, não está?" Às vezes ver uma cópia do livro proeminentemente sobre a mesa ou na estante de alguém serve como sinal de que essa pessoa é um colega de jornada, que vê um problema comum que abrange domínios funcionais, e é potencialmente um colega conspirador, que corre riscos e que está disposto a trabalhar em conjunto para criar uma coalizão para derrotar poderosos sistemas incumbentes arraigados.

O Projeto Fênix é um livro que trata de transformação, e, assim, é incrivelmente gratificante vê-lo sendo usado como um instrumento para criar transformações também na vida real.

SURPRESAS NA JORNADA

Há tantas surpresas e aprendizados nessa jornada, e eu queria compartilhar algumas que pareceram se encaixar neste epílogo.

Um dos posts de blog mais encantadores e surpreendentes que li sobre *O Projeto Fênix* foi de Dave Lutz, conhecido por muitas coisas, incluindo a música cover de "Imagine" dos Beatles que ele apresentou no DevOpsDay Mountain View 2011, inspirada na sala de servidores. Nesse post, pondera o papel de Brent, um personagem muito familiar nas Operações. Ele escreveu: "Eu me vejo pensando qual teria sido o resultado do projeto se a primeira ação de Bill tivesse sido demitir Brent. O projeto teria sido concluído mais cedo? (Eu não tenho um problema moral em despedir um personagem fictício em uma hipótese experimental. É claro que não faria isso na vida real!)"

O Sr. Lutz escreve sobre como existem dois tipos de Brents: os acumuladores e os compartilhadores. Ele diz:

> Eu também já encontrei [pessoas] inteligentes que geralmente creem erroneamente que, caso se agarrem a uma tarefa, algo que somente elas saibam fazer, isso garantirá seu emprego. Essas pessoas são Acumuladoras de conhecimento.
>
> Mas isso não funciona. Todas as pessoas são substituíveis. Não importa o quanto sejam talentosas. Claro que pode demorar um pouco para descobrir como realizar essa tarefa em especial, mas ela será completada sem elas.

Para mim, o que Lutz escreveu foi fascinante por diversas razões, por exemplo, como *O Projeto Fênix* virou uma forma abreviada para descrever certas categorias de problemas e um modo seguro de discutir e conduzir experimentos hipotéticos, não apenas sobre os efeitos dos processos, mas sobre pessoas.

E a propósito, Sr. Lutz, posso afirmar para registro que enquanto escrevíamos o livro sempre soubemos que Brent era um compartilhador, não um acumulador; na verdade, ele é o único personagem cujo nome não mudamos. E sem dúvida, como você especulou, nosso Brent da vida real sempre teve os melhores interesses da organização em mente e foi meramente uma vítima do sistema.

Outra surpresa genuína para mim é como algumas pessoas escreveram que nós (os autores) devemos odiar a Segurança da Informação, e mais especificamente que odiamos o pessoal de SI. Um dos melhores exemplos, na verdade, veio de um amigo meu, Paul Love, que foi coautor de *Visible Ops Security* ["Segurança Visível de Ops", em tradução livre] comigo.

Em um post de blog, publiquei um e-mail que ele me escreveu: "Quando li *O Projeto Fênix: Um Romance sobre TI, DevOps e sobre Ajudar Seu Negócio a Vencer,* John [o personagem CISO] me deixou com raiva. Como um [sic] veterano de segurança há 20 anos, a atitude totalmente egoísta de John do tipo 'é do meu jeito ou de jeito nenhum' me deixou fisicamente irritado. Quem ele achava que era? Por que Gene descreveu o profissional de infosec de um jeito tão desfavorável?"

Ele continuou:

Depois de terminar o livro, tirei um tempo para rever minha carreira. Pensando em todas as pessoas como John com quem cruzei e trabalhei durante o ano, percebi, com certo terror, por que o odiei tanto.

Antes de estudar Ops Visíveis e DevOps, eu era o John.

Às vezes recebi o mesmo tipo de reação de pessoas que não sabem que passei a maior parte da minha carreira no campo de Segurança da Informação como coinventor do Tripwire, passando 13 anos como o fundador e CTO de uma empresa concentrada em automação de segurança e conformidade.

Como dizem: "Nós provocamos quem amamos." De várias maneiras, John o CISO é meu personagem favorito, e de outras, sua jornada é a que mais reflete a minha. Como meu amigo Jez Humble, coautor de *Manual de DevOps*, observou: "[John] também é uma fênix." Bem colocado, Jez!

Independentemente de sermos um John, um Brent, um Wes, uma Patty ou um Bill, quando estamos presos em um sistema que nos impede de ter sucesso, nosso trabalho se torna algo ingrato, reforça uma sensação de impotência, e nos sentimos presos em um sistema que decreta o fracasso com antecedência. E o pior, a natureza da dívida técnica que não é paga garante que o sistema piore com o tempo, não importando o quanto tentamos.

Agora sabemos que os princípios e padrões de DevOps são o que nos permite transformar essa degradação em uma "espiral virtuosa" por meio de uma combinação de normas culturais, arquitetura e práticas técnicas.

À medida que *O Projeto Fênix* encontrava seu lugar no mundo, outro grupo de nós trabalhava no *Manual de DevOps* (Jez Humble, John Willis, Patrick DuBois e eu). Um dos momentos incríveis durante a criação desse livro foi quando nossa editora, Anna, nos pediu para descrever nosso momento de lucidez de DevOps.

O mais legal foi que todas as nossas respostas foram estranhamente parecidas: cada um descreveu a incrível frustração do quanto era difícil realizar nosso trabalho, fosse o trabalho duro ou o sofrimento. E todos compartilhamos a animação de descobrir o melhor jeito, sob essa ampla variedade de práticas que chamamos de DevOps.

Você pode ler todos os nossos momentos de "lucidez" nas primeiras páginas do trecho oferecido do *Manual de DevOps* incluso no fim desta Edição de 5º Aniversário de *O Projeto Fênix*.

PREVENDO O FUTURO

Os problemas que o DevOps resolve estão no cerne de tudo o que é enfrentado pelas organizações modernas. Agora, mais do que nunca, a tecnologia não é apenas o sistema nervoso de uma organização — ela realmente compõe a maioria da massa muscular.

Como escreveu Jeff Immelt, ex-CEO da GE: "Toda indústria e empresa que não leva o software ao centro de seu negócio será abalada." Ou como escreveu Jeffrey Snover, Pesquisador Técnico da Microsoft, parafraseando o dr. Nicholas Negroponte: "Em eras econômicas anteriores, os negócios criaram valor movendo átomos. Agora eles criam valor movendo bits."

Quando *O Projeto Fênix* original foi publicado pela primeira vez em 2013, o DevOps era principalmente usado em empresas de internet, comumente conhecidas como FAANG (Facebook, Amazon, Apple, Netflix e Google). É claro que nessa categoria também estão Flickr, LinkedIn, Microsoft, Yahoo, Twitter, GitHub e muitas outras.

Cinco anos mais tarde, é incrível ver esses princípios e práticas em grandes organizações complexas por toda a indústria vertical. Isso é extremamente animador, porque é sem dúvidas onde a maioria do valor econômico de DevOps será criado.

A IDC, a empresa de análises, diz que há cerca de 11 milhões de desenvolvedores e 7 milhões de pessoas de operações no planeta. Ao escrever isto, seria extremamente otimista projetar que 1 milhão desses engenheiros já utilizem princípios e práticas DevOps.

Se for esse o caso, DevOps tem 6,5% da fatia de mercado, restando ainda 93,5% dele. A maioria desses engenheiros está em grandes organizações complexas — que são as marcas mais bem conhecidas por toda a indústria vertical ou que dão suporte às maiores agências governamentais ou serviços militares.

A missão iminente é como podemos elevar sua produtividade para que sejam tão produtivos quanto as pessoas de alto desempenho. Pelos mais de quatro anos de *State of DevOps Reports* conduzidos pela Puppet, sabemos que pessoas de alto desempenho são de duas a três vezes mais produtivas que seus pares. Ao meu ver, ajudar todos a alcançar esse nível de alto desempenho criará trilhões de dólares de valor econômico por ano e é de onde virá a próxima explosão de produtividade.

Em 2016, conversei com meu amigo Rob England, muito conhecido pelo codinome The IT Skeptic [O Cético da TI]. Éramos colegas de jornada no espaço ITIL há dez anos. Falamos sobre como ele famosa e visivelmente mudou suas ideias sobre DevOps. Inicialmente, acreditava, como muitos outros, que qualquer coisa que aumentasse a frequência de implementação e desse mais liberdade aos desenvolvedores inevitavelmente levaria ao desastre. Mas depois de muitas interações, acabou percebendo que o DevOps pode levar a resultados muito melhores. Se você quiser explorar mais a jornada dele, leia minha entrevista completa no site CA.com "Face-to-Face DevOps: To Protect and Serve" [conteúdo em inglês].

Em nossas conversas, falamos sobre como o DevOps é inevitável, inexorável e implacável, e como é incrivelmente disruptivo ao setor tecnológico, ao campo da tecnologia e para qualquer um que esteja nele.

Não há dúvidas de que o DevOps esteja mudando e transformando radicalmente o modo que trabalhamos na tecnologia. As organizações que não adotarem práticas DevOps estarão em uma gigantesca desvantagem competitiva. Como diz a famosa paráfrase do dr. W. Edwards Deming: "O aprendizado não é obrigatório... a sobrevivência também não."

Sem dúvidas, a melhor época para a tecnologia está no futuro, não no passado. Nunca houve um tempo melhor para se estar no campo tecnológico e para ser um eterno aprendiz.

Em nome de meus coautores, muito obrigado a todos que tornaram essa jornada tão válida e incrível!

— Gene Kim
Portland, OR
5 de dezembro de 2017

AGRADECIMENTOS

Primeiro e antes de tudo, quero agradecer todo o apoio de minha querida esposa, Margueritte, que aguentou muito mais do que eu prometi, e de meus filhos, Reid, Parker e Grant.

Quero agradecer a Todd Sattersten, Tim Grahl, Merridawn Duckler e Kate Sage por sua ajuda e apoio incrível no decorrer do processo de desenvolvimento deste livro. Meu agradecimento profundo também às contribuições incansáveis e ao exame de Paul Muller, da HP, Paul Proctor, da Gartner, Branden Williams, da RSA, dr. Tom Longstaff, da Johns Hopkins University, Julia Allen, da SEI/CMU, Adrian Cockcroft, da Netflix, Christopher Little, da BMC, Bob McCarthy, Lisa Schwartz, da ITSM Academy, Jennifer Bayuk, Ben Rockwood, da Joyent, Josh Corman, da Akamai, James Turnbull, da Puppet Labs, Charlie Betz, da Enterprise Management Associates, dr. Gene Spafford, da CERIAS na Purdue University, Dwayne Melancon, da Tripwire, e Michael Krigsman, da Asuret.

Quero agradecer também às contribuições de meus colegas coautores do *Manual de DevOps*, Jez Humble, Patrick DeBois e John Wills. Dentre outros, eles ajudaram a cristalizar as práticas que se tornaram *As Três Maneiras* das quais Erik falou.

Quero agradecer a John Allspaw, Paul Hammond e Jez Humble pelas contribuições inovadoras e influentes ao mostrar como o fluxo rápido no fluxo de valor de TI realmente é feito.

E obrigado a todos os outros revisores que ajudaram a moldar o manuscrito: David Allen, David Bills, Kip Boyle, Shane Carlson, Carlos Casanova, Scott Crawford, Iris Culpepper, Mike Dahn, Chris Eng, Paul Farrall, Daniel Francisco, Kevin Hood, Matt Hooper, Tom Howarth, Kevin Kenan, Paul Love, Norman Marks, Tom McAndrew, Ally Miller, David Mortman, Wendy Nather, Michael Nygard, John Pierce, Dennis Ravenelle, Sasha Romanosky, Susan Ryan, Fred Scholl, Lawrence "Butch" Sheets, Bill Shinn, Adam Shostack, Ariel Silverstone, Dan Swanson, Joe "Feech" Telafici, Jan Vromant e Lenny Zeltser.

A metodologia usada para criar, ligar e calcular os KPIS organizacionais de Dick para as atividades de TI é baseada na metodologia Risk-Adjusted Value Management™, desenvolvida por Paul Proctor e Michael Smith na Gartner, Inc.

A ferramenta usada para fazer o escopo dos objetivos de controle interno específicos da auditoria para controles de TI específicos é chamada GAIT, desenvolvida pelo Institute of Internal Auditors.

E meu mais sincero agradecimento à minha assistente, Hannah Concannon, que possibilitou que eu me concentrasse em escrever e terminar o livro, bem como me ajudou a fazer todas as edições finais.

Quero agradecer também a Tim Ferriss e ao auxílio dos outros alunos do grupo Kimono, que me ajudaram a entender a teoria e a prática de lançamentos de livros.

Gene Kim
Portland, OR, 10 de junho de 2012

Gostaria de agradecer a minha esposa, Erica, e as minhas filhas, Emily e Rachel, por sua paciência e compreensão com a profissão que escolhi, que exige tantas viagens. Agradecimentos especiais aos meus coconspiradores em série, alegremente subversivos, Gene Kim e George Spafford, por serem altamente adaptáveis e tolerantes com meus discursos inflamados.

Fui ridiculamente sortudo em trabalhar com alguns dos CXOS mais criativos e brilhantes em minha prática ao longo dos anos, como Will "Prefontaine" Weider, CIO da Ministry Healthcare; Robert Slepin, CIO da John C. Loncoln Health Network; Oliver Eckel, CEO da Cognosec; Rob Leahy, CFO da Transdermal Corporation; Jeff Hughes, VP da Radiant Systems; Paul O'Neil, CEO da Kerzner International; e Nana Palmer, COO da Kerzner International — vocês me ensinaram muito sobre coragem em experimentar e melhorar radicalmente a transferência de TI.

Por fim, gostaria de agradecer ao meu amigo e parceiro de crimes em muitos desses aprendizados de melhorias, John Dennin, gerente sênior de Engajamento da Assemblage Pointe, Inc.

Kevin Behr
Lancaster, PA, 1º de junho de 2012

A jornada do Visible Ops para *When IT Fails* fortificou ainda mais meu máximo respeito e apreciação por Gene e Kevin. Os desafios e trocas que tivemos durante a escrita deste livro testou nossas habilidades coletivas ao escrever o que encontramos na realidade na indústria de TI.

Senhores, muito obrigado!

Mais importante, obrigado pelo amor, motivação, apoio e paciência inabaláveis da minha cara-metade, Rowena. Obrigado aos meus filhos, Paolo, Alyssa e Erika, que aguentaram altruisticamente meu cronograma caótico e consumidor de tempo, mesmo quando estávamos em férias. Para meus pais, Carroll e Alpha, obrigado por instigar em mim o amor pelo aprendizado. Vocês foram uma parte fundamental de minha permanente jornada para continuar melhorando em todos os aspectos de minha vida.

George Spafford
Saint Joseph, MI, 1º de junho de 2012

AS TRÊS MANEIRAS

Extraído de

MANUAL DE DEVOPS

Como Obter Agilidade, Confiabilidade
e Segurança em Organizações Tecnológicas

Por Gene Kim, Jez Humble, Patrick Debois e John Willis

SUMÁRIO
AS TRÊS MANEIRAS

Apresentação	355
Prefácio	363
Imagine um Mundo Onde Dev e Ops Se Tornam DevOps: Uma Introdução ao Manual de DevOps	365
Parte I Introdução	383
1 Filosofia Ágil, Entrega Contínua e as Três Maneiras	387
2 A Primeira Maneira: *Os Princípios do Fluxo*	394
3 A Segunda Maneira: *Os Princípios do Feedback*	405
4 A Terceira Maneira: *Os Princípios do Aprendizado Contínuo e Experimentação*	414
Notas Finais	424

Apresentação[1]
Ahá!

A jornada para concluir o *Manual de DevOps* foi longa — começou com chamadas semanais pelo Skype entre os coautores em fevereiro de 2011, com o intuito de criar um guia prescritivo que servisse como companheiro do livro ainda não finalizado *O Projeto Fênix: Um Romance sobre TI, DevOps e sobre Ajudar o Seu Negócio a Vencer*.

Mais de cinco anos depois, com mais de duas mil horas de trabalho, o *Manual de DevOps* finalmente está aqui. Concluir este livro foi um processo extremamente longo, embora altamente gratificante e cheio de aprendizado, com uma abrangência muito mais ampla do que a imaginada originalmente. Ao longo do projeto, todos os coautores acreditaram que DevOps é genuinamente importante, formado em um momento de "lucidez" pessoal muito mais cedo em nossa carreira profissional, com o qual suspeito que muitos de nossos leitores se identificarão.

Gene Kim

Tive o privilégio de estudar organizações tecnológicas de alto desempenho desde 1999, e uma das primeiras descobertas foi a de que a abrangência dos limites entre os diferentes grupos funcionais de Operações de TI, Segurança da Informação e Desenvolvimento era fundamental para o sucesso. Mas ainda me lembro da primeira vez em que vi a magnitude da degradação que resultava quando essas funções trabalhavam com objetivos opostos.

Em 2006, tive a oportunidade de passar uma semana com o grupo que gerenciava as terceirizações de serviços de reservas nas Operações de TI de uma grande empresa aérea. Eles descreveram as consequências de seus grandes lançamentos de software anuais: cada lançamento

---
1 Parte Inicial do livro Manual de Devops incluso nesta edição comemorativa.

causava um caos imenso e interrupção para a terceirizada e para os clientes; havia penalidades no acordo de nível de serviço por causa das paralisações que impactavam os clientes; havia demissões de muito pessoal talentoso e experiente, por causa das perdas de lucro resultantes; havia muito trabalho não planejado e combate a incêndios, de modo que o pessoal restante não podia trabalhar nos pedidos pendentes sempre crescentes dos clientes; o contrato se mantinha coeso graças ao heroísmo da gerência de nível médio; e todos sentiam que o contrato estava destinado a ir para a concorrência em três anos.

O sentimento de desesperança e fracasso resultante gerou em mim o início de uma cruzada moral. O Desenvolvimento sempre parecia ser visto como estratégico, mas as Operações de TI eram vistas como táticas, frequentemente delegadas ou totalmente terceirizadas, somente para, em cinco anos, retornar pior do que quando foram entregues.

Por muitos anos, muitos de nós sabíamos que havia um modo melhor. Lembro-me de ver as palestras da Velocity Conference de 2009, descrevendo os resultados fantásticos conseguidos pela arquitetura, por práticas técnicas e normas culturais que agora conhecemos como DevOps. Fiquei muito entusiasmado, pois claramente apontavam para a maneira melhor que todos procurávamos. E ajudar a espalhar essa notícia foi uma de minhas motivações pessoais para ser coautor de *O Projeto Fênix*. Você pode imaginar como foi incrivelmente recompensador ver a comunidade reagir àquele livro, descrevendo como ele os ajudou a atingir seus próprios momentos de "lucidez".

Jez Humble

Meu momento de "lucidez" no DevOps foi em uma startup, em 2000 — meu primeiro emprego após a graduação. Por algum tempo, fui um dos dois técnicos. Fazia de tudo: redes, programação, suporte, administração de sistemas. Implementávamos software na produção por FTP diretamente de nossas estações de trabalho.

Então, em 2004 comecei a trabalhar na ThoughtWorks, uma empresa de consultoria na qual minha primeira tarefa foi trabalhar em um projeto envolvendo cerca de 70 pessoas. Eu estava em uma equipe de 8 engenheiros cujo trabalho em tempo integral era implementar nosso software em um ambiente do tipo produção. No início foi muito tenso, mas no decorrer de alguns meses, passamos de implementações manuais que demoravam 2 semanas para uma implementação automatizada que levava 1 hora, sendo que podíamos avançar e retroceder em milissegundos, usando o padrão de implementação azul-verde durante o horário comercial.

Esse projeto inspirou muitas ideias tanto para o livro *Entrega Contínua* quanto para este. Grande parte do que estimula a mim e a outros a trabalhar nessa área é saber que, independentemente das restrições, sempre podemos fazer melhor, e o desejo de ajudar as pessoas em suas jornadas.

Patrick Debois

Para mim, foram vários momentos. Em 2007 eu trabalhava em um projeto de migração de um centro de dados com algumas equipes ágeis. Tive inveja da alta produtividade deles — fazer tanto em tão pouco tempo.

Em minha tarefa seguinte, comecei a experimentar Kanban em Operações e vi como a dinâmica da equipe mudou. Depois, na conferência Agile Toronto de 2008, apresentei meu artigo IEEE sobre isso, mas percebi que não repercutiu muito na comunidade ágil. Iniciamos um grupo de administração de sistemas ágil, mas desconsiderei o lado humano das coisas.

Depois de assistir à apresentação "10 Deploys per Day", de John Allspaw e Paul Hammond, na Velocity Conference de 2009, eu me convenci de que outros pensavam de modo semelhante. Então decidi organizar o primeiro DevOpsDays, cunhando acidentalmente o termo DevOps.

A energia no evento foi única e contagiante. Quando as pessoas começaram a me agradecer por mudar a vida delas para melhor, entendi o impacto. Desde então, não parei de promover o DevOps.

John Willis

Em 2008, eu havia acabado de vender uma empresa de consultoria que focava práticas legadas de Operações de TI em grande escala em torno de gerenciamento e monitoramento de configuração (Tivoli), quando conheci Luke Kanies (fundador do Puppet Labs). Luke estava fazendo uma apresentação sobre a Puppet em uma conferência da O'Reilly sobre open source para gerenciamento de configuração (GC).

No início, fiquei no fundo da sala matando o tempo e pensando: "O que esse cara de 20 anos pode me dizer sobre gerenciamento de configuração?" Afinal, eu literalmente trabalho a vida inteira em algumas das maiores empresas do mundo, ajudando a arquitetar GC e outras soluções de gerenciamento de operações. Contudo, depois de cinco minutos de sua sessão, fui para a primeira fileira e percebi que tudo o que eu fiz nos últimos 20 anos estava errado. Luke estava descrevendo o que agora chamo de segunda geração de GC.

Depois de sua sessão, tive a oportunidade de me sentar e tomar café com ele. Eu estava totalmente de acordo com o que agora chamamos de infraestrutura como código. Contudo, durante o café, Luke começou a ir ainda mais fundo, explicando suas ideias. Ele começou a me dizer que acreditava que as operações teriam que começar a se comportar como desenvolvedores de software. Precisariam manter suas configurações em controle de fonte e adotar padrões de entrega CI/CD em seus fluxos de trabalho. Sendo profissional das antigas Operações de TI na época, acho que respondi a ele algo como: "Essa ideia vai afundar como o Led Zeppelin com o pessoal de Ops." (Claramente, eu estava errado.)

Então, cerca de um ano depois, em 2009, em outra conferência da O'Reilly, Velocity, vi Andrew Clay Shafer fazer uma apresentação sobre Infraestrutura Ágil. Nessa apresentação, Andrew mostrou a icônica imagem de um muro entre desenvolvedores e operações com uma representação metafórica do trabalho sendo jogado por cima do muro. Ele chamou isso de "o muro da confusão". As ideias expressas por ele nessa apresentação codificavam o que Luke tentou me dizer um ano antes. Esse foi o momento de iluminação para mim. Mais tarde naquele ano, fui o único americano convidado para o DevOpsDays original em Ghent. Quando o evento terminou, o que chamamos de DevOps estava nas minhas veias.

Claramente, todos os coautores deste livro tiveram uma epifania semelhante, mesmo tendo vindo de direções muito diferentes. Mas agora há fortes evidências de que os problemas descritos acontecem em quase todos os lugares e que as soluções associadas ao DevOps são aplicáveis quase universalmente.

O objetivo deste livro é descrever como reproduzir as transformações de DevOps das quais tomamos parte ou observamos e refutar muitos dos mitos sobre os motivos pelos quais DevOps não funciona em certas situações. A seguir estão alguns dos mitos mais comuns que ouvimos sobre DevOps.

Mito — *DevOps só serve para startups:* Embora as práticas de DevOps tenham sido exploradas por empresas "unicórnio" da internet, como Google, Amazon, Netflix e Etsy, em algum momento de sua história cada uma dessas organizações correu o risco de sair do mercado por causa dos problemas associados às organizações "cavalo" mais tradicionais: lançamentos de código altamente perigosos e propensos a falha catastrófica, incapacidade de lançar recursos com rapidez suficiente para derrotar a concorrência, preocupações com conformidade, incapacidade de mudar de escala, altos níveis de desconfiança entre Desenvolvimento e Operações, e assim por diante.

Contudo, cada uma dessas organizações conseguiu transformar sua arquitetura, práticas técnicas e cultura para criar os espantosos resultados que associamos ao DevOps. Conforme o dr. Branden Williams, executivo de segurança da informação, gracejou: "Não falemos mais sobre unicórnios e cavalos de DevOps, apenas sobre puros-sangues e cavalos indo para a fábrica de cola."

Mito — *DevOps Substitui Ágil:* Os princípios e práticas de DevOps são compatíveis com a técnica Ágil, e muitos observam que DevOps é uma continuação lógica da jornada Ágil, que começou em 2001. Ágil frequentemente serve como facilitador eficiente para DevOps, graças ao seu enfoque em pequenas equipes entregando continuamente código de alta qualidade para os clientes.

Muitas práticas de DevOps emergem se continuamos a gerenciar nosso trabalho além da meta de obter "código potencialmente enviável" ao final de cada iteração, ampliando-o para ter nosso código sempre em um estado implementável, com os desenvolvedores inserindo no trunk diariamente, e também se demonstramos nossos recursos em ambientes do tipo produção.

Mito — *DevOps é Incompatível com ITIL:* Muitos veem DevOps como um retrocesso ao ITIL ou ITSM (IT Service Management), originalmente publicado em 1989. ITIL influenciou amplamente várias gerações de profissionais de Ops, incluindo um dos coautores deste livro, e é uma biblioteca em constante evolução de práticas destinadas a codificar os processos e atividades que apoiam as Operações de TI, abrangendo estratégia de serviço, projeto e suporte.

As práticas de DevOps podem se tornar compatíveis com o processo de ITIL. Contudo, para suportar os tempos de execução mais curtos e as frequências de implementação mais altas associados ao DevOps, muitas áreas dos processos de ITIL são totalmente automatizadas, resolvendo muitos problemas ligados aos processos de gerenciamento de configuração e lançamento (por exemplo, mantendo atualizados o banco de dados de gerenciamento de configuração e as bibliotecas de software definitivas). E como DevOps exige detecção e recuperação rápidas quando ocorrem incidentes de serviço, as disciplinas de ITIL de projeto de serviço, incidente e gestão de problemas permanecem relevantes.

Mito — *DevOps é Incompatível com Segurança da Informação e Conformidade:* A ausência de controles tradicionais (por exemplo, separação de tarefas, processos de aprovação de mudança, revisões de segurança manuais ao final do projeto) pode apavorar os profissionais de segurança da informação e conformidade.

Contudo, isso não significa que as organizações DevOps não possuem controles eficientes. Em vez de as atividades de segurança e conformidade serem executadas apenas no final do projeto, controles são integrados em cada estágio do trabalho diário no ciclo de desenvolvimento de software, resultando em melhor qualidade, segurança e conformidade.

Mito — *DevOps Significa Eliminar Operações de TI, ou "NoOps":* Muitos interpretam DevOps erroneamente, achando ser a completa eliminação da função de Operações de TI. Contudo, isso raramente acontece. Embora a natureza do trabalho de Operações de TI possa mudar, continua sendo importante como sempre. No ciclo de vida do software, as Operações de TI colaboram bem antes com o Desenvolvimento, que continua a trabalhar com as Operações de TI muito tempo depois que o código já está em produção.

Em vez de as Operações de TI fazerem o trabalho manual proveniente de ordens de serviço, permitem que o desenvolvedor seja produtivo com APIs e plataformas self-service que criam ambientes, testam e implementam código, monitoram e mostram telemetria de produção, e assim por diante. Fazendo isso, as Operações de TI se parecem mais com Desenvolvimento (como acontece com QA e Infosec), engajadas no desenvolvimento do produto, sendo o produto a plataforma que os desenvolvedores usam para testar, implementar e executar com segurança e rapidez seus serviços de TI na produção.

Mito — *DevOps é Apenas "Infraestrutura como Código" ou Automação:* Embora muitos padrões de DevOps mostrados neste livro exijam automação, DevOps exige também normas culturais e uma arquitetura que permita atingir os objetivos compartilhados por todo o fluxo de valor da TI. Isso vai bem além da automação. Conforme Christopher Little, executivo de tecnologia e um dos primeiros cronistas de DevOps, escreveu: "DevOps não se trata de automação, assim como a astronomia não se trata de telescópios."

Mito — *DevOps Só Serve para Software Open Source:* Embora muitas histórias de sucesso com DevOps ocorram em organizações que usam software como a pilha LAMP (Linux, Apache, MySQL, PHP), atingir os resultados de DevOps independe da tecnologia usada. Há casos de sucesso com aplicativos escritos em Microsoft.NET, COBOL e código assembly de mainframe, assim como com SAP e até sistemas embarcados (por exemplo, o firmware da HP LaserJet).

PROPAGANDO O MOMENTO DE LUCIDEZ

Cada um dos autores foi inspirado pelas fantásticas inovações que acontecem na comunidade de DevOps e pelos resultados obtidos: elas estão criando sistemas seguros de trabalho e possibilitando que equipes pequenas desenvolvam e validem código rápida e independentemente, o qual pode ser entregue com segurança para os clientes. Dada nossa crença de que DevOps é uma manifestação da criação de organizações de aprendizado dinâmicas, que continuamente reforçam normas culturais de alta confiança, é inevitável que elas continuem a inovar e a vencer no mercado.

Esperamos sinceramente que o *Manual de DevOps* sirva como um recurso valioso para muitas pessoas, de diferentes modos: um guia para planejar e executar transformações de DevOps, um conjunto de estudos de caso para pesquisar e aprender, uma crônica da história do DevOps, um modo de criar uma coalizão que abranja Donos de Produtos, Arquitetura, Desenvolvimento, QA, Operações de TI e Segurança da Informação para atingir objetivos comuns, um modo de obter o apoio dos mais altos níveis de liderança para as iniciativas de DevOps e um imperativo moral para mudar o modo como gerenciamos organizações tecnológicas para permitir melhor eficácia e eficiência, assim como um ambiente de trabalho mais alegre e humano, ajudando todos a se tornar eternos aprendizes — isso não só ajuda todos a atingir seus mais altos objetivos como seres humanos, mas também ajuda suas organizações a vencer.

NOTA: Você poderá fazer o download das figuras, coloridas, em **www.altabooks.com.br** [procure pelo título do livro].

Prefácio

No passado, muitos campos da engenharia passaram por um tipo de evolução notável, "elevando" continuamente o entendimento de seu trabalho. Embora existam currículos universitários e organizações de suporte profissionais situadas dentro de disciplinas específicas de engenharia (civil, mecânica, elétrica, nuclear etc.), o fato é que a sociedade moderna precisa de todas as formas de engenharia para trabalhar de modo multidisciplinar e reconhecer seus benefícios.

Pense no projeto de um veículo de alto desempenho. Onde termina o trabalho de um engenheiro mecânico e onde começa o de um engenheiro elétrico? Onde (e como, e quando) alguém com o domínio do conhecimento de aerodinâmica (que certamente deve ter opiniões bem formadas sobre forma, tamanho e posicionamento de janelas) deve colaborar com um especialista em ergonomia para passageiros? E quanto às influências químicas da mistura de combustível e óleo nos materiais do motor e da transmissão durante a vida do veículo? Há outras perguntas que podemos fazer sobre o projeto de um automóvel, mas o resultado final é o mesmo: nos esforços técnicos modernos, o sucesso exige a colaboração absoluta de várias perspectivas e especialidades.

Para que um campo ou disciplina progrida e amadureça, precisa atingir um ponto em que possa refletir ponderadamente sobre suas origens, buscar um conjunto diversificado de perspectivas sobre essas reflexões e colocar essa síntese em um contexto que seja útil para o modo como a comunidade imagina o futuro.

Este livro representa tal síntese e deve ser encarado como uma coleção seminal de perspectivas sobre a área (vou afirmar, ainda emergente e de rápida evolução) da engenharia de software e operações.

Independentemente do setor em que você atua ou do produto ou serviço que sua organização fornece, esse modo de pensar é superior e necessário para a sobrevivência de cada negócio e líder de tecnologia.

— John Allspaw, CTO, Etsy
Brooklyn, NY, agosto de 2016

Imagine um Mundo Onde Dev e Ops Se Tornam DevOps

Uma Introdução ao Manual de DevOps

Imagine um mundo onde donos de produtos, Desenvolvimento, QA, Operações de TI e Infosec trabalham juntos, não apenas para ajudar uns aos outros, mas também para garantir o sucesso da organização como um todo. Trabalhando com um objetivo em comum, eles possibilitam o fluxo rápido do trabalho planejado até a produção (por exemplo, realizando dezenas, centenas ou mesmo milhares de implementações de código por dia), ao passo que obtêm estabilidade, confiabilidade, disponibilidade e segurança de alta qualidade.

Nesse mundo, equipes multifuncionais testam rigorosamente suas hipóteses sobre quais recursos empolgarão os usuários e avançarão os objetivos organizacionais. Elas não apenas se preocupam com a implementação de recursos para o usuário, mas também garantem ativamente que seu trabalho flua suave e frequentemente por todo o fluxo de valor, sem causar caos e interrupção nas Operações de TI ou em qualquer outro cliente interno ou externo.

Simultaneamente, QA, Operações de TI e Infosec estão sempre trabalhando em maneiras de reduzir o atrito na equipe, criando sistemas de trabalho que permitam aos desenvolvedores ser mais produtivos e obter melhores resultados. Acrescentando a expertise de QA, Operações de TI e Infosec nas equipes de entrega e em ferramentas e plataformas self-service automatizadas, as equipes são capazes de usar essa expertise em seus trabalhos diários sem depender de outras equipes.

Isso permite que as organizações criem um sistema de trabalho seguro, em que equipes pequenas são capazes de desenvolver, testar e entregar código e valor de forma rápida e independente, com segurança e confiabilidade para os clientes. Isso possibilita que as organizações maximizem a produtividade do desenvolvedor, permitam o aprendizado organizacional, criem alta satisfação dos funcionários e vençam no mercado.

Tais são os resultados do DevOps. Para a maioria de nós, esse não é o mundo em que vivemos. Mais frequentemente, o sistema em que trabalhamos é falho, com resultados extremamente ruins, que não atingem nosso verdadeiro potencial. Em nosso mundo, Desenvolvimento e Operações de TI são adversários; testes e atividades de Infosec acontecem somente no final de um projeto, tarde demais para corrigir quaisquer problemas encontrados; e quase toda atividade crítica exige muito esforço manual e muitas transferências, deixando-nos sempre esperando. Isso não apenas contribui para tempos de execução extremamente longos, mas a qualidade de nosso trabalho, especialmente implementações de produção, também é problemática e caótica, resultando em impactos negativos para nossos clientes e nosso negócio.

Como resultado, não atingimos nossos objetivos, e a organização inteira fica insatisfeita com o desempenho da TI, resultando em reduções de orçamento e em funcionários frustrados e insatisfeitos que se sentem impotentes para mudar o processo e seus resultados.[1] A solução? Precisamos mudar o modo como trabalhamos; DevOps nos mostra o melhor caminho.

Para entendermos melhor o potencial da revolução DevOps, vamos ver a Revolução Industrial dos anos 1980. Adotando os princípios e práticas Lean, as organizações de manufatura melhoraram significativamente a produtividade da fábrica, os tempos de execução para o cliente, a qualidade do produto e a satisfação do cliente, permitindo que vencessem no mercado.

Antes da revolução, o tempo médio de execução de pedido da instalação fabril era de seis semanas, com menos de 70% dos pedidos sendo expedidos a tempo. Em 2005, com a implementação difundida das práticas Lean, o tempo médio de execução de produtos caiu para menos de três semanas, e mais de 95% dos pedidos eram expedidos a tempo. As organizações que não implementaram as práticas Lean perderam mercado, e muitas fecharam completamente as portas.

Analogamente, aumentou-se a qualidade do padrão para a entrega de produtos e serviços de tecnologia — o que era bom em décadas anteriores agora não é mais. Para cada uma das quatro últimas décadas, o custo e o tempo exigidos para desenvolver e implementar capacidades e recursos comerciais

---

[1] Essa é apenas uma pequena amostra dos problemas encontrados nas organizações de TI típicas.

estratégicos caiu muito. Durante os anos 1970 e 1980, a maioria dos novos recursos exigia de um a cinco anos para serem desenvolvidos e implementados, frequentemente custando dezenas de milhões de dólares.

Nos anos 2000, graças aos avanços da tecnologia e da adoção de princípios e práticas ágeis, o tempo exigido para desenvolver nova funcionalidade tinha caído para semanas ou meses, mas implementá-la na produção ainda exigia semanas ou meses, frequentemente com resultados catastróficos.

E em 2010, com a introdução de DevOps e da comoditização de hardware, software e, agora, da nuvem, recursos (e até empresas startup inteiras) podiam ser criados em semanas, sendo rapidamente implementados na produção em questão de horas ou minutos — para essas organizações, a implementação finalmente se tornou rotina e de baixo risco. Essas organizações são capazes de realizar experiências para testar ideias comerciais, descobrindo quais delas geram mais valor para os clientes e para a organização como um todo, as quais são então mais desenvolvidas para se tornarem recursos que podem ser implementados na produção com rapidez e segurança.

Tabela 1. *A tendência sempre acelerada da entrega de software de forma mais rápida, barata e com baixo risco*

	Anos 1970–1980	Anos 1990	Anos 2000–Presente
Era	Mainframes	Cliente/Servidor	Comoditização e Nuvem
Tecnologia representativa da era	COBOL, DB2 em MVS etc.	C++, Oracle, Solaris etc.	Java, MySQL, Red Hat, Ruby on Rails, PHP etc.
Tempo do ciclo	1–5 anos	3–12 meses	2–12 semanas
Custo	$1 mi–$100 mi	$100 mil–$10 mi	$10 mil–$1 mi
Risco	A empresa inteira	Uma linha de produto ou divisão	Um recurso do produto
Custo da falha	Falência, venda da empresa, demissões em massa	Perda de lucro, emprego do CIO	Insignificante

Fonte: Adrian Cockcroft, "Velocity and Volume (or Speed Wins)," apresentação na FlowCon, São Francisco, CA, novembro de 2013.

Hoje, as organizações que adotam os princípios e práticas de DevOps frequentemente implementam alterações centenas ou até milhares de vezes por dia. Em uma época em que a vantagem competitiva exige curto tempo para comercializar e experimentação contínua, as organizações que não conseguem reproduzir esses resultados estão destinadas a perder mercado para concorrentes mais ágeis, podendo fechar completamente as portas, como as organizações manufatureiras que não adotaram os princípios Lean.

Atualmente, independentemente da área em que estejamos competindo, o modo como adquirimos clientes e entregamos valor para eles é dependente do fluxo de valor da tecnologia. Dizendo ainda mais sucintamente, como Jeffrey Immelt, diretor-executivo da General Electric, disse: "Toda indústria e empresa que não leva o software ao centro de seu negócio será abalada." Ou, como Jeffrey Snover, Pesquisador Técnico da Microsoft, disse: "Nas eras econômicas anteriores, as empresas geravam valor movendo átomos. Agora elas geram valor movendo bits."

É difícil enfatizar a enormidade desse problema — ele afeta cada organização, independente do setor em que operamos, do tamanho de nossa organização, seja com ou sem fins lucrativos. Agora, mais do que nunca, o modo como o trabalho tecnológico é gerenciado e executado prediz se nossas organizações vencerão no mercado, ou se sobreviverão. Em muitos casos, precisaremos adotar princípios e práticas que parecerão muito diferentes daquelas que nos guiaram com sucesso nas décadas passadas. (Veja o Apêndice 1.)

Agora que estabelecemos a urgência do problema que DevOps resolve, vamos passar algum tempo explorando com mais detalhes sua sintomatologia, por que ele ocorre e por que, sem intervenção drástica, piora com o passar do tempo.

O PROBLEMA: ALGO EM SUA ORGANIZAÇÃO PRECISA MELHORAR (OU VOCÊ NÃO ESTARIA LENDO ESTE LIVRO)

A maioria das organizações não consegue implementar mudanças de produção em minutos ou horas, exigindo, em vez disso, semanas ou meses. Também não consegue implementar centenas ou milhares de mudanças na produção por dia. Em vez disso, lutam para implementar mensalmente ou até trimestralmente. As implementações de produção não são rotina, mas envolvem interrupções, combate a incêndio crônico e heroísmo.

Em uma época em que a vantagem competitiva exige curto tempo para comercializar, níveis de serviço altos e experimentação contínua, essas organizações estão em significativa desvantagem. Isso acontece em grande parte devido à sua incapacidade de resolver um conflito crônico central dentro de sua organização tecnológica.

O CONFLITO CRÔNICO CENTRAL

Em quase toda organização de TI há um conflito inerente entre Desenvolvimento e Operações de TI que cria uma degradação, resultando em um tempo cada vez mais longo para comercializar novos produtos e recursos, qualidade reduzida, interrupções maiores e, o pior de tudo, uma dívida técnica cada vez maior.

O termo "dívida técnica" foi cunhado pela primeira vez por Ward Cunningham. Análoga à dívida financeira, a dívida técnica descreve como as decisões que tomamos levam a problemas cada vez mais difíceis de corrigir com o passar do tempo, reduzindo continuamente as opções disponíveis no futuro — mesmo quando enfrentados prudentemente, ainda incorremos em juros.

Um fator que contribui para isso são os objetivos frequentemente concorrentes de Desenvolvimento e Operações de TI. As organizações de TI são responsáveis por muitas coisas. Entre elas estão os dois objetivos a seguir, que devem ser buscados simultaneamente:

- Responder ao cenário competitivo rapidamente mutante.
- Fornecer serviço estável, confiável e seguro para o cliente.

Frequentemente o Desenvolvimento assumirá a responsabilidade por responder às mudanças no mercado, implementando recursos e alterações na produção o mais rapidamente possível. Operações de TI assumirão a responsabilidade por fornecer aos clientes um serviço de TI estável, confiável e seguro, dificultando ou mesmo impossibilitando a introdução de mudanças que possam comprometer a produção. Configurados dessa maneira, Desenvolvimento e Operações de TI têm objetivos e incentivos diametralmente opostos.

O dr. Eliyahu M. Goldratt, um dos fundadores do movimento de gestão de manufatura, chamou esses tipos de configuração de "conflito crônico central" — quando medidas e incentivos organizacionais em diferentes silos impedem a realização de objetivos globais organizacionais.[2]

Esse conflito cria uma degradação tão poderosa que impede a realização dos resultados comerciais desejados, tanto dentro quanto fora da organização de TI. Esses conflitos crônicos frequentemente colocam os profissionais de tecnologia

---

2 Existia um conflito crônico central similar na manufatura: a necessidade de garantir simultaneamente despachos no prazo para clientes e controlar custos. A descrição de como esse conflito crônico central foi quebrado está no Apêndice 2.

em situações que levam à baixa qualidade de software e serviço e a resultados ruins para os clientes, assim como à necessidade diária de soluções de contorno, combate a incêndios e heroísmo, seja em Gestão de Produtos, Desenvolvimento, QA, Operações de TI ou Segurança da Informação. (Veja o Apêndice 2.)

DEGRADAÇÃO EM TRÊS ATOS

Em TI, a degradação tem três atos que provavelmente são conhecidos da maioria dos profissionais da área.

O primeiro ato começa em Operações de TI, sendo que o objetivo é manter aplicações e infraestrutura funcionado para que a organização possa entregar valor para os clientes. Em nosso trabalho diário, muitos problemas são devidos a aplicações e infraestrutura complexos, mal documentados e incrivelmente frágeis. Essa é a dívida técnica e as soluções de contorno diárias com que convivemos constantemente, sempre prometendo que vamos corrigir as coisas quando tivermos um pouco mais de tempo. Mas esse tempo nunca chega.

De forma alarmante, nossos artefatos mais frágeis suportam os sistemas de geração de lucros mais importantes ou os projetos mais cruciais. Ou seja, os sistemas mais propensos à falha também são os mais importantes e estão no epicentro das mudanças mais urgentes. Quando essas mudanças falham, elas comprometem as promessas organizacionais mais importantes, como a disponibilidade para clientes, metas de lucro, segurança de dados dos clientes, informes financeiros precisos e assim por diante.

O segundo ato começa quando alguém precisa compensar a última promessa não cumprida — pode ser um gerente de produto prometendo um recurso maior e mais ousado para deslumbrar os clientes ou um executivo comercial definindo um alvo de lucro ainda maior. Então, alheio ao que a tecnologia pode ou não fazer, ou a quais fatores levaram à perda de nosso comprometimento anterior, ele compromete a organização tecnológica a cumprir essa nova promessa.

Como resultado, o Desenvolvimento é incumbido de outro projeto urgente que inevitavelmente exige resolver novos desafios técnicos e tomar atalhos para atender à data de lançamento prometida, aumentando a dívida técnica — feita, é claro, com a promessa de que vamos corrigir quaisquer problemas resultantes quando tivermos um pouco mais de tempo.

Isso arma o cenário para o terceiro e último ato, no qual tudo fica um pouco mais difícil, pouco a pouco — todo mundo fica um pouco mais ocupado, o trabalho leva um pouco mais de tempo, a comunicação fica um pouco mais lenta, e as filas de trabalho ficam um pouco mais longas. Nosso trabalho se torna mais fortemente acoplado, ações menores causam falhas maiores, e ficamos mais apreensivos e menos tolerantes a fazer mudanças. O trabalho exige mais comunicação, coordenação e aprovações; as equipes precisam esperar um pouco mais para que seu trabalho dependente termine; e nossa qualidade continua a piorar. As rodas começam a girar mais lentamente e a exigir mais esforço para continuar girando. (Veja o Apêndice 3.)

Embora seja difícil ver na hora, a degradação é óbvia quando nos afastamos um pouco. Notamos que as implementações de código na produção estão demorando cada vez mais, mudando de minutos para horas, dias, semanas. E pior, os resultados da implementação se tornam ainda mais problemáticos, resultando em um número crescente de interrupções que impactam os clientes e exigem mais heroísmo e combate a incêndio nas Operações, diminuindo ainda mais sua capacidade de pagar a dívida técnica.

Como resultado, nossos ciclos de entrega de produto continuam a ficar cada vez mais lentos, menos projetos são realizados, e os colocados em prática são menos ambiciosos. Além disso, o feedback sobre o trabalho de todos se torna mais lento e mais fraco, especialmente os sinais de feedback de nossos clientes. E, independente do que tentamos, as coisas parecem piorar — não somos mais capazes de responder rapidamente ao nosso cenário competitivo mutante, nem conseguimos fornecer serviços estáveis e confiáveis para nossos clientes. Como resultado, perdemos no mercado.

Repetidamente, aprendemos que, quando a TI falha, a organização inteira falha. Como Steven J. Spear observou em seu livro *The High-Velocity Edge* ["A Vantagem de Alta Velocidade", em tradução livre], se os danos "se desdobram lentamente como uma doença devastadora" ou rapidamente "como uma forte colisão..., a destruição pode ser total".

POR QUE ESSA DEGRADAÇÃO ACONTECE POR TODA PARTE?

Por mais de uma década, os autores deste livro observaram essa degradação destrutiva ocorrer em inúmeras organizações de todos os tipos e tamanhos. Entendemos melhor do que nunca por que essa degradação ocorre e por que exige princípios de DevOps para ser mitigada. Primeiro, como já descrito, toda organização de TI tem dois objetivos opostos, e, segundo, toda empresa é uma empresa de tecnologia, saiba ela disso ou não.

Como Christopher Little, executivo de software e um dos primeiros cronistas de DevOps, disse: "Toda empresa é uma empresa de tecnologia, independentemente do negócio em que pense estar. Um banco é apenas uma empresa de TI com licença bancária."[3]

Para nos convencermos de que isso acontece, considere que a ampla maioria dos projetos de capital tem alguma dependência de TI. Como dizem: "É praticamente impossível tomar qualquer decisão comercial que não resulte em pelo menos uma mudança de TI."

No contexto empresarial e financeiro, os projetos são cruciais, porque servem como o principal mecanismo de mudança dentro das organizações. Normalmente são os projetos que a gerência precisa aprovar, orçar e ser responsável; portanto, eles são os mecanismos que atingem os objetivos e as aspirações da organização, seja para crescer ou mesmo diminuir.[4]

Normalmente os projetos são financiados por meio de dispêndio de capital (isto é, fábricas, equipamentos e projetos maiores, e gastos são capitalizados quando se espera que o retorno financeiro leve anos), do qual 50% agora estão ligados à tecnologia. Isso vale para verticais da indústria "low tech" com os gastos históricos mais baixos em tecnologia, como energia, metal, extração de recursos, automotiva e construção. Ou seja, os líderes empresariais dependem bem mais do que pensam da gestão eficaz de TI para atingir seus objetivos.[5]

OS CUSTOS: HUMANO E ECONÔMICO

Quando as pessoas estão presas nessa degradação por anos, especialmente para quem está no que vem após o Desenvolvimento, elas frequentemente se sentem presas a um sistema que decreta o fracasso e as deixa impotentes para mudar os resultados. Essa impotência frequentemente é seguida de esgotamento, com os sentimentos associados de fadiga, cinismo e até desesperança e desespero.

Muitos psicólogos afirmam que a criação de sistemas que causam sentimentos de impotência é uma das coisas mais danosas que podemos fazer aos se-

---

[3] Em 2013, o banco europeu HSBC empregou mais desenvolvedores de software do que o Google.

[4] Por ora, deixaremos suspensa a discussão sobre se o software deve ser financiado como "projeto" ou como "produto". Isso será discutido mais adiante no livro.

[5] Por exemplo, o dr. Vernon Richardson e seus colegas publicaram esta surpreendente descoberta. Eles estudaram os arquivos 10-K SEC de 184 corporações públicas e as dividiram em três grupos: A) firmas com fraquezas materiais, com deficiências relacionadas a TI, B) firmas com fraquezas materiais, sem deficiências relacionadas a TI, e C) "firmas limpas", sem fraquezas materiais. As firmas do grupo A viram rotatividade de CEO oito vezes mais alta do que o grupo C, e houve rotatividade de CFO quatro vezes mais alta no grupo A do que no grupo C. Claramente, a TI pode importar muito mais do que achamos normalmente.

res humanos — privamos outras pessoas de sua capacidade de controlar seus próprios resultados e até criamos uma cultura em que elas ficam com receio de fazer a coisa certa por medo de punição, fracasso ou de colocar em risco sua subsistência. Isso pode criar as condições de *desamparo aprendido*, em que as pessoas não desejam ou não são capazes de agir de modo a evitar o mesmo problema no futuro.

Para nossos funcionários, isso significa horas extras, trabalhar em fins de semana e pior qualidade de vida, não apenas para eles, mas para todos que dependem deles, incluindo família e amigos. Não é de surpreender que, quando isso acontece, perdemos nosso melhor pessoal (exceto aqueles que acham que não podem sair, devido a um sentimento de dever ou obrigação).

Além do sofrimento humano proveniente do modo de trabalhar atual, o custo de oportunidade do valor que poderíamos criar é espantoso — os autores acreditam que perdemos aproximadamente US$2,6 trilhões em criação de valor por ano, o que, quando esta obra estava sendo produzida, era equivalente à produção econômica anual da França, a sexta maior economia do mundo.

Considere o seguinte cálculo — IDC e Gartner estimaram que, em 2011, aproximadamente 5% do produto interno bruto mundial (US$3,1 trilhões) foram gastos com TI (hardware, serviços e telecom). Se estimarmos que 50% desses US$3,1 trilhões foram gastos com custos operacionais e com a manutenção de sistemas existentes, e que um terço desses 50% foram gastos em trabalho urgente e não planejado ou retrabalho, aproximadamente US$520 bilhões foram desperdiçados.

Se adotar DevOps nos permitisse, por meio de um melhor gerenciamento e de maior excelência operacional, reduzir esse desperdício pela metade e redistribuir esse potencial humano em algo que tivesse cinco vezes o valor (uma proposta modesta), poderíamos gerar US$2,6 trilhões de valor por ano.

A ÉTICA DO DEVOPS: HÁ UM MODO MELHOR

Nas seções anteriores, descrevemos os problemas e as consequências negativas do status quo devido ao conflito crônico central, desde a incapacidade de atingir objetivos organizacionais até o dano que causamos aos seres humanos. Resolvendo esses problemas, DevOps nos permite simultaneamente melhorar o desempenho organizacional, atingir os objetivos de todos os vários papéis tecnológicos funcionais (por exemplo, Desenvolvimento, QA, Operações de TI, Infosec) e melhorar a condição humana.

Essa empolgante e rara combinação pode explicar por que DevOps tem causado tanta agitação e entusiasmo em tanta gente em um curto período de tempo, incluindo líderes de tecnologia, engenheiros e grande parte do ecossistema de software em que residimos.

QUEBRANDO A DEGRADAÇÃO COM DEVOPS

Idealmente, pequenas equipes de desenvolvedores implementam seus recursos independentemente, validam sua correção em ambientes do tipo produção e têm seu código implementado na produção de forma rápida, precisa e segura. As implementações de código são rotineiras e previsíveis. Em vez de iniciar implementações à meia-noite da sexta-feira e passar o fim de semana todo trabalhando para concluí-las, elas ocorrem durante o horário comercial, quando todo mundo já está no escritório, e sem que nossos clientes percebam — exceto quando veem novos recursos e correções de erros que os encantam. E, implementando código no meio do dia de trabalho, pela primeira vez em décadas a Operações de TI está trabalhando durante o horário comercial normal, como todo mundo.

Com a criação de loops de feedback rápidos em cada etapa do processo, todos podem ver imediatamente os efeitos de suas ações. Quando mudanças são passadas para o controle de versão, testes automatizados rápidos são realizados em ambientes do tipo produção, oferecendo garantia contínua de que o código e os ambientes operam como projetado e estão sempre em um estado seguro e implementável.

Testes automatizados ajudam os desenvolvedores a descobrir erros rapidamente (normalmente em questão de minutos), o que permite correções mais rápidas e aprendizado genuíno — aprendizado que é impossível quando os erros são descobertos seis meses depois, durante os testes de integração, quando as memórias e a ligação entre causa e efeito desapareceram há tempos. Em vez de acumular dívida técnica, os problemas são corrigidos à medida que são encontrados, mobilizando a organização inteira, se necessário, pois os objetivos globais superam os locais.

A telemetria de produção penetrante em nosso código e nos ambientes de produção garante que os problemas sejam detectados e corrigidos rapidamente, confirmando que tudo está funcionando como pretendido e com os clientes obtendo valor do software que criamos.

Nesse cenário, todos se sentem produtivos — a arquitetura permite que equipes pequenas trabalhem com segurança e arquitetonicamente desconectadas do trabalho de outras equipes que usam plataformas self-service que aproveitam a experiência coletiva de Operações e Segurança da Informação. Em vez de todos esperarem o tempo todo, com grandes volumes de retrabalho urgente e atrasado, as equipes trabalham de forma independente e produtiva em pequenos lotes, entregando novo valor para os clientes rápida e frequentemente.

Até releases de produtos e recursos importantes viram rotina com o uso de técnicas de lançamento no escuro. Muito antes da data de lançamento, colocamos todo o código exigido para o recurso em produção, invisível para todos, exceto funcionários internos e pequenos grupos de usuários reais, nos permitindo testar e evoluir o recurso até que atinja o objetivo comercial desejado.

E, em vez de combater incêndios por dias ou semanas para fazer a nova funcionalidade dar certo, meramente mudamos uma chave ou configuração do recurso. Essa pequena mudança torna o novo recurso visível para segmentos cada vez maiores de clientes, retrocedendo automaticamente se algo der errado. Como resultado, nossos releases são controlados, previsíveis, reversíveis e de baixo estresse.

Não só os releases de recursos são mais calmos — todos os tipos de problemas estão sendo encontrados e corrigidos mais cedo, quando são menores, mais baratos e mais fáceis de corrigir. Com cada correção, também geramos aprendizados organizacionais, nos permitindo evitar a recorrência do problema e detectar e corrigir problemas similares mais rapidamente no futuro.

Além disso, todos estão aprendendo constantemente, estimulando uma cultura baseada em hipóteses em que o método científico é usado para garantir que nada seja subestimado — não fazemos nada sem medir e tratar o desenvolvimento do produto e a melhoria do processo como experimentos.

Como valorizamos o tempo de todos, não perdemos anos construindo recursos que nossos clientes não querem, implementando código que não funciona ou corrigindo algo que não é a causa de nosso problema.

Como nos preocupamos em atingir objetivos, criamos equipes de longo prazo responsáveis por satisfazê-los. Em vez de equipes de projeto em que os desenvolvedores são reatribuídos e misturados após cada release, nunca recebendo feedback sobre seu trabalho, mantemos as equipes intactas para que possam continuar iterando e melhorando, usando esses aprendizados para melhor atingir seus objetivos. Isso também vale para equipes de produto que estão resolvendo problemas para nossos clientes externos, assim como equipes de plataformas internas que estão ajudando outras equipes a serem mais produtivas e seguras.

Em vez de uma cultura de medo, temos uma cultura colaborativa de alta confiança, em que as pessoas são recompensadas por correr riscos. Elas podem falar sem medo sobre os problemas, em vez de ocultá-los ou colocá-los em segundo plano — afinal, devemos ver os problemas para resolvê-los.

E, como a qualidade do trabalho depende de todos, todo mundo faz testes automatizados em seu trabalho diário e usa revisões de pares para garantir que os problemas sejam tratados muito antes de impactar um cliente. Esses processos reduzem o risco, em oposição às aprovações de autoridades distantes, permitindo-nos entregar valor de forma rápida, confiável e segura — provando até a auditores céticos que temos um sistema eficiente de controles internos.

E quando algo dá errado, conduzimos *post-mortems sem culpa*, não para punir alguém, mas para entender melhor o que causou o acidente e como evitá-lo. Esse ritual reforça nossa cultura de aprendizado. Também fazemos conferências de tecnologia internas para ampliar nossas habilidades e garantir que todos estejam sempre ensinando e aprendendo.

Como nos preocupamos com a qualidade, até injetamos falhas em nosso ambiente de produção para que possamos saber como nosso sistema falha de modo planejado. Realizamos exercícios planejados para praticar falhas em grande escala, eliminamos processos e servidores em produção aleatoriamente e injetamos latências de rede e outros atos nefastos para garantir um crescimento ainda mais resiliente. Com isso, possibilitamos melhor resiliência, assim como aprendizado e melhoria organizacional.

Neste mundo, todos têm posse em seu trabalho, independentemente de sua função na organização tecnológica. As pessoas têm confiança de que seu trabalho é importante e está contribuindo significativamente para os objetivos organizacionais, comprovados por seu ambiente de trabalho de baixo estresse e pelo sucesso de sua organização. A prova é que a organização está mesmo vencendo no mercado.

O VALOR COMERCIAL DO DEVOPS

Temos evidência definitiva do valor comercial do DevOps. De 2013 a 2016, como parte do *State Of DevOps Report* do Puppet Labs, com o qual os autores Jez Humble e Gene Kim contribuíram, coletamos dados de mais de 25 mil profissionais de tecnologia, com o objetivo de conhecer melhor a saúde e os hábitos de organizações em todos os estágios da adoção de DevOps.

A primeira surpresa revelada por esses dados foi a quantidade de organizações de alto desempenho usando práticas de DevOps que estavam superando seus pares que não apresentavam alto desempenho, nas seguintes áreas:

- Métrica de transmissão
- Implementações de código e mudanças (30 vezes mais frequentes)
- Tempo de execução de implementação de código e mudanças (200 vezes mais rápido)
- Métrica de confiabilidade
- Implementações de produção (taxa de sucesso de mudança 60 vezes mais alta)
- Tempo médio para restaurar serviço (168 vezes mais rápido)
- Métrica de desempenho organizacional
- Objetivos de produtividade, fatia de mercado e lucratividade (duas vezes mais provável de ultrapassar)
- Crescimento de capitalização do mercado (50% mais alto em 3 anos)

Em outras palavras, as empresas de alto desempenho eram mais ágeis e confiáveis, fornecendo evidência empírica de que DevOps nos permite quebrar o conflito crônico central. As empresas de alto desempenho implementavam código com 30 vezes mais frequência, e o tempo exigido para ir de "código confirmado" para "executando com sucesso na produção" era 200 vezes mais rápido — as empresas de alto desempenho tinham tempos de execução medidos em minutos ou horas, enquanto as empresas de baixo desempenho tinham tempos de execução medidos em semanas, meses ou mesmo trimestres.

Além disso, as empresas de alto desempenho tinham duas vezes mais probabilidade de exceder os objetivos de lucratividade, fatia de mercado e produtividade. E para as organizações que tinham código de negociação na bolsa de valores, verificamos que as de alto desempenho tiveram crescimento de capitalização no mercado 50% maior em 3 anos. Tiveram também satisfação mais alta dos funcionários com o trabalho, taxas de esgotamento de funcionários mais baixas, e seus empregados tinham 2,2 vezes mais probabilidade de recomendar suas organizações para amigos, como um ótimo lugar para trabalhar.⁶ As empresas de alto desempenho também tinham melhores resultados em segurança da informação. Por integrar objetivos de segurança em todos os estágios dos processos de desenvolvimento e operações, elas gastavam 50% menos tempo remediando problemas de segurança.

DEVOPS AJUDA A AUMENTAR A PRODUTIVIDADE DO DESENVOLVEDOR

Quando aumentamos o número de desenvolvedores, a produtividade individual de cada um frequentemente diminui bastante, devido à sobrecarga de comunicação, integração e teste. Isso está destacado no famoso livro de Frederick Brook, *O Mítico Homem-Mês*, onde ele explica que, quando os projetos estão atrasados, adicionar mais desenvolvedores não diminui só a produtividade individual de cada um, mas também a produtividade global.

Por outro lado, DevOps nos mostra que, quando temos a arquitetura certa, as práticas técnicas certas e as normas culturais certas, equipes pequenas de desenvolvedores são capazes de desenvolver, integrar, testar e implementar mudanças na produção de forma rápida, segura e independente. Como Randy Shoup, ex-diretor de engenharia do Google, observou, organizações grandes que usam DevOps "têm milhares de desenvolvedores, mas suas arquiteturas e práticas permitem que equipes pequenas ainda sejam incrivelmente produtivas, como se fossem startups".

O *2015 State of DevOps Report* examinou não somente "implementações por dia", mas também "implementações por dia por desenvolvedor". Formulamos a hipótese de que empresas de alto desempenho seriam capazes de aumentar seu número de implementações à medida que os tamanhos das equipes cresciam.

---

6 Conforme medido pelo employee Net Promoter Score (eNPS). Essa é uma descoberta significativa, pois a pesquisa mostrou que "empresas com funcionários altamente engajados tinham faturamento duas vezes e meia mais alto do que aquelas com baixos níveis de engajamento. E as ações [comercializadas publicamente] de empresas com ambiente de trabalho de alta confiança superaram os índices do mercado por um fator de três, de 1997 a 2011".

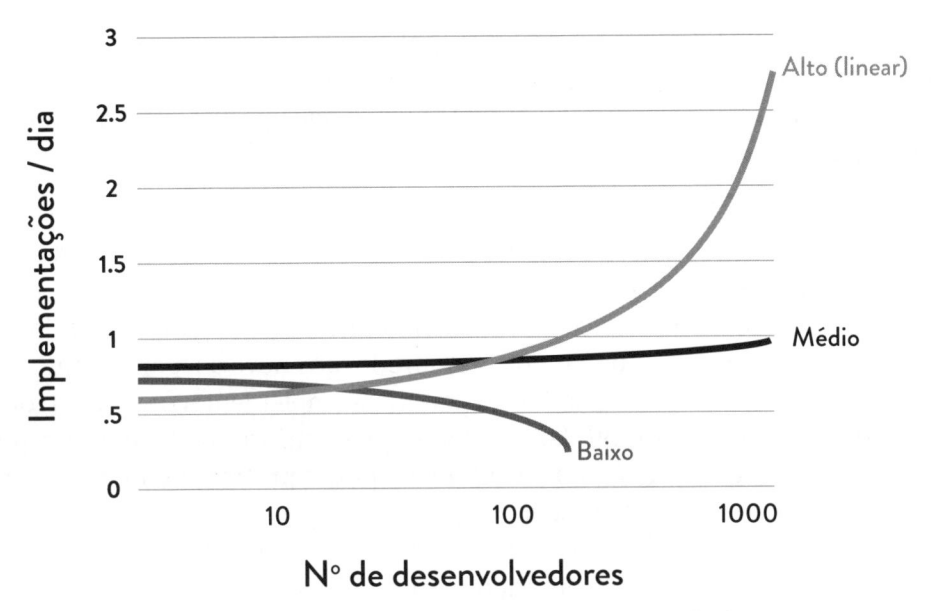

Figura 1: *Implementações/dia versus número de desenvolvedores (Fonte: Puppet Labs, 2015 State Of DevOps Report.)*[7]

De fato, foi isso que descobrimos. A Figura 1 mostra que, em empresas de baixo desempenho, as implementações por dia por desenvolvedor diminuem à medida que o tamanho das equipes aumenta, permanecem constantes para empresas de desempenho médio e aumentam linearmente para as de alto desempenho.

Em outras palavras, organizações que adotam DevOps conseguem aumentar linearmente o número de implementações por dia, à medida que aumentam o número de desenvolvedores, assim como Google, Amazon e Netflix fizeram.[8]

A UNIVERSALIDADE DA SOLUÇÃO

Um dos livros mais influentes do movimento manufatura Lean é *A Meta: Um Processo de Melhoria Contínua*, escrito pelo dr. Eliyahu M. Goldratt em 1984. Ele influenciou toda uma geração de gerentes de fábrica no mundo todo. É um romance sobre um gerente de fábrica que precisa corrigir seu custo e seus problemas de prazo de produto em 90 dias, caso contrário sua fábrica fechará.

Posteriormente em sua carreira, o dr. Goldratt descreveu as cartas que recebeu em resposta ao livro. Essas cartas normalmente diziam: "Obviamente,

---

[7] São mostradas somente organizações que estão implementando pelo menos uma vez por dia.
[8] Outro exemplo mais extremo é a Amazon. Em 2011, a Amazon realizava aproximadamente 7 mil implementações por dia. Em 2015, realizava 130 mil implementações por dia.

você esteve escondido em nossa fábrica, pois descreveu exatamente a minha vida [como gerente de fábrica]..." Mais importante, essas cartas mostravam que as pessoas eram capazes de reproduzir em seus próprios ambientes de trabalho os avanços no desempenho descritos no livro.

O Projeto Fênix: Um Romance sobre TI, DevOps e sobre Ajudar o Seu Negócio a Vencer, escrito por Gene Kim, Kevin Behr e George Spafford em 2013, teve *A Meta* como modelo. É um romance que acompanha um líder de TI que se depara com todos os problemas típicos que são endêmicos nas organizações de TI: um projeto atrasado, com orçamento estourado, que deve chegar ao mercado para que a empresa sobreviva. Ele experiencia implementações catastróficas; problemas de disponibilidade, segurança e conformidade; e assim por diante. No final, ele e sua equipe usam princípios e práticas de DevOps para superar esses desafios, ajudando sua organização a vencer no mercado. Além disso, o romance mostra como as práticas de DevOps melhoraram o ambiente de trabalho para a equipe, gerando menos estresse e satisfação mais alta por causa do maior envolvimento dos profissionais ao longo do processo.

Assim como em *A Meta*, há forte evidência da universalidade dos problemas e soluções descritas em *O Projeto Fênix*. Considere algumas das declarações encontradas nas análises da Amazon: "Eu me identifiquei com os personagens de *O Projeto Fênix*... provavelmente conheci a maioria deles durante minha carreira", "Se você já trabalhou em qualquer aspecto de TI, DevOps ou Infosec, definitivamente poderá se identificar com este livro" ou "Não há um personagem em *O Projeto Fênix* com quem eu não me identifique ou identifique alguém que eu conheça na vida real... sem mencionar os problemas encontrados e superados pelos personagens".

No restante deste livro descreveremos como reproduzir a transformação descrita em *O Projeto Fênix* e forneceremos muitos estudos de caso sobre como outras organizações usaram princípios e práticas de DevOps para replicar esses resultados.

MANUAL DE DEVOPS: UM GUIA ESSENCIAL

A finalidade do *Manual de DevOps* é fornecer a você a teoria, os princípios e as práticas necessárias para iniciar com êxito sua iniciativa de DevOps e atingir os resultados desejados. Essa orientação é baseada em décadas de sólida teoria de gestão, estudo de organizações tecnológicas de alto desempenho, trabalhos que fizemos para ajudar organizações a se transformar e pesquisas que validam a eficácia das práticas de DevOps prescritas. Além de entrevistas com especialistas relevantes no assunto e análises de quase 100 estudos de caso apresentados no DevOps Enterprise Summit.

Dividido em seis partes, este livro aborda teorias e princípios de DevOps usando as Três Maneiras, uma visão específica da teoria básica originalmente apresentada em *O Projeto Fênix*. *O Manual de DevOps* serve para qualquer um que realize ou influencie trabalho no fluxo de valor tecnológico (o qual normalmente inclui Gerência de Produtos, Desenvolvimento, QA, Operações de TI e Segurança da Informação), assim como para liderança comercial e de marketing, onde a maioria das iniciativas tecnológicas se origina.

Não se espera que o leitor tenha amplo conhecimento de nenhuma dessas áreas ou de DevOps, princípios ágeis, ITIL, princípios Lean ou aprimoramento de processos. Quando necessário, cada um desses assuntos é apresentado e explicado no livro.

Nossa intenção é gerar um conhecimento prático dos principais conceitos de cada uma dessas áreas, tanto para servir de cartilha como para apresentar a linguagem necessária para ajudar os profissionais a trabalhar com seus colegas no fluxo de valor de TI inteiro e enquadrar os objetivos compartilhados.

Este livro será valioso para líderes empresariais e interessados que confiam cada vez mais na organização tecnológica para atingir seus objetivos.

Além disso, esta obra é destinada aos leitores cujas organizações talvez não estejam com todos os problemas descritos aqui (por exemplo, tempos de execução de implementação longos ou implementações dolorosas). Mesmo os leitores nessa feliz posição se beneficiarão por entender os princípios de DevOps, especialmente os relacionados a objetivos compartilhados, feedback e aprendizado contínuo.

Na Parte I, apresentamos uma breve história do DevOps e introduzimos a teoria básica e os principais temas do conjunto de conhecimentos relevantes que abrangem décadas. Depois apresentamos os princípios de alto nível das Três Maneiras: Fluxo, Feedback e Aprendizado Contínuo e Experimentação.

A Parte II descreve como e onde começar e apresenta conceitos como fluxos de valor, princípios e padrões de design organizacional, padrões de adoção organizacional e estudos de caso.

A Parte III descreve como acelerar o Fluxo construindo a base de nosso pipeline de implementação: permitir testes automatizados rápidos e eficientes, integração contínua, entrega contínua e arquitetura para releases de baixo risco.

A Parte IV discute como acelerar e ampliar o Feedback, criando telemetria de produção eficiente para ver e resolver problemas, melhor prever problemas e atingir objetivos, possibilitar feedback para que Dev e Ops possam implementar mudanças com segurança, integrar testes A/B em nosso trabalho diário e criar processos de revisão e coordenação para aumentar a qualidade do nosso trabalho.

A Parte V descreve como aceleramos o Aprendizado Contínuo, estabelecendo uma cultura justa, convertendo descobertas locais em melhorias globais e reservando tempo adequadamente para criar aprendizado organizacional e melhorias.

Por fim, na Parte VI descrevemos como integrar corretamente segurança e conformidade em nosso trabalho diário, integrando controles de segurança preventivos em repositórios de código-fonte e serviços compartilhados, integrando segurança em nosso pipeline de implementação, melhorando a telemetria para possibilitar melhor detecção e recuperação, protegendo o pipeline de implementação e atingindo os objetivos da gestão da mudança.

Codificando essas práticas, esperamos acelerar a adoção das práticas de DevOps, aumentar o sucesso das iniciativas de DevOps e reduzir a energia de ativação exigida para transformações de DevOps.

Parte I

Introdução

Na Parte I do *Manual de DevOps* exploraremos como a convergência de vários movimentos importantes em gestão e tecnologia preparou o terreno para o movimento DevOps. Descrevemos fluxos de valor, como DevOps é o resultado da aplicação de princípios Lean ao fluxo de valor tecnológico e as Três Maneiras: Fluxo, Feedback e Aprendizado Contínuo e Experimentação.

Os principais enfoques dentro desses capítulos incluem:

- Os princípios do Fluxo, que aceleram a entrega de trabalho do Desenvolvimento para Operações e para nossos clientes.
- Os princípios do Feedback, que nos permitem criar sistemas de trabalho ainda mais seguros.
- Os princípios do Aprendizado Contínuo e Experimentação, que estimulam uma cultura de alta confiança e uma abordagem científica para a melhoria da assunção de risco organizacional como parte de nosso trabalho diário.

UMA BREVE HISTÓRIA

DevOps e suas práticas técnicas, arquitetônicas e culturais resultantes representam a convergência de muitos movimentos filosóficos e gerenciais. Embora muitas organizações tenham desenvolvido esses princípios independentemente, entender que DevOps resultou de um amplo conjunto de movimentos, um fenômeno descrito por John Willis (um dos coautores deste livro) como a "convergência de DevOps" mostra uma espantosa progressão de pensamentos e conexões improváveis. Foram décadas de lições aprendidas da manufatura, organizações de alta confiabilidade, modelos de gestão de alta confiança e outros que nos trouxeram as práticas de DevOps que conhecemos hoje.

DevOps é o resultado da aplicação dos princípios mais confiáveis da área da manufatura física e da liderança no fluxo de valor de TI. DevOps conta com conhecimentos de Lean, Teoria das Restrições, Sistema Toyota de Produção, engenharia da resiliência, organizações de aprendizado, cultura de segurança, fatores humanos e muitos outros. Outros contextos importantes nos quais DevOps se baseia incluem culturas de gestão de alta confiança, liderança de servidor e gestão da mudança organizacional. O resultado é alta qualidade, confiabilidade, estabilidade e segurança a custo e esforço cada vez menores, e fluxo acelerado e confiabilidade em todo o fluxo de valor tecnológico, incluindo Gerência de Produtos, Desenvolvimento, QA, Operações de TI e Infosec.

Embora pareça que a base do DevOps seja derivada de Lean, da Teoria das Restrições e do movimento Toyota Kata, muitos também o veem como a continuação lógica da jornada de software ágil, iniciada em 2001.

O MOVIMENTO LEAN

Técnicas como Mapeamento de Fluxo de Valor, Quadros Kanban e Manutenção Produtiva Total foram codificadas para o Sistema Toyota de Produção nos anos 1980. Em 1997, o Lean Enterprise Institute começou a pesquisar aplicações de Lean em outros fluxos de valor, como a indústria de serviços e assistência médica.

Dois dos principais dogmas de Lean são a crença profundamente arraigada de que o *tempo de execução da manufatura* exigido para converter materiais brutos em produtos acabados era o melhor previsor da qualidade, da satisfação dos clientes e da felicidade dos funcionários, e que um dos melhores previsores de tempos de execução curtos eram lotes de trabalho pequenos.

Os princípios Lean focam a geração de valor para o cliente por meio de pensamento sistêmico, criando constância de finalidade, adotando o pensamento científico, criando fluxo e tração (*versus* impulso), garantindo a qualidade na origem, liderando com humildade e respeitando cada indivíduo.

O MANIFESTO ÁGIL

O Manifesto Ágil foi criado em 2001 por 17 líderes de pensamento do desenvolvimento de software. Eles queriam criar um conjunto de valores e princípios leves, em oposição aos pesados processos de desenvolvimento de software, como o desenvolvimento em cascata, e metodologias como o Processo Unificado Racional.

Um princípio importante era "entregar software funcional frequentemente, dentro de algumas semanas a alguns meses, preferencialmente com o prazo de execução mais curto", enfatizando o desejo de lotes pequenos e releases incrementais, em vez de grandes releases em cascata. Outros princípios enfatizavam a necessidade de equipes pequenas e motivadas trabalhando em um modelo de gestão de alta confiança.

Credita-se ao princípio ágil o significativo aumento na produtividade de muitas organizações de desenvolvimento. E é interessante notar que muitos momentos importantes na história do DevOps também ocorreram dentro da comunidade ágil ou em conferências Ágeis, como descrito a seguir.

INFRAESTRUTURA ÁGIL E O MOVIMENTO VELOCITY

Na conferência Ágil de 2008, em Toronto, Canadá, Patrick Debois e Andrew Schafer organizaram uma sessão "BoF" (ou seja, informal) sobre a aplicação de princípios ágeis na infraestrutura, em vez de código de aplicação. Embora fossem os únicos a comparecer, rapidamente ganharam adeptos de mesma mentalidade, incluindo o coautor John Willis.

Posteriormente, na conferência Velocity de 2009, John Allspaw e Paul Hammond fizeram a apresentação seminal "10 Deploys per Day: Dev and Ops Cooperation at Flickr", em que descreveram como criaram objetivos compartilhados entre Dev e Ops e usaram práticas de integração contínua para tornar a implementação parte do trabalho diário de todos. Segundo relatos em primeira mão, todos os que participaram da apresentação souberam imediatamente que estavam diante de algo profundo e de significado histórico.

Patrick Debois não estava presente, mas ficou tão entusiasmado com a ideia de Allspaw e Hammond, que criou o primeiro DevOpsDays, em Ghent, Bélgica (onde morava), em 2009. Lá o termo "DevOps" foi cunhado.

O MOVIMENTO ENTREGA CONTÍNUA

Consolidando o desenvolvimento da disciplina de construção, teste e integração contínuos, Jez Humble e David Farley ampliaram o conceito para *entrega contínua*, que definiu o papel de um "pipeline de implementação" para garantir que código e infraestrutura estejam sempre em um estado implementável e que todo código inserido no trunk possa ser implementado na produção com segurança. Essa ideia foi apresentada pela primeira vez na conferência Ágil de

2006 e também foi desenvolvida independentemente, em 2009, por Tim Fitz, em um post de seu blog, intitulado "Continuous Deployment".†

TOYOTA KATA

Em 2009, Mike Rother escreveu *Toyota Kata: Gerenciando Pessoas para Melhoria, Adaptabilidade e Resultados Excepcionais*, que enquadrava sua jornada de 20 anos para entender e codificar o Sistema Toyota de Produção. Ele foi um dos alunos graduados a viajar com executivos da GM para visitar as instalações da Toyota e que ajudaram a desenvolver o kit de ferramentas Lean, mas ficou surpreso quando nenhuma das empresas a adotar essas práticas reproduziu o nível de desempenho observado na Toyota.

Ele concluiu que a comunidade Lean não percebeu a prática mais importante de todas, a qual chamou de *kata de melhoria*. Ele explica que toda organização tem rotinas de trabalho e o kata de melhoria exige a criação de uma estrutura para a prática diária habitual de melhoria do trabalho, pois é essa prática diária que melhora os resultados. O ciclo constante de estabelecimento de estados futuros desejados, definir resultados-alvo semanais e a melhoria contínua do trabalho diário foi o que guiou a melhoria na Toyota.

O que foi dito descreve a história do DevOps e os movimentos relevantes aos quais recorre. No restante da Parte I, examinamos fluxos de valor, como os princípios Lean podem ser aplicados ao fluxo de valor tecnológico e as Três Maneiras de Fluxo, Feedback e Aprendizado Contínuo e Experimentação.

---

† DevOps também amplia e desenvolve as práticas de *infraestrutura como código*, cujos pioneiros foram o dr. Mark Burgess, Luke Kanies e Adam Jacob. Na infraestrutura como código, o trabalho de Operações é automatizado e tratado como código de aplicação, de modo que práticas de desenvolvimento modernas podem ser aplicadas a todo o fluxo de desenvolvimento. Isso permite um rápido fluxo de implementação, incluindo integração contínua (cujo pioneiro foi Grady Booch e foi integrada como uma das 12 práticas fundamentais da Programação Extrema), entrega contínua (cujos pioneiros foram Jez Humble e David Farley) e implementação contínua (cujos pioneiros foram Etsy, Wealthfront e o trabalho de Eric Ries na IMVU).

1 Filosofia Ágil, Entrega Contínua e as Três Maneiras

Neste capítulo é apresentada uma introdução à teoria básica da Manufatura Lean, assim como as Três Maneiras, os princípios a partir dos quais todos os comportamentos de DevOps observados podem ser derivados.

Nosso foco aqui é principalmente teoria e princípios, descrevendo muitas décadas de lições aprendidas da manufatura, organizações de alta confiabilidade, modelos de gestão de alta confiança e outros, a partir dos quais as práticas de DevOps foram derivadas. Os princípios e padrões concretos resultantes e sua aplicação prática no fluxo de valor tecnológico são apresentados nos capítulos restantes do livro.

O FLUXO DE VALOR DA MANUFATURA

Um dos conceitos fundamentais na filosofia Lean é o *fluxo de valor*. Vamos defini-lo primeiro no contexto da manufatura, e então extrapolar como ele se aplica ao DevOps e ao fluxo de valor tecnológico.

Karen Martin e Mike Osterling definem fluxo de valor, em seu livro *Value Stream Mapping: How to Visualize Work and Align Leadership for Organizational Transformation* ["Mapeamento de Fluxo de Valor: Como Visualizar o Trabalho e Alinhar a Liderança para Transformação Organizacional", em tradução livre], como "a sequência de atividades em uma organização para entregar um pedido do cliente" ou "a sequência de atividades exigidas para projetar, produzir e entregar um bem ou serviço para um cliente, incluindo os fluxos duplos de informações e materiais".

Nas operações de manufatura, o fluxo de valor frequentemente é fácil de ver e observar: ele começa quando um pedido de cliente é recebido e as matérias-primas são liberadas no chão da fábrica. Para permitir tempos de execução curtos e previsíveis em qualquer fluxo de valor, normalmente há um enfoque contínuo na criação de um fluxo de trabalho suave e equilibrado, usando técnicas como lotes pequenos, redução do trabalho em andamento (WIP), evitando retrabalho para não passarmos defeitos para os núcleos de trabalho e otimizando constantemente nosso sistema na direção de nossos objetivos globais.

O FLUXO DE VALOR TECNOLÓGICO

Os mesmos princípios e padrões que permitem o fluxo de trabalho rápido em processos físicos são igualmente aplicáveis em trabalho tecnológico (e, quanto a isso, para todo trabalho de conhecimento). Em DevOps, normalmente definimos fluxo de valor tecnológico como o processo exigido para converter uma hipótese comercial em um serviço tecnológico que entrega valor para o cliente.

A entrada de nosso processo é a formulação de um objetivo, conceito, ideia ou hipótese comercial, e começa quando aceitamos o trabalho no Desenvolvimento, adicionando-o ao nosso acúmulo de trabalho comprometido.

A partir daí, as equipes de desenvolvimento que seguem um processo ágil ou iterativo típico provavelmente transformarão essa ideia em histórias de usuário e algum tipo de especificação de recurso, a qual é implementada em código na aplicação ou serviço que está sendo criado. Então o código é inserido no repositório de controle de versão, onde cada mudança é integrada e testada com o resto do sistema de software.

Como o valor é gerado somente quando nossos serviços estão funcionando na produção, devemos garantir que não estejamos apenas entregando fluxo rápido, mas que nossas implementações também possam ser feitas sem causar caos e interrupções, como paradas de serviço, deteriorações de serviço ou falhas de segurança ou conformidade.

FOCO NO TEMPO DE EXECUÇÃO DE IMPLEMENTAÇÃO

No restante deste livro, nossa atenção se voltará ao tempo de execução de implementação, um subconjunto do fluxo de valor descrito anteriormente. Esse fluxo de valor começa quando qualquer engenheiro[†] em nosso fluxo de valor (que inclui Desenvolvimento, QA, Operações de TI e Infosec) insere uma mudança no controle de versão e termina quando essa mudança está funcionando na produção, fornecendo valor para o cliente e gerando feedback e telemetria úteis.

A primeira fase do trabalho, que inclui Design e Desenvolvimento, é parecida com o Desenvolvimento Lean de Produtos e é altamente variável e incerta, frequente-

---

† *Engenheiro* se refere a qualquer um que trabalhe em nosso fluxo de valor, não apenas desenvolvedores.

mente exigindo muita criatividade e trabalho que pode nunca mais ser realizado, resultando em alta variação de tempos de processo. Em contraste, a segunda fase do trabalho, que inclui Testes e Operações, é parecida com a Manufatura Lean. Exige criatividade e expertise, e se esforça para ser previsível e mecanicista, com o objetivo de obter saídas de trabalho com variação minimizada (por exemplo, tempos de execução curtos e previsíveis, defeitos próximos a zero).

Em vez de lotes de trabalho grandes serem processados sequencialmente no fluxo de valor de design/desenvolvimento e, então, pelo fluxo de valor de testes/operações (como quando temos um processo em cascata de lote grande ou ramificações de recurso de vida longa), nosso objetivo é fazer com que testes e operações ocorram simultaneamente com design/desenvolvimento, possibilitando fluxo rápido e alta qualidade. Esse método tem êxito quando trabalhamos com lotes pequenos e incluímos qualidade em cada parte de nosso fluxo de valor.‡

DEFINIÇÃO DE TEMPO DE EXECUÇÃO VERSUS TEMPO DE PROCESSAMENTO

Na comunidade Lean, tempo de execução é uma das duas medidas comumente usadas para medir desempenho em fluxos de valor, sendo a outra o tempo de processamento (às vezes conhecido como tempo de contato ou tempo de tarefa).§

Enquanto o relógio do tempo de execução inicia quando o pedido é feito e termina quando é cumprido, o relógio do tempo de processo inicia somente quando começamos a trabalhar no pedido do cliente — especificamente, ele omite o tempo em que o trabalho está na fila, esperando para ser processado (Figura 2).

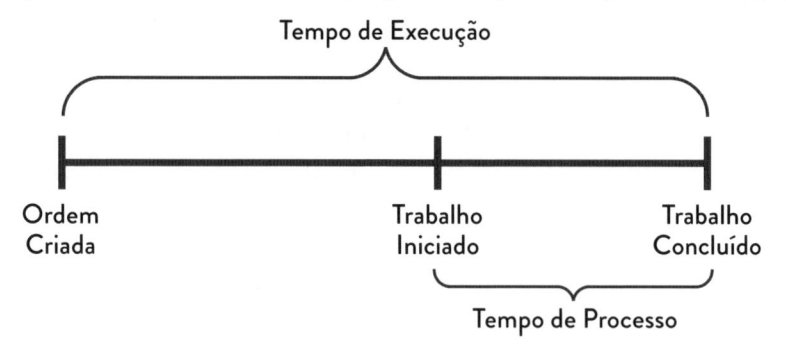

Figura 2. *Tempo de execução versus tempo de processo de uma operação de implementação*

---

‡ Na verdade, com técnicas como o desenvolvimento guiado por testes, os testes ocorrem antes que a primeira linha de código seja escrita.
§ Neste livro, o termo *tempo de processo* será usado pelo mesmo motivo mencionado por Karen Martin e Mike Osterling: "Para minimizar a confusão, evitamos o uso do termo tempo de ciclo, pois ele tem várias definições sinônimas, como tempo de processamento e ritmo ou frequência de saída, para citar alguns."

Como o tempo de execução é o que o cliente experimenta, normalmente focamos nele nossa atenção para melhorias, em vez de no tempo de processo. Contudo, a proporção entre tempo de processo e tempo de execução serve como uma medida de eficiência importante — conseguir fluxo rápido e tempos de execução curtos quase sempre exige reduzir o tempo que nosso trabalho fica esperando nas filas.

O CENÁRIO COMUM: TEMPOS DE EXECUÇÃO DE IMPLEMENTAÇÃO EXIGINDO MESES

Nas empresas, como de costume, frequentemente nos encontramos em situações em que nossos tempos de execução de implementação exigem meses. Isso é particularmente comum em organizações grandes e complexas que trabalham com aplicações monolíticas fortemente acopladas, frequentemente com ambientes de teste de integração escassos, tempos de execução longos em ambiente de teste e produção, alta dependência de testes manuais e exigência de vários processos de aprovação. Quando isso ocorre, nosso fluxo de valor pode ser como o da Figura 3:

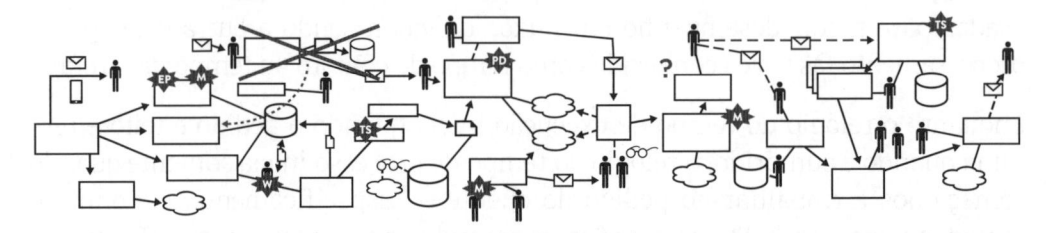

Figura 3: *Um fluxo de valor tecnológico com tempo de execução de implementação de três meses (Fonte: Damon Edwards, "DevOps Kaizen", 2015.)*

Quando temos longos tempos de execução de implementação, é exigido heroísmo em quase todos os estágios do fluxo de valor. Podemos descobrir que nada funciona no final do projeto, quando mesclamos todas as mudanças da equipe de desenvolvimento, resultando em código que não compila mais corretamente ou passa em todos os nossos testes. Corrigir cada problema exige dias ou semanas de investigação para determinar quem estragou o código e como ele pode ser corrigido, e os resultados ainda são ruins para o cliente.

NOSSO DEVOPS IDEAL: TEMPOS DE EXECUÇÃO DE IMPLEMENTAÇÃO DE MINUTOS

No DevOps ideal, os desenvolvedores recebem feedback rápido e constante sobre seu trabalho, o que permite a eles implementar, integrar e validar seu código rápida e independentemente, e implementá-lo no ambiente de produção (implementando o código eles mesmos ou sendo implementado por outros).

Conseguimos isso inserindo continuamente pequenas alterações de código em nosso repositório de controle de versão, realizando neles testes automatizados e exploratórios e implementando-os na produção. Isso nos permite ter alto grau de confiança de que nossas mudanças funcionarão na produção conforme projetadas e que quaisquer problemas poderão ser rapidamente detectados e corrigidos.

Isso é mais facilmente conseguido quando temos uma arquitetura modular, bem encapsulada e pouco acoplada, de modo que equipes pequenas consigam trabalhar com bastante autonomia, com falhas pequenas e contidas, e sem causar interrupções globais.

Nesse cenário, nosso tempo de execução de implementação é medido em minutos ou, no pior caso, em horas. Nosso mapa de fluxo de valor resultante deve ser parecido com o da Figura 4:

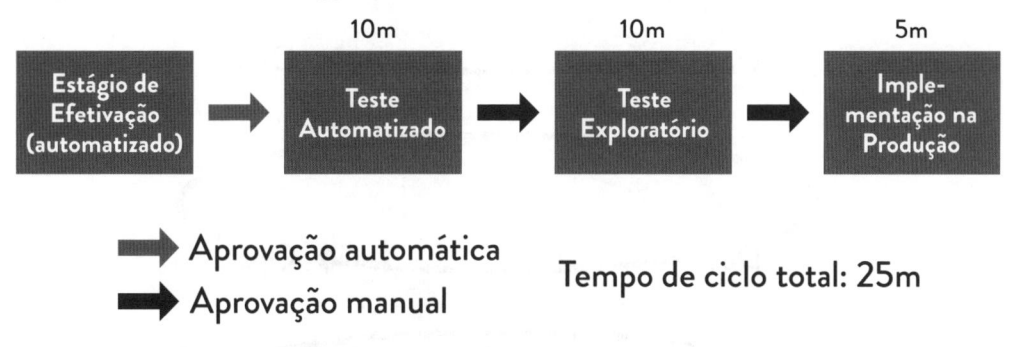

Figura 4: *Um fluxo de valor tecnológico com tempo de execução de minutos*

OBSERVANDO "%C/P" COMO MEDIDA DE RETRABALHO

Além dos tempos de execução e dos tempos de processo, a terceira métrica importante no fluxo de valor tecnológico é o percentual de conclusão e precisão (%C/P). Essa métrica reflete a qualidade da saída de cada etapa em nosso fluxo de valor. Karen Martin e Mike Osterling dizem que "o %C/P pode ser obtido ao perguntar aos clientes qual é a porcentagem do tempo em que eles recebem trabalho 'utilizável no estado em que está', significando que podem fazer seus trabalhos sem ter de corrigir a informação fornecida, adicionar informação ausente que deveria ter sido fornecida ou esclarecer informação que deveria e poderia ser mais clara".

AS TRÊS MANEIRAS: OS PRINCÍPIOS FUNDAMENTAIS DO DEVOPS

O Projeto Fênix apresenta as Três Maneiras como o conjunto de princípios básicos a partir dos quais são derivados todos os comportamentos e padrões observados do DevOps (Figura 5).

A Primeira Maneira possibilita o fluxo de trabalho rápido da esquerda para a direita, do Desenvolvimento para Operações e para o cliente. Para maximizar o fluxo, precisamos tornar o trabalho visível, reduzir o tamanho de nossos lotes e intervalos de trabalho, incorporar qualidade, evitando que defeitos sejam passados para núcleos de trabalho mais adiante, e otimizar constantemente, tendo em vista os objetivos globais.

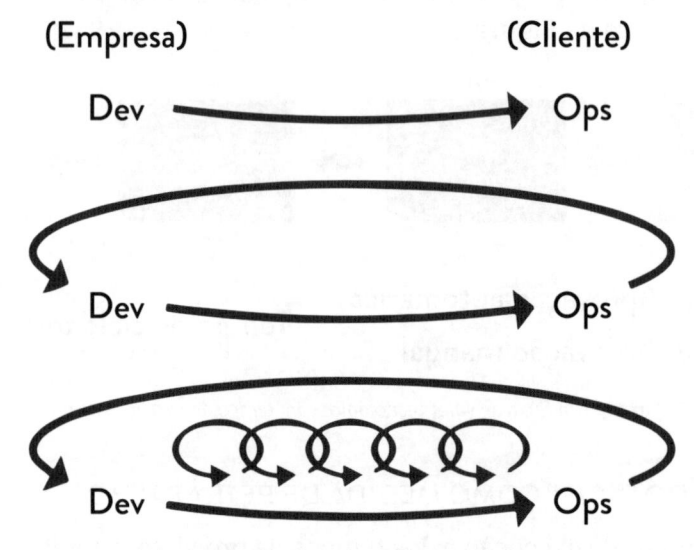

Figura 5: *As Três Maneiras (Fonte: Gene Kim, "The Three Ways: The Principles Underpinning DevOps", blog IT Revolution Press, acessado em 9 de agosto de 2016, http://itrevolution.com/the-three-ways-principles-underpinning-devops/.)*

Acelerando o fluxo de valor tecnológico, reduzimos o tempo de execução exigido para cumprir solicitações internas ou do cliente, especialmente o necessário para implementar código no ambiente de produção. Fazendo isso, aumentamos a qualidade do trabalho e o nosso rendimento e aumentamos nossa capacidade de experimentar a concorrência.

As práticas resultantes incluem construção contínua, integração, teste e implementação, criar ambientes por encomenda, limitar o trabalho em andamento (WIP) e construir sistemas e organizações que são seguras para mudar.

A Segunda Maneira permite fluxo de feedback rápido e constante, da direita para a esquerda, em todos os estágios de nosso fluxo de valor. Ela exige que amplifiquemos o feedback para evitar que os problemas ocorram novamente, ou permitam detecção e recuperação mais rápidas. Fazendo isso, criamos qualidade na fonte e geramos ou incorporamos conhecimento onde ele é necessário — isso nos permite criar sistemas de trabalho cada vez mais seguros, nos quais os problemas são encontrados e corrigidos bem antes que ocorra uma falha catastrófica.

Vendo os problemas à medida que ocorrem e enxameando-os até que contramedidas eficazes estejam em vigor, reduzimos e ampliamos continuamente nossos loops de feedback, um princípio básico de praticamente todas as metodologias de melhoria de processo modernas. Isso maximiza as oportunidades para nossa organização aprender e melhorar.

A Terceira Maneira possibilita a criação de uma cultura produtiva de alta confiança que dá suporte para uma abordagem científica dinâmica e disciplinada à experimentação e à tomada de risco, facilitando a criação de aprendizado organizacional, a partir de nossos sucessos e falhas. Além disso, reduzindo e ampliando continuamente nossos loops de feedback, criamos sistemas de trabalho ainda mais seguros e podemos assumir riscos e fazer experiências que nos ajudem a aprender mais rápido do que a concorrência e a vencer no mercado.

Como parte da Terceira Maneira, também projetamos nosso sistema de trabalho a fim de multiplicar os efeitos de novos conhecimentos, transformando descobertas locais em melhorias globais. Independentemente de onde alguém trabalha, faz isso com a experiência acumulada e coletiva de todos na organização.

CONCLUSÃO

Neste capítulo descrevemos os conceitos de fluxos de valor, tempo de execução como uma das medidas importantes da eficácia de fluxos de valor de manufatura e tecnologia, e os conceitos de alto nível por trás de cada uma das Três Maneiras, os princípios que fundamentam o DevOps.

Nos próximos capítulos, os princípios de cada uma das Três Maneiras são descritos com mais detalhes. O primeiro desses princípios é o Fluxo, que se concentra em como criamos o fluxo de trabalho rápido em qualquer fluxo de valor, seja em manufatura ou trabalho tecnológico. As práticas que possibilitam o fluxo rápido são descritas na Parte III.

2 A Primeira Maneira: Os Princípios do Fluxo

No fluxo de valor tecnológico, o trabalho normalmente flui do Desenvolvimento para Operações, as áreas funcionais entre nossa empresa e nossos clientes. A Primeira Maneira exige fluxo de trabalho rápido e suave do Desenvolvimento para Operações, a fim de entregar valor rapidamente para os clientes. Otimizamos visando esse objetivo global, em vez de objetivos locais, como taxas de conclusão de recurso do Desenvolvimento, relações encontrar/corrigir testes ou medidas de disponibilidade de Ops.

Aumentamos o fluxo tornando o trabalho visível, reduzindo o tamanho dos lotes e os intervalos de trabalho, e incorporando qualidade, evitando que defeitos passem para núcleos de trabalho mais adiante. Acelerando a fluidez pelo fluxo de valor tecnológico, reduzimos o tempo de execução exigido para atender pedidos de clientes internos e externos, aumentando a qualidade de nosso trabalho, enquanto nos tornamos mais ágeis e capazes de superar a concorrência.

Nosso objetivo é diminuir o tempo exigido para implementar mudanças na produção e aumentar a confiabilidade e a qualidade desses serviços. Pistas sobre como fazemos isso no fluxo de valor tecnológico podem ser obtidas a partir de como os princípios Lean foram aplicados ao fluxo de valor da manufatura.

TORNAR NOSSO TRABALHO VISÍVEL

Uma diferença significativa entre fluxos de valor tecnológico e de manufatura é que nosso trabalho é invisível. Ao contrário dos processos físicos, no fluxo de valor tecnológico não podemos ver facilmente onde o fluxo está sendo obstruído ou quando o trabalho está se acumulando em núcleos de trabalho limitados. A transferência de trabalho entre núcleos quase sempre é altamente visível e lenta, pois o inventário precisa ser movido fisicamente.

Contudo, no trabalho tecnológico, o movimento pode ser feito com um clique de um botão, como na reatribuição de uma ordem de serviço para outra equipe. Como isso é muito fácil, o trabalho pode saltar entre as equipes indefinidamente, devido a informação incompleta, ou ser passado para núcleos de trabalho mais adiante, com problemas que permanecem completamente invisíveis, até que estejamos atrasados para entregar o que prometemos para o cliente ou que nossa aplicação falhe no ambiente de produção.

Para ajudar a ver onde o trabalho está fluindo bem e onde está enfileirado ou parado, precisamos torná-lo o mais visível possível. Um dos melhores métodos para fazer isso é usar quadros de trabalho visuais, como os quadros kanban ou painéis de planejamento de sprint, onde podemos representar o trabalho em cartões físicos ou eletrônicos. O trabalho se origina na esquerda (frequentemente extraído de uma pilha), é puxado de um núcleo de trabalho para outro (representados em colunas) e termina quando atinge o lado direito do quadro, normalmente em uma coluna chamada "feito" ou "em produção".

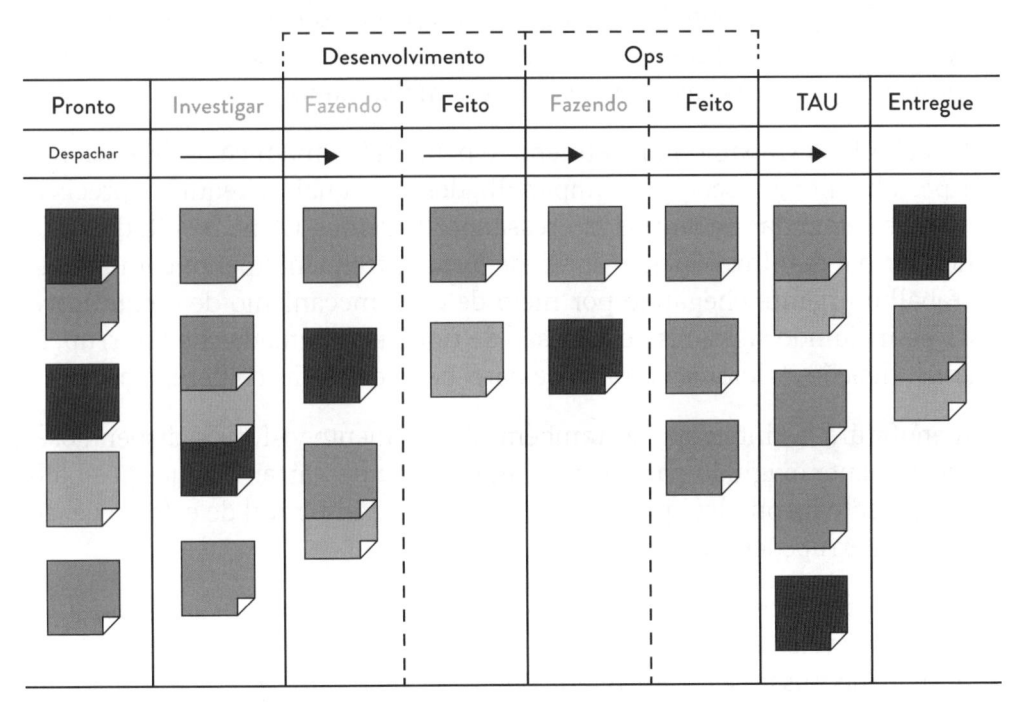

Figura 6: *Um exemplo de quadro kanban abrangendo Requisitos, Dev, Teste, Preparação e Em Produção (Fonte: David J. Andersen e Dominica DeGrandis, Kanban for ITOps, training materials for workshop, 2012.)*

Nosso trabalho não apenas se torna visível, mas também podemos gerenciá-lo para que flua da esquerda para a direita o mais rápido possível. Além disso, podemos medir o tempo de execução desde quando um cartão é colocado no quadro até quando é movido para a coluna "Feito".

Idealmente, nosso quadro kanban abrangerá o fluxo de valor inteiro, definindo o trabalho como concluído somente quando ele atingir o lado direito do quadro (Figura 6). O trabalho não está feito quando o Desenvolvimento completa a implementação de um recurso — mas quando nossa aplicação está funcionando na produção, entregando valor para o cliente.

Ao colocar todo o trabalho de cada núcleo de trabalho em filas e tornando-o visível, todos os interessados podem priorizá-lo mais facilmente no contexto dos objetivos globais. Isso permite que cada núcleo se dedique ao trabalho de prioridade mais alta até que ele seja concluído, aumentando o rendimento.

LIMITAR O TRABALHO EM ANDAMENTO (WIP)

Na manufatura, o trabalho diário normalmente é ditado por uma agenda de produção gerada regularmente (por exemplo, diariamente, semanalmente), estabelecendo quais tarefas devem ser executadas com base em pedidos de clientes, datas de entrega do pedido, peças disponíveis, e assim por diante.

Na tecnologia, o trabalho normalmente é bem mais dinâmico — isso acontece especialmente em serviços compartilhados, nos quais as equipes precisam atender às demandas de muitos interessados diferentes. Como resultado, o trabalho diário é dominado pela prioridade *du jour*, frequentemente com pedidos de trabalho urgente chegando por meio de cada mecanismo de comunicação possível, incluindo sistemas de emissão de tíquetes, chamadas de interrupção, e-mails, ligações telefônicas, salas de bate-papo e escalas da gerência.

Na manufatura, as interrupções também são altamente visíveis e dispendiosas, frequentemente exigindo parar o trabalho atual e descartar qualquer trabalho em andamento incompleto para iniciar o novo. Esse alto nível de esforço desencoraja as interrupções frequentes.

Contudo, é fácil interromper trabalhadores da tecnologia, pois as consequências são invisíveis para quase todo mundo, mesmo que o impacto negativo na produtividade possa ser bem maior que o da manufatura. Por exemplo, um engenheiro incumbido de vários projetos deve alternar entre as tarefas, incorrendo em todos os custos de restabelecimento de contexto, assim como em regras cognitivas e objetivos.

Estudos têm mostrado que o tempo para concluir tarefas simples, como ordenar formas geométricas, degrada significativamente em casos de multitarefa. Evidentemente, como nosso trabalho no fluxo de valor tecnológico é bem mais cognitivamente complexo do que classificar formas geométricas, os efeitos da multitarefa no tempo de processo são muito piores.

Podemos limitar a multitarefa quando usamos um quadro kanban para gerenciar nosso trabalho, como ao codificar e impor limites de trabalho em andamento (WIP) por cada coluna ou núcleo de trabalho que coloque um limite máximo no número de cartões existentes em uma coluna.

Por exemplo, podemos definir um limite de WIP de três cartões para testes. Quando já houver três cartões na faixa de teste, nenhum outro poderá ser adicionado, a não ser que um cartão seja completado ou removido da coluna "em trabalho" e recolocado na fila (isto é, recolocar o cartão na coluna da esquerda). Não se pode trabalhar em nada até que seja primeiro representado em um cartão de trabalho, reforçando que todo trabalho deve estar visível.

Dominica DeGrandis, uma importante especialista no uso de kanbans em fluxos de valor de DevOps, observa que "controlar o tamanho da fila [WIP] é uma ferramenta de gerenciamento extremamente poderosa, pois é um dos principais indicadores do tempo de execução — na maioria dos itens de trabalho, não sabemos quanto tempo levará até que esteja realmente concluído".

Limitar o WIP também facilita ver os problemas que impedem a conclusão do trabalho.† Por exemplo, quando limitamos o WIP, descobrimos que talvez não possamos fazer nada, porque estamos esperando outra pessoa. Embora possa ser tentador iniciar um trabalho novo (isto é, "é melhor fazer alguma coisa do que nada"), uma ação bem melhor seria descobrir o que está causando o atraso e ajudar a corrigir o problema. A multitarefa nociva frequentemente ocorre quando pessoas são designadas a vários projetos, resultando em muitos problemas de priorização.

Ou seja, como David J. Anderson, autor de *Kanban: Mudança Evolucionária de Sucesso para Seu Negócio de Tecnologia*, gracejou: "Pare de começar. Comece a terminar."

REDUZIR O TAMANHO DOS LOTES

Outro componente importante para a criação de fluxo rápido e suave é executar o trabalho em lotes pequenos. Antes da revolução da manufatura Lean, era comum fabricar em lotes (ou grupos) grandes, especialmente em operações nas quais a preparação da tarefa ou a troca entre tarefas era demorada ou dispendiosa. Por exemplo, produzir grandes painéis para a lataria de carros exige preparar chapas grandes e pesadas em máquinas de estampagem de metal, um processo que pode levar dias. Quando o custo da troca de ferramenta é alto,

---

† Taiichi Ohno comparou a imposição de limites de WIP a drenar água do rio do inventário para revelar todos os problemas que obstruem o fluxo rápido.

frequentemente estampamos simultaneamente o máximo de painéis possível, criando grandes lotes para reduzir o número de trocas.

Contudo, lotes grandes resultam em níveis altíssimos de WIP e altos níveis de variação no fluxo, que se disseminam por toda a instalação de manufatura. O resultado são tempos de execução longos e qualidade ruim — se um problema for encontrado em um painel, o lote inteiro precisa ser descartado.

Uma das lições importantes na filosofia Lean é que, para reduzir os tempos de execução e aumentar a qualidade, precisamos lutar para reduzir continuamente o tamanho dos lotes. O limite inferior teórico para tamanho de lote é o *fluxo de uma peça*, em que cada operação é realizada uma unidade por vez.[†]

As diferenças significativas entre lotes pequenos e grandes podem ser vistas na simulação de envio de boletim descrita em *A Mentalidade Enxuta nas Empresas Lean Thinking: Elimine o Desperdício e Crie Riqueza*, de James P. Womack e Daniel T. Jones.

Suponha que em nosso exemplo tenhamos dez brochuras para enviar e que remeter cada brochura exija quatro passos: dobrar o papel, inserir o papel no envelope, lacrar o envelope e colocar o selo.

A estratégia do lote grande (isto é, "produção em massa") seria executar sequencialmente uma operação em cada uma das dez brochuras. Em outras palavras, primeiro dobraríamos todas as dez folhas de papel, inseriríamos cada uma delas nos envelopes, lacraríamos todos os dez envelopes, e então os selaríamos.

Por outro lado, na estratégia do lote pequeno (isto é, "fluxo de uma peça"), todos os passos exigidos para completar cada brochura são executados sequencialmente antes de iniciar a próxima brochura. Ou seja, dobramos uma folha de papel, a inserimos no envelope, lacramos e selamos o envelope — somente então reiniciamos o processo com a folha de papel seguinte.

A diferença entre usar lotes pequenos e grandes é significativa (veja a Figura 7). Suponha que cada uma das quatro operações leve dez segundos para cada um dos dez envelopes. Com a estratégia do tamanho de lote grande, o primeiro envelope concluído e selado é produzido somente após 310 segundos.

Pior, suponha que durante a operação de selagem do envelope descobrimos que cometemos um erro no primeiro passo da dobragem — neste caso, o mais cedo que descobriríamos o erro seria em 200 segundos, e precisaríamos dobrar e inserir novamente todas as dez brochuras em nosso lote.

[†] Também conhecido como "tamanho de lote um" ou "fluxo 1x1", termos que se referem ao tamanho do lote e a um limite de WIP igual a um.

Lotes grandes

| F1 | F2 | F3 | F4 | F5 | I1 | I2 | I3 | I4 | I5 | Se1 | Se2 | Se3 | Se4 | Se5 | St1 | St2 | St3 | St4 | St5 |

ESPERANDO ⟶ ↳ Primeiro produto pronto

Fluxo de uma peça

| F1 | I1 | Se1 | St1 | F2 | I2 | Se2 | St2 | F3 | I3 | Se3 | St3 | F4 | I4 | Se4 | St4 | F5 | I5 | Se5 | St5 |

ESPERANDO ↳ Primeiro produto pronto

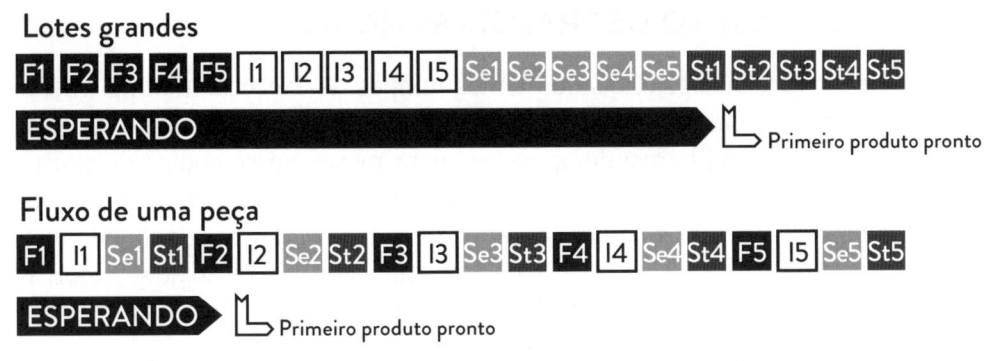

Figura 7: *Simulação de "jogo do envelope" (dobrar, inserir, lacrar e selar o envelope) (Fonte: Stefan Luyten, "Single Piece Flow: Why mass production isn't the most efficient way of doing 'stuff'", Medium.com, 8 de agosto de 2014, https://medium.com/@stefanluyten/single-piece-flow-5d2c2be-c845b#.907sn74ns.)*

Em contraste, na estratégia de lote pequeno, o primeiro envelope selado concluído é produzido em apenas 40 segundos, oito vezes mais rápido que na estratégia de lote grande. E se cometermos um erro no primeiro passo, só precisaremos refazer uma brochura de nosso lote. Lotes pequenos resultam em menos WIP, tempos de execução menores, detecção de erros mais rápida e menos retrabalho.

Os resultados negativos associados aos lotes grandes são tão relevantes para o fluxo de valor tecnológico quanto para a manufatura. Pense em quando temos uma agenda anual para releases de software, em que o código de um ano inteiro no qual o Desenvolvimento trabalhou é lançado para implementação na produção.

Como na manufatura, esse release de lote grande cria altos níveis repentinos de WIP e grandes interrupções em todos os núcleos de trabalho mais adiante, resultando em fluxo ruim e resultados de má qualidade. Isso valida nossa experiência comum de que, quanto maior a mudança que entra em produção, mais difícil é diagnosticar e corrigir erros de produção, e mais demorado é para remediar.

Em uma postagem em *Startup Lessons Learned*, Eric Ries afirma: "O tamanho do lote é a unidade na qual os produtos de trabalho se movem entre os estágios em um processo de desenvolvimento [ou DevOps]. Para o software, o lote mais fácil de ver é o código. Sempre que um engenheiro registra código, está colocando em um lote certo volume de trabalho. Há muitas técnicas para controlar esses lotes, variando desde lotes minúsculos, necessários para implementação contínua, até o desenvolvimento baseado em ramos, mais tradicional, em que todo o código de vários desenvolvedores trabalhando por semanas ou meses é colocado em lotes e integrado."

O equivalente ao fluxo de uma peça no fluxo de valor tecnológico é percebido com a implementação contínua, em que cada mudança feita no controle de versão é integrada, testada e implementada na produção. As práticas que possibilitam isso são descritas na Parte IV.

REDUZIR O NÚMERO DE TRANSFERÊNCIAS

No fluxo de valor tecnológico, quando temos tempos de execução de implementação longos, medidos em meses, frequentemente isso acontece porque são necessárias centenas (ou até milhares) de operações para mover nosso código do controle de versão para o ambiente de produção. Transmitir código pelo fluxo de valor exige que vários departamentos trabalhem em uma variedade de tarefas, incluindo testes funcionais, testes de integração, criação de ambiente, administração de servidor, administração de armazenamento, rede, equilíbrio de carga e segurança da informação.

Sempre que o trabalho passa de uma equipe para outra, são exigidos todos os tipos de comunicação: solicitação, especificação, sinalização, coordenação e, frequentemente, priorização, agendamento, eliminação de conflitos, testes e verificação. Isso pode exigir o uso de diferentes sistemas de designação ou gestão de projeto, escrever documentos de especificação técnica, comunicação por meio de reuniões, e-mails ou ligações telefônicas, e o uso de compartilhamentos de sistema de arquivo, servidores FTP e páginas Wiki.

Cada uma dessas etapas é uma fila em potencial, na qual o trabalho esperará quando contarmos com recursos compartilhados entre diferentes fluxos de valor (por exemplo, operações centralizadas). Os tempos de execução para esses pedidos frequentemente são tão longos, que há escalas constantes para que o trabalho seja executado dentro dos cronogramas necessários.

Mesmo sob as melhores circunstâncias, inevitavelmente algum conhecimento é perdido em cada transferência. Com transferências suficientes, o trabalho pode perder completamente o contexto do problema que está sendo resolvido ou o objetivo organizacional que está sendo suportado. Por exemplo, um administrador de servidor pode ver um tíquete recentemente criado, solicitando que contas de usuário sejam criadas, sem saber para qual aplicativo ou serviço, por que elas precisam ser criadas, quais são todas as dependências ou se é trabalho recorrente.

Para diminuir esses tipos de problemas, nos esforçamos para reduzir o número de transferências, automatizando partes significativas do trabalho ou reorganizando as equipes para que elas mesmas possam entregar valor para o cliente, em vez de serem constantemente dependentes das outras. Como resultado, aumentamos o fluxo ao reduzir a quantidade de tempo que nosso trabalho perde esperando na fila, assim como a quantidade de tempo sem valor agregado. (Veja o Apêndice 4.)

IDENTIFICAR E ELEVAR CONTINUAMENTE NOSSAS RESTRIÇÕES

Para reduzir os tempos de execução e aumentar o rendimento, precisamos identificar continuamente as restrições de nosso sistema e melhorar sua capacidade de trabalho. Em *Beyond the Goal* ["Além da Meta", em tradução livre], o dr. Goldratt afirma: "Em qualquer fluxo de valor há sempre uma direção de fluxo e há sempre uma única restrição; qualquer melhoria não feita na restrição é uma ilusão." Se melhorarmos um núcleo de trabalho que esteja posicionado antes da restrição, o trabalho simplesmente se acumulará ainda mais rápido no gargalo, esperando para ser realizado pelo núcleo de trabalho engarrafado.

Por outro lado, se melhorarmos um núcleo de trabalho posicionado depois do gargalo, ele continuará exaurido, esperando pelo trabalho para eliminar o gargalo. Como solução, o dr. Goldratt definiu as "cinco etapas de enfoque":

- Identificar a restrição do sistema.
- Decidir como explorar a restrição do sistema.
- Subordinar todo o resto às decisões acima.
- Elevar a restrição do sistema.
- Se nas etapas anteriores uma restrição foi superada, voltar à etapa um, mas não permitir que a inércia cause uma restrição de sistema.

Nas transformações de DevOps típicas, à medida que progredimos de tempos de execução de implementação medidos em meses ou trimestres para tempos de execução medidos em minutos, a restrição normalmente segue esta progressão:

- **Criação de ambiente:** Não podemos obter implementações sob demanda se sempre precisamos esperar semanas ou meses por ambientes de produção ou teste. A contramedida é criar ambientes sob demanda e completamente self-service, para que sempre estejam disponíveis quando precisarmos.

- **Implementação de código:** Não podemos obter implementações sob demanda se cada uma de nossas implementações de código de produção demora semanas ou meses (isto é, cada implementação exige 1.300 etapas manuais propensas a erros, envolvendo até 300 engenheiros). A contramedida é automatizar nossas implementações o máximo possível, com o objetivo de serem completamente automatizadas para que possam ser feitas de modo self-service por qualquer desenvolvedor.

- **Configuração e execução de teste:** Não podemos obter implementações sob demanda se toda implementação de código exige duas semanas para configurar ambientes de teste e conjuntos de dados, e outras quatro semanas para executar manualmente todos os nossos testes de regressão. A contramedida é automatizar nossos testes para que possamos executar implementações com segurança e paralelizá-las para que a velocidade dos testes acompanhe a velocidade de nosso desenvolvimento de código.

- **Arquitetura excessivamente rígida:** Não podemos obter implementações sob demanda se uma arquitetura excessivamente rígida significa que, sempre que quisermos fazer uma mudança de código, precisaremos mandar nossos engenheiros para reuniões do comitê a fim de obter permissão para fazer mudanças. Nossa contramedida é criar uma arquitetura menos acoplada para que mudanças possam ser feitas com segurança e com mais autonomia, aumentando a produtividade do desenvolvedor.

Depois que todas essas restrições forem superadas, nossa restrição provavelmente será o Desenvolvimento ou os donos de produto. Como nosso objetivo é permitir que equipes pequenas independentemente desenvolvam, testem e implementem valor para os clientes, de forma rápida e confiável, é aí onde queremos que nossa restrição esteja. As empresas de alto desempenho, independente de um engenheiro estar no Desenvolvimento, QA, Ops ou Infosec, dizem que seu objetivo é ajudar a maximizar a produtividade do desenvolvedor.

Quando a restrição está aqui, estamos limitados apenas pelo número de boas hipóteses comerciais que criamos e por nossa capacidade de desenvolver o código necessário para testá-las com clientes reais.

A progressão de restrições listada anteriormente é uma generalização de transformações típicas — as técnicas para identificar restrição em fluxos de valor, como por meio de mapeamento de fluxo de valor e medidas, são descritas mais adiante neste livro.

ELIMINAR ADVERSIDADES E DESPERDÍCIO NO FLUXO DE VALOR

Shigeo Shingo, um dos pioneiros do Sistema Toyota de Produção, acreditava que o desperdício constituía a maior ameaça para a viabilidade das empresas — a definição comumente usada em Lean é "o uso de qualquer material ou recurso além do que o cliente exige e pelo qual está disposto a pagar". Ele definiu sete tipos principais de desperdício na manufatura: inventário, superprodução, processamento extra, transporte, espera, movimento e defeitos.

Interpretações mais modernas de Lean observam que "eliminar o desperdício" pode ter um contexto degradante e desumano. Em vez disso, o objetivo é reenquadrado para reduzir adversidade e incômodo em nosso trabalho diário por meio de aprendizado contínuo para atingir os objetivos da organização. No restante deste livro, o termo *desperdício* implicará essa definição mais moderna, pois corresponde melhor aos ideais e resultados desejados do DevOps.

No livro *Implementando o Desenvolvimento Lean de Software: Do Conceito ao Dinheiro*, Mary e Tom Poppendieck descrevem desperdício e adversidade no fluxo de desenvolvimento de software como qualquer coisa que cause atraso para o cliente, como atividades que podem ser ignoradas sem afetar o resultado.

As seguintes categorias de desperdício e adversidade vieram de *Implementando o Desenvolvimento Lean de Software*, salvo indicação contrária:

- **Trabalho parcialmente feito:** Isso inclui qualquer trabalho no fluxo de valor que não foi concluído (por exemplo, documentos de solicitação ou pedidos de mudança ainda não examinados) e trabalho que está na fila (por exemplo, esperando por revisão de QA ou tíquete do administrador do servidor). Trabalho parcialmente feito se torna obsoleto e perde valor com o tempo.

- **Processos extras:** Qualquer trabalho adicional executado em um processo que não acrescenta valor para o cliente. Isso pode incluir documentação não usada em um núcleo de trabalho mais adiante, ou exames ou aprovações que não acrescentam valor à saída. Os processos extras aumentam o esforço e os tempos de execução.

- **Recursos extras:** Recursos incorporados ao serviço que não são necessários para a organização ou para o cliente (por exemplo, "gold plating"). Os recursos extras aumentam a complexidade e o esforço para testar e gerenciar funcionalidades.

- **Troca de tarefa:** Quando pessoas são designadas para vários projetos e fluxos de valor, exigindo que troquem de contexto e gerenciem dependências entre trabalhos, aumentando o esforço e o tempo no fluxo de valor.

- **Espera:** Quaisquer atrasos entre trabalhos que exigem que os recursos esperem até que possam concluir o trabalho atual. Atrasos aumentam o tempo de ciclo e impedem que o cliente obtenha valor.

- **Movimento:** O esforço para mover informações ou materiais de um núcleo de trabalho para outro. O desperdício de movimento pode ser criado quando pessoas que precisam se comunicar frequentemente não estão no mesmo local. As transferências também criam desperdício de movimento e frequentemente exigem comunicação adicional para resolver ambiguidades.

- **Defeitos:** Informações, materiais ou produtos incorretos, ausentes ou confusos criam desperdício, pois é necessário esforço para resolver esses problemas. Quanto maior o tempo entre a criação e a detecção de defeitos, mais difícil é resolvê-los.

- **Trabalho atípico ou manual:** Dependência de trabalho atípico ou manual de outros, como usar servidores, ambientes de teste e configurações sem reconstrução. Idealmente, quaisquer dependências nas Operações devem ser automatizadas, self-service e disponíveis sob demanda.

- **Heroísmo:** Para que uma organização atinja seus objetivos, indivíduos e equipes são colocados em uma posição na qual devem agir excessivamente, o que pode até se tornar parte de seu trabalho diário (por exemplo, problemas às 2h da manhã na produção, criando centenas de ordens de serviço como parte de todo release de software).†

Nosso objetivo é tornar esses desperdícios e adversidades — sempre que o heroísmo for necessário — visíveis e fazer sistematicamente o que for necessário para diminuir ou eliminar essas cargas e adversidades para atingir nosso objetivo de fluxo rápido.

CONCLUSÃO

Melhorar o fluxo de valor tecnológico é essencial para atingir os resultados de DevOps. Fazemos isso tornando o trabalho visível, limitando o WIP, reduzindo o tamanho dos lotes e o número de transferências, identificando e avaliando continuamente nossas restrições e eliminando adversidades em nosso trabalho diário.

As práticas específicas que permitem fluxo rápido no fluxo de valor de DevOps são apresentadas na Parte IV. No próximo capítulo apresentamos A Segunda Maneira: Os Princípios do Feedback.

---

† Embora o heroísmo não esteja incluído nas categorias de desperdício de Poppendieck, consta aqui porque ocorre frequentemente, especialmente em serviços compartilhados da Operação.

3 A Segunda Maneira: *Os Princípios do Feedback*

Enquanto a Primeira Maneira descreve os princípios que possibilitam o fluxo de trabalho rápido da esquerda para a direita, a Segunda Maneira descreve os princípios que possibilitam o feedback rápido, constante e recíproco, da direita para a esquerda, em todos os estágios do fluxo de valor. Nosso objetivo é criar um sistema de trabalho mais seguro e mais resiliente.

Isso é especialmente importante ao se trabalhar em sistemas complexos, quando a primeira oportunidade de detectar e corrigir erros normalmente se dá quando um evento catastrófico está em curso, como um trabalhador se machucando no serviço ou a fusão de um reator nuclear em andamento.

Na tecnologia, nosso trabalho acontece quase inteiramente dentro de sistemas complexos, com alto risco de consequências catastróficas. Como na manufatura, frequentemente descobrimos problemas somente quando grandes falhas estão em curso, como uma parada prolongada na produção ou uma brecha de segurança resultando no roubo de dados do cliente.

Tornamos nosso sistema de trabalho mais seguro criando fluxo de informação rápido, frequente e de alta qualidade por todo nosso fluxo de valor e nossa organização, o que inclui loops de feedback e antecipados. Isso nos permite detectar e remediar problemas enquanto são menores, mais baratos e mais fáceis de corrigir, evitar problemas antes que causem uma catástrofe, e criar aprendizado organizacional, que integramos em trabalhos futuros. Quando ocorrem falhas e acidentes, os tratamos como oportunidades de aprendizado, e não como causa para punição e acusação. Para obter tudo isso, primeiro exploraremos a natureza dos sistemas complexos e como eles podem se tornar mais seguros.

TRABALHANDO COM SEGURANÇA DENTRO DE SISTEMAS COMPLEXOS

Uma das características que definem um sistema complexo é que ele desafia a capacidade de uma pessoa de vê-lo como um todo e entender como todas as partes se encaixam. Os sistemas complexos normalmente têm alto grau de interconexão de componentes fortemente acoplados, e o comportamento em nível de sistema não pode ser explicado meramente em termos do comportamento de seus componentes.

O dr. Charles Perrow estudou a crise de Three Mile Island e observou que era impossível alguém saber como o reator se comportaria em todas as circunstâncias e como poderia falhar. Quando um problema estava em curso em um componente, era difícil isolar dos outros componentes, fluindo rapidamente e de modos imprevisíveis pelos caminhos de menor resistência.

O dr. Sidney Dekker, que também codificou alguns dos principais elementos da cultura da segurança, observou outra característica dos sistemas complexos: fazer a mesma coisa duas vezes não previsivelmente ou necessariamente levará ao mesmo resultado. É essa característica que torna as listas de verificação estáticas e as melhores práticas, embora valiosas, insuficientes para impedir que catástrofes ocorram. (Veja o Apêndice 5.)

Portanto, como a falha é inerente e inevitável em sistemas complexos, devemos projetar um sistema de trabalho seguro, seja na manufatura ou na tecnologia, em que possamos executar nossas tarefas sem medo, confiantes de que quaisquer erros serão detectados rapidamente, bem antes de causarem resultados catastróficos, como lesão do trabalhador, defeitos em produtos ou impacto negativo no cliente.

Após ter decodificado o mecanismo causal por trás do Sistema Toyota de Produção como parte de sua tese de doutorado na Harvard Business School, o dr. Steven Spear disse que projetar sistemas perfeitamente seguros provavelmente está além de nossa capacidade, mas podemos tornar o trabalho em sistemas complexos mais seguro quando as quatro condições a seguir são satisfeitas:[†]

- O trabalho complexo é gerenciado de modo que problemas no projeto e nas operações sejam revelados.
- Problemas são aglomerados e resolvidos, resultando na rápida construção de novo conhecimento.

[†] O dr. Spear ampliou seu trabalho para explicar os sucessos duradouros de outras organizações, como a rede de fornecedores da Toyota, Alcoa e o Programa de Propulsão Nuclear da Marinha dos EUA.

- Conhecimento local novo é explorado globalmente em toda a organização.
- Líderes criam outros líderes, que continuamente aumentam esses tipos de capacidades.

Todas essas capacidades são exigidas para trabalhar com segurança em sistemas complexos. Nas próximas seções são descritas as duas primeiras capacidades e sua importância, e também como foram criadas em outras áreas e quais práticas as possibilitam no fluxo de valor tecnológico. (A terceira e a quarta capacidades estão descritas no Capítulo 4.)

VER PROBLEMAS QUANDO ELES OCORREM

Em um sistema de trabalho seguro, devemos testar constantemente nosso projeto e suposições operacionais. O objetivo é aumentar o fluxo de informações em nosso sistema no máximo de áreas possível, mais cedo, mais rápido, mais barato e com o máximo de clareza possível entre causa e efeito. Quanto mais suposições pudermos invalidar, mais rápido poderemos encontrar e corrigir os problemas, aumentando nossa resiliência, agilidade e capacidade de aprender e inovar.

Fazemos isso criando loops de feedback e antecipados em nosso sistema de trabalho. Em seu livro *A Quinta Disciplina: A Arte e a Prática da Organização que Aprende*, o dr. Peter Senge descreveu os loops de feedback como uma parte crítica das organizações de aprendizado e pensamento sistêmico. Os loops de feedback e antecipados fazem os componentes dentro de um sistema reforçar ou neutralizar uns aos outros.

Na manufatura, a ausência de feedback eficaz frequentemente contribui para grandes problemas de qualidade e segurança. Em um caso bem documentado na instalação fabril de Fremont da General Motors, não havia procedimentos eficazes em vigor para detectar problemas durante o processo de montagem, nem procedimentos explícitos sobre o que fazer quando problemas fossem encontrados. Como resultado, houve casos de motores sendo colocados ao contrário, carros sem volante ou pneus, e até carros sendo rebocados da linha de montagem porque não davam a partida.

Em contraste, em operações de manufatura de alto desempenho, há fluxo de informação rápido, frequente e de alta qualidade em todo o fluxo de valor — toda operação é medida e monitorada, e quaisquer defeitos ou desvios significativos são rapidamente encontrados e tratados. São essas as bases que possibilitam qualidade, segurança e aprendizado e melhoria contínuos.

No fluxo de valor tecnológico, frequentemente obtemos resultados ruins por causa da ausência de feedback rápido. Por exemplo, em um projeto de software em cascata, podemos desenvolver código por um ano inteiro e não receber feedback sobre a qualidade até iniciarmos a fase de testes — ou pior, quando lançamos nosso software para os clientes. Quando o feedback é tão atrasado e infrequente, é lento demais para que possamos evitar resultados indesejados.

Em contraste, nosso objetivo é criar loops de feedback e antecipados em todo lugar em que o trabalho seja executado, em todos os estágios do fluxo de valor tecnológico, abrangendo Gerência de Produtos, Desenvolvimento, QA, Infosec e Operações. Isso inclui a criação de construção, integração e teste automatizados, para que possamos detectar imediatamente quando foi introduzida uma mudança que nos tirou de um estado de funcionamento correto e implementável.

Criamos também uma telemetria dominante para que possamos ver como os componentes de nosso sistema estão operando no ambiente de produção, para podermos detectar rapidamente quando não estão funcionando como o esperado. A telemetria também nos permite medir se estamos atingindo os objetivos pretendidos e, idealmente, é irradiada para todo o fluxo de valor para que possamos ver como as ações afetam outras partes do sistema como um todo.

Os loops de feedback não só permitem detecção e recuperação rápidas de problemas, mas também nos informam sobre como evitá-los no futuro. Isso aumenta a qualidade e a segurança de nosso sistema de trabalho e cria aprendizado organizacional.

Como Elisabeth Hendrickson, vice-presidente de Engenharia da Pivotal Software, Inc. e autora do livro *Explore It!: Reduce Risk and Increase Confidence with Exploratory Testing* ["Explore!: Reduza o Risco e Aumente a Confiança com o Teste Exploratório", em tradução livre], disse: "Quando fui para a engenharia de qualidade, descrevi meu trabalho como a 'criação de ciclos de feedback'. O feedback é crucial porque é o que permite nos orientarmos. Devemos constantemente corroborar entre necessidades do cliente, nossas intenções e nossas implementações. O teste é apenas um tipo de feedback."

AGLOMERAR E RESOLVER PROBLEMAS PARA CONSTRUIR NOVO CONHECIMENTO

Obviamente, não é suficiente apenas detectar quando o inesperado ocorre. Quando problemas acontecem, devemos aglomerá-los, mobilizando qualquer pessoa necessária para resolvê-los.

De acordo com o dr. Spear, o objetivo da aglomeração é conter os problemas antes que tenham a chance de se espalhar, e diagnosticá-los e tratá-los para que não possam ocorrer de novo. "Fazendo isso", ele diz, "eles formam conhecimento cada vez mais profundo sobre como gerenciar os sistemas para fazermos nosso trabalho, convertendo a inevitável ignorância futura em conhecimento".

O paradigma desse princípio é a *corda de Andon* da Toyota. Em uma instalação fabril da Toyota, acima dos núcleos de trabalho existe uma corda que todo funcionário e gerente é treinado a puxar quando algo dá errado. Por exemplo, quando uma peça apresenta um defeito, quando uma peça necessária não está disponível ou mesmo quando o trabalho demora mais do que o documentado.[†]

Quando a corda de Andon é puxada, o líder da equipe é alertado e trabalha imediatamente para resolver o problema. Se o problema não puder ser resolvido dentro de um tempo especificado (por exemplo, 55 segundos), a linha de produção para, a fim de que a organização inteira possa ser mobilizada para ajudar na solução, até que uma contramedida bem-sucedida seja desenvolvida.

Em vez de contornarmos o problema ou agendar uma correção "para quando tivermos mais tempo", nos aglomeramos para corrigi-lo imediatamente — isso é quase o oposto do comportamento na fábrica da GM em Fremont, descrito anteriormente. A aglomeração é necessária pelos seguintes motivos:

- Impede que o problema passe adiante, para quando o custo e o esforço para repará-lo aumentam exponencialmente e a dívida técnica pode acumular.

- Impede que o núcleo de trabalho inicie uma nova tarefa, que provavelmente introduzirá novos erros no sistema.

- Se o problema não for tratado, o núcleo de trabalho poderá ter o mesmo problema na próxima operação (por exemplo, 55 segundos depois), exigindo mais correções e trabalho. (Veja o Apêndice 6.)

Essa prática de aglomeração parece contrária à prática gerencial comum, pois estamos deliberadamente permitindo que um problema local interrompa as operações globalmente. Contudo, a aglomeração possibilita o aprendizado. Ela evita a perda de informações importantes devido a esquecimentos ou mudança de circunstâncias. Isso é especialmente crítico em sistemas complexos, nos quais muitos problemas ocorrem por causa de alguma interação inesperada e peculiar de pessoas, processos, produtos, lugares e circunstâncias — à medida que o tempo passa, torna-se impossível reconstruir exatamente o que estava acontecendo quando o problema ocorreu.

---

† Em algumas de suas instalações, a Toyota mudou para um botão de Andon.

Como o dr. Spear observa, a aglomeração faz parte do "ciclo disciplinado da identificação, diagnóstico,... e tratamento (contramedidas ou medidas corretivas, no linguajar da manufatura) do problema em tempo real. Ela [é] a disciplina do ciclo de Shewhart — planejar, fazer, verificar, agir —, popularizado por W. Edwards Deming, mas acelerado à velocidade de dobra espacial".

É somente por meio da aglomeração de problemas cada vez menores, descobertos cada vez mais cedo no ciclo de vida, que podemos evitar problemas antes que ocorra uma catástrofe. Em outras palavras, quando o reator nuclear derrete, já é tarde demais para evitar os piores resultados.

Para possibilitar feedback rápido no fluxo de valor tecnológico, devemos criar o equivalente a uma corda de Andon e a resposta de aglomeração relacionada. Isso exige criar também a cultura que torna seguro, e até encoraja, puxar a corda de Andon quando algo dá errado, seja quando ocorrer um incidente na produção ou quando erros ocorrerem antes no fluxo de valor, como quando alguém introduz uma mudança que quebra nossos processos de construção contínua ou de testes.

Quando as condições disparam um puxão na corda de Andon, nos aglomeramos para resolver o problema e evitar a introdução de novo trabalho, até que ele seja resolvido.[†] Isso fornece feedback rápido para todos no fluxo de valor (especialmente para a pessoa que fez o sistema falhar), nos permite isolar e diagnosticar rapidamente o problema e evita mais fatores complicadores que podem encobrir causa e efeito.

Impedir a introdução de trabalho novo possibilita a integração e implementação contínuas, que é de fluxo de uma peça no fluxo de valor tecnológico. Todas as mudanças que passam em nossa construção contínua e testes de integração contínuos são entregues para a produção, e quaisquer mudanças que façam os testes falhar disparam nossa corda de Andon e são aglomeradas até serem resolvidas.

MANTER A QUALIDADE MAIS PRÓXIMA DA FONTE

Podemos, inadvertidamente, perpetuar sistemas de trabalho inseguros devido ao modo como respondemos aos acidentes e incidentes. Em sistemas complexos, acrescentar etapas de inspeção e processos de aprovação aumenta a probabilidade de falhas futuras. A eficácia dos processos de aprovação diminui à medida que colocamos a tomada de decisão mais longe de onde o trabalho é executado. Isso não apenas diminui a qualidade das decisões, mas também au-

---

† Espantosamente, quando o número de puxões na corda de Andon cai, os gerentes de fábrica diminuem as tolerâncias para aumentá-los, a fim de continuar a possibilitar mais aprendizados e melhorias e para detectar sinais de falha ainda mais fracos.

menta o tempo de ciclo, diminuindo, assim, a força do feedback entre causa e efeito, e reduzindo nossa capacidade de aprender com sucessos e falhas.‡

Isso pode ser visto mesmo em sistemas menores e menos complexos. Quando sistemas de comando e controle burocráticos, de cima para baixo, se tornam ineficientes, normalmente é porque a divergência entre "quem deveria fazer algo" e "quem está realmente fazendo algo" é muito grande, devido à clareza e à ocasião insuficientes.

Exemplos de controles de qualidade ineficientes incluem:

- Exigir que outra equipe faça tarefas manuais maçantes e propensas a erro, que poderiam ser facilmente automatizadas e executadas quando necessário pela equipe que precisa fazer o trabalho.

- Exigir aprovações de pessoas ocupadas que estão distantes do trabalho, obrigando-as a tomar decisões sem conhecimento adequado do trabalho ou das possíveis implicações, ou simplesmente carimbar suas aprovações.

- Criar grandes volumes de documentação com detalhes questionáveis que se tornam obsoletos logo após serem escritos.

- Empurrar grandes lotes de trabalho para equipes e comitês especiais para aprovação e processamento e esperar as respostas.

Em vez disso, precisamos que todos em nosso fluxo de valor encontrem e corrijam problemas em suas áreas de controle, como parte de nosso trabalho diário. Ao fazer isso, colocamos a responsabilidade pela qualidade e pela segurança e a tomada de decisão onde o trabalho é realizado, em vez de contarmos com aprovações de executivos distantes.

Usamos revisões de colegas para nossas mudanças propostas a fim de obter a garantia necessária de que elas funcionarão conforme projetadas. Automatizamos o máximo possível a verificação de qualidade normalmente realizada por um departamento de QA ou Segurança da Informação. Em vez de os desenvolvedores precisarem solicitar ou agendar a execução de testes, esses testes podem ser feitos

---

‡ Nos anos 1700, o governo britânico se envolveu em um espetacular exemplo de comando e controle burocrático, de cima para baixo, que se mostrou totalmente ineficiente. Na época, a Geórgia ainda era uma colônia, e apesar de o governo britânico estar a mais de 4.800km de distância e não ter conhecimento em primeira mão da química, das rochas, da topografia, do acesso à água e de outras condições locais, tentou planejar toda a economia agrícola da Geórgia. Os resultados da tentativa foram deploráveis e deixaram a Geórgia com os níveis mais baixos de prosperidade e população das 13 colônias.

sob demanda, permitindo que os desenvolvedores testem rapidamente seu código e até implementem eles mesmos as mudanças na produção.

Assim, tornamos a qualidade uma responsabilidade de todos, não apenas de um departamento separado. A segurança da informação não é tarefa apenas da Segurança da Informação, assim como a disponibilidade não é tarefa apenas de Operações.

Fazer com que desenvolvedores compartilhem a responsabilidade pela qualidade dos sistemas que constroem não só melhora os resultados, mas também acelera o aprendizado. Isso é especialmente importante para os desenvolvedores, pois eles normalmente são a equipe mais distante do cliente. Como Gary Gruver observa: "É impossível um desenvolvedor aprender quando alguém reclama de algo que foi estragado há seis meses — é por isso que precisamos fornecer feedback para todos o mais rápido possível, em minutos, não em meses."

PERMITIR A OTIMIZAÇÃO PARA NÚCLEOS DE TRABALHO MAIS ADIANTE

Nos anos 1980, os princípios de Design para Fabricabilidade buscavam projetar peças e processos de modo que os produtos acabados pudessem ser criados com o menor custo, a mais alta qualidade e o fluxo mais rápido. Exemplos incluem o projeto de peças altamente assimétricas para evitar que sejam colocadas ao contrário e projetar prendedores de parafuso de modo que seja impossível apertá-los demais.

Isso foi um desvio de como o projeto era feito normalmente, que focava os clientes externos, mas desprezava os interessados internos, como as pessoas que realizavam a fabricação.

A filosofia Lean define dois tipos de clientes para os quais devemos projetar: o cliente externo (que mais provavelmente paga pelo serviço que estamos entregando) e o cliente interno (que recebe e processa o trabalho imediatamente depois de nós). De acordo com os princípios Lean, nosso cliente mais importante é nosso próximo passo. Otimizar nosso trabalho para ele exige que tenhamos empatia por seus problemas, a fim de identificar melhor os problemas de projeto que impedem um fluxo rápido e suave.

No fluxo de valor tecnológico, otimizamos para núcleos de trabalho mais adiante projetando operações nas quais os requisitos operacionais não funcionais (por exemplo, arquitetura, desempenho, estabilidade, testabilidade, configurabilidade e segurança) são priorizados tanto quanto os recursos de usuário.

Fazendo isso, criamos qualidade na fonte, provavelmente resultando em um conjunto de requisitos não funcionais codificados que podemos integrar proativamente em cada serviço que construímos.

CONCLUSÃO

Criar feedback rápido é fundamental para se obter qualidade, confiabilidade e segurança no fluxo de valor tecnológico. Fazemos isso vendo os problemas quando eles ocorrem, aglomerando e solucionando problemas para construir conhecimento novo, colocando a qualidade mais perto da fonte e otimizando continuamente para núcleos de trabalho mais adiante.

As práticas específicas que possibilitam o fluxo rápido no fluxo de valor de DevOps são apresentadas na Parte IV. No próximo capítulo apresentamos a Terceira Maneira, os Princípios do Aprendizado Contínuo e Experimentação.

4 A Terceira Maneira: Os Princípios do Aprendizado Contínuo e Experimentação

Enquanto a Primeira Maneira trata do fluxo de trabalho da esquerda para a direita e a Segunda Maneira trata do feedback recíproco rápido e constante, da direita para a esquerda, a Terceira Maneira foca na criação de uma cultura de aprendizagem contínua e experimentação. Esses são os princípios que possibilitam a criação constante de conhecimento individual, que é, então, transformado em conhecimento da equipe e organizacional.

Em operações de manufatura com problemas de qualidade e segurança sistêmicos, o trabalho normalmente é definido e imposto de forma rígida. Por exemplo, nas instalações da GM em Fremont, descritas no capítulo anterior, os funcionários tinham pouca capacidade de integrar melhorias e aprendizados em seu trabalho diário, com as sugestões de melhoria "tendendo a encontrar uma parede de tijolos de indiferença".

Nesses ambientes frequentemente também existe uma cultura de medo e baixa confiança, em que os trabalhadores que cometem erros são punidos e os que fazem sugestões ou apontam problemas são vistos como dedos-duros e criadores de caso. Quando isso ocorre, a chefia está ativamente suprimindo e até punindo o aprendizado e a melhoria, perpetuando problemas de qualidade e segurança.

Em contraste, as operações de manufatura de alto desempenho exigem e promovem ativamente o aprendizado — em vez de trabalho rigidamente definido, o sistema de trabalho é dinâmico, com os trabalhadores fazendo experiências em seus trabalhos diários para gerar novas melhorias, possibilitadas pela rigorosa padronização de procedimentos de trabalho e documentação de resultados.

No fluxo de valor tecnológico, nosso objetivo é criar uma cultura de alta confiança, reforçando que todos somos aprendizes e que precisamos assumir riscos em nosso trabalho diário. Aplicando uma abordagem científica à melhoria dos processos e ao desenvolvimento dos produtos, aprendemos a partir de nossos sucessos e falhas, identificando as ideias que não funcionam e reforçando as que funcionam. Além disso, quaisquer aprendizados locais são rapidamente transformados em melhorias globais, de modo que novas técnicas e práticas podem ser usadas pela organização inteira.

Reservamos tempo para a melhoria do trabalho diário e para acelerar e garantir o aprendizado. Introduzimos estresse consistentemente em nossos sistemas para forçar a melhoria contínua. Até mesmo simulamos e injetamos falhas em nossos serviços de produção, sob condições controladas, para aumentar nossa resiliência.

Criando esse sistema de aprendizagem contínua e dinâmica, permitimos que as equipes se adaptem rápida e automaticamente a um ambiente sempre mutante, o que, em última análise, nos ajuda a vencer no mercado.

POSSIBILITANDO O APRENDIZADO ORGANIZACIONAL E UMA CULTURA DE SEGURANÇA

Quando trabalhamos dentro de um sistema complexo, por definição é impossível prevermos perfeitamente todos os resultados de nossas ações. É isso que contribui para resultados inesperados ou até catastróficos e acidentes em nosso trabalho diário, mesmo quando tomamos precauções e trabalhamos com cuidado.

Quando esses acidentes afetam nossos clientes, procuramos entender o motivo. A causa-raiz frequentemente é considerada erro humano, e a resposta mais comum da gerência é "nomear, culpar e humilhar" a pessoa que causou o problema.[†] E, sutil ou explicitamente, a gerência sugere que a pessoa culpada pelo erro seja punida. Eles, então, criam mais processos e aprovações para evitar que o erro ocorra novamente.

O dr. Sidney Dekker, que codificou alguns dos elementos-chave da cultura da segurança e cunhou o termo *apenas cultura*, escreveu: "Respostas a incidentes e acidentes vistas como injustas podem obstruir investigações de segurança, promover medo, em vez de atenção nas pessoas que fazem trabalho cuja segurança é crítica, tornar as organizações mais burocráticas, em vez de mais cuidadosas, e cultivar sigilo profissional, evasão e autoproteção."

Essas questões são especialmente problemáticas no fluxo de valor tecnológico — nosso trabalho é quase sempre realizado em um sistema complexo, e o modo como a gerência opta por reagir às falhas e aos acidentes leva a uma

---

† O padrão "nomear, culpar, humilhar" faz parte da Teoria da Maçã Podre, criticada pelo dr. Sydney Dekker e amplamente discutida em seu livro *The Field Guide to Understanding Human Error* ["O Guia de Campo para Compreender o Erro Humano", em tradução livre].

cultura de medo que torna, então, improvável que problemas e sinais de falha sejam reportados. O resultado é que os problemas permanecem ocultos até que ocorra uma catástrofe.

O dr. Ron Westrum foi um dos primeiros a observar a importância da cultura organizacional em segurança e desempenho. Ele observou que, em organizações de assistência médica, a presença de culturas "produtivas" era um dos principais previsores da segurança dos pacientes. O dr. Westrum definiu três tipos de cultura:

- As organizações patológicas são caracterizadas por muito medo e ameaças. As pessoas frequentemente escondem informações, as omitem por razões políticas ou as distorcem para se fazerem parecer melhores. A falha é escondida frequentemente.

- As organizações burocráticas são caracterizadas por regras e processos, frequentemente para ajudar departamentos individuais a manterem seu "território". A falha é processada por meio de um sistema de julgamento, resultando em punição ou em justiça e perdão.

- As organizações produtivas são caracterizadas por busca e compartilhamento ativo de informações, para melhor possibilitar que a organização atinja sua missão. As responsabilidades são compartilhadas por todo o fluxo de valor, e falhas resultam em reflexão e investigação genuína.

Patológica	Burocrática	Produtiva
A informação é ocultada	A informação pode ser ignorada	A informação é ativamente procurada
Os mensageiros são "destruídos"	Os mensageiros são tolerados	Os mensageiros são treinados
As responsabilidades são evitadas	As responsabilidades são compartimentadas	As responsabilidades são compartilhadas
A ligação entre as equipes é desencorajada	A ligação entre as equipes é permitida, mas desencorajada	A ligação entre as equipes é recompensada
A falha é encoberta	A organização é justa e misericordiosa	A falha causa investigação
Novas ideias são esmagadas	Novas ideias criam problemas	Novas ideias são bem-vindas

Figura 8: *O modelo de tipologia organizacional de Westrum: como as organizações processam informações. (Fonte: Ron Westrum, "A typology of organisation culture," BMJ Quality & Safety 13, nº. 2 (2004), doi:10.1136/qshc.2003.009522.)*

Assim como o dr. Westrum descobriu em organizações de assistência médica, a cultura produtiva de alta confiança também previu desempenho de TI e organizacional em fluxos de valor tecnológicos.

No fluxo de valor tecnológico, estabelecemos as bases de uma cultura produtiva nos esforçando para criar um sistema de trabalho seguro. Quando ocorrem acidentes e falhas, em vez de procurar erro humano, buscamos como podemos reprojetar o sistema para evitar que o acidente aconteça outra vez.

Por exemplo, podemos realizar um post-mortem sem culpa após cada incidente para termos o melhor entendimento de como o acidente ocorreu e chegarmos a um acordo sobre quais são as melhores contramedidas para aprimorar o sistema, idealmente evitando que o problema ocorra novamente e permitindo detecção e recuperação mais rápidas.

Fazendo isso, criamos aprendizado organizacional. Como Bethany Macri, engenheira da Etsy que liderou a criação da ferramenta Morgue para ajudar a gravação de post-mortems, disse: "Eliminando a culpa você elimina o medo; eliminando o medo você possibilita a honestidade; e a honestidade possibilita a prevenção."

O dr. Spear observa que o resultado de eliminar a culpa e colocar aprendizado organizacional em seu lugar é que "as organizações se autodiagnosticam e melhoram, se tornando habilitadas a detectar problemas [e] resolvê-los".

Muitos desses atributos também foram descritos pelo dr. Senge como atributos de organizações de aprendizado. Em *A Quinta Disciplina*, ele escreveu que essas características ajudam os clientes, garantem qualidade, criam vantagem competitiva e uma força de trabalho energizada e comprometida, e revelam a verdade.

INSTITUCIONALIZAR A MELHORIA DO TRABALHO DIÁRIO

Frequentemente as equipes não conseguem ou não querem melhorar os processos dentro dos quais operam. O resultado não é somente que elas continuam a sofrer com os problemas atuais, mas seu sofrimento piora com o passar do tempo. Mike Rother observou em *Toyota Kata* que, na ausência de melhorias, os processos não permanecem os mesmos — devido ao caos e à entropia, na verdade, os processos degradam com o passar do tempo.

No fluxo de valor tecnológico, quando deixamos de corrigir nossos problemas, contando com soluções alternativas, os problemas e a dívida técnica se acumulam até estarmos apenas encontrando alternativas, tentando evitar desastres, sem sobrar períodos de trabalho produtivo. Foi por isso que Mike Orzen, autor de *TI Lean*, observou: "Ainda mais importante que o trabalho diário é a melhoria dele."

Melhoramos o trabalho diário reservando tempo explicitamente para pagar a dívida técnica, corrigir defeitos e refatorar e melhorar áreas problemáticas de nosso código e nossos ambientes — fazemos isso reservando períodos em cada intervalo de desenvolvimento ou agendando *kaizen blitzes*, que são períodos em que os engenheiros se organizam em equipes para trabalhar na correção de qualquer problema que queiram.

O resultado dessas práticas é que todos encontram e corrigem problemas em suas áreas de controle, o tempo todo, como parte de seus trabalhos diários. Quando finalmente corrigimos os problemas diários que contornamos por meses (ou anos), podemos erradicar de nosso sistema os problemas menos evidentes. Detectando e respondendo a esses sinais de falha cada vez mais fracos, corrigimos os problemas não apenas quando é mais fácil e mais barato, mas também quando as consequências são menores.

Considere o exemplo a seguir, que melhorou a segurança no local de trabalho da Alcoa, uma fabricante de alumínio com renda de US$7,8 bilhões em 1987. A fabricação de alumínio exige calor extremo, altas pressões e componentes químicos corrosivos. Em 1987, a Alcoa tinha um recorde de segurança assustador, com 2% dos 90 mil empregados se machucando a cada ano — isso significava sete ferimentos por dia. Quando Paul O'Neill começou como diretor-executivo, seu primeiro objetivo era zerar os ferimentos em funcionários, empreiteiras e visitantes.

O'Neill queria ser notificado dentro de 24 horas sobre quem quer que houvesse se machucado no trabalho — não para punir, mas para garantir e promover o fato de que aprendizados estavam sendo gerados e incorporados para criar um local de trabalho mais seguro. No curso de 10 anos, a Alcoa reduziu sua taxa de ferimentos em 95%.

A redução na taxa de ferimentos permitiu à Alcoa se concentrar em problemas menores e em sinais de falha mais fracos — em vez de notificar O'Neill somente quando ocorriam ferimentos, eles começaram a reportar também quaisquer quase acidentes.† Fazendo isso, eles melhoraram a segurança no local de trabalho nos 20 anos subsequentes e têm um dos registros de segurança mais invejáveis do setor.

Como o dr. Spear escreve: "O pessoal da Alcoa gradualmente parou de contornar as dificuldades, inconveniências e impedimentos que enfrentavam. Competição, combate a incêndios e virar-se com o que tinham foram gradualmente substituídos em toda a organização por uma dinâmica de identificar oportunidades para melhoria de processos e produtos. À medida que essas oportunidades foram identificadas, e os problemas, investigados, os bolsões de ignorância que eles

---

† É surpreendente, instrutivo e verdadeiramente emocionante ver o nível convicção e paixão que Paul O'Neill tem em relação à responsabilidade moral que os líderes têm de criar segurança no local de trabalho.

refletiam foram convertidos em pepitas de conhecimento." Isso ajudou a dar à empresa uma maior vantagem competitiva no mercado.

Analogamente, no fluxo de valor tecnológico, à medida que tornamos nosso sistema de trabalho mais seguro, encontramos e corrigimos problemas de sinais de falha cada vez mais fracos. Por exemplo, podemos inicialmente realizar post-mortems sem culpa somente para incidentes que impactam os clientes. Com o passar do tempo, podemos realizá-los para incidentes que impactam menos a equipe e também quase acidentes.

TRANSFORMAR DESCOBERTAS LOCAIS EM MELHORIAS GLOBAIS

Quando novos aprendizados são descobertos localmente, também deve haver algum mecanismo para possibilitar que o restante da organização use e aproveite esse conhecimento. Em outras palavras, quando equipes ou indivíduos têm experiências que criam expertise, nosso objetivo é converter esse conhecimento tácito (isto é, conhecimento difícil de transferir para outra pessoa de forma escrita ou verbal) em conhecimento codificado explícito, que se transforma em expertise de outra pessoa por meio da prática.

Isso garante que, quando alguém fizer um trabalho similar, o fará com a experiência acumulada e coletiva de todos na organização que já fizeram o mesmo trabalho. Um exemplo notável de transformação de conhecimento local em conhecimento global é o Programa de Propulsão Nuclear da Marinha dos EUA (também conhecido como "NR", de "Naval Reactors" — em português, reatores navais), que tem mais de 5.700 anos-reator de operação sem nenhum acidente relacionado com o reator e nem escape de radiação.

O NR é conhecido por seu intenso comprometimento com procedimentos escritos e trabalho padronizado, e a necessidade de relatos de incidentes por qualquer desvio do procedimento ou das operações normais para acumular aprendizados, independente do quanto o sinal de falha seja pequeno — eles atualizam os procedimentos e os projetos de sistema constantemente com base nesses aprendizados.

O resultado é que, quando uma nova tripulação vai para o mar em sua primeira mobilização, ela e seus oficiais se beneficiam do conhecimento coletivo de 5.700 anos-reator sem acidentes. Igualmente impressionante é que suas próprias experiências no mar serão adicionadas a esse conhecimento coletivo, ajudando as futuras tripulações a cumprir suas missões com segurança.

No fluxo de valor tecnológico, devemos criar mecanismos semelhantes para gerar conhecimento global, como disponibilizar a pesquisa de todos os nossos relatórios de post-mortem sem culpa para equipes que estejam resolvendo problemas similares, e criar repositórios de código-fonte compartilhados que abranjam a organização inteira, nos quais código compartilhado, bibliotecas e configurações que incorporam o melhor conhecimento coletivo de toda a organização possam ser facilmente utilizados. Todos esses mecanismos ajudam a converter expertise individual em artefatos que o restante da organização pode usar.

INJETAR PADRÕES DE RESILIÊNCIA EM NOSSO TRABALHO DIÁRIO

As organizações de manufatura de desempenho mais baixo se protegem contra interrupções de muitas formas — em outras palavras, elas aumentam o volume ou acrescentam gordura. Por exemplo, para reduzir o risco de um núcleo de trabalho ficar ocioso (devido a atraso de inventário, inutilização de inventário, etc.), os gerentes podem optar por estocar mais inventário em cada núcleo de trabalho. Contudo, esse estoque intermediário também aumenta o WIP, que tem todos os tipos de resultados indesejados, como já discutido.

Analogamente, para reduzir o risco de um núcleo de trabalho deixar de funcionar devido à falha de maquinário, os gerentes podem aumentar a capacidade adquirindo mais bens de capital, contratar mais pessoas ou até aumentar a área ocupada. Todas essas opções aumentam os custos.

Em contraste, as empresas de alto desempenho obtêm os mesmos resultados (ou melhores) melhorando as operações diárias, introduzindo tensão continuamente para aumentar o desempenho, assim como introduzindo mais resiliência em seus sistemas.

Considere uma experiência típica em uma das fábricas de colchão da Aisin Seiki Global, um dos principais fornecedores da Toyota. Suponha que eles tivessem duas linhas de produção, cada uma capaz de produzir 100 unidades por dia. Em dias lentos, eles enviariam toda a produção para uma linha, experimentando maneiras de aumentar a capacidade e identificar vulnerabilidades em seu processo, sabendo que, se a sobrecarga na linha a fizesse falhar, eles poderiam enviar toda a produção para a segunda linha.

Com experimentação contínua e constante em seu trabalho diário, eles foram capazes de aumentar a capacidade continuamente, muitas vezes sem adicionar novo equipamento ou contratar mais pessoas. O padrão emergente que resulta desses tipos de rituais de melhoria aumenta não só o desempenho, mas também a resiliência, pois a organização está sempre em um estado de tensão e mudança. Esse processo de aplicar estresse para aumentar a resiliência foi chamado de *antifragilidade* pelo autor e analista de risco Nassim Nicholas Taleb.

Podemos introduzir o mesmo tipo de tensão em nossos sistemas de fluxo de valor tecnológico, buscando sempre reduzir os tempos de execução de implementação, aumentar a cobertura dos testes, diminuir os tempos de execução de testes e até rearquitetando, se necessário, para aumentar a produtividade do desenvolvedor ou a confiabilidade.

Podemos fazer exercícios *dia de jogo*, nos quais ensaiamos falhas em grande escala, como desligar centros de dados inteiros. Ou então podemos injetar falhas de escala ainda maior no ambiente de produção (como o famoso "Chaos Monkey" da Netflix, que elimina processos aleatoriamente e calcula servidores em produção) para garantir que estejamos tão resilientes quanto queremos.

LÍDERES REFORÇAM A CULTURA DE APRENDIZADO

Tradicionalmente, espera-se que os líderes sejam responsáveis por definir objetivos, alocar recursos para atingi-los e estabelecer a combinação correta de incentivos. Os líderes também estabelecem o tom emocional das organizações que lideram. Em outras palavras, os líderes lideram "tomando todas as decisões corretas".

Contudo, há evidência significativa mostrando que a grandeza não é obtida pelos líderes tomando todas as decisões corretas — em vez disso, a função do líder é criar as condições para que sua equipe possa descobrir a grandeza em seu trabalho diário. Em outras palavras, criar grandeza exige líderes e trabalhadores, cada um dos quais mutuamente dependentes entre si.

Jim Womack, autor de *Caminhadas pelo Gemba – Gemba Walks*, descreveu o relacionamento de trabalho complementar e respeito mútuo que deve ocorrer entre líderes e trabalhadores de linha de frente. De acordo com Womack, esse relacionamento é necessário porque nenhum deles pode resolver problemas sozinho — os líderes não estão próximos do trabalho o suficiente, o que é exigido para resolver qualquer problema, e os trabalhadores da linha de frente não têm o contexto organizacional mais amplo ou autoridade para fazer mudanças fora de sua área de atuação.[†]

Os líderes devem elevar o valor do aprendizado e da solução disciplinada do problema. Mike Rother formalizou esses métodos no que chama de *coaching kata*. O resultado espelha o método científico, no qual declaramos explicitamente nos-

---

[†] Os líderes são responsáveis pelo projeto e operação de processos em um nível mais alto de agregação, onde outros têm menos perspectiva e autoridade.

sos objetivos de Norte Verdadeiro, como "manter zero acidentes", no caso da Alcoa, ou "duplicar o rendimento dentro de um ano", no caso da Aisin.

Esses objetivos estratégicos informam a criação de objetivos iterativos de prazo mais curto, que são colocados em cascata e executados pelo estabelecimento de condições-alvo em nível de fluxo de valor ou de núcleo de trabalho (por exemplo, "reduzir o tempo de execução em 10% dentro das próximas duas semanas").

Essas condições-alvo enquadram o experimento científico: declaramos explicitamente o problema que queremos resolver, nossa hipótese de como nossa contramedida proposta o resolverá, nossos métodos para testar essa hipótese, nossa interpretação dos resultados e nosso uso de aprendizados para informar a próxima iteração.

O líder ajuda a instruir a pessoa que está fazendo o experimento com perguntas que podem incluir:

- Qual foi seu último passo e o que aconteceu?
- O que você aprendeu?
- Qual é sua condição agora?
- Qual é sua próxima condição-alvo?
- Em qual obstáculo você está trabalhando agora?
- Qual é seu próximo passo?
- Qual é o resultado esperado?
- Quando podemos verificar?

Essa estratégia de solução de problemas, na qual os líderes ajudam os trabalhadores a ver e resolver problemas em seus trabalhos diários, está no centro do Sistema Toyota de Produção, de organizações de aprendizado, do Kata de Melhoria e de organizações de alta confiabilidade. Mike Rother observa que ele vê a Toyota "como uma organização definida principalmente pelas rotinas de comportamento únicas que ensina continuamente a todos os seus membros".

No fluxo de valor tecnológico, essa abordagem científica e esse método iterativo conduzem todos os nossos processos de melhoria internos, além de como realizamos experimentos para garantir que os produtos que construímos realmente ajudem nossos clientes internos e externos a atingir seus objetivos.

CONCLUSÃO

Os princípios da Terceira Maneira tratam da necessidade de valorizar o aprendizado organizacional, possibilitando alta confiança e expansão de limites entre as funções, aceitando que falhas sempre ocorrerão em sistemas complexos e tornando aceitável falar sobre problemas para que possamos criar um sistema de trabalho seguro. Exige também a institucionalização da melhoria do trabalho diário, convertendo aprendizados locais em aprendizados globais que possam ser usados pela organização inteira, assim como injetando tensão continuamente em nosso trabalho diário.

Embora estimular uma cultura de aprendizado contínuo e experimentação seja o princípio da Terceira Maneira, ele também está entremeado na Primeira e na Segunda Maneiras. Em outras palavras, melhorar fluxo e feedback exige uma abordagem iterativa e científica que inclui enquadrar uma condição-alvo, declarar uma hipótese do que nos ajudará a chegar lá, projetar e realizar experimentos e avaliar os resultados.

O resultado não é apenas melhor desempenho, mas também maior resiliência, satisfação mais alta no trabalho e adaptabilidade melhorada da organização.

CONCLUSÃO DA PARTE I

Na Parte I do *Manual de DevOps* examinamos vários movimentos na história que ajudaram no desenvolvimento do DevOps. Vimos também os três principais princípios que formam a base das organizações de DevOps bem-sucedidas: os princípios do Fluxo, Feedback e Aprendizado Contínuo e Experimentação. Na Parte II começaremos a ver como iniciar um movimento DevOps na sua organização.

Notas Finais

UMA INTRODUÇÃO AO MANUAL DEVOPS

366 *Antes da revolução...* Eliyahu M. Goldratt, *Beyond the Goal: Eliyahu Goldratt Speaks on the Theory of Constraints* (*Your Coach in a Box*) (Prince Frederick, Maryland: Gildan Media, 2005), audiolivro.

368 *Dizendo ainda mais...* Jeff Immelt, "GE CEO Jeff Immelt: Let's Finally End the Debate over Whether We Are in a Tech Bubble", *Business Insider*, 9 de dezembro de 2015, http://www.businessinsider.com/ceo-of-ge-lets-finally-end-the-debate-over-whether-we-are-in-a-tech-bubble-2015-12.

Ou, como Jeffrey... "Weekly Top 10: Your DevOps Flavor", *Electric Cloud*, 1º de abril de 2016, http://electric-cloud.com/blog/2016/04/weekly-top-10-devops-flavor/.

369 *Dr. Eliyahu M. Goldratt...* Goldratt, *Beyond the Goal*.

371 *Como Steven J. Spear...* Steven J. Spear, *The High-Velocity Edge: How Market Leaders Leverage Operational Excellence to Beat the Competition* (Nova York, NY: McGraw Hill Education), edição Kindle, cap. 3.

Como Christopher Little... Christopher Little, correspondência pessoal com Gene Kim, 2010.

Em 2013, o... Chris Skinner, "Banks have bigger development shops than Microsoft", blog de Chris Skinner, acessado em 28 de julho de 2016, http://thefinanser.com/2011/09/banks-have-bigger-development-shops-than-microsoft.html/.

Normalmente os projetos são... Nico Stehr e Reiner Grundmann, *Knowledge: Critical Concepts, Volume 3* (Londres: Routledge, 2005), 139.

372 *Dr. Vernon Richardson...* A. Masli, V. Richardson, M. Widenmier e R. Zmud, "Senior Executive's IT Management Responsibilities: Serious IT Deficiencies and CEO-CFO Turnover", *MIS Quaterly* (publicado eletronicamente em 21 de junho de 2016).

373   *Considere o seguinte...* "IDC Forecasts Worldwide IT Spending to Grow 6% in 2012, Despite Economic Uncertainty", *Business Wire*, 10 de setembro de 2012, http://www.businesswire.com/news/home/20120910005280/en/IDC-Forecasts-Worldwide-Spending-Grow

377   *A primeira surpresa...* Nigel Kersten, IT Revolution e PwC, *2015 State of DevOps Report* (Portland, OR: Puppet Labs, 2015), https://puppet.com/resources/white-paper/2015-state-of-devops-report?__ga=1.6612658.168869.1464412647&link=blog.

378   *Isso está destacado...* Frederick P. Brooks, Jr., *The Mitoical Man-Month: Essays on Software Engineering, Anniversary Edition* (Upper Saddle River, NJ: Addison-Wesley, 1995).

Como Randy Shoup... Gene Kim, Gary Gruver, Randy Shoup e Andrew Phillips, "Exploring the Uncharted Territory of Microservices", XebiaLabs.com, webinar, 20 de fevereiro de 2015, https://xebialabs.com/community/webinars/exploring-the-uncharted-territory-of-microservices/.

O 2015 State... Kersten, IT Revolution e PwC, *2015 State of DevOps Report*.

379   *Outro exemplo mais extremo...* "Velocity 2011: Jon Jenkins, 'Velocity Culture'", vídeo no YouTube, 15:13, postado por O'Reilly, 20 de junho de 2011, https://www.youtube.com/watch?v=dxk8b9rSKOo; "Transforming Software Development", vídeo no YouTube, 40:57, postado por Amazon Web Service, 10 de abril de 2015, https://www.youtube.com/watch?v=YCrhemssYuI&feature=youtu.be.

380   *Posteriormente em sua...* Eliyahu M. Goldratt, *A Meta: Um Processo de Melhora Contínua* .

Assim como em... JGFLL, análise de *O Projeto Fênix: Um Romance sobre TI, DevOps e sobre Ajudar o Seu Negócio a Vencer*, de Gene Kim, Kevin Behr e George Spafford, análise de Amazon.com, 4 de março de 2013, http://www.amazon.com/review/R1KSSPTEGLWJ23; Mark L Townsend, análise de *O Projeto Fênix: Um Romance sobre TI, DevOps e sobre Ajudar o Seu Negócio a Vencer*, de Gene Kim, Kevin Behr e George Spafford, análise de Amazon.com, 2 de março de 2013, http://uedata.amazon.com/gp/customer-reviews/R1097DFODM12VD/ref=cm_cr_getr_d_rvw_ttl?ie=UTF8&ASIN=B00VATFAMI; Scott Van Den Elzen, análise de *O Projeto Fênix: Um Romance sobre TI, DevOps e sobre Ajudar o Seu Negócio a Vencer*, de Gene Kim, Kevin Behr e George Spafford, análise de Amazon.com, 13 de março de 2013, http://uedata.amazon.com/gp/customer-reviews/R2K95XEH5OL3Q5/ref=cm_cr_getr_d_rvw_ttl?ie=UTF8&ASIN=B00VATFAMI.

PARTE I INTRODUÇÃO

385 *Um princípio importante...* Kent Beck et al., "Twelve Principles of Agile Software", AgileManifesto.org, 2001, http://agilemanifesto.org/principles.html.

386 *Ele concluiu que...* Mike Rother, *Toyota Kata: Managing People for Improvement, Adaptiveness and Superior Results* (Nova York: McGraw Hill, 2010), edição Kindle, Parte III.

CAPÍTULO 1

387 *Karen Martin e...* Karen Martin e Mike Osterling, *Value Stream Mapping: How to Visualize Work and Align Leadership for Organizational Transformation* (Nova York: McGraw Hill, 2013), edição Kindle, cap. 1.

389 *Neste livro...* Ibid., cap. 3.

391 *Karen Martin e...* Ibid.

CAPÍTULO 2

396 *Estudos têm mostrado...* Joshua S. Rubinstein, David E. Meyer e Jeffrey E. Evans, "Executive Control of Cognitive Processes in Task Switching", *Journal of Experimental Psychology: Human Perception and Performance* 27, nº 4 (2001): 763-797, doi: 10.1037//0096-1523.27.4.763, http://www.umich.edu/~bcalab/documents/RubinsteinMeyerEvans2001.pdf.

397 *Dominica DeGrandis, uma...* "DOES15—Dominica DeGrandis—The Shape of Uncertainty", vídeo do YouTube, 22:54, postado por DevOps Enterprise Summit, 5 de novembro de 2015, https://www.youtube.com/watch?v=Gp05i0d34gg.

Taiichi Ohno comparou... Sami Bahri, "Few Patients-In-Process and Less Safety Scheduling; Incoming Supplies are Secondary", Blog do The Deming Institute, 22 de agosto de 2013, https://blog.deming.org/2013/08/fewer-patients-in-process-and-less-safety-scheduling-incoming-supplies-are-secondary/.

398 *Em outras palavras...* Reunião entre David J. Andersen e equipe da Motorola com Daniel S. Vacanti, 24 de fevereiro de 2004; história recontada no USC CSSE Research Review com Barry Boehm em março de 2004.

As diferenças significativas... James P. Womack e Daniel T. Jones, *Lean Thinking: Banish Waste and Create Wealth in Your Corporation* (Nova York: Free Press, 2010), edição Kindle, cap. 1.

399 *Há muitas...* Eric Ries, "Work in small batches", StartupLessonsLearned.com, 20 de fevereiro de 2009, http://www.startuplessonslearned.com/2009/02/work-in-small-batches.html.

401 *Em Beyond the...* Goldratt, *Beyond the Goal.*

Como solução... Eliyahu M. Goldratt, *The Goal: A Process of Ongoing Improvement* (Great Barrington, MA: North River Press, 2014), edição Kindle, "Five Focusing Steps".

402 *Shigeo Shingo, um...* Shigeo Shingo, *A Study of the Toyota Production System: From an Industrial Engineering Viewpoint* (Londres: Productivity Press, 1989); "The 7 Wastes (Seven forms of Muda)", BeyondLean.com, acessado em 28 de julho de 2016, http://www.beyondlean.com/7-wastes.html.

403 *No livro...* Mary Poppendieck e Tom Poppendieck, *Implementing Lean Software: From Concept to Cash*, (Upper Saddle River, NJ: Addison-Wesley, 2007), 74.

As seguintes categorias... Adaptado de Damon Edwards, "DevOps Kaizen: Find and Fix What Is Really Behind Your Problems", Slideshare.net, postado por dev2ops, 4 de maio de 2015, http://www.slideshare.net/dev2ops/dev-ops-kaizen-damon-edwards.

CAPÍTULO 3

406 *O dr. Charles Perrow...* Charles Perrow, *Normal Accidents: Living with High Risk Technologies* (Princeton, NJ: Princeton University Press, 1999).

O dr. Sidney Dekker... Dr. Sidney Dekker, *The Field Guide to Understanding Human Error* (Lund University, Suécia: Ashgate, 2006).

Após ter decodificado... Spear, The High-Velocity Edge, cap. 8.

O dr. Spear ampliou... Ibid.

407 *O dr. Peter Senge...* Peter M. Senge, *The Fifth Discipline: The Art & Practice of the Learning Organization* (Nova York: Doubleday, 2006), edição Kindle, cap. 5.

Em um caso bem documentado... "NUMMI", *This American Life*, 26 de março de 2010, http://www.thisamericanlife.org/radio-archives/episode/403/transcript.

408 *Como Elisabeth Hendrickson...* "DOES15 - Elisabeth Hendrickson - Its All About Feedback", vídeo do YouTube, 34:47, postado por DevOps Enterprise Summit, 5 de novembro de 2015, https://www.youtube.com/watch?v=r2BFTXBundQ.

409 *"Fazendo isso...* Spear, *The High-Velocity Edge*, cap. 1.

410   *Como o dr. Spear...* Ibid., cap. 4.

411   *Exemplos de... ineficientes...* Jez Humble, Joanne Molesky e Barry O'Reilly, *Lean Enterprise: How High Performance Organizations Innovate at Scale* (Sebastopol, CA: O'Reilly Media, 2015), edição Kindle, Parte IV.

Nos anos 1700... Dr. Thomas Sowell, *Knowledge and Decisions* (Nova York: Basic Books, 1980), 222.

412   *Como Gary Gruver...* Gary Gruver, correspondência pessoal com Gene Kim, 2014.

CAPÍTULO 4

414   *Por exemplo, nas...* Paul Adler, "Time-and-Motion Regained", *Harvard Business Review*, janeiro-fevereiro de 1993, https://hbr.org/1993/01/time-and-motion-regained.

415   *O padrão "nomear, culpar...* Dekker, *The Field Guide to Understanding Human Error*, cap. 1.

O dr. Sidney Dekker... "Just Culture: Balancing Safety and Accountability", Lund University, site Human Factors & System Safety, 6 de novembro de 2015, http://www.humanfactors.lth.se/sidney-dekker/books/just-culture/.

416   *Ele observou que...* Ron Westrum, "The study of information flow: A personal journey", *Proceedings of Safety Science* 67 (agosto de 2014): 58-63, https://www.researchgate.net/publication/261186680_The_study_of_information_flow_A_personal_journey.

417   *Assim como o dr. Westrum...* Nicole Forsgren Velasquez, Gene Kim, Nigel Kersten e Jez Humble, *2014 State of DevOps Report* (Portland, OR: Puppet Labs, IT Revolution Press e ThoughtWorks, 2014), http://puppetlabs.com/2014-devops-report.

Como Bethany Macri... Bethany Macri, "Morgue: Helping Better Understand Events by Building a Post Mortem Tool - Bethany Macri", vídeo do Vimeo, 33:34, postado por info@DevOpsDays.org, 18 de outubro de 2013, http://vimeo.com/77206751.

O dr. Spear observa... Spear, *The High-Velocity Edge*, cap. 1.

Em A Quinta... Senge, *The Fifth Discipline*, cap. 1.

Mike Rother observou... Mike Rother, *Toyota Kata*, 12.

Foi por isso... Mike Orzen, correspondência pessoal com Gene Kim, 2012.

418   *Considere o exemplo...* "Paul O'Neill", Forbes, 11 de outubro de 2001, http://www.forbes.com/2001/10/16/poneill.html.

Em 1987, a Alcoa... Spear, *The High-Velocity Edge*, cap. 4.

Como o dr. Spear... Ibid.

419 *Um exemplo notável...* Ibid., cap. 5.

421 *Esse processo de...* Nassim Nicholas Taleb, *Antifragile: Things That Gain from Disorder* (Incerto), (Nova York: Random House, 2012).

De acordo com Womack... Jim Womack, *Gemba Walks* (Cambridge, MA: Lean Enterprise Institute, 2011), edição Kindle, local 4113.

Mike Rother formalizou... Rother, *Toyota Kata*, Parte IV.

422 *Mike Rother observa...* Ibid., Conclusão.

Epílogo Notas Finais

INTRODUÇÃO

339 *Quando o original deste livro foi...* John Allspaw e Paul Hammond, "10+ Deploys Per Day: Cooperation at Flikr," apresentação na Velocity Conference, 23 de junho de 2009.

341 *Em Beyond the Goal, o dr. Goldratt compartilha...* Eliyahu M. Goldratt, Beyond the Goal: Eliyahu Goldratt Speaks on the Theory of Constraints (Your Coach in a Box) (Prince Frederick, Maryland: Gildan Media, 2005), Audiolivro.

342 *Um dos posts de blog...* David Lutz, "Imagine DevOps," YouTube video, 3:05, postado em 21 de março de 2011, https://www.youtube.com/watch?v=iYLxw6OsZug.

Ele escreveu: "Eu me vejo... David Lutz, "The Phoenix Project," dlutzy blog, 3 de maio de 2013, https://dlutzy.wordpress.com/?s=the+phoenix+project.

343 *Eu também já encontrei...* Ibid.

Em um post de blog, publiquei... Gene Kim, "Quote: 'I Used to Hate "The Phoenix Project" Until I Realized It Was About Me,'" ITRevolution.com blog, 24 de setembro de 2012, https://itrevolution.com/i-used-to-hate-when-it-fails-until-i-realized-it-was-about-me/.

344 *Depois de terminar o livro...* Ibid.

Como meu amigo Jez Humble... Jez Humble, conversa pessoal com Gene Kim.

345 *Como escreveu Jeff Immelt, ex-CEO...* Jeff Immelt, "GE CEO Jeff Immelt: Let's Finally End the Debate over Whether We Are in a Tech Bubble," Business Insider, 9 de dezembro de 2015, http://www.businessinsider.com/ceo-of-ge-lets-finally-end-the-debate-over-whether-we-are-in-a-tech-bubble-2015-12.

Ou como escreveu Jeffrey Snover... Electric Cloud, "Weekly Top 10: Your DevOps Flavor," Electric Cloud, 1º de abril de 2016, http://electric-cloud.com/blog/2016/04/weekly-top-10-devops-flavor/.

A IDC, a empresa de análises, diz... Abel Avram, "IDC Study: How Many Software Developers Are Out There?" InfoQ, https://www.infoq.com/news/2014/01/IDC-software-developers

346 *Em 2016, conversei com...* Gene Kim, "Face-to-Face DevOps: Protect and Serve," CA.com, 31 de março de 2016, https://www.ca.com/us/rewrite/articles/devops/face-to-face-devops-to-protect-and-serve-.html.

Este livro foi impresso nas oficinas gráficas da Editora Vozes Ltda.,
Rua Frei Luís, 100 – Petrópolis, RJ.